[意] 卢多维克·安东尼奥·穆拉托里 著 | 孔莉 译

ANNALI D' ITALIA

意大利编年史

（卷一）

罗马帝国时期：1—340年

第三册

吉林出版集团股份有限公司

目 录

公元244—246年　菲利普（Philippus）/ 001

公元247—248年　菲利普（Philippus）/ 008

　　　　　　　　菲利普二世（Philippus Ⅱ）/ 008

公元249年　　　菲利普（Philippus）/ 011

　　　　　　　　菲利普二世（Philippus Ⅱ）/ 011

　　　　　　　　德西乌斯（Decius）/ 011

公元250年　　　德西乌斯（Decius）/ 014

公元251年　　　德西乌斯（Decius）/ 017

　　　　　　　　特雷波尼亚努斯·加卢斯（Trebonianus Gallus）/ 017

　　　　　　　　霍斯蒂利安努斯·德西乌斯（Hostilianus Decius）/ 017

公元252年　　　特雷波尼亚努斯·加卢斯（Trebonianus Gallus）/ 020

　　　　　　　　霍斯蒂利安努斯·德西乌斯（Hostilianus Decius）/ 020

　　　　　　　　沃鲁西安努斯·加卢斯（Volusianus Gallus）/ 020

公元253年　　　特雷波尼亚努斯·加卢斯（Trebonianus Gallus）/ 022

　　　　　　　　沃鲁西安努斯·加卢斯（Volusianus Gallus）/ 022

　　　　　　　　瓦勒良（Valerianus）/ 022

　　　　　　　　加里恩努斯（Gallienus）/ 022

公元254—260年　瓦勒良（Valerianus）/ 025

　　　　　　　　加里恩努斯（Gallienus）/ 025

公元261—267年	加里恩努斯（Gallienus）/ 039
公元268—269年	克劳狄乌斯二世（Claudius Ⅱ）/ 062
公元270年	克劳狄乌斯二世（Claudius Ⅱ）/ 070
	昆提卢斯（Quintillus）/ 070
	奥勒里安努斯（Aurelianus）/ 070
公元271—274年	奥勒里安努斯（Aurelianus）/ 073
公元275年	塔西佗（Tacitus）/ 091
公元276年	塔西佗（Tacitus）/ 095
	弗洛里安努斯（Florianus）/ 095
	普罗布斯（Probus）/ 095
公元277—281年	普罗布斯（Probus）/ 098
公元282年	普罗布斯（Probus）/ 109
	卡鲁斯（Carus）/ 109
公元283年	卡鲁斯（Carus）/ 111
	卡里努斯（Carinus）/ 111
	努梅里亚努斯（Numerianus）/ 111
公元284年	卡里努斯（Carinus）/ 113
	努梅里亚努斯（Numerianus）/ 113
	戴克里先（Diocletianus）/ 113
公元285年	卡里努斯（Carinus）/ 115
	戴克里先（Diocletianus）/ 115
公元286—304年	戴克里先（Diocletianus）/ 117
	马克西米安努斯（Maximianus）/ 117
公元305年	君士坦提乌斯（Constantius）/ 152
	伽列里乌斯（Galerius）/ 152
公元306年	伽列里乌斯（Galerius）/ 157
	塞维鲁斯（Severus）/ 157

	马克森提乌斯（Maxentius）/ 157
	马克西米安努斯（Maximianus）/ 157
公元307年	伽列里乌斯（Galerius）/ 165
	马克森提乌斯（Maxentius）/ 165
	马克西米安努斯（Maximianus）/ 165
	君士坦丁（Constantinus）/ 165
	李锡尼（Licinius）/ 165
公元308—310年	伽列里乌斯（Galerius）/ 170
	马克森提乌斯（Maxentius）/ 170
	君士坦丁（Constantinus）/ 170
	李锡尼（Licinius）/ 170
	马克西米努斯（Maximinus）/ 170
公元311—312年	马克森提乌斯（Maxentius）/ 178
	君士坦丁（Constantinus）/ 178
	李锡尼（Licinius）/ 178
	马克西米努斯（Maximinus）/ 178
公元313年	君士坦丁（Constantinus）/ 190
	李锡尼（Licinius）/ 190
	马克西米努斯（Maximinus）/ 190
公元314—323年	君士坦丁（Constantinus）/ 199
	李锡尼（Licinius）/ 199
公元324—336年	君士坦丁（Constantinus）/ 225
公元337—339年	君士坦丁二世（Constantinus Ⅱ）/ 255
	君士坦提乌斯二世（Constantius Ⅱ）/ 255
	君士坦斯一世（Constans Ⅰ）/ 255
公元340年	君士坦提乌斯二世（Constantius Ⅱ）/ 266
	君士坦斯一世（Constans Ⅰ）/ 266

第三册（公元244—340年）

年　份　公元244年　小纪纪年第七年

法比安努斯教皇第九年

菲利普皇帝第一年

执政官　佩莱格里努斯（Pellegrinus）与埃米利亚努斯（Aemilianus）

马库斯·埃米利亚努斯（Marcus Aemilianus）在公元249年第二次担任执政官，因此很可能他是在这一年第一次担任执政官。

对于马库斯·尤利乌斯·菲利普来说，禁军总督的职位似乎满足不了他熊熊的野心，他的目标是整个罗马帝国，而他达成目标的方法是下面这样的（*Capitolin., in Gordiano* Ⅲ. *Zosimus, Hist., lib.* 1, *cap.* 18.）。当罗马军队停靠于尼西比与卡雷中间为攻入波斯做准备时，菲利普暗中叫运送军队粮食的船只延后出发，这样军队缺少供给，就会爆发士兵叛乱。事实上也的确发生了叛乱。士兵们处于缺少粮食的困境中，其中有许多人又受到菲利普的收买和指示，于是他们开始抱怨戈尔迪安努斯三世，而后事情愈演愈烈，士兵们纷纷说罗马帝国和军队在这样一个没有经验的年轻人手里一蹶不振，应该由一位有头脑有胆量的人来担任皇帝。后来，反叛者请求菲利普登上皇位。尽管戈尔迪安努斯三世的朋友们加以阻挠，但最后还是不得不接受了其他人提议的折中方案，即菲利普也被确立为奥古斯都，作为戈尔迪安努斯三世的监护人进行统治。这段历史是非常确定的。这一年年初颁布的法令还都是戈尔迪安努斯三世一人制定的（Reland., Fast. Cons.），有一则3月14日的法令却是由菲利普一人制定的。但多杜埃洛斯（Dodwellus, in Annalibus Cyprian.）引用了另一则由戈尔迪安努斯三世在4月25日制定的法令，有人认为这则法令的内容是不正确的。巴基神甫（Pagius, in Crit. Baron.）认为，这是由于戈尔迪安努斯三世和菲利普二人不和，每个人都想要自己统治国家，自己制定法令。这种说法似乎很难令人相信，因为他们两个人在同一军队中，应该是不幸的戈尔迪安努斯三世处于下风。卡皮托里努斯后来又讲到另一种与之前所言自相矛盾的说法，他写道："菲利普在杀死戈尔迪安努斯三世之后，写信给元老院通知戈尔迪安努斯三世的死讯，说他是因疾病而死。"与此同时，士兵们选举了菲利普为皇帝，元老院被信所骗，承认了菲利普的皇帝之位。如果菲利普被确立为戈尔迪安努斯三世在帝国的共治者，他为什么不在当时就写信给元老院以获得他们的认可呢？因此，卡皮托里努斯的叙述以及他补充的其他细节是存在疑问的。

自那以后，戈尔迪安努斯三世不得不忍受他的共治者菲利普对他傲慢以待。菲利普为阿拉伯人中最卑贱的人所生（Capitolin., in Gordianus Ⅲ. Aurelius Victor, in Epitome. Zosimus, Hist., lib. 1, cap. 18.），靠着狡猾登上高位；而戈尔迪安努斯三世出身于罗马贵族世家，是皇帝的孙子，也是先于菲利普上任的皇帝。一天，戈尔迪安努斯三世在亲戚梅提乌斯·戈尔迪安努斯（Mettius Gordianus，当时的禁军总督）的陪同下进入法庭，对士兵们发表了一场慷慨激昂的讲话，向他们展示出菲利普忘恩负义的可鄙行为，希望可以劝说士兵们背弃菲利普。但是士兵们对戈尔迪安努斯三世的话置若罔闻，因为菲利普一派的人占上风。戈尔迪安努斯三世要求拥有和菲利普一样的权力，但是没有得到，最后沦落到仅仅可以使用"恺撒"的头衔，之后降为禁军总督，最后他要求担任军中将领，只要可以保全他的性命，似乎菲利普同意了他最后一个请求。但是菲利普马上想到，也许有一天元老院和罗马人民，甚至整个罗马帝国会对这位年轻的皇帝重生爱戴之心，虽然士兵们现在由于饥饿对这位年轻的皇帝不满，但不会永远都对其怀有愤恨之心，于是菲利普叫来不幸的戈尔迪安努斯三世，扒了他的衣服，将他杀死了。当然，卡皮托里努斯的这段叙述与他之前所说的戈尔迪安努斯三世受到所有人民和士兵的爱戴自相矛盾。如果菲利普已经是皇帝了，那么他为什么不立即解决军队的饥饿问题？因此，似乎更有可能是菲利普当时并不是皇帝，而是代替米斯特奥做戈尔迪安努斯三世的监护人，后来突然残忍地将戈尔迪安努斯三世杀害。在阿米阿努斯·马尔切利努斯（Ammianus, lib. 23, cap. 54.）的作品中提到背教者尤利安努斯（Iulianus Apostata）的一篇演说，其中写道："戈尔迪安努斯三世在雷塞纳市（Resena，位于奥斯若恩行省）打败波斯国王之后凯旋，这时他受到禁军总督菲利普的压迫。"他并没有说菲利普当时已经是皇帝了。佐西姆斯（Zosimus, lib. 1, cap. 19.）也写戈尔迪安努斯三世在尼西比和卡雷中间时，菲利普利用欺骗性的手段使军队挨饿，意图以此击垮戈尔迪安努斯三世（就好像发生这种事都是戈尔迪安努斯三世的过错），从而使自己登上皇位。目的达到以后，菲利普就杀害了不幸的戈尔迪安努斯三世。似乎最后这两位作家的叙述更可信一些。

戈尔迪安努斯三世大概死于这一年3月初，这是他统治的第六年。在一两枚勋章（Occo et Mediobarbus, Numism. Imper.）上提到他第七次获得保民官权力。根据巴基神甫（Pagius, in Crit. Baron.）所述，这足以说明当时是戈尔迪安努斯三世统治的第七年。但这些勋章有可能是在他死之前打造的。另外，戈尔迪安努斯三世的年龄也存在疑问，有人认为他当时17岁，还有人认为他当时已经23岁了。后来，戈尔迪安努斯三世的尸体被光荣地埋在了他死去的地方。尤塞比乌斯（Eusebius, in Chron.）说戈尔迪安努斯三世的尸体被运回了罗马，元老院授予了他神的荣誉。菲利普为了让人相信自己与戈尔迪安努斯三世的死无关，一直尊奉戈尔迪安努斯三世为神灵。据卡皮托里努斯所述，那些杀死戈尔迪安努斯三世的人全部被处以了死刑。之后我们会看到忘恩负义的菲利普也难逃上帝的惩罚。

戈尔迪安努斯三世统治时期出现了肯索里努斯（Censorinus），他写了《论生辰》（De Die Natali）一书；还有赫罗狄安——我在前面经常参考他的史记，以及其他一些作家，但他们的作品已经佚失。菲利普继承了罗马帝国的皇位，我会在下一年谈论关于他的事情。

年　　份　公元245年　小纪纪年第八年
　　　　　法比安努斯教皇第十年
　　　　　菲利普皇帝第二年

执政官　马库斯·尤利乌斯·菲利普·奥古斯都（Marcus Iulius Philippus Augustus）与提提安努斯（Titianus）

第二位执政官提提安努斯很可能是法布莱图斯（Fabrettus, Inscript., pag. 119.）的碑文中那个叫盖乌斯·梅西乌斯·阿奎利乌斯·法比乌斯·提提安努斯（Gaius Messius Aquillius Fabius Titianus）的人。雷兰多（Reland., in Fast. Consul.）和巴基神甫（Stampa, Fast. Consul.）根据古迪奥的一则碑文称其为尤尼乌斯·迪迪亚诺或者提提安努斯（Iunius Didiano或siaTitianus）。但是我不太信任古迪奥留下的碑文。另外，在格鲁特罗（Gruterus, Inscript., pag. 407, n. 8.）的一则碑文中写有执政官法比乌斯·提提安努斯。由于存在这样的不确定性，因此我在这里只放上了姓氏。

自从上一年戈尔迪安努斯三世被杀之后，马库斯·尤利乌斯·菲利普被罗马军队拥立为奥古斯都皇帝，他写信告知罗马元老院他被拥立为皇帝，假装戈尔迪安努斯三世是因病而死（Capitolin., in Gordian. Ⅲ.）。元老院已经习惯了让步于士兵的势力和篡位，接受了菲利普继任皇位。根据勋章（Vaillant et Mediobarb., in Numismat.）上的内容，玛西娅·奥塔西莉亚·塞维拉（Marcia Otacilia Severa）是菲利普的妻子，她被授予了"奥古斯塔"的封号。他还有一个儿子，根据奥勒留·维克多（Aurelius Victor, in Brev.）所述，他叫盖乌斯·尤利乌斯·萨图尼努斯（Gaius Iulius

Saturninus），但是在勋章和碑文中，他只有父亲的名字盖乌斯·尤利乌斯·菲利普（Gaius Iulius Philippus），很自然地，他被父亲宣布为"恺撒"。尤塞比乌斯（*Euseb., Histor. Eccles., lib. 6, cap. 36.*）以及后来的圣哲罗姆（Sanctus Hieronymus）、金口圣约翰（Sanctus Ioannes Chrysostom）、保卢斯·奥罗修斯（Paulus Orosius）和其他一些作家写道，据说这对菲利普父子是基督徒。有件事情可以证明此事：菲利普皇帝来到安提阿庆祝复活节，他想要与妻子奥塔西莉亚参加复活节前一天晚上举办的教堂神圣仪式，该市的主教圣巴比拉（Sanctus Babylae）知道他对前皇帝犯下了过分的罪行，于是拒绝他们参加，并宣称如果他们不坦白他们的错误，不在公众面前进行忏悔，就不能够进入教堂，菲利普和他的妻子非常谦卑地执行了这一要求。但是一些近代的批评家并不是十分相信尤塞比乌斯和上述作家对这件事的叙述，甚至佐纳拉斯（*Zonaras, in Annalibus.*）也怀疑这件事，菲利普对戈尔迪安努斯三世的背叛从来不像基督徒会做的事。因此，巴罗尼奥主教（*Baron., in Annal. Eccles.*）认同奥利金（Origene）的说法，认为至少在菲利普统治初期，他不信奉基督教。拉克坦提乌斯（Lactantius，和尤塞比乌斯同时代的人）、苏尔皮基乌斯·塞维鲁斯（Sulpicius Severus）、狄奥多勒（Theodoretus）与其他一些作家一致认为，君士坦丁大帝（Constantinus il Grande）是第一位信奉基督教的皇帝。不过至少可以相信的是，两位菲利普非常支持基督教，在他们统治期间，基督徒的数量增长了很多，亚历山大里亚的主教圣狄奥尼修斯（Sanctus Dionisius）也证实了此事。谁知道是不是奥塔西莉亚·奥古斯塔让丈夫对神圣的基督教产生了这样的慈悲之心？关于两位菲利普的生平记述并不多，只有一些编写奥古斯都历史的作家写到过，因此我们对菲利普的事迹所知甚少。我们从佐西姆斯（*Zosimus, lib. 1, cap. 19.*）那里得知，菲利普与波斯国王萨波尔议和。但佐纳拉斯（*Zonaras, in Annalibus.*）对此的叙述就不太可信了，他写道，菲利普以割让美索不达米亚与亚美尼亚给波斯国王的方式达成了和平协议，但罗马人对此非常不满，于是菲利普就废弃了这一协议，将这些行省保留了下来。

萨波尔已经被戈尔迪安努斯三世打败了，他的首都面临着威胁，在这样的谈判中他不可能有什么优势。当然，这场议和需要一些时间才能结束，因此可以判定它是于这一年，而不是上一年结束的。然后有可能发生了安提阿主教圣巴比拉在复活节期间所做的事情，上一年复活节是在4月14日，当时菲利普在塞斯蒂芬附近，不可能在那个时间到达安提阿，他应该是在这一年抵达该市的。因此这件事可能是编造的。巴基神甫（*Pagius, Crit. Baron.*）认为，菲利普从索里亚出发，在上一年抵达罗马。但这种说法并没有可靠的依据。梅扎巴尔巴（*Mediobarbus, in Numism. Imperator.*）引用的勋章中似乎表明，菲利普是于这一年抵达罗马的。而在这一年，除上述议和以及菲利普从索里亚到罗马进行的漫长旅程之外，就没有什么其他事情了。

年　份　公元246年　小纪纪年第九年
　　　　法比安努斯教皇第十一年
　　　　菲利普皇帝第三年
执政官　普莱森斯（Praesens）与阿尔比努斯（Albinus）

菲利普抵达罗马之后，他非常清楚自己的行为招致了所有人对他的憎恨（*Zosimus, lib. 1, cap. 19.*），于是他用尽一切办法赢得军队和元老院的爱戴。在上一年的勋章（*Mediobarb., in Numismat. Imperat.*）中提到了他的慷慨赠予，佐西姆斯证实他用大量金钱取悦贪婪的士兵。对元老院，他以极其谦卑温和的语气讲话，承诺了许多事情。从关于菲利普的少数史料中我们可知，他是一位野心勃勃并且居功自傲的皇帝，但是他并不残忍暴虐，他总是怀有敬意地谈论戈尔迪安努斯三世，也没有对戈尔迪安努斯三世的雕像和回忆录做任何的损害。我们只从卡皮托里努斯（*Capitolinus, in Gordiano seniore.*）那里得知，格奈乌斯·庞培（Gnaeus Pompeius）的辉煌宫殿从前为戈尔迪安努斯家族所有，在菲利普统治时期被其占有。由于菲利普不信任罗马人，他将主要的官职任命给了他自己的亲戚，于是，他任命他的弟弟普里斯库斯（Priscus）指挥索里亚的军队，任命他的岳父塞维里努斯（Severinus）指挥默西亚和马其顿的军队，但是这两个人都是无法令别人信服与尊重的人，后来导致了菲利普的垮台。

梅扎巴尔巴（*Mediobarb., in Numismat. Imperat.*）和比安奇尼（*Blanchinius, ad Anastas.*）认为，菲利普在这一年撕毁了与波斯人的和平协约，如果波斯不将美索不达米亚与亚美尼亚归还给罗马帝国，菲利普就会向他们发动武力。但是，如之前讲到的，记述不太精准的历史学家佐纳拉斯将这件事照搬下来放在了前面。当时波斯人的势力已经强大到不再惧怕庞大的罗马军队，更不用说留在索里亚驻守的少数几支军队。因此，第二场与波斯国王的战争应该不是真的。不过有确切依据的是卡尔皮人（Carpi）——可能是来自萨尔玛提亚（Sarmazia）的蛮族人民（*Zosimus, lib. 1, cap. 20.*）的动乱，但我不清楚这件事发生在这一年还是上一年。这些蛮族在多瑙河附近发动突袭，使这些地方民不聊生。菲利普为了赢得罗马人的好感，亲自率领一支装备精良的军队前往那里与蛮族人交战，并打败了他们。许多蛮族人撤到一座城堡里，受到了罗马人的围攻。蛮族人重新集结了军队，进行了另一次战斗，但是因为罗马军队的摩洛士兵太过强大，这次战斗并不比第一次结果好多少。于是，他们请求议和与联盟。没经过几次请求，菲利普就同意了，那些行省恢复了平静之后，他就立即返回了罗马。在梅扎巴尔巴（*Mediob., Numism. Imper.*）引用的一些勋章中提到，这一年菲利普给军队进行了一场演说，并且提到他取得的一场胜利，这应该指的就是上述这场战争。但是我并不十分肯定，因为在法布莱图斯（*Fabrettus, Inscript., pag. 687.*）的一则属于下一年的碑文中，菲利普·奥古斯都被称为行省总督——只有当皇帝出征的时候才会被授予这样的头衔。

年　份　公元247年　小纪纪年第十年

法比安努斯教皇第十二年

菲利普皇帝第四年

菲利普二世皇帝第一年

执政官　马库斯·尤利乌斯·菲利普·奥古斯都（Marcus Iulius Philippus Augustus）第二次，马库斯·尤利乌斯·菲利普·恺撒（Marcus Iulius Philippus Caesar）

菲利普·奥古斯都的儿子菲利普二世与父亲一起担任这一年的执政官，在1月1日时他还只有"恺撒"的封号。巴基神甫认为（*Pagius, in Critic. Baron.*），同样是在这一年，菲利普宣布菲利普二世为帝国的共治者，也就是奥古斯都皇帝。关于这一时期的许多碑文和勋章都是伪造的，如果我们相信古迪奥的一则碑文［这则碑文也被雷兰多（*Reland., Fast. Consul.*）引用过］，那么菲利普二世在下一年也只拥有"恺撒"的封号，并没有被授予"皇帝"的封号，因为碑文上写着："执政官恺撒·菲利普皇帝第三次与尤利乌斯·菲利普·恺撒第二次（IMP. CAES. PHILIPPUS Ⅲ. ET IVLIUS PHILIPPUS CAESARE Ⅱ. COS.）。"但是我已经说了很多遍，古迪奥的碑文不能作为我们研究的可靠依据。斯邦（*Spon, Miscellan. Erudit., pag. 244.*）、贝洛里乌斯（Bellorius）与法布莱图斯（*Fabrettus, Inscription., pag. 687.*）提到一则给米塞诺（*Fabrettus, Inscription., pag. 687.*）的海军士兵颁布的法令，上面菲利普被称作"皇帝恺撒·马库斯·尤利乌斯·菲利普·庇乌斯·斐理斯·奥古斯都，大祭司长，保民官权力第四次，指定执政官第三次，行省总督（IMP. CAESAR M. IVLIVS PHILIPPVS PIVS FELIX AVG. PONT. MAX. TRIB. POT. Ⅳ. CONSVL. Ⅲ. DESIG. P. P. PROCONSVL）"，菲利普二世被称作"皇帝恺撒·马库斯·尤利乌斯·菲利普·庇乌斯·斐理斯·奥古斯都，大祭司长，保民官权力第四次，指定执政官（IMP. CAESAR M. IVLIVS PHILIPPVS PIVS FELIX AVG. PONT. MAX. TRIB. POT. Ⅳ. COS. DESIGNAT. P. P）"，而在下面写着"皇帝马库斯·尤利乌斯·菲利普，指定执政官第三次，与皇帝马库斯·尤利乌斯·菲利普，指定执政官第二次（IMP. M. IVLIO PHILIPPO COS. DES. Ⅲ. ET IMP. M. IVLIO PHILIPPOCOS. Ⅱ.

DES. COS）"。要是能有关于这两位菲利普的更多碑文，我们就可以将它们加以比较，以保证不会在古代史料或被认为是古代的史料中遇到错误。这件遗迹中写这一年菲利普一世第四次获得保民官权力，因此一些人推断，菲利普二世于公元244年成为恺撒后，立即从父亲那里获得了保民官权力，这一年他也被授予奥古斯都皇帝的最高头衔。但是哈杜伊诺（Harduino）神甫发现这则法令中有一些不太对的地方，因为他很难想象菲利普一世皇帝拥有大祭司长的头衔，且菲利普二世也拥有这一头衔。同时还令人感到疑惑的是他被称为二任指定执政官，因为可以确定这一年他是第一次担任执政官，下一年才是第二次担任执政官。当然，我们也可以认为这条法令转录得不是非常仔细，将其与另一则属于下一年的法令（*Thesaurus Novus Inscript., pag. 362, n. 1.*）进行比较就会发现确实如此。这里菲利普二世也被称作奥古斯都，这足以让我们看出古迪奥的碑文是伪造的。此外，菲利普二世在这一年第二次获得保民官权力，也就是在他升为皇帝之时，而不是巴基神甫认为的那样他在成为恺撒之时就获得了保民官权力。戈尔齐乌斯（Goltzius）发现的几枚勋章中也写到了同样的内容，但他认为这是错误的，因为与他的看法不一样。

一件令人瞩目的历史事件是在菲利普皇帝统治期间庆祝了罗马建城1000年，但不清楚是在这一年还是下一年举行的盛大庆典。我将在下一年讲述这件事。据奥勒留斯·维克多（*Aurel. Victor, in Breviar.*）所述，菲利普在台伯河那边开凿了一个湖，因为那一地区水源非常稀缺。这件事很有可能发生在这一时期。

年　份　公元248年　小纪纪年第十一年

法比安努斯教皇第十三年

菲利普皇帝第五年

菲利普二世皇帝第二年

执政官　马库斯·尤利乌斯·菲利普一世·奥古斯都（Marcus Iulius Philippus seniore Augustus）第三次，马库斯·尤利乌斯·菲利普二世·奥古斯都（Marcus Iulius Philippus juniore Augustus）第二次

关于罗马建城1000年的时间有两个说法：根据马库斯·瓦罗（Marcus Varro）的说法，罗马建城1000年应该是在上一年；根据古罗马历书中的记载，这一年才是罗马建城1000年。人们普遍认为罗马建城的日期是4月21日。毫无疑问的是，罗马建城1000年发生在两位菲利普皇帝统治时期，两位菲利普皇帝为此举办了隆重而盛大的庆典。诺丽斯主教（Noris, Epist. Consul.）与巴基神甫（Pagius, in Critic. Baron.）认为这场庆祝罗马建城1000年的庆典开始于上一年的4月；佩塔维乌斯（Petavius, de Doctrin. Temp.）、梅扎巴尔巴（Mediobarb., in Numismat. Imper.）、蒂勒蒙特（Tillemont, Mémoires des Empereurs.）、比安奇尼（Blanchinius, ad Anastas. Bibliothec.）与雷兰多（Reland., in Fast. Consular.）则认为这场庆典是在这一年举办的。一些人认为可以将这两种说法结合起来，也就是说，这场庆典从上一年的4月21日持续到这一年的4月21日，因此在这两年里均进行了庆祝罗马建城1000年的活动。但是这种说法是没有证据的。尽管如此，根据一些作家提到的纪念币（Mediob., in Numismat. Imperator.），似乎千年庆典在这一年开始举办的说法更加真实可信，因为上面写着在举办千年庆典的时候正值菲利普一世皇帝第五次拥有保民官权力，同时他第三次任执政官，这都意味着是在这一年。纪念币上没有任何记载说当时是菲利普第四次拥有保民官权力的时候，但当时所有的节日不会仅仅在1000年的最后几天庆祝，因此我们有理由相信千年庆典是从这一年4月开始举行的。佐西姆斯（Zosimus, Histor., lib. 2, cap. 5.）向我们描述了庆典的场景，卡皮托里努斯（Capitolinus, in Gordianus Ⅲ.）则讲到了在圆形剧场和竞技场中搏斗的异域动物，即32头大象、10只驼鹿、10只老虎、60只驯狮、1只海马、1

头犀牛、10只白狮、10头骆驼、10头野驴、15匹野马和数不清的其他各种各样的动物，如此多的野兽都是用来进行公共娱乐的。除此之外，还有竞技比赛与上千对角斗士的搏斗表演。尤塞比乌斯（*Euseb., in Chronic.*）也写道，在隆重庆祝之际，无数野兽在大竞技场中被猎杀，战神广场上演了3天3夜的戏剧表演。他还补充说，在这第一个千年里，罗马的庞贝剧院和被称作"百根柱"（Cento Colonne）的建筑被烧毁。"百根柱"是罗马城内一座非常豪华的柱廊。

在异教罗马，或者说在崇拜邪恶诸神的任何地方（*Aurelius Victor, in Breviar.*），几个世纪以来都有无耻淫荡的恶习，所多玛城（Sodoma）和蛾摩拉城（Gomorra）就因此而毁灭。当时有一些推广这些恶习的组织，而国库则向它们收取赋税。贤明的亚历山大皇帝曾试图纠正这一无耻之行。菲利普·奥古斯都也展示出与亚历山大同样的想法，他通过公共敕令禁止这样的可耻纵欲。尽管奥勒留斯·维克多承认罗马异教徒的无耻堕落，并直言菲利普的禁令非但没有遏制这样的腐化风气，反而进一步助长了它，但他还是赞颂这位皇帝，因为皇帝一直在想办法消灭这种恶习，虽然他并没有力量和时间去彻底根除它。

年　　份　　公元249年　小纪纪年第十二年
　　　　　　法比安努斯教皇第十四年
　　　　　　菲利普皇帝第六年
　　　　　　菲利普二世皇帝第三年
　　　　　　德西乌斯皇帝第一年
　　执政官　　马库斯·埃米利亚努斯（Marcus Aemilianus）第二次，尤尼乌斯·阿奎利努斯（Iunius Aquilinus）

如果不是在上一年，那么肯定是在这一年，菲利普皇帝统治的地区开始出现动乱，这倒不是他的过错，因为他是一个善良之人，不会伤害任何人，所以有些人据此认为他是基督徒。沉重的赋税是导致人民发动暴乱的真正原因。菲利普在各行省安排的行政长官和军官要么不懂管理，要么想要过度管理，导致菲利普受到士兵和人民的憎恨。菲利普的弟弟普里斯库斯（Priscus）是索里亚的行政长官，人民无法再忍受他，于是发动了一场叛乱（Zosimus, lib. 1, cap. 20.），拥立一个叫帕皮亚努斯（Papianus）的人为皇帝，但帕皮亚努斯很快就被杀死了。奥勒留斯·维克多（Aurelius Victor, in Breviar.）提到在菲利普的继任者德西乌斯皇帝统治期间，索里亚有一个叫尤塔皮安努斯（Iotapianus）的人觊觎皇位，并自称是亚历山大皇帝的亲戚。很有可能这个尤塔皮安努斯与佐西姆斯作品中的帕皮亚努斯是同一人，在菲利普统治期间一跃成为皇帝。与此同时，在菲利普的岳父塞维里努斯（Severinus）执管的默西亚和潘诺尼亚发生了另一场叛乱，一部分民众和士兵拥立一个叫马里努斯（Marinus）的百夫长为皇帝——在一些勋章中（不知道是否可靠）被称为普布利乌斯·卡维里乌斯·马里努斯（Publius Carvilius Marinus）（Goltzius et Mediobarb., in Numism. Imp.）。叛乱的消息传到罗马，菲利普·奥古斯都震怒不已，既是因为害怕叛乱之火会越燃越旺，也是因为他本身喜欢安宁，并且也想让别人享受宁静。菲利普来到元老院请求议员们在如此危急时刻给予援助，并说如果议员们对他的统治不满意，他愿意放弃奥古斯都的位置。所有人都沉默不语，最后，元老院议员德西乌斯（Decius，因出身贵族并具有很多美好的品质而非常受人尊敬）站起来说："没有理由害怕那些叛乱，因为那些叛乱者出身卑贱，根本没有追随者，也没有什么厉害的手段，所以只需要有一点耐心，他们当皇帝的幻想就会很快破灭。"事实的确是这样，马里努斯没过多久就被杀死了。但菲利普并没有停止对其他类似动乱的恐惧，因为他知道士兵们对他们的军官怀有怎样的敌意，于是他想到派一个有能力的人到默西亚和潘诺尼亚做行政长官，他把目光放在了议员德西乌斯身上。德西乌斯竭力推辞，但菲利普一直恳求他，甚至是强迫他，最后德西乌斯很不情愿地接受了这一任命（Zosimus, lib. 1, cap. 21.）。当德西乌斯抵达时，那些士兵非常困惑与不安，他们以为德西乌斯被派来是为了惩罚那些参与叛乱的人。经过讨论，士兵们一方面为了免除来自德西乌斯的惩罚，另一方面也是为了保全自己，同时他们认识到德西乌斯具有过人的能力与美德，于是决定拥立德西乌斯为皇帝。没有人知道德西乌斯是否知道此事。士兵们突然来到德西乌斯面前，高呼他为皇帝，并为他披上皇帝的长袍。德西乌斯当然不愿接受，据说他发表了一番真诚的讲话，以推托这个的确非常显贵但同时也十分危险的重任，但是在士兵们刀剑的胁迫下，他只好冷静下来接受了皇位。

据佐纳拉斯（Zonaras, in Annalib.）所述，德西乌斯暗中给菲利普写信，向皇帝解释士兵们对他做出的胁迫，并保证他会回到罗马，主动放弃皇位。但是菲利普不相信这些话，他认为这是圈套，是德西乌斯策划了叛乱，登上了皇位（Aurelius Victor, in Breviario.）。于是菲利普集结了一支精锐部队，尽管他年事已高，身体欠佳，但还是决定亲自出征，他将儿子菲利普二世留下来统治罗马，便亲自带兵对战德西乌斯，而此时德西乌斯已经带着他的军队朝意大利进发了。罗马留有足够多的禁卫军保护菲利普二世（Eutrop., in Epitome Histor. Roman.）。菲利普和德西乌斯两方的军队在维罗纳相遇，菲利普的军队在人数和实力上更胜一筹，但尽管如此，德西乌斯凭借他的勇敢和英明的指挥最终赢得了战争的胜利。佐西姆斯和佐纳拉斯写道，在那场激烈的战斗中，菲利普被杀。欧特罗皮乌斯、奥勒留斯·维克多和尤塞比乌斯（Eusebius, in Chronic.）说菲利普在维罗纳被杀。菲利普的头颅被送到了罗马，之后士兵们杀死了年轻的菲利普二世。据奥勒留斯·维克多证实，菲利普二世当时年仅12岁，性情严肃忧郁，自5岁起，无论看到什么表演或是听到什么笑话，他从未笑过。在罗马建城1000年的庆典中，他看见父亲放肆地大笑，就皱着眉头注视着他。《亚历山大编年史》（Chronicon Paschale, tom. II Histor. Byzantin.）对于菲利普二世的叙述完全是错误的，其中写道，年轻的菲利普在加卢斯（Gallus）皇帝和沃鲁西安努斯（Volusianus）皇帝统治时期仍然在世，并且他打赢了许多场战争，直到与格皮德人（Gepidi）作战时从马上摔下来，摔断了肋骨，然后被送到罗马，在这里结束了他的生命，终年45岁。这段历史出自希腊谎言编造者安德里亚·达马里奥（Andrea Darmario）之手。或许这个人应该是德西乌斯二世，而不是菲利普二世，但即便这样也与真实的历史不相符。不过其中写道菲利普一世挑选了一些年轻人，组建了几支护卫军军团，这是与事实相符的。在我发表的碑文（Thesaur. Novus Inscript., pag. 362.）中写道，那是10支军团，被叫作"菲利普军团"（filippiane）。这两位菲利普皇帝死去的年份毫无疑问是这一年，但具体日期不确定。巴基神甫（Pagius, in Crit. Baron.）认为两位菲利普皇帝大概死于7月，因为有一则菲利普在这一年6月19日颁布的法令，还有另一则他的继任者德西乌斯在这一年10月19日颁布的法令。我会在下一年讲述德西乌斯。

另外，还应该提到的是，在两位菲利普皇帝统治期间（Euseb., Hist. Eccles., lib. 6, cap. 41.），有可能是在上一年，亚历山大里亚发生了一场对基督徒的迫害行为，这并不是两位皇帝下的命令或颁布的法令，而是那些邪恶的异教徒眼里容不下耶稣基督的追随者而不断挑起暴乱导致的。亚历山大里亚的主教圣狄奥尼修斯（Sanctus Dionisius）在这一时期名噪一时，他提到了此事；著名作家奥利金也成名于这一时期，但在基督教中并不享有同样的荣光。在这一年，或者是在上一年，著名的殉教者与宗教作家圣西普里亚努斯（Sanctus Cyprianus）被任命为迦太基主教。

年　份　公元250年　小纪纪年第十三年
　　　　科尔乃略教皇第一年
　　　　德西乌斯皇帝第二年
执政官　盖乌斯·梅西乌斯·昆图斯·特拉亚努斯·德西乌斯·奥古斯都（Gaius Messius Quintus Traianus Decius Augustus）第二次，马克西穆斯·格拉图斯（Maximus Gratus）

特雷贝利乌斯·波利奥（Trebellius Pollio）对两位菲利普、德西乌斯、加卢斯和沃鲁西安努斯的生平记述已经丢失，同时这一时期的史料遗留甚少，并且还有很多模糊不清的地方，因此很难分辨当时的人物和发生的事情。德西乌斯在两位菲利普倒台后成为皇帝，在碑文和纪念币中他被称作盖乌斯·梅西乌斯·昆图斯·特拉亚努斯·德西乌斯（Gaius Messius Quintus Traianus Decius）。佐西姆斯（Zosimus, lib. 1, cap. 21.）——这位异教历史学家，被基督徒宣称为敌人——将德西乌斯描述为一位出身非常显贵、具有所有美德的人。这应该是佐西姆斯的主要看法，因为他发现这位皇帝还是一位基督教的残忍迫害者。德西乌斯出生在下潘诺尼亚行省锡尔米姆市（Sirmio）的布巴利亚村（Bubalia）或布达利亚村（Budalia），这个地方很难让我们相信佐西姆斯所说的德西乌斯出身很高贵。据奥勒留斯·维克多（*Aurelius Victor, in Breviario.*）所述，德西乌斯当时大概47岁。和佐西姆斯一样身为异教徒的欧特罗皮乌斯（*Eutrop., in Epitome.*）也将德西乌斯描述为一个具备各种美德的人，他温和、平静，生活简朴，非常擅长带兵作战，没有历史记载他之前做出过哪些出色的功绩，但可以确定他曾属于元老院阶级。尽管没有明确的证据，但人们还是普遍认为德西乌斯的妻子是埃雷尼亚·埃特鲁西拉·奥古斯塔（Erennia Etruscilla Augusta），这在一些勋章（*Mediobarb., in Numismat. Imper.*）上有记录。德西乌斯的一个儿子的名字可以用来证明此事，因为他的长子名叫昆图斯·赫伦尼乌斯·埃特鲁斯库斯·梅西乌斯·德西乌斯（Quintus Herennius Etruscus Messius Decius），德西乌斯·奥古斯都在上一年封其为"恺撒"；他的另一个儿子名叫盖乌斯·瓦伦斯·霍斯蒂利安努斯·梅西乌斯·昆图斯·德西乌斯（Gaius Valens Hostilianus Messius Quintus Decius）也获得了"恺撒"的封号与荣誉。一些人认为德西乌斯还有两个儿子，分别叫作埃特鲁斯库斯（Etruscus）和特拉亚努斯（Traianus），但是没有可靠的证据可以证明。这一年，德西乌斯皇帝根据新任皇帝的惯例，在统治第一年的1月1日任执政官。由于在一些古代史料中德西乌斯被称作二任执政官，因此人们认为他在过去的某一年担任过补任执政官。这位新任的奥古斯都皇帝在他统治初期是否做出什么显著的事迹，是否颁布过什么有用的法令，没有史料记载，也没有碑文或其他的回忆录写到过。几位基督教历史上有名的同时代见证人证实，这一年发生的唯一一令人可憎的事情是德西乌斯残忍地迫害基督教，基督教因此受到不小的震动，无数基督教徒在折磨欺压中光荣殉教。

　　塞维鲁斯皇帝死后的这38年，即使各地不乏一些恶毒的行政官和长官残忍地迫害信仰基督教的人，但基督徒一直过着平静的生活。有一些皇帝也曾支持这一神圣的宗教，因此福音传道的种子在各地得以散播生长，基督徒的数量也变得无以计数。然而德西乌斯皇帝——这个奥勒留斯·维克多口中的温和之人，却公开地迫害每个崇拜真正造物主和救世主的人，并在整个罗马帝国颁布残忍的法令，尤其是在基督徒人数最多的地方。为此，在基督教的古代历史和回忆录中，德西乌斯被认为是罗马最残暴的君主之一。这些可以从当时在世的圣西普里亚努斯的作品中了解到，还有尤塞比乌斯、拉克坦提乌斯、奥罗修斯、巴罗尼奥的编年史，波朗德斯学派（Bollandisti）的议事录与蒂勒蒙特的回忆录。我觉得唯一应该在这里讲一下的是圣法比安努斯（Sanctus Fabianus）教皇成为德西乌斯首批残忍迫害之人中的一员，他于这一年光荣牺牲，获得殉教者的荣誉。经过许多困难之后，在圣彼得教堂继任教皇之职的是科尔乃略（Cornelius），他是基督教最杰出的教皇之一。

与此同时，德西乌斯来到罗马，我们只知道他在这里进行了洗浴，欧特罗皮乌斯（*Eutrop., Epitome Hist. Rom.*）在他的作品中讲过此事。如果德西乌斯对基督教徒发动了战争，那么上帝也不会允许他在短暂的统治时间内享受帝国的安宁。在德西乌斯统治期间，蛮族人的势力开始复苏，罗马帝国内频繁出现叛乱和革命。历史学家约达尼斯（Giordano, *Jordan., De Rebus Geticis, cap. 19.*），别称佐南德（Giornande），尽管他的作品里有一些编造的东西，但仍可相信其中一篇关于这一年的叙述中有保留一些真实可靠的内容。约达尼斯写道，哥特国王科尼瓦（Cniva）将他的军队分成两支，命人数较少的那支军队进攻罗马的默西亚，他自己则带着另一支有7万士兵的军队围攻多瑙河畔默西亚的城市尤斯特西奥（Eustesio）——也被叫作诺维（Novi）。罗马军队的指挥官加卢斯（Gallus）击退了科尼瓦。而后科尼瓦来到尼科波利（Nicopoli）——图拉真皇帝在多瑙河附近建造的城市，但德西乌斯皇帝突然到来，科尼瓦不得不从那里撤退。或许是在上一年，德西乌斯·奥古斯都在这一地区的时候尼科波利被哥特人（Goti）侵袭，或者，如果是这一年发生的话，似乎约达尼斯这里写的德西乌斯皇帝应该指的是他的儿子德西乌斯·恺撒，有可能他被父亲派去镇压那些蛮族人。科尼瓦经过埃莫山（Emo），计划围攻色雷斯的城市菲利普波利斯（Filippopoli）——一些人认为这座城市是菲利普皇帝建造的，但是它在更早之前就有这个名字了。为了援助这座城市，德西乌斯也经过埃莫山，来到了伯里亚（Berea）。科尼瓦突然袭击了德西乌斯，打得他措手不及，德西乌斯只好逃到意大利避难，将军队的指挥权留给了加卢斯，加卢斯想方设法弥补罗马人造成的损失。在梅扎巴尔巴（*Mediobarbus, in Numismat. Imp.*）引用的勋章中写着："俘虏达契亚，战胜达契亚（DACIA CAPTA, DACIA FELIX）。"但是不知道这是哪一场战争，也不知道这些勋章是属于这一年的还是上一年的。

年　份　公元251年　小纪纪年第十四年

科尔乃略教皇第二年

德西乌斯皇帝第三年

特雷波尼亚努斯·加卢斯皇帝第一年

霍斯蒂利安努斯·德西乌斯皇帝第一年

执政官　盖乌斯·梅西乌斯·昆图斯·特拉亚努斯·德西乌斯·奥古斯都第三次，昆图斯·赫伦尼乌斯·埃特鲁斯库斯·梅西乌斯·德西乌斯·恺撒（Quintus Herennius Etruscus Decius Caesar）

不清楚是在上一年还是这一年，哥特人（也就是佐西姆斯所说的斯基泰人，或者叫作塔塔尔族人）围攻了色雷斯的城市菲利普波利斯（Filippopoli）。可以确定的是，据佐西姆斯和约达尼斯（Jordan., de Rebus Geticis, cap. 18.）证实，那些蛮族人经过很长时间的围攻之后占领了那座城市。如果阿米阿努斯（Ammianus Marcellinus, Hist., lib. 31.）所述属实，当时有10万人被蛮族人用剑砍死。佐西姆斯和约达尼斯只是谈到在城市被占领之时有许多人被囚禁。卢基乌斯·普里斯库斯（Lucius Priscus，可能是菲利普皇帝的弟弟）当时任菲利普波利斯的行政长官，或者是马其顿的行省总督——野蛮的哥特人也入侵了马其顿行省。我们从约达尼斯和奥勒留斯·维克多（Aurelius Victor, in Epitome. Zonaras, in Annalibus.）那里得知，卢基乌斯·普里斯库斯与哥特人联合起来，自称为皇帝，对德西乌斯发起了进攻。似乎圣西普里亚努斯（Cyprian., Epistola 52.）与卢基乌斯·普里斯库斯认识。于是卢基乌斯·普里斯库斯被罗马元老院宣布为国家公敌，不久后被杀死了。当然，这里的历史有许多不清楚的地方。一些人认为普里斯库斯是在德西乌斯死后才自称为皇帝的，当时帝国处于选任继任者和起义的暴君的混乱中。

与此同时，尽管古代作家对于德西乌斯的死说法不一，但毫无疑问的是他的结局非常悲惨。哥特人的不断入侵与普里斯库斯的称帝（如果是真的话）使德西乌斯一世认为有必要亲自到默西亚与马其顿将这些行省从蛮族人手里解放出来。他的儿子赫伦尼乌斯·埃特鲁斯库斯·德西乌斯应该已经在那一地区了，如果不是这样，那么他就是在这一年随父亲一起到的那里。在一些勋章（Mediob., Numism. Imper.）

中，赫伦尼乌斯·埃特鲁斯库斯·德西乌斯被称作"奥古斯都"，因此可以认为在那个时候，他由父亲宣布为皇帝和帝国的共治者。两位德西乌斯·奥古斯都皇帝率领英勇的军队朝哥特人进军，据佐纳拉斯（*Zonaras, in Annalibus.*）所述，他们勇猛地追击敌军，最终将他们赶回了他们的国家。一些人认为（*Aurelius Victor. Eutropius.*），德西乌斯追击敌人直到多瑙河那边，但似乎更有可能是，在多瑙河那里，他与敌军进行了交战。据约达尼斯（*Jordan., de Rebus Geticis, cap. 18.*）所述，在混战中，年轻的德西乌斯二世被哥特人的箭射中身亡。这令罗马士兵大为沮丧（*Eutrop., in Epitome.*），但德西乌斯一世鼓励他们说，失去一个士兵不会对罗马军队的实力造成任何影响，然后他抱着要么战死、要么复仇的心态，拼命与蛮族人战斗。后来他被敌军围困，也阵亡了。

但是佐西姆斯（*Zosimus, lib. 1, cap. 23.*）认为，德西乌斯的将领加卢斯因为觊觎皇位而暗中与哥特人勾结，借助他们最终击垮了两位德西乌斯·奥古斯都皇帝。佐西姆斯写道，在加卢斯的建议下，哥特人驻军于一片沼泽地后，德西乌斯突破了哥特人的前两道防线后，想要继续攻击第三道防线，于是与儿子进入了沼泽地，二人都陷入泥潭之中，暴露于蛮族人的乱箭之下，最终与他们的随从士兵一同阵亡了。据佐纳拉斯所述，德西乌斯与儿子的尸体都没有找到，更不用说埋葬了。拉克坦提乌斯（*Lactantius, de Mortibus Persecutor.*）在他关于基督教迫害者之死的专题论文中明确证实了这一点。当然，所有古代基督作家（*Cyprianus, Epist. ad Demetr. Eusebius, Orat. Constantin., cap. 24. Hieronym., Commentar. in Zachar., cap. 14.*）都认为这个被基督教徒视为敌人的罗马皇帝德西乌斯这么快就可耻地死去是上帝对他的惩罚，任何公开想要对神圣的宗教发动战争的罗马君主迟早都会受到上帝的惩罚。两位德西乌斯被杀的地点仍然是存在疑问的，更准确地说是未知的。尤塞比乌斯提到君士坦丁大帝（Constantinus il Grande）在一篇演讲里说到两位德西乌斯似乎是在多瑙河对岸的哥特人国家丧生，其他人则认为是在默西亚，还有人认为在色雷斯。约达尼斯表示，有一个叫"德西乌斯祭坛"（Altare di Decius）的地方，德西乌斯被杀之前在那里举行过祭祀。但是没有人能指出这个地方在哪个行省和地区。人们对于两位德西乌斯死去的时间也存在争议，有人

（*Blanchinius, ad Anastas.*）认为这件事发生在6月（*Pagius, in Critic. Baron.*），还有一些人认为是在这一年的最后两个月。我们从特雷贝利乌斯·波利奥（*Trebellius Pollio, in Valerian.*）那里得知，两位德西乌斯任执政官的时候（也就是这一年），罗马元老院接到德西乌斯的信件和命令，要求他们选出一位监察官，因为这个职位在罗马空缺了很长时间。由于两位执政官，即两位奥古斯都皇帝不在罗马，于是大法官在10月27日提出了这个议程，大家一致同意选正直廉洁的瓦勒良（Valerianus）为监察官。如我认为的那样，瓦勒良当时与皇帝一同在色雷斯和默西亚的军队中，而不是巴基神甫认为的那样在罗马。德西乌斯得知元老院的议定结果后叫来瓦勒良并召开了全体议会，正式宣布瓦勒良为监察官，同时向他说明了他具有的极其广泛的权力，即他可以决定谁能在元老院拥有一席之地，可以废黜骑士阶级，可以修改或确认贡税和关税，可以颁布新的法律，可以重组军队，可以审判长官、法官、总督的所有诉讼案件，除了正式执政官、罗马总督，以及首席的维斯塔贞女（只要她维持着贞节）。但是瓦勒良站起身，他因无法接受这样的重任而请求德西乌斯的原谅，因为这些是皇帝才享有的特权——那个时候，没有任何普通人能够拥有这样的权力。就这样，这个计划最终没有实现。但是如果10月27日德西乌斯仍然在位统治，他的继任者加卢斯在下一年1月1日才上位，那么我们可以认为两位德西乌斯应该是在这一年11月或12月被杀而结束了统治。他们死后发生的事，我将在下一年讲述。

年　份　公元252年　小纪纪年第十五年

科尔乃略教皇第三年

卢基乌斯教皇第一年

特雷波尼亚努斯·加卢斯皇帝第二年

霍斯蒂利安努斯·德西乌斯皇帝第二年

沃鲁西安努斯·加卢斯皇帝第一年

执政官　盖乌斯·特雷波尼亚努斯·加卢斯·奥古斯都（Gaius Trebonianus Gallus Augustus）第二次，盖乌斯·维比乌斯·沃鲁西安努斯·恺撒（Gaius Vibius Volusianus Caesar）

两位德西乌斯的死讯传播开来，默西亚和色雷斯的军队立即拥立他们的将领盖乌斯·特雷波尼亚努斯·加卢斯为皇帝。或许佐西姆斯（Zosimus, lib. 1, cap. 23.）错误地以为是他背叛了两位德西乌斯。奥勒留斯·维克多（Aurelius Victor, in Breviar.）写道，背叛者是一个叫作布鲁图斯（Brutus）的人。特雷波尼亚努斯·加卢斯来自哪里，我们并不知晓，根据维克多所述，似乎他出生在阿非利加海岸的格布岛（Gerbe）。根据新任皇帝的惯例，加卢斯在这一年担任执政官（Reland., in Fast. Consul.），而在一则碑文和一些历书中称其为二任执政官。因此，人们认为他在过去某一年中担任过补任执政官。加卢斯担任的军队将领之职为他成为皇帝提供了便利。他有一个儿子叫作盖乌斯·维比乌斯·加卢斯·沃鲁西安努斯（Gaius Vibius Gallus Volusianus），他立即授予其"恺撒"的头衔。但是为了不让人产生他参与了德西乌斯之死的怀疑，或者削弱已经产生的怀疑，加卢斯表现出对德西乌斯皇帝的深切怀念，一直对其表示赞颂和尊重，根据异教的惯例，他还想将两位德西乌斯皇帝神化。我们在前面讲过，德西乌斯一世还有一个儿子，即盖乌斯·瓦伦斯·霍斯蒂利安努斯·梅西乌斯·昆图斯·德西乌斯（Gaius Valens Hostilianus Messius Quintus Decius），他也早已被父亲封为"恺撒"。加卢斯为了让人更加相信他非常爱戴德西乌斯，同时也担心德西乌斯仍然活着的儿子会得到士兵的支持并发起叛乱，于是自然地封其为皇帝和帝国的共治者，然后等待着时机除掉他。加卢斯还让自己和儿子沃鲁西安努斯担任这一年的执政官。所有这些都发生在上一年，加卢斯给罗马元老院发去了通知，元老院丝毫没有争议就批准了。

这一时期出现了一些其他的皇帝或暴君，但是无法清晰地判断出他们短暂上位而后垮台的时间和地点。奥勒留斯·维克多写到一个叫尤利乌斯·瓦伦斯（Iulius Valens）的谋权篡位者，德西乌斯刚离开罗马，他就篡夺了皇位，但没过多久他就被杀死，为他的莽撞付出了代价。但是更加可信的特雷贝利乌斯·波利奥（Trebellius Pollio, in Triginta Tyrannis, cap. 19.）声称尤利乌斯·瓦伦斯自称为皇帝的那几天不是在罗马或意大利，而是在伊利里亚，他在这里被杀。或许他是在两位德西乌斯死去之后篡位的。不过有一枚勋章（Mediobarbus, in Numism. Imperator.）（不知道是不是真的）上面提到奥古斯都皇帝马库斯·奥菲狄乌斯·佩尔佩纳·李锡尼亚努斯（Marcus Aufidius Perpenna Licinianus Imperadore Augustus），他被维克多混淆成瓦伦斯或者霍斯蒂利安努斯。巴基神甫（Pagius, in Crit. Baron.）认为，德西乌斯在世的时候他就策划了阴谋，在高卢自立为皇帝，后来德西乌斯在这里将其杀死。欧特罗皮乌斯（Eutrop., in Epitome.）写道，德西乌斯在向哥特人发起进攻之前先在高卢平息了一场内战。欧特罗皮乌斯的猜测似乎是说得过去的，但仍然存在一些疑问。特雷波尼亚努斯·加卢斯被罗马元老院承认是皇帝，他的第一个举措就是与哥特人议和，但是是以非常可耻的条件（Zosimus, lib. 1, cap. 24.）达成，因为他不仅允许哥特人带着在罗马的领地上劫掠的所有战利品返回他们的国家，而且不在意赎回或者叫哥特人释放他们在菲利普波利斯囚禁的罗马人，其中还包括贵族，同时他还同意自那以后罗马必须给哥特人每年缴纳一定的贡税，只要他们不再骚扰罗马帝国。加卢斯不是第一个用类似的协议侮辱罗马帝国尊贵的皇帝，在他之前有多米提安努斯，或许还有其他软弱的皇帝也做过相同的事。之后，就好像他这种"英勇"的行为值得获得凯旋仪式一样，加卢斯于这一年春天兴高采烈、倍感光荣地回到了罗马。

从上一年的最后几个月到这一年的最初几个月，对基督教徒的迫害处于停滞状态。也许是异教祭司，或者是对保护异教诸神十分热心的元老院向加卢斯再次提出了请求，这场宗教迫害行动再次开始，于是，各个行省开始残害拒绝为异教那些无耻之神祭祀的基督教徒。这里值得看一下圣西普里亚努斯（SS. Cyprian. et Cornel., in Epistolis.）和圣科尔乃略教皇的信件和小册子。圣科尔乃略教皇因为这场迫害而被流放，后来光荣殉教，继任罗马教皇之职的是卢基乌斯（Lucius）教皇，他没过多久也被流放了。但是上帝用新的手段惩罚了这些迫害他的信徒的君主——罗马帝国内开始出现一种非常可怕、持续时间非常久的瘟疫。这一瘟疫渐渐地蔓延到了罗马帝国的各个行省（*Eutrop. Eusebius. Sanctus Cyprianus, et alii.*），使得各地都死亡无数。据奥勒留斯·维克多（*Aurelius Victor, in Brev.*）所述，德西乌斯皇帝的儿子霍斯蒂利安努斯·奥古斯都因感染了瘟疫而死亡。但是佐西姆斯（*Zosimus, lib. 1, cap. 25.*）认为，是加卢斯因为担心霍斯蒂利安努斯会得到爱戴他父亲德西乌斯的人的拥护而有一天会对自己的皇位造成威胁，于是暗中将其杀死了，却对外宣称他是死于瘟疫。在霍斯蒂利安努斯死后，加卢斯宣布他的儿子加卢斯·沃鲁西安努斯为奥古斯都，在一些碑文中（*Thesaurus Novus Inscript., pag. 253.*）他被叫作盖乌斯·维比乌斯·阿菲尼乌斯·加卢斯·维尔杜米亚努斯·沃鲁西安努斯（Gaius Vibius Afinius Gallus Veldumianus Volusianus）。

年　份　　公元253年　小纪纪年第一年
　　　　　卢基乌斯教皇第二年
　　　　　特雷波尼亚努斯·加卢斯皇帝第三年
　　　　　沃鲁西安努斯·加卢斯皇帝第二年
　　　　　瓦勒良皇帝第一年
　　　　　加里恩努斯皇帝第一年
执政官　　盖乌斯·维比乌斯·沃鲁西安努斯·加卢斯·奥古斯都（Gaius Vibius Volusianus Gallus Augustus）第二次，马克西穆斯（Maximus）

一些人称第二位执政官为马库斯·瓦莱利乌斯·马克西穆斯（Marcus Valerius Maximus）。因为到目前为止没有证据可以证明此事，所以我只称他为马克西穆斯（*Aurelius Victor, Syncellus et alii.*）。似乎加卢斯·奥古斯都的统治非常温和，他待人亲切平和，试图赢得所有人的爱戴，除了基督教徒。但是他与他的儿子都沉迷于奢侈与享乐（*Zosimus, lib. 1, cap. 16.*），这令人们对他们不满，而他们的疏忽大意与无心政事使许多蛮族人侵袭并进攻罗马帝国的各个行省。终于，上帝也惩罚了这个对基督徒（还是基督教中最有名的教徒）发动战争的君主。在可怕的瘟疫横行期间，斯基泰人（包括哥特人、卡尔皮人、博拉尼人或布尔贡地人，以及其他塔塔尔族人民）侵袭了默西亚、色雷斯、马其顿和希腊，直到亚得里亚海，他们在所到之处的掠夺行径难以用言语描述，无论是没有设防的城市还是设防良好的城市，都无法抵挡他们的暴行。然而这时，加卢斯却在罗马寻欢作乐。这一时期，在潘诺尼亚指挥罗马军队的是马库斯·尤利乌斯·埃米利亚努斯（Marcus Iulius Aemilianus）。奥勒留斯·维克多（*Aurel. Victor, in Epitome.*）认为他叫埃米利乌斯·埃米利亚努斯（Aemilius Aemilianus）。据佐西姆斯所述，埃米利亚努斯鼓舞了士兵，并向斯基泰人发起了进攻，最终成功击败了他们，将他们赶回了他们的国家。因为这场胜利，埃米利亚努斯的军队拥立他为皇帝。约达尼斯（*Jordan., de Rebus Geticis, cap. 19. Eutropius, in Breviar. Aurelius Victor, ibid.*）只是写道，埃米利亚努斯考虑到蛮族人对罗马的统治领域造成的严重破坏，以及加卢斯和沃鲁西安努斯皇帝的疏忽大意，让士兵们认识到有必要拥有一个勇敢的皇帝以镇压傲慢的哥特人。于是，军队一致同意（当然是在埃米利亚努斯的建议下）拥立埃米利亚努斯为皇帝。而后埃米利亚努斯朝意大利进发，没有再留意那些蛮族。由此我们可以推断，埃米利亚努斯当时击退了，或者之前就击退了蛮族人，又或者是他与蛮族人达成了休战协议。但据佐西姆斯（*Zosimus, lib. 1, cap. 16.*）所述，埃米利亚努斯之所以没再留意那些蛮族人，是因为他们转而入侵亚细亚，他们抵达以弗所（Efeso），后来征服了整个卡帕多细亚。这个时候加卢斯意识到了事情的严重性，他尽其所能在短时间内集结了军队，向埃米利亚努斯进军，但此时埃米利亚努斯不仅进入了意大利，而且到达了翁布里亚。根据维克多（*Aurelius Victor, in Epit.*）和欧特罗皮乌斯（*Eutrop., in Brev.*）所述，两方的军队在特尔尼（Terni）正面相遇，或者如尤塞比乌斯（*Euseb., in Chronic. Syncellus, Chronogr.*）所述，是在弗拉米尼奥的广场——这座城市已经被摧毁了很长时间，当时位于福利尼奥（Foligno）的边界处。加卢斯的军队由于沉迷于罗马的欢乐而久未训练、疲软无力，无法抵抗埃米利亚努斯的军队，而埃米利亚努斯趁机暗地里在加卢斯的军队散播要给予他们一份厚礼以贿赂他们的传言。于是，特雷波尼亚努斯·加卢斯皇帝和沃鲁西安努斯·加卢斯皇帝被他们自己的士兵夺去了生命。据说，加卢斯当时47岁，关于他统治的时间一直存在很大争议。蒂勒蒙特（*Tillemont, Mémoires des Empereurs.*）认为，加卢斯大概在5月的时候被杀，在下一年，他忠实的朋友瓦勒良皇帝将他们父子二人都列为了神灵。

埃米利亚努斯取得了胜利，加卢斯的军队也加入了他的阵营，现在他只需要元老院的批准就可以稳住皇位了。埃米利亚努斯毫无阻力地得到了元老院的批准，因为没有人敢不同意。埃米利亚努斯（*Zonaras, in Annalib.*）承诺会将蛮族人赶出默西亚，向劫掠了美索不达米亚的波斯人发动战争。根据记载（*Aurelius Victor, in Epitome.*），埃米利亚努斯是摩洛族，出身卑微，但是他的英勇帮助他登上了至高无上的位置。安杰洛尼（*Angellonius, Hist. August.*）提到一枚属于埃米利亚努斯的纪念币，如果上面的内容属实，他曾两次任执政官。有可能埃米利亚努斯在过去的某一年中曾是补任执政官，沃鲁西安努斯·奥古斯都死后，他在这一年再次担任执政官。但是在其他众多的纪念币（*Mediobarb., in Numismat. Imper.*）中并没有出现相同的内容，因此这枚纪念币的合法性值得怀疑。埃米利亚努斯做出的承诺没有带来很大影响，因为没过多久，雷齐亚（Rezia）和诺里库斯（Norico）两地就爆发了反抗他的叛乱。当时，普布利乌斯·李锡尼·瓦勒良（Publius Licinius Valerianus）正在那个地方聚集各地的兵力，打算前去救援加卢斯和沃鲁西安努斯，后来得知加卢斯父子二人已被杀，他们的敌人埃米利亚努斯登上了皇位。也许是瓦勒良不愿臣服于帝国的篡位者，又或者是士兵们也对埃米利亚努斯心有憎恨，最终军队拥立瓦勒良为皇帝（*Aurelius Victor, et alii.*）。佐西姆斯（*Zosimus, l. 1, cap. 28.*）认为，在埃米利亚努斯死后，经过所有人同意，瓦勒良才被推上皇帝之位。就这样，瓦勒良整装待发进军意大利，率兵朝罗马行进，当时已经是埃米利亚努斯统治的第三个月了。但据佐纳拉斯（*Zonaras, in Annalibus.*）所述，就连埃米利亚努斯的士兵也认为埃米利亚努斯不配做皇帝，于是，在他出兵迎击瓦勒良的时候，他的士兵在于斯波莱蒂（Spoleti）附近（很可能在这一年8月）将其杀死。埃米利亚努斯的死使瓦勒良没有经历流血的战争就完全拥有了皇帝的至高之位。瓦勒良被公认为皇帝后，授予其长子普布利乌斯·李锡尼·加里恩努斯（Publius Licinius Gallienus）"奥古斯都"的封号，宣布其为帝国的共治者，对此我们将在下一年看到。

据信，著名但备受争议的基督教作家奥利金在这一年去世（*Pagius, in Crit. Baron.*）。

年　份　公元254年　小纪纪年第二年
　　　　斯德望教皇第一年
　　　　瓦勒良皇帝第二年
　　　　加里恩努斯皇帝第二年
执政官　普布利乌斯·李锡尼·瓦勒良·奥古斯都（Publius Licinius Valerianus Augustus）第二次，普布利乌斯·李锡尼·加里恩努斯·奥古斯都（Publius Licinius Gallienus Augustus）

根据图书管理员阿纳斯塔修斯编纂的《基督教会编年史》"大马士革教宗"一节所述，罗马教皇圣卢基乌斯在瓦勒良·奥古斯都统治时期从流放中被召了回来，而后因为信仰耶稣基督而被斩首，光荣地殉教。比安奇尼主教（*Blanchin., ad Anast.*）认为这件事发生在这一年的3月3日，然而巴基神甫（*Pagius, Crit. Baron., ad annum 253.*）认为圣卢基乌斯死于前一年。可以确定的是在圣彼得教堂继任教皇之职的是斯德望（Stefano），但是很难准确地说出他与其他古代罗马教皇具体是在哪一天上位的。另外，圣卢基乌斯在这一年被残杀的事与尤塞比乌斯（*Euseb., Histor. Eccles., lib. 7, cap. 10.*）的叙述不同，尤塞比乌斯写道，当时亚历山大里亚的主教圣狄奥尼修斯（Sanctus Dionisius）写信给赫曼蒙（Ermammon），说瓦勒良在他统治初期对基督教徒非常温和亲切，之前没有任何一个奥古斯都皇帝（包括那些被认为是基督教徒的皇帝，即菲利普）像他一样对待耶稣基督的追随者如此谦恭与仁慈。瓦勒良的宫廷中到处都是基督教徒，就像是一座基督教堂一样。因此，怎么可能他在统治初期杀害了圣卢基乌斯教皇呢？出于这个原因，巴罗尼奥主教认为圣卢基乌斯是在瓦勒良统治第五年的迫害时期才被杀死的。因此，尤塞比乌斯认为圣卢基乌斯当时还活着，只是因为信仰基督教而遭受了流放和其他苦难，但没有被迫害者砍头。瓦勒良对于基督教徒的仁慈让人们认识到他善良的本性和正直的品德。

我们在前面讲过，瓦勒良被罗马元老院选为监察官（Trebellius Pollio, in Vita Valeriani.），因为他被公认是罗马当时最有智慧、最令人尊敬的元老院议员。他不仅品德高尚，而且迄今为止一直过着谨慎而简朴的生活。乔瓦尼·马拉拉（Giovanni Malala, Joannes Malala, in Chronogr.）将瓦勒良描述为一个身材矮小纤瘦、满头白发的人，他的鼻子非常扁平，胡子浓密，瞳孔漆黑，眼睛极大，为人腼腆且非常节俭。似乎可以确定，在被选为皇帝之时，瓦勒良已经60多岁了。据特雷贝利乌斯·波利奥所述，瓦勒良有两任妻子，但是我们都不清楚这两位是谁。瓦勒良的第一任妻子生下了加里恩努斯——他的共治者和继任者，第二任妻子生下了小瓦勒良（Valerianus Juniore）。瓦勒良·奥古斯都担任过各种官职，直到做到了执政官的位置——他应该是在过去的某一年中担任了补任执政官，因为在这一年他任执政官（按照新任皇帝的惯例）的时候，历书上记录的是"二任执政官"。自从瓦勒良在所有人的欢呼中成为皇帝后，元老院就宣布他的长子（Eutrop., in Breviar. Aurelius Victor, in Epitome.），即普布利乌斯·李锡尼·加里恩努斯（Publius Licinius Gallienus）为"恺撒"。在上一年的夏季进入尾声的时候，据推测在8月下旬或者9月初，当时台伯河泛滥淹没了罗马城，人们认为是灾难的预兆。没过多久，瓦勒良皇帝就授予了儿子加里恩努斯"奥古斯都"的封号。佐西姆斯认为这事发生在更晚些的时候。但在很多属于加里恩努斯的纪念币（Mediobarb., in Numismat. Imperat.）上，他只被称作过奥古斯都皇帝，从未被称作恺撒，于是，两位新任的奥古斯都进入罗马，受到了元老院和罗马人民的热烈欢迎，因为瓦勒良被认为是最配得上皇帝之位的人（Trebellius Pollio, in Vita Valeriani.）——如果全天下的人可以任选一位明君的话，那么所有人都会选瓦勒良。因此，人们对瓦勒良寄予厚望，希望他能重振罗马帝国。瓦勒良是如何振兴罗马帝国的，我们会在后面看到。两位奥古斯都皇帝在这一年1月1日担任执政官，但是他们在这一年做了哪些事，史料并没有相关记载。

年　份　公元255年　小纪纪年第三年

斯德望教皇第二年

瓦勒良皇帝第三年

加里恩努斯皇帝第三年

执政官　普布利乌斯·李锡尼·瓦勒良·奥古斯都第三次，普布利乌斯·李锡尼·加里恩努斯·奥古斯都第二次

瓦勒良·奥古斯都拥有许多令其获得荣光的美好品质，如精明谨慎、和蔼可亲、严肃认真、不盛气凌人、不爱奢侈之风等。他希望采取正确的决议制止混乱，为人民造福，因此他对任何人提出的关于建立贤明统治的建议和规范都非常重视。如今仍然保留着瓦勒良给巴利斯塔（Balista）写的一封信（*Trebel. Pollio, in Triginta Tyrannis, c. 17.*）。巴利斯塔可能是当时的禁军总督，他曾向瓦勒良建议应当禁止让无用的军官和不善打仗的士兵留在军队中。瓦勒良在军队军官的选任方面也显示出非凡的判断力——那些军官都被公认为是才能出众、功绩卓著的人物，后面我们还会看到他们对瓦勒良的儿子加里恩努斯发起的反抗。后来成为杰出皇帝的奥勒里安努斯（Aurelianus）与普罗布斯（Probus）就是从瓦勒良那里开始了他们的辉煌人生。根据布赫里乌斯的一览表（*Cuspinianus Bucherii.*），瓦勒良任命洛利亚努斯（Lollianus）为上一年的罗马总督，瓦莱利乌斯·马克西穆斯（Valerius Maximus）为这一年的罗马总督。尽管如此，瓦勒良离成为一名杰出的皇帝还差得很远。他缺少广阔的胸怀，也没有伟大的皇帝所具备的强大思想与胆量——在自己的国土内实践伟大之举，让敌人后悔侵犯罗马帝国（*Zosimus, lib. 1, cap. 36. Aurelius Victor, in Epitome*）。他的谨慎（同时缺少勇气）使他变得多疑和过于谨小慎微。另外，他的高龄也在很大程度上削弱了他的胆量。但不管怎样，他在处理事务上还是很出色的，在他的管理下，人民的各项民事活动进展得非常顺利。然而各地开始发生各种各样的灾难，瘟疫也仍然存在着。莱茵河畔的日耳曼民族频繁地袭击高卢；斯基泰人越过多瑙河，一步步劫掠了色雷斯、默西亚和马其顿；波斯人也一直不停地骚扰美索不达米亚和索里亚。我们缺少史料将这些事件进行排序并指出它们各自发生的时间。在一些属于这一年的勋章

（*Mediobarbus, in Numismat. Imper.*）上提到奥古斯都皇帝取得的一场胜利，但是没有写明是在哪一个国家、与谁交战。在瓦勒良·奥古斯都给凯奥尼乌斯·阿尔比努斯（Ceionius Albinus，下一年以及之后几年的罗马总督）的一封信中，他称奥勒里安努斯（后来成为皇帝）为"伊利里亚的解放者与高卢的重建者"。有可能是因为奥勒里安努斯在这一年击败了侵犯伊利里亚的哥特人，或者是无耻地骚扰高卢的日耳曼人。在《法典》（*Codice*）（*Leg. 11 de Fideicommisso, tit. 4, C. de Transaction.*）中有一则瓦勒良和加里恩努斯皇帝，以及瓦勒良·恺撒发出的诏令。对于这位瓦勒良·恺撒是谁，学者们一直存在争议，至今仍没有准确的结论，大多数人认为他是瓦勒良·奥古斯都的次子普布利乌斯·李锡尼·瓦勒良（Publius Licinius Valerianus），但是巴基神甫（*Pagius, in Crit. Baron.*）认为他应该是加里恩努斯·奥古斯都的儿子，也就是瓦勒良·奥古斯都的孙子普布利乌斯·李锡尼·科尔涅利乌斯·萨洛尼努斯·瓦勒良（Publius Licinius Cornelius Saloninus Valerianus）。可以确定的是他具有"恺撒"的头衔和"青年王子"的称号。另外，根据特雷贝利乌斯·波利奥（*Trebellius Pollio, in duobus Gallienis.*）所述，一个有争议的问题是瓦勒良·奥古斯都的次子是否具有"恺撒"及"奥古斯都"的头衔？从勋章上无法得出这个问题的答案。然而，在这些勋章及许多仿制品中可以明确看到加里恩努斯的儿子萨洛尼努斯·瓦勒良具有"恺撒"的头衔。有一则由我发表的公元259年的碑文（*Trebellius, Novus Inscript., pag. 360, n. 5.*）可以解决一切疑问，上面写着"奥古斯都皇帝瓦勒良与加里恩努斯（Valerianus e Gallienus Augusti），以及普布利乌斯·科尔涅利乌斯·萨洛尼努斯·瓦勒良·恺撒（Publius Cornelius Saloninus Valerianus Caesar）"。如果加里恩努斯的弟弟瓦勒良当时是恺撒的话，那么碑文中应该会提到他，但是碑文中提到的却是萨洛尼努斯。因此，我们有足够的理由认为，那些写着瓦勒良·恺撒（被错误地认为是瓦勒良·奥古斯都的次子）的勋章（*Mediobarbus, ibidem.*），实际上说的是加里恩努斯的儿子萨洛尼努斯·瓦勒良。由此，我们终于了解到，当时即便仅仅是恺撒（而非奥古斯都皇帝）也拥有很大的权力，他们的名字也开始出现在法令中。

年　　份　　公元256年　小纪纪年第四年

斯德望教皇第三年

瓦勒良皇帝第四年

加里恩努斯皇帝第四年

执政官　马克西穆斯（Maximus）和格拉里奥（Glarrio）

有人称这两位执政官中的前者名叫瓦莱利乌斯（Valerius），也叫马克西穆斯（Maximus）。但并没有证据可以佐证。这位执政官也被称为"二任执政官"，也许他是公元253年担任执政官的那位马克西穆斯，又或许是前一年担任罗马总督的那位马克西穆斯。由于关于他的名字只有非官方的猜测，因此我更倾向于只用他已被确定的姓来称呼他，而不使用尚存争议的名。

如前所述，由于缺少足够翔实的史料，我们很难深入地了解这些皇帝所处的时代和他们的冒险经历。但是，经过逐步摸索，奥科内（Occone）和梅扎巴尔巴为今人留下了记载日耳曼人胜利的一些勋章。但是，可以确定的一点是，这些勋章中并没有涉及瓦勒良皇帝的第三代或第四代保民官权力存在的证明。从加里恩努斯·奥古斯都的一枚勋章上我们可以读到与其有关的拥有第四代保民官权力和日耳曼战争大捷的记述，因此我们有足够的理由相信，罗马军队与日耳曼人的战役在这一年以胜利告终。也许这场胜利正归功于年轻的加里恩努斯·奥古斯都。在他的父亲瓦勒良的一枚勋章背面（该勋章从梅扎巴尔巴时期流传至今），我们可以读到"加里恩努斯与他的军队（GALLIENVS CVM EXERCITV SVO）"。在另一枚勋章上，我们可以发现加里恩努斯在同一时期被授予了"日耳曼征服者"的头衔。奥勒留斯·维克多和欧特罗皮乌斯写道，加里恩努斯在成为帝国皇帝的前几年，凭借勇气和运气在高卢扩张，也是在那里将日耳曼人驱逐出境。我们也搜索到了来自佐西姆斯的记载（Zosimus, lib. 1, cap. 30.），瓦勒良看到了被野蛮人夷为平地的东方，决定带着一支军队奔赴那些地区亲自作战，让他的儿子加里恩努斯来看守已被降服的野蛮人。但是加里恩努斯非常了解对付日耳曼人的要领——这个傲慢的、残害了无数高卢百姓的民族，于是他亲自来到莱茵河，下令军官与博拉尼人（Borani）、卡尔皮人、哥特人和勃艮第人（Burgundi）展开战斗（这些人不断给色雷斯行省和默西亚行省招致麻烦）。加里恩努斯驻扎在莱茵河岸边，阻止敌人过河，如果敌人侥幸过了河，他就对其发起进攻。但是他的力量尚不足以和人数众多的敌人展开漫长且激烈的战斗——这些敌人来自日尔曼各族，生性好战，给高卢带来破坏——因此，他与日耳曼一位王子私下联络，用礼物、金钱贿赂这位王子，并且对未来做出承诺，通过这种手段，他们阻止了其他日尔曼人渡过莱茵河——一旦过河，他们很快就会发动战争。需要指出的是，在这个时代，我们也开始听到法兰克人的名字，这也是日耳曼人的一支，他们与其他民族联合起来侵占了罗马人的领地。

年　份　公元257年　小纪纪年第五年

　　　　斯德望教皇第四年

　　　　西斯笃教皇第一年

　　　　瓦勒良皇帝第五年

　　　　加里恩努斯皇帝第五年

执政官　普布利乌斯·李锡尼·瓦勒良·奥古斯都第四次，普布利乌斯·李锡尼·加里恩努斯·奥古斯都第三次

到现在为止，基督教徒还可以称赞瓦勒良·奥古斯都的温和与仁慈，因为他支持他们的发展，也让他们过上了和平的生活。但这一年，瓦勒良的态度发生了明显的转变，他开始成为耶稣基督信徒的残忍迫害者（*Euseb., Histor. Eccles., lib. 7, cap. 10.*）。马库里安努斯（Macrianus）为人卑鄙，登上宫廷最重要的职位后，深受瓦勒良的宠爱和信赖。据亚历山大里亚的主教圣狄奥尼修斯（Sanctus Dionisius）所述，马库里安努斯蛊惑皇帝，让他相信罗马帝国当时遭受的诸多灾难需要靠神灵的神力和保佑才能消除，但基督教与神背道而驰，因此必须消灭它。他还将民众遇到的一系列灾祸归咎于基督教，异教徒常常这么做（*Baron., in Annalib. Pagius, Critic. Baron. Tillemont, Mémoires des Empereurs.*）。后面我们会看到马库里安努斯还对皇位怀有觊觎之心。于是，在这一年，瓦勒良对基督徒的迫害开始了，后来愈发激烈，直

到上帝对他这个残忍的人动手——让他被波斯人囚禁——才停止下来。关于此事可以看一看基督教历史（*Anastasius. Baronius. Pagius. Tillemont. Blanchinius et alii.*）。这里我只讲一下，罗马教皇圣斯德望（Sanctus Stephanus）在这一年光荣殉教，对耶稣基督表示了忠诚，接替他成为教皇的是西斯笃（Sixstus）。当时，基督教的两位著名人物——亚历山大里亚的主教圣狄奥尼修斯与圣西普里亚努斯也处于危险之中，他们因此而退隐。除此之外，还有其他一些人。

与此同时，罗马帝国各地都遭到蛮族人的骚扰和侵犯。波斯国王萨波尔（Sapor）带着他的军队入侵美索不达米亚和索里亚；哥特人与多瑙河一带的其他蛮族也频繁对色雷斯和默西亚发动袭击。佐西姆斯（*Zosimus, lib. 1, cap. 31.*）写道，博拉尼人、哥特人、卡尔皮人与勃艮第人在伊利里亚进行袭击与抢掠，一直入侵意大利，但没有人对他们进行反抗。马库斯·乌尔皮乌斯·克里尼图斯（Marcus Ulpius Crinitus）当时在色雷斯（*Vopiscus, in Aurelian.*）指挥罗马军队，他是一个非常有才干的人，据说是图拉真皇帝家族的后代，曾在公元258年任执政官。关于他做了哪些事来镇压那些蛮横无理的蛮族人，我们并不知晓。不过他拥有极高的声誉，据信，瓦勒良曾有意封他为"恺撒"，但这不太可能，因为这会危及瓦勒良的子孙后代。

尤尼乌斯·多纳图斯（Iunius Donatus）是这一年的罗马总督。

年　份　公元258年　小纪纪年第六年
　　　　西斯笃教皇第二年
　　　　瓦勒良皇帝第六年
　　　　加里恩努斯皇帝第六年
执政官　梅姆密乌斯·托斯库斯（Memmius Toscus）与巴苏斯（Bassus）

瓦勒良·奥古斯都对基督徒的迫害越来越严重，在这一年，罗马教皇圣西斯笃（Sanctus Sixstus）与他的执事圣洛伦佐（Sanctus Laurentius）光荣殉教。在亚细亚，迦太基的主教圣西普里亚努斯因对基督教的信仰而牺牲。除此之外，还有许多其他的殉教者，这可以在基督教历史中看到。

色雷斯和整个伊利里亚（*Idem, ibid.*）的行政长官乌尔皮乌斯·克里尼图斯（Ulpius Crinitus）恰好就在这两地持续受到哥特人和其他蛮族人的欺压而迫切需要一位出色将领支援的时候病倒了。很可能在这一年年初，瓦勒良皇帝派卢基乌斯·多米提乌斯·奥勒里安努斯（Lucius Domitius Aurelianus，后来成为皇帝）作为代理长官到那一地区。沃皮斯库斯（Vopiscus）保留了瓦勒良给奥勒里安努斯写的信，信中充满瓦勒良对奥勒里安努斯勇敢与智慧的赞美之词，上面还记录着他要带领的军队，据说其中有几支是由日耳曼士兵组成的军团，因为他们的将军叫哈托蒙多（Hartomondo）、哈尔德加斯特（Haldegaste）、希德蒙多（Hidemondo）和卡里奥维斯科（Cariovisco）。近代的法兰西人认为这些人属于征服高卢的法兰克民族，就好像这些名字不适用于其他的日耳曼民族一样。在这封信中，瓦勒良承诺让奥勒里安努斯与乌尔皮乌斯·克里尼图斯在下一年5月22日担任执政官。新任执政官为了庆祝自己获得如此显赫之位必须拿出一大笔金钱用来举办马戏表演、宴请元老院议员和罗马骑士，但贫穷的奥勒里安努斯无法负担如此庞大的开支，于是瓦勒良下令国库调拨给他所需要的金钱和用具，让他同别人一样风光。于是奥勒里安努斯率领军队来到色雷斯和伊利里亚，经过几次战斗，很快就击败了蛮族人，那些没有死于罗马士兵剑下的敌军撤到了多瑙河的另一边，于是，色雷斯和伊利里亚被解救了出来。对于这样的喜讯，瓦勒良和元老院，以及罗马人民本应该感到高兴，但是这时从东方国家来的信使带来的一个极其悲惨的消息彻底冲淡了这份喜悦。据尤塞比乌斯（*Euseb., in Chronic.*）所述，波斯国王萨波尔（Sapor）在这一年比以前更加猖狂地洗劫了索里亚，不过也有可能索里亚遭遇的这场不幸发生在上一年。根据特雷贝利乌斯·波利奥（*Trebellius Pollio, in Triginta Tyrannis, cap. 1.*）记载，萨波尔还攻占并洗劫了非常著名的城市安提阿。事实上，安提阿历史学家乔瓦尼·马拉拉（*Joannes Malala, in Chronogr.*）对此写道，安提阿的一位行政官玛丽亚德（Mariade）由于对公众实施盗窃行为而被赶出安提阿，他找到波斯国王萨波尔，说可以协助萨波尔顺利拿下安提阿。萨波尔当然不会放过这么好的机会，于是他整顿军队，取道哈尔基斯（Calcide）来到了安提阿。根据阿米阿努斯（*Ammianus, lib. 23, cap. 5.*）和海格西普斯（*Hegesippus, lib. 3, cap. 5.*）的记述，有一天，热衷于娱乐消遣的安提阿人民正在欢乐地看着一个喜剧演员和他的妻子的表演，他们滑稽的行为逗得大家哄堂大笑。这时，那演员的妻子往周围看了一眼后高声说道："丈夫啊，要么是我在做梦，要么就是波斯人来了。"所有人都看向山上，发现波斯大军正在逼近，于是所有人都站起来，想方设法挽救他们所能挽救的一切。波斯军队就这样闯入了毫无防守的安提阿，他们屠杀了许多市民之后，将这个富裕的城市洗劫一空，又放火点燃这里以及附近的地方，然后满载着战利品回去了。萨波尔国王在离开安提阿之前想要赐给背叛者玛丽亚德一份他应有的"奖赏"，据阿米阿努斯所述，他下令将玛丽亚德活活烧死，或者如马拉拉所述，将其斩首。

特雷贝利乌斯·波利奥（*Trebellius Pollio, in Triginta Tyrannis, cap. 1.*）讲道，有一个叫基里亚德斯（Cyriades）的富有贵族，抢了父亲所有的财产，然后躲到波斯，鼓动波斯国王萨波尔与腓尼基国王奥登纳图斯（Odaenathus）对抗罗马。萨波尔夺取安提阿和凯撒利亚（Caesarea）后，基里亚德斯自称为"恺撒"，后来又成为"奥古斯都"，令整个东方充满了恐惧。但是没过多久他的士兵就背叛了他，将其杀死了。这个时候正是瓦勒良·奥古斯都率军对波斯人发起战争的时候。很有可能这个基里亚德斯就是乔瓦尼·马拉拉提到的玛丽亚德，两位历史学家都对实际情况做了一些改动。弗尔维乌斯·乌尔西努斯（*Ursinus, in Numism. Imp.*）与梅扎巴尔巴（*Mediobarb., in Numismat. Imperat.*）提到写有这位基里亚德斯的勋章。在我看来，每当看到一两枚关于统治时间短暂的暴君的勋章，我就担心是不是有骗子伪造这些勋章以取笑那些费力收集勋章的人。佐纳拉斯（*Zonaras, in Annalib.*）认为安提阿的不幸发生在瓦勒良皇帝被捕入狱之后，但如之前所说，特雷贝利乌斯·波利奥写这是在瓦勒良抵达东方之前发生的，似乎后者更可信一些，因为瓦勒良在这一年投入战役以阻止波斯人继续深入索里亚。对此，阿米阿努斯有不同的说法，他认为此次出征的是加里恩努斯，因为他与父亲共任皇帝。瓦勒良·奥古斯都得知东方发生的这些灾难后，认为有必要亲自到那个地方去，于是他集结了一支庞大的军队，从罗马出发，根据当时的习惯，乘船渡海到拜占庭。沃皮斯库斯（*Vopiscus, in Aurelian.*）说瓦勒良在拜占庭进行了一些公开活动。因此可以确定这一年瓦勒良在拜占庭这个城市。瓦勒良皇帝在拜占庭浴场面对着军队和宫廷的官员，在他的右边坐着这一年的执政官梅姆密乌斯·托斯库斯（Memmius Toscus）、禁军总督贝比乌斯·马塞尔（Baebius Macer）与东方国家议长昆图斯·安卡里乌斯（Quintus Ancarius），在他的左边则坐着斯基泰边境的军队指挥官阿乌尔尼乌斯·萨图尼努斯（Avulnius Saturninus），或者叫阿穆里乌斯·萨图尼努斯（Amulius Saturninus）、阿诺里努斯·萨图尼努斯（Anolinus Saturninus），还有埃及行政长官毛伦提乌斯（Maurenztius）及其他一些高级官员。瓦勒良以帝国的名义感谢奥勒里安努斯将罗马行省从哥特人手里解救出来，并送给了他4顶壁形金冠、5顶垒墙金冠和2顶海战金冠，以及2个槲叶环、10支银制长矛、4面双色旗帜、4件红色公爵长袍、2件行省总督斗篷、1件紫边长袍、1件蹼状长袍、1件彩绘长袍等。他还指定奥勒里安努斯为下一年的补任执政官，并承诺会写信给元老院让他们授予奥勒里安努斯执政官权杖和束棒，奥勒里安努斯对慷慨的奥古斯都表示了感谢。之后，伊利里亚与色雷斯的军队指挥官——同时被指定为下一年与奥勒里安努斯共任执政官的乌尔皮乌斯·克里尼图斯（Ulpius Crinitus）说，由于自己没有子嗣，而奥勒里安努斯是一个审慎勇敢且配得上各项荣誉的人，因此希望收奥勒里安努斯为养子，为此他请求能得到皇帝的批准，瓦勒良最终批准了他的请求。请读者记住这一点，后面奥勒里安努斯会登上皇帝的宝座。之后，瓦勒良从拜占庭来到安提阿，但是不清楚是在这一年还是在下一年抵达的。

与此同时，波斯人在对安提阿（*Euseb., in Chronic.*）进行了巨大的破坏之后，来到西里西亚和卡帕多细亚，将这些国家洗劫一空。乔瓦尼·马拉拉（*Joannes Malala, Chronogr.*）补充说，他们入侵了整个东方，直到埃德萨（Emesa），没有哪个国家不被他们烧杀抢掠。罗马帝国在黑海一带也遭遇了不幸，对此我会在下一年进行讲述。特雷贝利乌斯·波利奥（*Trebellius Pollio, in Triginta Tyrannis, cap. 8.*）写道，在这一年，默西亚和潘诺尼亚的将领德西穆斯·莱里乌斯·英格诺（Decimus Lelius Ingenuus）发起了叛乱，被军队拥立为皇帝，后来被加里恩努斯击败了。但是我们很难相信这一叛乱发生在这一年，因为瓦勒良皇帝正好从那一地区附近过，英格诺不可能在这个时候有如此大的胆量，加里恩努斯似乎也不像叙述这件事的人认为的那样，在父亲统治期间沉迷于享乐。

年　　份　　公元259年　小纪纪年第七年

狄奥尼修斯教皇第一年

瓦勒良皇帝第七年

加里恩努斯皇帝第七年

执政官　　埃米利亚努斯（Aemilianus）与巴苏斯（Bassus）

佐西姆斯（*Zosimus, lib. 1, cap. 31.*）写道，博拉尼人、卡尔皮人、哥特人和勃艮第人（佐西姆斯将这些民族统称为斯基泰人）给意大利和伊利里亚各地带来了恐慌与悲痛，之后他们又将目标转向了亚细亚。有可能这是在奥勒里安努斯将他们赶出欧洲行省之后发生的。斯基泰人想从克里米亚（Crimea）乘船到亚细亚，但是缺少造船用的木头，克里米亚的居民可能是因为害怕，又或者是为了金钱，为他们提供了木头。斯基泰人抵达位于黑海沿岸的皮提翁特市（Pitiunte），并试图占领该地。但是在那一地区指挥罗马军队的苏切西亚诺（Successiano）勇敢地迎击了他们，他们很快就撤退了，没有造成很多伤亡。瓦勒良抵达安提阿后，听说了苏切西亚诺的英勇行为，想让他待在自己身边，于是将他从皮提翁特召来，任命他为禁军总督，接替贝比乌斯·马塞尔（Baebius Macer），或者是与其一起担任禁军总督，并命令他重建被摧毁的安提阿。因此，如佐西姆斯所说，波斯人占领安提阿发生在瓦勒良皇帝被捕之前，而不是之后。苏切西亚诺的离开使得斯基泰人进行了其他侵略活动，他们进入科尔科（Colco）——没能攻下富丽堂皇的狄安娜（Diana）神庙，而后直奔皮提翁特，占领了该市。之后他们又来到特拉比松达（Trabisonda）——一座人口众多的大城市，有大量士兵驻守——并对该市发起了围攻。那里的市民与军队太疏忽大意，让斯基泰人在一夜之间就侵入了城市。斯基泰人掠夺了许多战利品，囚禁了许多人，拆毁了神庙和一些其他建筑，整座城市和周围地区都陷入悲惨与毁灭之中。据佐西姆斯（*Zosimus, lib. 1, cap. 33.*）所述，斯基泰人在夏末开始进攻特拉比松达，占领了这座城市后，他们对整个国家周围的地区也发起了袭击，据说在快到冬天的时候，他们满载着战利品乘船回到了他们的国家。佐西姆斯还写道，当时瓦勒良·奥古斯都在索里亚，下一年他也在该市。那么，这就与巴基神甫（*Pagius, in Critic. Baron.*）等人的观点不一致了，巴基等人认为这一年瓦勒良皇帝被捕。

科尔涅利乌斯·塞库拉里斯（Cornelius Saecularis）是这一年的罗马总督。由于持续的迫害，教皇之位空置了好几个月后，狄奥尼修斯当选为最高教皇。并没有史料记载乌尔皮乌斯·克里尼图斯（Ulpius Crinitus）与奥勒里安努斯（Aurelianus）是否在这一年担任执政官，如瓦勒良皇帝在上一年承诺的那样。但在公元271年，奥勒里安努斯被称为"二任执政官"。如果这是真的，那么可以推断在这一年，奥勒里安努斯代替了本应任执政官的加里恩努斯或瓦勒良担任了补任执政官（Vopiscus, in Aurelian.）。不过，这个问题至今仍存在疑问。

年　份　公元260年　小纪纪年第八年
　　　　狄奥尼修斯教皇第二年
　　　　瓦勒良皇帝第八年
　　　　加里恩努斯皇帝第八年
执政官　普布利乌斯·科尔涅利乌斯·塞库拉里斯（Publius Cornelius Saecularis）第二次，尤尼乌斯·多纳图斯（Iunius Donatus）第二次

这两位执政官的名字在过去是不确定的，但一则现存于古罗马神殿博物馆的碑文（*Thesaurus Novus Inscript., pag. 364, n. 1.*）清楚地证实了他们的名字。

斯基泰人洗劫了黑海沿岸的特拉比松达市，带回了许多财宝，这一行为诱使周围的蛮族人也参与到这样有利可图的掠夺行动中（*Zosimus, lib. 1, cap. 34.*）。蛮族人立即开始准备船只，强迫基督教徒奴隶建造船只，但还没等到冬天结束，他们就不想再利用那些木船了，而是直接穿过了下默西亚（Mesia inferiore），设法横跨了拜占庭海峡，到达了卡尔塞多内（Calcedone），然后将整座城市洗劫一空。之后，他们来到比提尼亚（Bitinia）的尼科米底亚（Nicomedia），这是一座人口众多的城市，拥有许多财富与宝藏。尽管那里的市民尽其所能地带着贵重的东西逃走了，但那里的珍品仍然非常多，令蛮族人震惊不已。尼西亚（Nicea）、西奥（Cio）、阿帕米亚（Apamea）和普鲁萨（Prusa）等城市也遭遇了同样的不幸，蛮族人因为无法抵达齐库斯（Cizico）而返回了，但他们放火烧了尼科米底亚和尼西亚。当传来

关于比提尼亚悲惨的消息时，瓦勒良·奥古斯都正在安提阿。据说，他派了一位将领带着一支军队到那里，但由于他是一位非常多疑的君主，所以只派了斐理斯（Felix）去守卫拜占庭，然后他带着他的军队返回了卡帕多细亚。但他发现卡帕多细亚也被波斯人摧残了——波斯人入侵了亚美尼亚，并在那里选出了一位从属于他们的国王，因此他们在与罗马人的战斗中变得比以往更加傲慢。这时上帝想要惩罚瓦勒良了——这个残忍的基督徒迫害者杀死了那么多基督教的著名人物。就在瓦勒良打算迎击波斯人的时候，瘟疫在他的军队中蔓延开来，许多人死于瘟疫。尽管如此，大多数历史学家（*Aurelius Victor. Eutropius. Zonaras. Agathias et alii.*）写道，瓦勒良在美索不达米亚向波斯人开战。据特雷贝利乌斯·波利奥（*Trebellius Pollio, in Valerian.*）所述，在一场战斗中，一个将领背叛了瓦勒良而使他战败。据说，这位将领是马库里安努斯（Macrianus）。在尤塞比乌斯（*Euseb., Histor. Eccles., lib. 7, cap. 33.*）的作品中，亚历山大里亚的主教圣狄奥尼修斯（Sanctus Dionisius）写马库里安努斯在煽动瓦勒良迫害基督徒，取得军队的最高指挥权后，因瓦勒良写给元老院的一封信的内容，最终背叛了瓦勒良。马库里安努斯觊觎罗马帝国，如果瓦勒良不垮台，他就不可能登上皇位。佐纳拉斯（*Zonaras, in Annalibus.*）认为瓦勒良在这场不幸的战斗中被捕。但是佐西姆斯（*Zosimus, lib. 1, cap. 35.*）并没有提到任何战斗，他只是写罗马军队因为瘟疫而受到重大打击，瓦勒良因无法承受战争中的这些波折而陷入绝望，除了用金钱贿赂萨波尔国王，即用金钱从波斯人那里换取和平，他想不到其他的办法。于是，他派使者给萨波尔献上大量黄金，但是萨波尔将他们遣送回去，什么也没接受，只是回复说，如果瓦勒良愿意来与他会面，那么他们的事情就更好商量了。此时的瓦勒良没有那么谨慎了，因为他相信了萨波尔的话，只带着少数随从就去见萨波尔了，随即他就被抓了起来。其他一些人（*Zonaras, in Annal. Syncellus, in Hist.*）认为，瓦勒良当时在埃德萨。当时军队因为缺少粮食而陷入饥饿，于是士兵们纷纷造反并威胁他，瓦勒良逃到了波斯人的地区，在那里被捕了。但是这个说法很有可能是编造出来的。

与此同时，可以确定的是，罗马皇帝瓦勒良落入了极其傲慢的波斯国王萨波尔的手中。从表面来看，如佐西姆斯所述，瓦勒良是被他的将领马库里安努斯欺骗，或者是被波斯人欺骗，但在使者的残存记录中似乎还暗示了佩特鲁斯·帕特里修斯也参与其中（*Petrus Patricius, de Legationibus, t. I Histor. Byzantin.*）。另外，经一些古代作家（*Trebellius Pollio, in Valerian. Lactantius, de Mortibus Persecut. Eusebius, in Oration. Constantin. Orosius, lib. 7, et alii.*）证实，瓦勒良从皇帝的至高之位沦落为敌国国王手下一个极其卑贱的奴隶，穿着肮脏的皇帝长袍，戴着锁链，被萨波尔带到各个地方，就好像是他的一件战利品一样。当萨波尔想要骑马时，便命令瓦勒良双手着地跪在地上给他充当垫脚，并发出傲慢无礼的嘲笑声，说道："这才是真正的胜利，而不是像罗马人一样在墙壁和木板上绘制出胜利场景。"总之，萨波尔用各种方法侮辱罗马帝国的威严，让这位不幸的皇帝忍受各种耻辱。瓦勒良的垮台与可耻的状况让后世那些生活在距这个时期很远的人觉得他非常值得同情。但是圣狄奥尼修斯、拉克坦提乌斯、君士坦丁大帝（Constantinus）、保卢斯·奥罗修斯与其他一些人认为萨波尔国王的残忍暴行是上帝对一位曾经迫害基督教徒、杀死了众多无辜者的皇帝做出的非常合理的惩罚，上帝通过这种方式发泄他的怒气。除了要遭受这么多折磨与耻辱，令瓦勒良更加痛心的应该是见到他的儿子、孙子和那么多由他提拔到高位的大人物全都对他袖手旁观，没有一个人想过用武力来救他出去，或者用金钱将他从这种奴隶的状态赎出来。相反，他听到消息说（*Trebellius Pollio, in Gallienus.*），他那无耻的儿子加里恩努斯不仅丝毫不顾及他——加里恩努斯从未派人到萨波尔那里商量放人的事情，而且还对这场不幸表示高兴，因为他终于摆脱了这样一个过于严厉的父亲。当有人难过地跟他说起他父亲的悲惨遭遇时，他自我安慰说他知道他的父亲是个普通的凡人，他的确遭遇了非常大的不幸，但最终他可以作为一个勇敢的人而获得光荣。就这样，勃勃的野心让加里恩努斯忘记了作为子女应尽的义务，忘记了守护罗马帝国的尊严。罗马人民与军队都为瓦勒良的悲惨命运表示痛惜，但加里恩努斯却对自己父亲遭遇的不幸毫不在意，这令加里恩努斯更加受人唾弃。巴克特里亚人（Battriani）、伊比利亚人（Iberi）、阿尔班人（Albani）和陶罗斯人（Taurosciti）虽然不是罗马帝国的臣民，但他们也为瓦勒良的不幸而感到伤心，以至于他们不愿意收到萨波尔告知他们取得胜利的信件，他们还想写信给罗马的将领，表示愿意帮助他们把瓦勒良解救出来（*Idem, in Valerianus*）。特雷贝利乌斯·波利奥还提到卡杜西（Cadusi）国王巴莱罗（Balero）、亚美尼亚国王阿塔巴斯德（Artabasde）和一个叫贝尔塞托（Belseto，我认为这个名字是错的）的人写给萨波尔国王的信（如果不是伪造的），在信中他们为瓦勒良说话，并强调罗马人的力量之大。但是比起其他人，更应该想方设法救出或者赎出瓦勒良的应该是他的儿子加里恩努斯。就这样，成为阶下囚的瓦勒良陷入了痛苦的深渊，他继续以奴隶的身份活了几年，最终，死亡使他获得了解脱。《亚历山大编年史》（*Chronicon Alexandrin., tom. II Histor. Byzantin.*）中写波斯人在公元269年杀了瓦勒良，但似乎更有可能他是自然死亡的。瓦勒良死后，萨波尔下令将他剥皮（*Petrus Patricius, de Legationibus. Lactant., de Mortib. Persecut.*），为了进一步羞辱罗马的尊严，他们将瓦勒良的皮鞣制后放在一座神庙里，向所有从罗马来的使者展示，以提醒他们不要太相信自己的力量。阿加西亚斯（*Agathias, lib. 4 Histor.*）认为瓦勒良是活着被剥皮的。这个说法完全是编造出来的。我遵循潘维尼乌斯、佩塔维乌斯、皮尔森、蒂勒蒙特等人的说法，将这位皇帝被捕这件事放在这一年来写，因为这与特雷贝利乌斯·波利奥与佐西姆斯给我们留下的行为线索更相符。巴基神甫（*Pagius, in Crit. Baron., ad annum 259.*）将瓦勒良被捕垮台置于上一年，但是没有任何有效的证据证明这一观点是对的，任何懂得分析的人都会发现哪一种观点更合理。

  年 份 公元261年 小纪纪年第九年
         狄奥尼修斯教皇第三年
         加里恩努斯皇帝第九年
  执政官 普布利乌斯·李锡尼·加里恩努斯·奥古斯都（Publius Licinius Gallienus Augustus）第四次，卢基乌斯·佩特罗尼乌斯·陶鲁斯·沃卢西安努斯（Lucius Petronius Taurus Volusianus）

  瓦勒良遭遇不幸之后，他的儿子普布利乌斯·李锡尼·加里恩努斯统治着罗马帝国。在我的作品中提到的一些碑文里（*Thes. Novus Inscript., pag. 254.*），加里恩努斯还被叫作普布利乌斯·李锡尼·埃格纳提乌斯·加里恩努斯（Publius Licinius

Egnatius Gallienus)。雷内修斯（*Reinesius, Inscription.*）认为他是加里恩努斯·奥古斯都的一个兄弟，蒂勒蒙特（*Tillemont, Mémoires des Empereurs.*）沿用了他的观点。但是实际上，他就是加里恩努斯皇帝本人。加里恩努斯与科妮莉亚·萨洛尼娜·奥古斯塔（Cornelia Salonina Augusta）生有两个儿子，一个是普布利乌斯·李锡尼·科尔涅利乌斯·萨洛尼努斯·瓦勒良（Publius Licinius Cornelius Saloninus Valerianus），我们之前讲过他很早就被授予了"恺撒"的封号，在许多勋章（*Mediobarb., in Numismat. Imperat.*）上也都有他的名字，另一个是昆图斯·尤利乌斯·萨洛尼努斯·加里恩努斯（Quintus Iulius Saloninus Gallienus），在少数几个勋章上他也拥有"恺撒"的封号。沃皮斯库斯（*Vopiscus, in Aurelian.*）在奥勒里安努斯的生平传记中提到一封瓦勒良写给执政官安东尼努斯·加卢斯（Antoninus Gallus）的信，在信中瓦勒良指责了加卢斯，因为他将儿子加里恩努斯送去波斯图姆斯（Postumus）那里接受教育，而不是奥勒里安努斯那里。人们对这位被送去高卢，接受高卢行政长官波斯图姆斯指导的加里恩努斯是谁存在争议。蒂勒蒙特（*Tillemont, Mémoires des Empereurs.*）似乎也怀疑这一点，后来他在另一点上持有不同观点，即这位加里恩努斯（也就是现在的加里恩努斯皇帝）是不是瓦勒良的长子，因为这位加里恩努斯被瓦勒良称为"幼子"，而这个年龄与加里恩努斯皇帝不相符，因为那个时候他已经有孩子了。梅扎巴尔巴（*Mediobarbus, in Numismat. Imper.*）认为，被送去高卢的是加里恩努斯的次子昆图斯·尤利乌斯·萨洛尼努斯·加里恩努斯，瓦勒良没有称他为孙子，而是儿子。而巴基神甫（*Pagius, in Crit. Baron.*）则认为是加里恩努斯的长子李锡尼·萨洛尼努斯·瓦勒良，特雷贝利乌斯·波利奥（*Trebellius Pollio, in Salonino.*）称他为萨洛尼努斯·加里恩努斯。关于这件事我们只能做出推测，因此我且将这一争议留给他人判断，而我将继续我的讲述。

加里恩努斯也有一些好的品质。许多人都忘记了他所拥有的才华，他曾经学过雄辩与诗歌，还创作过一些尚可的诗句。他在柏拉图哲学方面很有天赋，十分敬佩普罗提诺（Plotinus）——柏拉图学派的著名大师，当时仍然在世。他甚至产生了奇思妙想（*Porphyrius, in Vita Plotini.*），想要在坎帕尼亚建造一座城市，在那里成立一个柏拉图共和国，但是他的官员们阻止了他的这一想法。似乎他也很勇敢且机智

(Trebellius Pollio, in duobus Gallienis.)，但只有当他愤怒的时候，或者被他人的轻蔑激怒的时候才会展现出来。根据佐纳拉斯（Zonaras, in Annalibus.）所述，加里恩努斯的慷慨与大度就是一个皇帝应有的样子，他热衷于为所有人做好事，从不会拒绝任何向他请求开恩的人。佐纳拉斯还补充说，加里恩努斯是个仁慈之人，他不会处死那些反抗他的人。关于加里恩努斯的这一点，阿米阿努斯·马尔切利努斯（Ammianus Marcellinus）似乎与佐纳拉斯的看法一致。然而，特雷贝利乌斯·波利奥对加里恩努斯的形容则完全不同，他认为过不了多久加里恩努斯的残忍就会显现出来。我们会看到，随着时间的推移，加里恩努斯身上的那些优点逐渐消失，他放任自己沉迷于纵情享乐，变得懒散而邋遢。所有这些引发了非常混乱的局面，罗马帝国几乎要灭亡了。另外，不容忽视的一点是，这位非常懦弱的君主认为其父亲迫害基督徒的做法是不公正的（Euseb., Hist. Eccles., lib. 7, c. 13. Baronius, Annal. Eccles. ad hunc ann. Pagius, Crit. Baron. ad hunc ann.），于是在统治之初他使基督教重归和平，禁止再骚扰信仰基督教的人。但是，上帝的愤怒并没有因此停止。因为瓦勒良对基督徒做出的残忍迫害，加里恩努斯希望罗马异教徒受到惩罚，于是在加里恩努斯统治时期，罗马帝国内出现了各种各样的灾难：比以往更加猖獗的瘟疫使无数人死亡；地震摧毁了城市；各地的蛮族人继续入侵、劫掠罗马的领地。然而，最大的麻烦在于在罗马帝国的中心渐渐涌现出一些篡位者和暴君，若不通过流血的战斗，就无法镇压他们的狂妄。

由于瓦勒良被囚禁，东方处于一片混乱之中（Zosimus, lib. 1, cap. 37.），整个帝国与蛮族之间有了这样的传言：此时的罗马帝国不得不面对暴动、抢劫和各种最不幸的事件，就好像是一个被遗弃的寡妇，瓦勒良的儿子加里恩努斯·奥古斯都就像是一个无用之人。加里恩努斯当时在莱茵河畔的驻军地，镇压总是不安分的日耳曼人。据佐西姆斯所述，居住在多瑙河一带的斯基泰人，也就是塔尔塔人，与各个民族联合起来，将他们庞大的军队分成了两个军团，其中一支直冲伊利里亚，劫掠、摧毁那里的城市和乡镇，另一支闯入意大利，意欲抢劫罗马城，希望用该地的宝藏来满足他们的贪婪。事实上，他们一直打到了罗马附近地区。元老院为了解决这个巨大的危险，聚集了尽可能多的士兵，将武器分发给那些最健壮的平民，最终组建起一支比蛮族人数更多的军队，这令那些侵略者心生畏惧而撤退。蛮族人回到了他们的国家，但是他们所经之处全都成了一片荒芜。另外，伊利里亚还遭遇了其他令人难以置信的不幸，而且又遇到了瘟疫。或许正是这场瘟疫使那些贪得无厌的蛮族人离开了那里。我不清楚佐纳拉斯（Zonaras, in Annalibus.）所叙述的事情是否发生在这一年，即加里恩努斯仅凭1万名士兵就在米兰附近击败了30万蛮族人，我实在不敢保证加里恩努斯真的这样英勇。佐西姆斯证实，加里恩努斯是从高卢直下意大利驱赶斯基泰人的，但佐纳拉斯写到那些蛮族人是阿拉曼尼人。古代作家很容易混淆各蛮族的名字。尤塞比乌斯（Euseb., in Chronic.）和奥罗修斯（Orosius, lib. 7, cap. 22.）曾写道，大概在这一时期，阿拉曼尼人在将高卢掠夺一空之后又来侵袭意大利。还有萨尔玛提亚人，尽管他们不属于佐西姆斯提到的斯基泰人，但他们也在这一年对伊利里亚发起了进攻。当时在伊利里亚指挥罗马军队的是雷吉利亚努斯（Regillianus）（Trebellius Pollio, in Triginta Tyrannis, cap. 9.）——一个英勇非凡之人。从克劳狄乌斯（Claudius，后来成为皇帝）写给雷吉利亚努斯的一封信中可知，雷吉利亚努斯于斯库皮（Scupi，上默西亚的城市，现今为塞尔维亚的乌斯库比市，Uscubi）附近击败了萨尔玛提亚人。据特雷贝利乌斯（Idem, cap. 8.）所述，在公元258年，托斯库斯与巴苏斯任执政官的时候，默西亚的军队深知加里恩努斯沉迷于纵欲享乐，而他们需要一位勇敢的将领以抵抗萨尔玛提亚人的入侵，于是他们拥立潘诺尼亚的行政长官因杰努斯（Ingenuus）为皇帝。然而，特雷贝利乌斯写因杰努斯的叛乱发生在瓦勒良·奥古斯都不幸被捕之前，我们可以认为要么是特雷贝利乌斯的作品有缺失，要么是他弄错了事件发生的时间。这里我们遵循奥勒留斯·维克多（Aurelius Victor, in Epitome.）的说法，他清晰地写道瓦勒良被捕发生在因杰努斯意欲造反之前。佐纳拉斯（Zonaras, in Annalibus.）也证实了此事，因此，这件事应该是发生在这一年。加里恩努斯得知此事后，立即带着一支军队在数日内赶到了那里。他的骑兵将军奥雷奥卢斯（Aureolus）击败了因杰努斯，为此，绝望的因杰努斯自杀了。不过，有一点值得怀疑，那就是加里恩努斯是否是亲自带兵过去的。在加里恩努斯写给那一地区的塞莱尔·维里亚努斯（Celere Verianus）的信中（Trebellius Pollio, in Triginta Tyrann., c. 8.），加里恩努斯愤怒地命令维里亚努斯毫不留情地反抗因杰努斯和他的追随者，斩杀任何在叛乱中支持因杰努斯的士兵和人民，加里恩努斯越是进行报复，越是感到高兴。有人说，因杰努斯在他居住的城市穆尔萨（Mursa）或者锡尔米姆（Sirmio）被攻占后，为了不使自己落入残忍的加里恩努斯之手，就用匕首自杀了。一些近代历史学家认为，在上一年或者是这一年，波斯图姆斯（Postumus）在高卢、马库里安努斯（Macrianus）在东方、瓦伦斯（Valens）在亚该亚（Acaia）、雷吉利亚努斯（Regillianus）在默西亚及奥雷奥卢斯（Aureolus）在伊利里亚分别发起了叛乱。关于罗马帝国内出现的多个篡位者，由于我们缺少相关史料，因而无法判断这些事件发生的先后，我也不想在这里为读者一一列出学者们对这些问题的争论。我会在接下来的几年里讲到这些篡位者，不过当时事件发生的时间是不确定的。

年　份　公元262年　小纪纪年第十年
　　　　狄奥尼修斯教皇第四年
　　　　加里恩努斯皇帝第十年
执政官　普布利乌斯·李锡尼·加里恩努斯·奥古斯都（Publius Licinius Gallienus Augustus）第五次，福斯提努斯（Faustinus）

马库斯·弗尔维乌斯·马库里安努斯（Marcus Fulvius Macrianus）是反抗加里恩努斯·奥古斯都，自立为皇帝的人之一（*Mediobarbus, in Numism. Imperat. Trebell. Pollio, in Trigint. Tyrann., cap. 8.*）。我们前面多次提到过他，他出身卑微，但担任了各种军事职务，成为当时罗马帝国最英勇审慎的将军。如我之前所说，马库里安努斯是瓦勒良·奥古斯都最宠信的人，正是他鼓动瓦勒良迫害基督徒（*Euseb., Histor. Eccles., lib. 7, cap. 10.*）。由于马库里安努斯向埃及巫师学习过法术，因此有人怀疑他是埃及人。瓦勒良授予了马库里安努斯军队的指挥权，后来波斯之战进展不顺，他在一些人的建议下背叛了瓦勒良。因此，据特雷贝利乌斯·波利奥（*Trebellius Pollio, in Triginta Tyrannis, cap. 11.*）所述，在瓦勒良被捕后，索里亚的士兵认为加里恩努斯是个无用之人，于是开始讨论想要一位有能力撑起帝国的君主。他们考虑的人有马库里安努斯和塞尔维乌斯·阿尼基乌斯·巴里斯塔（Servius Anicius Balista），后者是瓦勒良统治期间的禁军总督，当时是一位军中将领。巴里斯塔则认为，没有人比马库里安努斯更有能力指挥军队与统治罗马帝国了。马库里安努斯以自己年事已高、腿脚不便为由而不愿接受皇帝之位，但他有两个已担任军官的年轻儿子——昆图斯·弗尔维乌斯·马库里安努斯（Quintus Fulvius Macrianus）与格奈乌斯·弗尔维乌斯·昆图斯（Gnaeus Fulvius Quietus），他们都英勇非凡，因此人们相信有这两个儿子的帮助可以弥补他父亲高龄的不足，于是马库里安努斯被立为奥古斯都皇帝，不久他就将他的两个儿子也推上了皇帝之位。古代勋章上对这三人都有记载（Goltzius et Mediobarbus, in Numismat. Imperat.）。特雷贝利乌斯·波利奥（Trebellius Pollio, in Gallienus.）认为马库里安努斯在加里恩努斯与沃卢西安努斯任执政官时（公元261年）篡夺了皇位。巴基神甫（Pagius, in Critic. Baron.）则认为这是历史学家或者文献中的一个错误，因为在他看来，公元259年瓦勒良不幸被捕，索里亚军队不可能那么长时间没有首领。但是，如我们之前所说，巴基神甫关于瓦勒良被捕年份的观点站不住脚，因此，这里他否认特雷贝利乌斯的说法也很难令人信服，尤其前面已经讲过瓦勒良是在公元260年落入波斯人之手的。根据佐纳拉斯（Zonaras, in Annalibus.）所述，马库里安努斯的篡位没有那么快发生。佐纳拉斯写道，在瓦勒良的不幸发生之后，波斯人毫无畏惧地对索里亚、西里西亚与卡帕多细亚发起了进攻。尤塞比乌斯（Eusebius, in Chronic.）也确证了此事。他们攻占了索里亚的首都——十分著名的城市安提阿，而后攻占了西里西亚的城市塔尔索（Tarso），围攻了卡帕多细亚的凯撒利亚。据说，当时该市有40万居民，居民们拼死抵抗，他们的将军是狄摩斯梯尼（Demosthenes）——一个非常有胆量的人，也许他们本可以赶走波斯人，但一个被捕的医生因无法忍受酷刑而向波斯人透露了一个攻城地点，于是波斯人一夜之间攻入城内，屠杀了无数居民。狄摩斯梯尼奉命活捉那个医生，然后骑上马，挥舞着短剑，冲向波斯人，他击倒了许多敌人，最终幸运地获救。波斯人在攻占该市的时候抓捕了许多人，却只给所有人一点点够他们活着的食物，一天只给他们喝一次水，就像对待牲畜一样。最终，逃跑的罗马人选卡利克斯图斯（Callixtus）（蒂勒蒙特怀疑佐纳拉斯这里说的是巴里斯塔）为他们的将军，当时波斯人溃散，他在一些战斗中击败了他们，还抓捕了萨波尔国王的妓女，夺得了许多宝藏。因为这些打击，萨波尔连忙撤回了他的国家，并将不幸的瓦勒良一同带回。这些事情的发生需要时间，但在这期间并没有见马库里安努斯干预其中，因此可以相信佐纳拉斯所说的，马库里安努斯是在公元261年才被拥立为皇帝的。据说，马库里安努斯在埃及进行统治，如果是这样，他就得通过战争建立他的统治。圣狄奥尼修斯（*Euseb., Histor. Eccles., lib. 7, cap. 22.*）提到这一时期亚历山大里亚经历的一场激烈的内战，后来又发生了一场可怕的瘟疫。因此我们完全有理由相信，马库里安努斯的统治区域扩展到几乎整个亚细亚，他在那里统治了一年多的时间。

马库里安努斯打算率领军队（*Trebellius Pollio, in Triginta Tyrannis, cap. 18.*）朝罗马进军，越过拜占庭海峡，但是他很清楚，加里恩努斯在亚该亚任命的行省总督普布利乌斯·瓦莱利乌斯·瓦伦斯（Publius Valerius Valens）一定会阻碍他的行程，于是他派了一位非常有声望的人，即卢基乌斯·卡尔普尔尼乌斯·皮索·弗鲁吉（Lucius Calpurnius Piso Frugi）去刺杀瓦伦斯（*Mediobarb., in Numismat. Imperat.*）。瓦伦斯觉察到了危险，但不知道如何能更好地使自己逃脱，于是便自立为奥古斯都（*Aurelius Victor, in Epitome.*），在亚该亚和马其顿统治了一段时间。得知这一消息后，皮索没有再往前，而是退回了色萨利（Tessaglia），他看见许多人都篡夺了皇位，也想这么做，于是就在色萨利自立为皇帝。但是瓦伦斯派了几名士兵杀了皮索，瓦伦斯自己也在不久后被他的士兵所杀。在这些叙述中有一些不真实的地方，但在我看来最不真实的是特雷贝利乌斯·波利奥（*Trebellius Pollio, in Triginta Tyrannis, cap. 20.*）的叙述，即6月25日，瓦伦斯和皮索两个人的死讯传到了罗马，元老院给皮索授予了神的荣誉，说再也没有比他更加出色、坚韧的人了。但如果他篡夺加里恩努斯皇位的事情是真的，怎么可能会发生这种事呢？在同一法令中，执政官称："加里恩努斯、瓦勒良和萨洛尼努斯是我们的皇帝。"学者们对这句话争议不断：这里的瓦勒良和萨洛尼努斯是谁？是否所有人当时都拥有皇帝的头衔？出于各种各样的原因，很难下定论。马库里安努斯集结了一支由4.5万名士兵组成的军队，留他的次子昆图斯·奥古斯都在索里亚进行统治，让巴里斯塔辅佐，之后他亲自率兵朝欧洲进军，在拜占庭穿过大海。也许是在伊利里亚，也许是在色雷斯边界，马库斯·阿西利乌斯·奥雷奥卢斯（Marcus Acilius Aureolus）带着另一支更强大的军队对马库里安努斯发起了正面攻击（Zonaras, in Annalib.）。因为马库里安努斯的士兵也是罗马人，奥雷奥卢斯不想让自己的士兵伤害他们，而是希望他们可以投靠自己这一边，因为他与其中几个军官暗中联络，也许是收买了他们，但是他们并没有做出任何行动。但是偶然地，马克里亚诺军中的一名旗手不小心降下了军旗，其他旗手认为这是将军的命令，于是也降下了军旗，最后，3万名士兵加入了奥雷奥卢斯的队伍（Trebellius Pollio, in Trigint. Tyrannis, cap. 11.），拥护加里恩努斯为皇帝。马库里安努斯觉察到与他在一起的其他士兵踌躇不定，便恳求他们不要将他和他的儿子昆图斯·弗尔维乌斯·马库里安努斯交到奥雷奥卢斯手中。最终，士兵们杀死了马库里安努斯和他的儿子，以这种方式满足了他的请求，之后他们加入了奥雷奥卢斯的军队。特雷贝利乌斯·波利奥认为这场胜利是奥雷奥卢斯手下的军官多米提安努斯（Domitianus）取得的，奥雷奥卢斯并没有亲自参与这件事。根据圣狄奥尼修斯（Euseb., Hist. Eccles., lib. 7, cap. 23.）所述，马库里安努斯的垮台发生在加里恩努斯统治第九年，即这一年，自此加里恩努斯摆脱了一个令他非常憎恶的敌人。

此外，如我之前所说，格奈乌斯·弗尔维乌斯·昆图斯被父亲马库里安努斯授予奥古斯都之位时，几乎所有东方行省仍然在他的统治之下，巴里斯塔——一位非常有见识且英勇非凡的人——在他身边辅佐他。但是，当他父亲及哥哥被打败并被杀死的消息传来后，东方行省开始不再服从于昆图斯。佐纳拉斯（Zonaras, in Annalibus.）认为是来自帕尔米拉（Palmira）的奥登纳图斯（Odaenathus，我们在后面会讲到他）在埃梅萨市（Emesa）围攻了昆图斯并杀死了他。特雷贝利乌斯·波利奥（Trebellius Pollio, in Triginta Tyrannis, cap. 17.）则认为是奥雷奥卢斯派去的士兵杀死了他。至于巴里斯塔，要么逃走了，要么通过某项协议而自行隐退了。据说，巴里斯塔后来也在东方自立为奥古斯都皇帝，一直活到公元264年。事实上，也有一些勋章（Mediobarb., in Numismat. Imper.）称巴里斯塔为奥古斯都。但我只希望关于这一时期暴君的勋章都是真实合法的，因为不乏一些人为了赚古董爱好者的钱而伪造古代纪念币,再更改上面的碑文。特雷贝利乌斯·波利奥只是说他不知道巴里斯塔是否曾自立为皇帝;一些作家称巴里斯塔退隐回归到普通人的生活。不过可以确定的是,巴里斯塔于公元264年被刺杀,有人说是奥登纳图斯的命令,有人说是奥雷奥卢斯的士兵干的。这件事仍然存在疑问,至今无法弄清楚。

此外,我们还知道,篡位者因杰努斯(Ingenuus)死后,昆图斯·诺尼乌斯·雷吉利亚努斯(Quintus Nonius Regillianus)在伊利里亚(*Trebellius Pollio, in Triginta Tyrannis, cap. 9.*)发起叛乱,自立为奥古斯都皇帝。如我之前提到的,雷吉利亚努斯多次打败萨尔玛提亚人,收复了因加里恩努斯的无能而几乎全部失去的伊利里亚。这应该发生在雷吉利亚努斯篡夺皇位之前,但他是在什么时候篡夺皇位的,我们无法确定。不久之后,奥雷奥卢斯也在伊利里亚自立为奥古斯都。据特雷贝利乌斯所述,雷吉利亚努斯被士兵推上皇帝之位是一个偶然,士兵拿他的名字开玩笑,说上帝给予他这个名字,是为了让他成为国王("Regillianus"这个名字中包含单词"re",意思是国王),于是他们就拥立他为奥古斯都。但是后来,这些士兵由于害怕加里恩努斯的残忍(他们已经在因杰努斯的叛乱中感受过了),并且出于对人民的关心,最终杀死了雷吉利亚努斯。

年　份　公元263年　小纪纪年第十一年
　　　　狄奥尼修斯教皇第五年
　　　　加里恩努斯皇帝第十一年
执政官　阿尔比努斯(Albinus)第二次,马克西穆斯·德克斯特(Maximus Dexter)

据说第一位执政官叫马可或者马尼乌斯·努米乌斯·阿尔比努斯(Marcus o Manius Nummius Albinus),因为有一则罗马碑文上写着他是"二任执政官"(*consul ordinarius iterum*)。但是我们在古代罗马总督一览表(*Apud Bucherium et Eccardum.*)中发现,努米乌斯·阿尔比努斯曾在公元261年任罗马总督,在接下来的一年和这一年继续任职。我们不知道他是否在这一年还同时担任了执政官的职位,因此有可能他们是两个不同的人；如果不是这样，我们就需要找一下谁在任罗马总督的同时还担任了执政官。

大概在这一时期，日耳曼人入侵了西班牙。奥勒留斯·维克多（*Aurelius Victor, in Epitome.*）和欧特罗皮乌斯（*Eutrop., in Breviar.*）写是当时日耳曼的法兰克人将高卢洗劫一空，而后从那里进入西班牙塔拉科（Spagna Tarragonese），攻占并劫掠了该行省的首府塔拉戈纳（Tarragona），他们又找到一些船只，一直闯入阿非利加。保卢斯·奥罗修斯（*Paulus Orosius, Histor., lib. 7.*）也证实，法兰克人将西班牙弄得一片荒芜，甚至在他所处的时代这种不幸仍然存在——法兰克人对西班牙的迫害持续了12年。瓦莱西乌斯（Valesio, *Valesius, Rer. Franc., lib. 11.*）认为，法兰克人不是经过高卢，而是越过海洋抵达了西班牙，就像后来诺曼人（Normanni）在公元9世纪所做的那样。欧迈尼斯（Eumene, *Eumenes, in Panegyrico Constantin.*）也提供了很好的证据以证明此观点。除了这场灾难，奥勒留斯·维克多、欧特罗皮乌斯与奥罗修斯（*Aurelius Victor, in Epitome. Eutrop., in Breviar. Orosius, Histor., lib. 7.*）对其他灾难都是用简短的语言进行讲述的。其中包括达契亚（现今的特兰西瓦尼亚），过去由图拉真占领的整个国家现在落入蛮族人之手。据欧特罗皮乌斯所述，夸迪人与萨尔玛提亚人劫掠了潘诺尼亚。尤塞比乌斯（*Euseb., in Chronic.*）写道，他们将其占领。更可怕的是斯基泰人（即哥特人）对欧洲和亚细亚各省以及邻近省份所造成的破坏。据特雷贝利乌斯·波利奥（*Trebellius Pollio, in Gallienus.*）所述，哥特人占领了色雷斯，摧毁了马其顿，并且围攻了特萨洛尼卡［Tessalonica，现今萨洛尼奇（Salonichi）］。罗马将领马库里安努斯（Macrianus）在亚该亚与他们交战，这个马库里安努斯与我们前面讲到的马库里安努斯不是同一人，他的真实名字有可能是马尔提安努斯（Martianus），我会在后面讲到此人。最终，蛮族人被击退了。哥特人的另一支军队经过亚细亚抵达以弗所（Efeso），他们首先将十分闻名而富丽堂皇的戴安娜（Diana）神庙洗劫一空，而后放火将其点燃。历史学家约达尼斯（*Jordanus, de Rebus Geticis, cap. 20.*）对此写道，哥特人在他们的军官雷斯帕（Respa）、维杜库斯（Veducus）、图鲁斯（Turus）和瓦鲁斯（Varus）的指挥下，劫掠了许多城市，烧毁了以弗所的戴安娜神庙，在比提尼亚洗劫并拆毁了美丽的卡西多尼亚（Calcedonia）。他们满载着战利品在返回的途中又摧毁了特洛伊（Troia），在色雷斯留下了他们残暴入侵的痕迹，并攻占了安基亚洛（Anchialo）。他们在埃莫山（Emo）山脚驻扎营地，因为那里的温泉水而停留了数日，后来回到了他们的国家。但这些蛮族人仍不知满足，他们之后又多次返回罗马行省实施破坏。巴基神甫（*Pagius, in Critic. Baron.*）认为哥特人的这些侵袭发生在上一年，因为那时正值加里恩努斯庆祝统治10周年。但是，有人将这场10周年庆典放在这一年，并且认为在这一年发生了上述蛮族人对亚细亚的入侵与破坏。

关于高卢的行政长官波斯图姆斯（Postumus）在哪一年针对加里恩努斯·奥古斯都发起叛乱并称帝，至今仍存在争议，我不愿参与到这样的争论中。不过，至少可以确定的是，在这一年之前的某个时间，波斯图姆斯在高卢篡夺了皇位。学者们根据勋章（*Mediobarb., in Numismat. Imperat.*）中记录的内容认为，波斯图姆斯的名字为马库斯·卡西乌斯·拉提埃努斯·波斯图姆斯（Marcus Cassius Latienus Postumus）；特雷贝利乌斯·波利奥（*Trebellius Pollio, in Triginta Tyrannis, et in Gallienus.*）则称他为波斯图米乌斯（Postumius）；在我发表的一则碑文中（*Thesaurus Novus Inscript., pag. 360, n. 5.*），他被叫作拉提努斯（Latinus），而不是拉提埃努斯。波斯图姆斯出身卑微，但后来成为当时罗马最优秀的将领之一，他是一个非常严厉而谨慎的人，凭借着严谨，他获得了人民和士兵的爱戴。瓦勒良·奥古斯都非常善于发现人的长处，他任命波斯图姆斯管理高卢，希望他的英勇能够挫败法兰克人与其他日耳曼民族的傲气——因为他们常常骚扰罗马行省。波斯图姆斯具有极高的声望，甚至瓦勒良将他的孙子萨洛尼努斯（不知道是加里恩努斯的长子还是次子）送到他那里，让他教授萨洛尼努斯作为一名君主和战士应该具备的技能。但是，尽管波斯图姆斯具备这么多优点，然而，他却不具备最重要的品质——忠诚。高卢人得知加里恩努斯在罗马过着淫荡无耻的生活后对这位君主产生了强烈的鄙视与不满，有可能波斯图姆斯也在暗中推波助澜，于是他们打算自己推举一位胆量与见识兼备的皇帝来抵御来日耳曼的敌人。据佐纳拉斯（*Zonaras, in Annalibus.*）所述，波斯图姆斯曾经打败过越过莱茵河来犯的一支蛮族军队，并将战利品分给了士兵（*Zosimus, lib. 1, cap. 38.*），但萨洛尼努斯·恺撒命令他将这些战利品送到皇帝那里去。这令士兵们非常不满，他们不愿听从一个小孩子（萨洛尼努斯）的指挥，于是决定发动叛乱，拥立波斯图姆斯为皇帝。然后，所有人来到萨洛尼努斯居住的驻防地，高喊着要捉拿王子与西尔瓦努斯（Silvanus），并围攻了那座城市。波斯图姆斯将他们二人都处死了，此举为他背叛君主的不忠行为又加上了另一个臭名。高卢的所有人民都自愿认波斯图姆斯为皇帝，似乎西班牙和不列颠也归顺于他。如果不考虑背叛这一点，波斯图姆斯其实非常适合统治人民（*Trebellius Pollio, in Triginta Tyrannis, cap. 2 et 4.*）。在波斯图姆斯统治的7年间，高卢境内一片祥和，他不仅节制有度、公平正直，而且英勇非凡，为此日耳曼人没有再越界。波斯图姆斯还在日耳曼境内建造了一些堡垒。一些勋章中（*Mediobarbus, in Numismat. Imper.*）（如果是真的话）写道，波斯图姆斯四任执政官。波斯图姆斯有一个儿子叫作盖乌斯·尤尼乌斯·卡西乌斯·波斯图姆斯（Gaius Iunius Cassius Postumus），他先是授予其"恺撒"的封号，后来又授予他"奥古斯都"的封号。波斯图姆斯是加里恩努斯最强大的对手，不仅仅是因为他非常有头脑，更因为高卢人民对他的爱戴，以及他给罗马帝国带来的巨大改变。

如今，加里恩努斯·奥古斯都（不清楚是哪一年）亲自率领一支强大的军队迎战波斯图姆斯。狄奥多图斯（Theodotus）是加里恩努斯军中的将领，他们对波斯图姆斯所在的城市发起了围攻。加里恩努斯在对这座城市进行巡视的时候，被一支箭所伤，于是军队不得不停止围攻。如果特雷贝利乌斯·波利奥在其叙述中有明确的时间线的话，那么大概也是在这一年，加里恩努斯带着两位杰出的军官奥雷奥卢斯（Aureolus）与克劳狄乌斯（Claudius，后来成为皇帝）再次与波斯图姆斯交战。就是在这个时候，为了更容易应对加里恩努斯的军队，波斯图姆斯宣布马库斯·奥勒留斯·皮亚沃尼乌斯·维克托里努斯（Marcus Aurelius Piavvonius Victorinus）为奥古斯都皇帝与帝国的共治者——维克托里努斯是一个非常善战的人，但沉迷女色。接着双方进行了各种大大小小的战斗，在一场战斗中，波斯图姆斯被打败了，但似乎这一打击并没有让波斯图姆斯处境更加艰难，加里恩努斯也没有好好利用这一次的胜利。同样是在这一年，拜占庭发生了一场可怕的灾难。据特雷贝利乌斯所述，应该是那座城市的居民与军队发生了冲突，士兵占了上风，他们将这些居民全都砍死了，所有历史久远的家族都在此覆灭，除了那些因为经商或参军而身在远方的人。于是，加里恩努斯匆匆地从与波斯图姆斯的战争中抽身，转向拜占庭，决定用武力进入城内。后来加里恩努斯说服那里的驻军投降，顺利进入了城内，但他并没有遵守劝降时许下的诺言，而是下令杀死了那里所有的士兵。加里恩努斯为这场屠杀而感到十分光荣，就好像取得了什么重大的胜利，他急急忙忙地从那里回到罗马，以前所未有的盛大排场隆重庆祝了自己统治10周年。巴基神甫（*Pagius, in Crit. Baron. ad annum 262.*）认为这场10周年庆典是在上一年举办的，其他人则认为是在这一年，因为加里恩努斯在这一年结束他统治的第十年，并且公众为他的下一个10年统治进行祈福。勋章（*Mediob., in Numismat. Imperator.*）中也讲到了此事，但是没有标明时间。特雷贝利乌斯（*Trebellius Pollio, in Gallienus.*）写道，加里恩努斯朝坎皮多里奥山走去，他身边环绕着所有元老院议员和骑士，以及身着白衣的士兵，前面是手举火把的平民、仆人还有妇女，他们列队而行。100头戴着金角、披着丝绸鞍褥（当时十分珍贵的东西）的公牛与200只白色的羔羊被用于祭祀。1200名衣着华丽的角斗士及各种各样的滑稽小丑进行了表演，当时还有罗马的10头大象也在庆典中亮相。总之，街道上全都是表演，到处都有响彻天空的欢呼声。队伍的最后有几百人扮成蛮族人的样子——有的扮成哥特人，有的扮成萨尔玛提亚人，还有的穿着法兰克人与波斯人的服饰。就在这位无能的君主给罗马人民献上这场豪华的盛会与装扮表演时，罗马人民却在喝彩中嘲笑他，他们有的支持波斯图姆斯，有的支持雷吉利亚努斯（他当时应该还没有被杀），还有的支持埃米利亚努斯（Aemilianus）与萨图尼努斯（Saturninus）（他们也是叛乱之人）。然而，大多数人还是为瓦勒良被捕而哀痛，但他那不知感激的儿子对他丝毫不挂念。在穿着波斯人服饰的人中还有作为俘虏的波斯国王（这令所有人大笑），一些滑稽小丑挤到那些"波斯人"中间，仔细观察着每个人脸上的表情。他们问"波斯人"如此担忧是在寻找什么，人们回答说："我们在寻找皇帝的父亲。"加里恩努斯听到别人谈起他不幸的父亲从来不会发怒，只是转移话题，对在场的人说："午餐吃什么呀？今天还有什么可以玩的？明天有剧院和竞技场的表演吗？"但是他听到那些滑稽小丑的俏皮话却发怒了，于是叫人将他们关押起来，并下令将他们活活烧死。这一判决令人民非常难过，士兵们也对此悲痛不已，于是他们决定进行残酷的报复。

年　份　公元264年　小纪纪年第十二年

狄奥尼修斯教皇第六年

加里恩努斯皇帝第十二年

执政官　普布利乌斯·李锡尼·加里恩努斯·奥古斯都（Publius Licinius Gallienus Augustus）第六次，萨图尼努斯（Saturninus）

我曾引用过一则碑文（Thesaur. Novus Inscript., pag. 365.），上面写着"执政官卢基乌斯·阿尔比努斯·萨图尼努斯（Lucius Albinus Saturninus）"，但是不清楚这说的是不是这一年的执政官萨图尼努斯。上文中我们提到，萨图尼努斯也是罗马混乱时期一位谋权篡位者，我们对他所知甚少，只有特雷贝利乌斯·波利奥（Trebell. Pollio, in Trigint. Tyrann., c. 22.）讲到他是一位非常小心谨慎的人，待人和蔼可亲，曾经多次在与蛮族人的战争中取得胜利，他手下的军队拥立他为皇帝，但是特雷贝利乌斯没有写明时间与地点。有可能是他在斯基泰（Scizia）边境指挥军队，但是后来，似乎由于他太过严厉，拥立他为皇帝的那些士兵背叛并杀死了他。令人惊讶的是，特雷贝利乌斯与生活年代距这一时期很近的其他作家竟然很少有人知道这些事件。至于上文中特雷贝利乌斯·波利奥提到的埃米利亚努斯（Aemilianus），我们甚至不知道他的全名，因为很少有关于他的勋章，因此让人怀疑这是编造的。据圣狄奥尼修斯（Euseb., Histor. Eccles., lib. 7, cap. 11.）证实，埃米利亚努斯曾在埃及残忍地迫害基督徒。他当时身在埃及，是罗马军队的将领（Trebell. Pollio, in Triginta Tyrann., c. 21.），一次，一个士兵殴打了一个仆人而引起了一场纷争，因为那个仆人不经意间说出："我的鞋子比士兵的鞋子要更好。"常会因各种小事而叛乱的亚历山大里亚人聚在一起，拿着武器和石头愤怒地来找埃米利亚努斯，还用石头砸他。据说，埃米利亚努斯没有别的办法，只能宣称自己为皇帝，这样才能够发号施令，让人民更尊重他。在他统治的那段时间里，他对帝国严加管制，并巡视了特拜德和整个埃及，将各处整顿得秩序井然。但是加里恩努斯派狄奥多图斯（Theodotus）率领一支军队到那里，抓捕正准备向印第安人进军的埃米利亚努斯，最后埃米利亚努斯在监狱中被勒死。之后，为了享有更大的权威和权势，加里恩努斯想要任命狄奥多图斯为埃及的行省总督，但是祭司们阻止了他这一想法，因为有一则预言称，当埃及出现行省总督与罗马的行政官，埃及就会再次叛乱。特雷贝利乌斯·波利奥引用西塞罗（Cicerone）与普罗库卢斯（Proculus）的话证明此事。关于埃米利亚努斯篡夺皇位与死去的时间，我们不得而知。波利奥还讲道，在上一年奥雷奥卢斯背叛了加里恩努斯而发起叛乱，但他对此事的说法十分混乱（*Trebellius Pollio, in Trigint. Tyrann., et in Gall.*），因此我还是选择将此事放在这一年来讲。波利奥认为奥雷奥卢斯的反叛发生在瓦勒良皇帝被捕之后不久，但不久之后奥雷奥卢斯就站在加里恩努斯一边对付马库里安努斯，甚至不久前还与加里恩努斯一同与波斯图姆斯作战。因此，我们很难相信奥雷奥卢斯这么快就叛乱了。波利奥对此补充说，加里恩努斯与奥雷奥卢斯议和，后来利用他对付波斯图姆斯。其他一些人认为加里恩努斯将奥雷奥卢斯立为帝国的共治者，以帮助他一起对付其他篡位者。了解统治者嫉妒与猜疑之心的人都会觉得这些是不太可能的事。佐西姆斯（*Zosimus, lib. 1, cap. 40.*）认为奥雷奥卢斯的叛乱发生在公元267年，佐纳拉斯（*Zonaras, in Annalibus.*）也是这样认为的。这似乎是更可信的说法。在关于奥雷奥卢斯的勋章（*Mediobarb., in Numismat. Imperat.*）中，他被称作马尼乌斯（不是马可）·阿西利乌斯·奥雷奥卢斯（Manius Acilius Aureolus）。加里恩努斯任命奥雷奥卢斯管理伊利里亚，但他赢得士兵的爱戴后就自立为皇帝。

如果特雷贝利乌斯·波利奥（*Trebellius Pollio, in Gallienus.*）所述为真的话，在上一年，帕尔米拉（Palmira）的国王奥登纳图斯（Odaenathus）征服了整个东方。关于这一著名人物，我将在下一年进行讲述。

年　　份　公元265年　小纪纪年第十三年

狄奥尼修斯教皇第七年

加里恩努斯皇帝第十三年

执政官　普布利乌斯·李锡尼·瓦勒良（Publius Licinius Valerianus）第二次，卢基乌斯·凯索尼乌斯·卢基里乌斯·马塞尔·鲁菲尼亚努斯（Lucius Caesonius Lucilius Macer Rufinianus）

大家普遍认为第一位执政官瓦勒良是加里恩努斯·奥古斯都的弟弟，他在公元259年曾担任补任执政官。

现在是时候讲一下奥登纳图斯（Odaenathus）了，他因在罗马帝国东方国家所做的事迹而十分有名。他（*Agathias, lib. 4 Histor.*）出生于腓尼基（Fenicia）著名的城市帕尔米拉（Palmira），距幼发拉底河不远，英国的旅行家在这段时间报道了许多关于腓尼基遗迹、古物的消息。尤塞比乌斯（*Euseb., in Chronic.*）写道，奥登纳图斯只是帕尔米拉市的一个市民与十人队长。佐西姆斯（*Zosimus, lib. 1, cap. 38.*）也证实了这一点，不过他补充说，奥登纳图斯还统领自己的军队。这似乎表明奥登纳图斯是生活在幼发拉底河附近并与罗马人有联系的一位撒拉逊亲王，正如普罗科匹乌斯（*Procopius, de Bello Pers., lib. 11.*）所认为的那样。波斯国王萨波尔在奴役了罗马皇帝瓦勒良，使罗马人蒙受了巨大的耻辱之后，想要吞并罗马帝国在东方的所有行省，上帝在这个时候带来这样一个人以挫败波斯人的傲气。奥登纳图斯（*Trebellius Pollio, in Triginta Tyran., c. 14.*）年轻时曾在狩猎中习得作战之术。他猎杀过狮子、豹子、熊等野生动物，在风吹雨淋中使身体变得强壮。据佩特鲁斯·帕特里修斯（*Petrus Patricius, de Legationibus, t. I Histor. Byzantin.*）所述，奥登纳图斯见萨波尔国王因战胜罗马人而在整个东方变得所向披靡，为了赢得萨波尔的好感，奥登纳图斯给他送去了许多匹满载珍贵礼物的骆驼，并给他写了一封信，表示出对他的服从与尊重。但是，高傲的萨波尔认为奥登纳图斯此举是目中无人，奥登纳图斯作为普通人，怎么敢不亲自上门拜访他而只是给他写封信？于是，萨波尔撕毁了那封信，将那些礼物扔进了河中，并告诉奥登纳图斯的使者，他要好好教一下他们的主人什么是教养、应该怎么对待他上面的统治者，还说要灭绝奥登纳图斯的家族和国家，如果奥登纳图斯想要一个轻点的惩罚，那么应该捆着双手跪倒在他脚下。但奥登纳图斯无法忍受萨波尔的傲慢，也无法容忍这个野蛮国王的威胁，于是他加入了罗马人的阵营。佐纳拉斯（*Zonaras, in Annalibus.*）写道，奥登纳图斯就是那位在美索不达米亚的埃梅萨（Emesa）对马库里安努斯（Macrianus）的儿子昆图斯（Quietus）发起围攻并将其杀死的人。同样地（*Trebellius Pollio, in Gallienis.*），奥登纳图斯还杀死了东方的另一位谋权篡位者巴蒂斯塔（Batista）。后来，奥登纳图斯对波斯国王发动了一场激烈的战争，由此收复了尼西比（Nisibi）和卡雷（Carre），以及整个美索不达米亚。奥登纳图斯曾吹嘘自己想要从波斯人手里将囚禁的瓦勒良解救出来，但他完全听命于加里恩努斯·奥古斯都，完全服从他的命令，加里恩努斯任命他为东方国家的行政长官和军队将领。这些事情发生在过去的几年。

据佐西姆斯（*Zosimus, lib. 1, cap. 29.*）与特雷贝利乌斯·波利奥（*Trebellius Pollio, in Triginta Tyrannis, cap. 14.*）所述，奥登纳图斯在上一年还入侵了波斯，屠杀了无数波斯人，一直到达波斯帝国的首都塞斯蒂芬（Ctesifonte）。在这一年，奥登纳图斯再次侵袭波斯，围攻了塞斯蒂芬，并且比以往更加强势与坚决。他在那里进行了许多次战斗，洗劫了整个国家，屠杀的人数令人难以置信。但由于波斯的所有总督联合起来共同进行防御，导致他无法如愿地摧毁整个城市。与此同时，加里恩努斯得知了奥登纳图斯从波斯人那里解放了美索不达米亚后攻入塞斯蒂芬，使萨波尔国王仓皇出逃，还抓捕了那里的总督，屠杀了那些蛮族人。在弟弟瓦勒良与亲戚卢基里乌斯（Lucilius，这一年的执政官）的建议下，为了进一步让奥登纳图斯为罗马帝国的利益效力，加里恩努斯授予他"奥古斯都"的头衔，宣布其为帝国的共治者，并下令为他打造纪念币，其中一些纪念币保存至今（*Goltzius, et Mediob., in Numism. Imperat.*）。许多人会觉得这一决定很奇怪，因为如果没有被封为"奥古斯都"的话，奥登纳图斯这个外族君主本可以理所当然地统治所有东方国家，然而，如果特雷贝利乌斯·波利奥所述属实的话，元老院和所有罗马人民甚至大加赞颂这件事情，因为他们希望无能的加里恩努斯能够倒台，这位英勇的腓尼基皇帝能够让不堪一击的罗马帝国重新振兴起来。这些就是关于奥登纳图斯的记述。

尽管特雷贝利乌斯没有提及其他篡位者上台的确切时间，但我还是准备将这些篡位者的故事放在这一年中讲述。在一些勋章（*Goltzius, et Mediob., Numism. Imper.*）（如果这些勋章是真实的话）中提到一个叫盖乌斯·阿尼乌斯·特雷贝利亚诺（Gaius Annius Trebelliano）的人，他发现伊苏里亚（Isauria）的人民对加里恩努斯不满，并且渴望有一位军队将领，于是他自立为皇帝，并在伊苏里亚的城堡里给自己建了一座宫殿。他在陶罗山（Tauro）那片狭窄地域统治了一段时间，加里恩努斯派埃及人卡乌西索莱乌斯（Causisoleus）去对付他。卡乌西索莱乌斯是曾经捉拿埃及篡位者埃米利亚努斯的狄奥多图斯（Theodotus）的弟弟，他想办法引诱特雷贝利亚诺到一片开阔地段，与其交战，最终打败了特雷贝利亚诺并将其杀死。但是伊苏里亚人民由于害怕受到惩罚而继续发动叛乱，很长时间里，或许从那以后他们再也没有服从于罗马帝国。

此时阿非利加也灾难丛生（*Trebellius Pollio, in Triginta Tyrannis.*）。在行省总督维比乌斯·帕西埃努斯（Vibius Passienus）与利比亚（Libia）边境军队将领法比乌斯·庞波尼安努斯（Fabius Pomponianus）的策划下，他们拥立一个叫作提图斯·科尔涅利乌斯·塞尔苏斯（Titus Cornelius Celsus）的普通军官为皇帝，由加里恩努斯·奥古斯都的一个侄女加里恩娜（Galliena）为他披上皇帝的长袍。但是仅过了7天这位皇帝就被杀死了，他的尸体被丢给了狗，他的雕像被一直忠于加里恩努斯的西卡人（Sicca）推倒。

根据一则碑文（*Panv., in Fast. Cons. Maffeius, Veron. Illustr.*）证实，加里恩努斯在这一年重建了维罗纳城墙，因此这座城市获得了"加莱尼亚纳"（Galleniana）的名字。此项重建工作开始于4月5日，结束于12月4日。这座城市曾被用作抵御日耳曼人入侵的壁垒。在庞贝时期，它就已经成了罗马人的殖民地（*Incertus, in Panegyrico Constant., cap. 8.*），却由于战争而饱受摧残，如今，这位如此疏忽大意、懒惰无能的皇帝竟然将它重建了起来。

年　份　公元266年　小纪纪年第十四年

狄奥尼修斯教皇第八年

加里恩努斯皇帝第十四年

执政官　普布利乌斯·李锡尼·加里恩努斯·奥古斯都（Publius Licinius Gallienus Augustus）第七次，萨比尼鲁斯（Sabinillus）

罗马帝国因为各地不断涌现的篡位者而变得支离破碎，但头脑简单的加里恩努斯皇帝似乎对此不以为意（Trebellius Pollio, in Gallienus.）。当传来埃及被攻占的消息时，他说："那又怎么样？难道没有埃及的亚麻我们就没法生活了吗？"有信使传来斯基泰人侵袭亚细亚，以及那一地区发生了地震摧毁了各个城市的消息时，他回答道："没有他们的清洁泡沫我们就无法洗浴了吗？"听说高卢被占，他笑着说道："我倒要看看没有了阿拉斯的布料，帝国该如何应对。"这位皇帝就这样表现出哲学家的样子，但实际上他是一个既愚蠢又无能的皇帝。他最关心的事情是享用更好的美食佳肴，满足他那无节制的淫欲，以及穿着奢侈华丽的衣服露面，他毫不关心国家的统治，对罗马帝国内各处涌现的叛乱和灾难置之不理。据奥勒留斯·维克多（Aurelius Victor, in Epitome.）所述，加里恩努斯除了妻子萨洛尼娜·奥古斯塔（Salonina Augusta），还有好几个小妾，其中他最宠爱的是马科曼尼国王的女儿皮帕（Pipa），为了得到她，加里恩努斯给这个国王割让了上潘诺尼亚行省的一部分。正是这一荒唐的举动促使各地的人对他表示抗议，想要篡夺皇位。然而，加里恩努斯想到一个绝佳的计策来遏制新的篡位者产生（Idem, ibidem.），即从那以后禁止元老院议员在军队中担任职务，也不准出现在军队中，因为他不信任任何有名望而能够上任皇位或者鼓动他人叛乱的人。之前的皇帝通常会在旅行或战争中带着一些精心挑选的元老院议员，他们组成议会，维持人民和士兵对元老院的尊重，并能出色指挥军队。而加里恩努斯所做的完全相反。从这之后，元老院议员们习惯了安享他们的职位与财富，不再参与军队的劳苦与危险，于是他们就不再试图反对加里恩努斯的这项法令了。就这样，元老院议员的声望和权威越来越低，而那些指挥操控军队的人则变得越来越傲慢。

波斯图姆斯大概在这一时期死于高卢，他篡位之后在那里做了多年皇帝，还4

次担任执政官。据记载（*Trebellius Pollio, in Triginta Tyran., cap. 2.*），得益于他的见识与胆量，那里的百姓生活安宁，因此他受到了人民的爱戴与尊重。尽管如此，卢基乌斯·埃利亚努斯（Lucius Aelianus）还是背叛了他，在美因茨（Magonza）自立为皇帝。欧特罗皮乌斯（*Eutrop., in Breviar.*）写道，波斯图姆斯占领那座城市以后，由于他的士兵不愿意放弃劫掠这座城市，于是士兵们杀死了他和他的儿子小波斯图姆斯。我赞同奥勒留斯·维克多的说法，认为这个埃利亚努斯是当时与波斯图姆斯对立的竞争对手，但这个人肯定就是特雷贝利乌斯·波利奥（*Trebellius Pollio, in Trig. Tyran., cap. 4.*）提到的那个叫洛利亚努斯（Lollianus）的人。欧特罗皮乌斯的作品中也有这个人的名字。据波利奥所述，波斯图姆斯在洛利亚努斯的秘密操纵下失去了性命，因此他肯定比波斯图姆斯活的时间长。据记载，高卢的一部分城市接受了洛利亚努斯为皇帝，他为这些城市做出了许多有益之举。这时，波斯图姆斯的帝国共治者维克托里努斯（Victorinus）向洛利亚努斯开战，同时他的士兵们更加难以忍受他的所作所为，因为洛利亚努斯总是强迫他们辛苦劳作，于是他们杀死了他。在一些勋章（*Mediobarb., in Numismat. Imperat.*）中，他被称作卢基乌斯·埃利亚努斯（Lucius Aelianus）或者奥鲁斯·庞波尼乌斯·埃利亚努斯（Aulus Pomponius Aelianus）；在另外一些勋章中他的名字被称作斯普里乌斯·塞尔维利乌斯·洛利亚努斯（Spurius Servilius Lollianus）。有可能其中一个名字是编造的。就这样，马库斯·奥勒留斯·维克托里努斯成了高卢唯一的统治者。尽管他（*Trebellius Pollio, in Trig. Tyran., cap. 5.*）具有许多美德，如庄重、宽厚、节俭、严格执行军纪等，但他天生的一种恶习盖过了他所有的美德，那就是好色。他对他士兵的妻子毫不尊重，还对士兵们施加惩罚（*Aurelius Victor, in Epitome.*）。在驻防地的时候，他军队中的一名文员因为维克托里努斯强暴自己的妻子而怒不可遏，于是这名文员与其他人联合起来，将维克托里努斯杀死了。维克托里努斯的儿子小维克托里努斯当时被他的祖母维多利亚（Vittoria）或者维托丽娜（Vittorina）称为"恺撒"，但那些士兵也杀死了他。戈尔齐乌斯与梅扎巴尔巴（*Goltzius et Mediob., in Numism. Imperat.*）提到一些勋章，如果这些勋章是真的话，那么特雷贝利乌斯·波利奥对于这些事情的说法就有误。在这些勋章上，维克托里努斯的儿子被叫作盖乌斯·皮亚维乌斯·维克托里努斯（Gaius Piavius Victorinus），他的头衔不是"恺撒"，而是"奥古斯都"皇帝。如果波利奥所述属实，那么根本没有时间给这位小奥古斯都打造勋章。这些勋章都是在久远的古代制成的，因此我们有理由怀疑它们的真实性。在两位维克托里努斯死去之后，高卢的军队将帝国的统治权交给了一个叫马里乌斯（Marius）的人，他曾经是一名铁匠。欧特罗皮乌斯（*Eutrop., in Breviar.*）认为马里乌斯的上位发生在洛利亚努斯死去之后、维克托里努斯死去之前；特雷贝利乌斯·波利奥（*Trebellius Pollio, in Triginta Tyrannis, cap. 7.*）则认为是在维克托里努斯死去之后。根据波利奥所述，马里乌斯由于力大无穷而升到了军事高位。但是有一个士兵——曾经是马里乌斯铁匠铺里的一个伙计，因为在马里乌斯篡位之前或之后遭到他的轻蔑，于是在马里乌斯上位两三天后用剑杀死了他，并对他说："这是一把由你亲手打造出来的剑。"当时，老维克托里努斯的母亲维多利亚仍然想保留她在高卢已经获得的权势，于是通过金钱诱使士兵们（也许是在下一年）拥立她的亲戚泰特里库斯（Tetricus）为皇帝。泰特里库斯是一名罗马元老院议员，也是高卢境内阿奎塔尼亚省（Aquitania）的行政长官。在一些勋章中（*Goltzius, in Numism. Imperat.*），他被称作普布利乌斯·皮韦苏斯（Publius Pivesus）；而在一则碑文中，他被叫作佩苏维乌斯·泰特里库斯（Pesuvius Tetricus），显然其中一个是错误的。据说，泰特里库斯曾经担任过执政官，他在波尔多（Bordeos）得知自己成为皇帝的喜讯后，就在那里上任了。他当时年幼的儿子盖乌斯·帕库维乌斯·皮韦苏斯·泰特里库斯（Gaius Pacuvius Pivesus Tetricus）被维多利亚封为"恺撒"。据传言，维多利亚后来死于泰特里库斯之手，因为泰特里库斯喜欢自己掌控，而不喜欢受她掌控。之后，泰特里库斯不仅仅统治着高卢，还统治了西班牙，直到奥勒里安努斯·奥古斯都（Aurelianus Augustus）时期，这个我们会在后面讲到。巴基神甫（*Pagius, in Crit. Baron.*）认为，波斯图姆斯统治高卢一直到克劳狄乌斯（Claudius）二世皇帝统治的第二年；也有人认为波斯图姆斯是在加里恩努斯统治时期被杀。对此的争议一直没有明确的结果，在那一地区发生的许多变革性事件也自然无法确定时间。

年　　份　公元267年　小纪纪年第十五年

狄奥尼修斯教皇第九年

加里恩努斯皇帝第十五年

执政官　帕特诺（Paternus）与阿尔克西拉乌斯（Arcesilaus）

到目前为止，此前被封为"奥古斯都"的奥登纳图斯（Odaenathus）虽然表现出与加里恩努斯皇帝的联合，但很可能他只统治着亚细亚的罗马行省。后来他在与波斯人的英勇战斗中被杀，对于他被杀的时间、地点以及凶手一直存在争议，有人认为他的死发生在上一年，有的人认为是在这一年。可以确定的是，大概在这一年，哥特人，或者叫斯基泰人入侵了亚细亚（Trebellius Pollio, in Gallien.），一直抵达赫拉克利亚（Eraclea），洗劫了整个国家。据辛西洛（Sincello, Syncellus, in Hist.）所述，奥登纳图斯决定与他们作战，于是来到赫拉克利亚，但最后他在那里被刺而亡。佐西姆斯（Zosimus, lib. 1, cap. 39.）写道，奥登纳图斯当时在埃梅萨（Emesa）庆祝他的生辰（我也不清楚是哪一天），有人背叛了他而将其杀死。有人说（Zonaras, in Annalibus.）奥登纳图斯是被他的侄子小奥登纳图斯所杀；有人说是被他的表弟梅奥尼奥（Meonio）所杀；还有人怀疑是他的妻子芝诺比娅（Zenobia）促成了他的不幸，因为她嫉妒奥登纳图斯与他的前妻所生的儿子赫罗狄斯（Herodes，被奥登纳图斯封为奥古斯都）比她自己的儿子位高权重。这位赫罗狄斯在一些勋章（其真实性有待确认）中被叫作赫罗狄安（Herodianus），是一个爱好奢靡享乐的年轻人，他的父亲却任由他为所欲为，最后他与他的父亲一起被杀。就这样，奥登纳图斯落得了这样一个结局，他被认为是东方最光荣的君主，因为他屠杀了无数波斯人，为罗马帝国保留了亚细亚一些岌岌可危的行省。特雷贝利乌斯·波利奥（Trebellius Pollio, in Trigint. Tyrann., cap. 14.）甚至说，上帝真的对罗马人很愤怒，因为他不仅夺走了瓦勒良·奥古斯都，还带走了奥登纳图斯。与此同时，波利奥将奥登纳图斯置于篡位者之列，但这与事实不符，也与他之前的叙述自相矛盾（Idem, ibidem, cap. 16.）。至于梅奥尼奥，波利奥说他与芝诺比娅联合起来谋杀了奥登纳图斯，然后在她的同意下自立为皇帝，但是士兵们因为他的肮脏淫秽而厌恶他，于是将他杀害。奥登纳图斯死后留下3个儿子，即赫伦尼安努斯

（Herennianus）、提莫拉奥斯（Timolaos）和瓦巴拉图斯（Vaballathus），他们都拥有"奥古斯都"的封号，在勋章（*Goltzius et Mediobarb, in Numism. Imperatorum.*）上也能看到他们的名字。但由于他们年纪尚小，不足以管理国家，于是他们的母亲芝诺比娅以儿子的名义掌握了统治权，她是一个有雄心的女人，后来她做了许多光荣的事，对此我们以后再说。

前面我们讲过，斯基泰人，或者说哥特人入侵并洗劫了亚细亚的各个行省，特别是卡帕多细亚（*Trebellius Pollio, in Gallienus.*）。他们听说奥登纳图斯正率领军队向他们逼近，斯基泰人不想等着与其交战，于是急忙载着战利品返回他们的国家。然而在黑海，他们受到了罗马军队与船队的攻击，死伤众多。但没过多久，他们就从多瑙河口进入了罗马帝国，做尽恶事。在黑海沿岸，拜占庭的罗马驻军在一场战役中击败了他们，但他们并没有因此而停止劫掠，也没有感到忧虑不安。赫鲁利人（Eruli）在他们的将军瑙洛巴特（Naulobat）的指挥下驾驶500艘帆船从梅蒂斯（Meotide）沼泽进入黑海，然后经由海路抵达拜占庭和克里索波利（Crisopoli）。不过在一场交战中，罗马军队占了上风，于是赫鲁利人慌乱地撤退了。这时，哥特人（一些人将其称为斯基泰人）再次袭来，他们攻入富庶的基齐库斯市（Cizico），将该市洗劫一空。接下来，他们来到列诺岛（Lenno）和苏埃罗岛（Suero），直到著名的雅典城，将雅典放火烧毁后，他们又对科林斯（Corinto）、斯巴达（Sparta）、阿尔戈斯（Argo）与亚该亚做出了同样野蛮的行径，但没有任何人敢反抗他们。然而，雅典人在他们的将军——历史学家德西普斯（Desippus）的带领下，给哥特人设下埋伏，对其进行了一场大屠杀。我们在公元269年会看到雅典再一次被攻陷，或许雅典城的不幸仅仅指的是那个时候。然而，哥特人并没有就此罢休，他们又侵袭了伊庇鲁斯（Epiro）、阿卡纳尼亚（Acarnania）和维奥蒂亚（Beozia），并且给这些地区带去了重大疾病。佐纳拉斯（*Zonaras, in Annalibus.*）似乎认为这场灾难发生在加里恩努斯的继位者克劳狄乌斯二世时期。这场腥风血雨使各地饱受痛苦的人们哀声连连，加里恩努斯皇帝不得不觉醒过来，从罗马动身前去支援受难的各省。他来到伊利里亚，罗马人杀死了许多蛮族人，迫使一些人逃到了格萨斯（Gessace）山上。最终，罗马军队的将军马尔提安努斯（Martianus）和赫拉克利安努斯（Heraclianus）英勇地将罗马帝国的行省从蛮族人那里解救了出来。后来成为皇帝的克劳狄乌斯二世也参与到了此次作战中。地位最高的两位将军在计划如何能使帝国摆脱加里恩努斯无能且残暴的统治，这时他们将目光放在了克劳狄乌斯身上，打算拥立他为皇帝。而在我看来，促成他们制订这个计划的是特雷贝利乌斯·波利奥（Trebellius Pollio, in Gallien.）叙述的事情，即当人们以为加里恩努斯要率军出发驱赶蛮族人时，加里恩努斯却在雅典停留了下来，因为他极度虚荣，想要获得这一显赫城市的公民身份，担任该市的执政官，也就是最高行政官，并成为雅典最高法院的法官，出席他们所有的祭祀活动。前面我刚刚说过，有可能雅典的攻陷不是发生在这一年。加里恩努斯到过雅典则进一步证实了这一疑问。加里恩努斯只追求这种荒唐的荣耀，却在罗马行省处于危急的时候对公共事务置之不理，这令士兵们对这样一位胆小的君主失去了耐心和尊重，于是他们商议选出一位称职的罗马皇帝。加里恩努斯发现了这件事，试图安抚士兵们，但未能如愿，于是他下令处死了数千人。这一判决令将军们想方设法使他垮台，关于此事我们将于下一年讲到。

年　份　公元268年　小纪纪年第一年
　　　　狄奥尼修斯教皇第十年
　　　　克劳狄乌斯二世皇帝第一年
执政官　帕特诺（Paternus）第二次，马里尼亚努斯（Marinianus）

这一年的行政官帕特诺应该不是上一年担任执政官的那位帕特诺，因为普通人一般不会两年连任这一显要的职位，只有奥古斯都皇帝才会这么做。

佩特罗尼乌斯·沃卢西安努斯（Petronius Volusianus）是上一年的罗马总督，这一年他继续这一任职。前面我们讲过马尼乌斯·阿西利乌斯·奥雷奥卢斯（Manius Acilius Aureolus），他是伊利里亚的罗马骑军将领，是一个英勇善战之人，他也和众人一样宣告反叛令人鄙视的加里恩努斯。有人认同特雷贝利乌斯·波利奥（Trebellius Pollio, in Gallien.）的说法，认为奥雷奥卢斯的反叛可以追溯到公元261年，但显然佐西姆斯（Zosimus, lib. 1.）与佐纳拉斯（Zonaras, in Annalibus.）的说法更加真实可信，即他是在上一年自立为皇帝的。当时加里恩努斯在默西亚或者希腊，由于担心高卢的篡位者波斯图姆斯（Postumus）（或其继任者）可能趁其在外远征之际谋取利益，于是命令奥雷奥卢斯率兵到米兰粉碎高卢统治者的图谋。抵达米兰后，奥雷奥卢斯更深刻地察觉到加里恩努斯已声名狼藉，且随着波斯图姆斯之死及之后的一系列变动，高卢的局势似乎更加动荡，更易被征服，于是他认为现在就是登上皇位的好时机，遂决定自立为皇帝。加里恩努斯得知这个消息后认识到事情的严峻性，立即返回了意大利，然后径直朝奥雷奥卢斯进军（Aurelius Victor, in Epitome.）。加里恩努斯在一场战斗中打败了奥雷奥卢斯，迫使他撤退到米兰，不久之后，加里恩努斯围攻了米兰（Zonaras, in Annalibus.）。在这场战斗中，科妮莉亚·萨洛尼娜（Cornelia Salonina）皇后差点被敌人抓捕，因为他们见加里恩努斯的营地只有很少的护卫军防守，于是一直来到他的营帐，而皇后当时就在里面。他们意外地在那里碰到一个士兵，那士兵当时正在缝补他的衣服，见敌人出现，他立马抓起盾牌和短剑，朝其中两个人狠狠一击，其他人见状便撤退了。与此同时，将军马尔提安努斯（Martianus）赶来增援加里恩努斯，他之前在默西亚或者色雷斯对抗哥特人。禁军总督赫拉克利安努斯（Heraclianus）也带着骑兵赶来。佐纳拉斯称这位后来成为皇帝的禁军总督为奥勒里安努斯，而不是赫拉克利安努斯。

这些将军并没有继续围攻米兰，而是共同议定将恶毒的加里恩努斯铲除（Trebellius Pollio, in Gallien.）。马尔提安努斯将刺杀加里恩努斯的任务交给了达尔马提亚的军官塞克洛普斯（Cecrops），或者叫塞克洛皮乌斯（Cecropius），塞克洛普斯十分勇敢，大胆地接受了任务，并幻想着能接任皇位。但是作家们对此事存有争议。奥勒留斯·维克多（Aurelius Victor, in Epitome.）写道，奥雷奥卢斯见自己处于困境，于是想办法伪造了一封加里恩努斯写的信或者是卡片，上面写着军队主要军官的名字，表示这些是加里恩努斯想要处死的背叛者，这张卡片被名单上的一些军官发现，于是他们决定刺杀加里恩努斯来使自己摆脱危险。马尔提安努斯和赫拉克利安努斯是密谋者中的主要人物。但特雷贝利乌斯·波利奥（Trebellius Pollio, in Claud.）提到克劳狄乌斯也参与策划了这场谋杀。不过，似乎还是佐纳拉斯（Zonaras, in Annalibus.）的叙述更真实可信一些，他写道，这些军官很早以前就策划了针对加里恩努斯的阴谋,由于阴谋泄露,于是他们决定赶紧执行计划。具体的方式是这样的:一天晚上,当加里恩努斯吃晚餐或者要睡觉的时候,赫拉克利安努斯与塞克洛普斯神色慌张地前来告诉他,奥雷奥卢斯正率领他的所有军队进行突围。加里恩努斯大惊失色,立即穿上军装拿上装备,骑上马,出了营帐,下令士兵准备作战。在黑暗中,塞克洛普斯借机靠近加里恩努斯,将其杀死。其他一些人认为,不知是谁射出的箭杀死了加里恩努斯;还有人认为他死在床上。奥勒留斯·维克多(Aurelius Victor, in Epitome.)的说法肯定是无法令人相信的,他写加里恩努斯在死去之前将皇位传给了当时在帕维亚的克劳狄乌斯。不管怎样,这就是加里恩努斯的悲惨结局。克劳狄乌斯于3月24日在罗马被选为皇帝(Trebellius Pollio, in Claudius.),由此我们可知,加里恩努斯应该是在这个时间的前几天死去的。同时,他的弟弟瓦勒良(一些人认为他拥有"恺撒"甚至"奥古斯都"的头衔,但是没有可信的证据)与他年轻的儿子加里恩努斯(已被封为"恺撒")也卷入这场不幸中,在米兰附近被杀,有人认为他们是在罗马被杀的。由于这个时期的史料损失严重,我们无法判断谁的说法是准确的。奥勒留斯·维克多(Aurelius Victor, in Epitome.)还写道,加里恩努斯被刺杀的消息传到罗马后,人民放肆地辱骂他,元老院对他的官员与亲属发泄仇恨,将他们摔下吉蒙尼阶梯(scale gemonie)。克劳狄乌斯继承皇位后,下令不准骚扰那些没有参与第一次集体暴乱的人。为了让人相信他与加里恩努斯的死无关,据说,克劳狄乌斯叫人将加里恩努斯的尸体运到罗马,下令将这么一位声名狼藉的皇帝列入众神之列。这是从几个稀有的勋章中推断出来的,上面写着加里恩努斯拥有神的称号。但是我们真的能确定那些稀有的古代勋章上所刻的内容都是真实可信的吗?我们唯一可以确定的是,克劳狄没有因为加里恩努斯被刺杀而惩罚任何人。

  加里恩努斯死后,在他活着的时候曾经憎恨他的士兵如今为他哀悼起来,并且对他进行称颂,就好像他们不是为了报复他而发动叛乱,而是意欲在这种情况下对毫无防备的人进行大规模的抢劫。(Trebellius Pollio, in Gallienus.)。为了遏制他们的傲慢,马尔提安努斯和其他军官采取了惯常使用的给予犒赏的办法,他们许诺给士兵每人20金币,并且很快就付给了他们,因为加里恩努斯留下了一笔丰厚的财富。这笔犒赏平息了所有人的怒气，他们也声称加里恩努斯为暴君，并接受克劳狄乌斯为皇帝。至于克劳狄乌斯皇帝，在勋章（*Goltzius et Mediobarb., in Numismat. Imperat.*）上他被叫作马库斯·奥勒留斯·克劳狄乌斯（Marcus Aurelius Claudius），而不是像特雷贝利乌斯·波利奥所称的弗拉维乌斯（Flavius）。如今，我们通常称他为克劳狄乌斯二世（Claudius Ⅱ），其更常见的名字为"哥特征服者克劳狄乌斯"（Claudius il Gotico）。特雷贝利乌斯（*Trebellius Pollio, in Claudius.*）在各方面都称赞克劳狄乌斯，因为他曾写信给君士坦丁·奥古斯都（Constantinus Augustus），君士坦丁的祖母克劳迪娅（Claudia）是克劳狄乌斯的兄弟克里斯普斯（Crispus）的女儿，尽管如此，我们仍然无法确定克劳狄乌斯是否出身贵族。克劳狄乌斯于公元214年或215年3月10日出生在伊利里亚的行省达尔马提亚（Dalmazia），或者是达达尼亚（Dardania），他具有的天赋与诸多美德使他获得了军事职位，并最终登上皇位。克劳狄乌斯是否有妻子我们不得而知，但可以确定的是他没有子嗣。克劳狄乌斯有两个弟弟，即继承他皇位的昆提卢斯（Quintillus）与刚刚提到的克里斯普斯（Crispus），还有一个妹妹叫康斯坦丁娜（Costantina）。在德西乌斯皇帝统治期间，克劳狄乌斯开始了他的军事生涯，被任命为军官后，他先是统领温泉关（Termopile）的一支护卫军，之后在瓦勒良皇帝统治时期统领索里亚的第五军团，后来成为整个伊利里亚军队的将领。特雷贝利乌斯·波利奥提到加里恩努斯的一封信，信中他对自己非常不了解克劳狄乌斯而懊恼，为使克劳狄乌斯平静下来，他送给克劳狄乌斯许多礼物。事实是，所有作家（*Goltzius, et Mediob., in Numism. Imperat. Victor, Eutropius, Zosimus.*），甚至包括佐西姆斯（尽管他是君士坦丁·奥古斯都的敌人）都承认，克劳狄乌斯具有许多高尚的品质，他勇敢、谨慎、节俭，厌恶奢侈，时刻为公众的利益着想，这些品质毫无疑问使得他非常配做这个皇帝，后来所有人都将他列为罗马帝国最贤明光荣的皇帝之一。

加里恩努斯被杀后，要么如特雷贝利乌斯（*Trebellius Pollio, in Claudius.*）所说，禁军总督马尔提安努斯与赫拉克利安努斯早已计划拥立克劳狄乌斯为皇帝，要么是在所有军官的建议下，大家一致同意选这位美德出众的人为皇帝，总之，克劳狄乌斯在所有人的欢呼声中登上了皇位，军队尤其拥护他，因为所有人都认为他有能力将加里恩努斯由于疏忽大意而分割给朋友和敌人的罗马帝国恢复到好的状态。当罗马人民得知是克劳狄乌斯当上皇帝后，欢呼声不绝于耳。从元老院的公文可以看出人们迫切希望这位新任皇帝能够将意大利从奥雷奥卢斯手里解救出来，将高卢和西班牙从维多利亚（维克托里努斯的母亲）与泰特里库斯（Tetricus）皇帝手里解救出来（维多利亚与泰特里库斯的垮台应该发生在下一年），将东方从帕尔米拉女王芝诺比娅（Zenobia）手里解救出来——芝诺比娅是已逝的奥登纳图斯（Odaenathus）的妻子，因不想再依附于罗马皇帝，于是在帝国的东方行省做起了女王。克劳狄乌斯二世皇帝上位后的第一项举措就是击败仍然在反抗的奥雷奥卢斯，宣称他为篡位者与国家公敌。奥雷奥卢斯向克劳狄乌斯派去使者请求议和，表示愿意与克劳狄乌斯结成联盟或签订协约，但克劳狄乌斯严肃地回答说："这些是给加里恩努斯（与奥雷奥卢斯相似，都很胆小）的提议，对我行不通。"据特雷贝利乌斯·波利奥（*Trebellius Pollio, in Trigint. Tyrann., cap. 10.*）所述，奥雷奥卢斯在一个叫"奥雷奥卢斯桥"[ponte di Aureolus，现今庞蒂罗洛（Pontirolo）]的地方与克劳狄乌斯交战，最后失败被杀。佐西姆斯（*Zosimus, lib. 1.*）讲道，奥雷奥卢斯当时已缴械投降，但士兵们因对他太过愤恨而杀死了他。特雷贝利乌斯没有提到这一年克劳狄乌斯战胜过阿拉曼尼人，但奥勒留斯·维克多（*Aurelius Victor, in Epitome.*）详细讲到了这件事。这些阿拉曼尼人很可能是奥雷奥卢斯在世时叫来援助他的，他们一直来到维罗纳的加尔达湖（Garda），克劳狄乌斯将他们击败，他们中只有一半士兵得以逃脱。在一些勋章（*Mediobarbus, in Numismat. Imper.*）中，除了"哥特征服者"（Gotico）的名号，克劳狄乌斯还被称作"日耳曼征服者"，这并不是因为哥特人属于日耳曼民族，而是因为克劳狄乌斯战胜了阿拉曼尼人。之后，克劳狄乌斯回到罗马（*Eumenes, in Panegyrico Costantini. Trebel. Pollio, in Claudius.*），罗马在加里恩努斯的懦弱统治下处于悲惨的境地。克劳狄乌斯重建了良好的社会秩序与统治，制定了一些有效的法律，严厉惩处了那些徇私舞弊的行政官，并以酷刑震慑恶人。据佐纳拉斯（*Zonaras, in Annalibus.*）所述，以前的皇帝总是赠予他人财产，特别是在加里恩努斯统治时期更加盛行。克劳狄乌斯就拥有一座加里恩努斯赠予的房子，这座房子原本属于一个可怜的妇人，这个妇人来找克劳狄乌斯，在诉状书上说一位军官以不道德的方式占有了她的房子。克劳狄乌斯意识到这妇人说的就是他，却没有为此生气，而是回复说："克劳狄乌斯皇帝（有义务对所有人都公平以待）理应归还克劳狄乌斯将军曾经占有的东西。"

这一年年底，罗马教皇圣狄奥尼修斯在为基督教做出伟大的贡献后去世了。

年　份　公元269年　小纪纪年第二年
　　　　斐理斯教皇第一年
　　　　克劳狄乌斯二世皇帝第二年
执政官　马库斯·奥勒留斯·克劳狄乌斯·奥古斯都（Marcus Aurelius Claudius Augustus）与帕特诺（Paternus）

有一两则碑文上面称克劳狄乌斯为二任执政官，但我不敢冒险地这么称呼他，因为在更多的纪念碑上，他仅仅被称作执政官。根据我引用的一则碑文（*Thesaurus Novus Inscript., pag. 366, n. 1.*），这位帕特诺应该叫作诺尼乌斯·帕特诺（Nonius Paternus）。

弗拉维乌斯·安提阿基安努斯（Flavius Antiochianus）是这一年的罗马总督（*Bucherius, de Cycl.*）。由于在加里恩努斯这样一个声名狼藉的皇帝统治时期，哥特人对罗马各省的掠夺活动进展顺利，于是这一年他们鼓动其他蛮族也参与到掠夺中，包括东哥特人（Ostrogoti）、格皮德人（Gepidi）、维尔廷斯人（Virtinghi）、埃鲁利人（Eruli）、佩西尼人（Peusini）、特鲁通吉人（Trutungi）和其他一些凶猛的北方民族。因此，在这一年他们再次扫荡罗马帝国。佐西姆斯（*Zosimus, lib. 1, cap. 42.*）写道，这些蛮族人组建了一支由6000艘军舰组成的舰队。不过有可能他的文章存在错误，因为即使是6000艘小船，这个数字也太过庞大了。特雷贝利乌斯·波利奥（*Trebellius Pollio, in Claudius.*）提到蛮族有2000艘军舰；阿米阿努斯·马尔切利努斯（*Ammianus Marcellinus, Hist., lib. 31, c. 5.*）提到的数量也不超过2000。但是佐西姆斯和波利奥都称他们的士兵人数多达32万，还不包括奴隶和妇女。这些蛮族人第一个攻击的城市是靠近多瑙河河口的托米市

（Tomi），然后从那里进入默西亚的城市马尔恰诺波利（Marcianopoli）。经过多次战斗后，他们乘船从黑海进入拜占庭海峡，那里水流湍急，船只相互碰撞，导致许多船只沉没，船上的士兵也落水而死。同时，拜占庭的罗马军队也对他们发动了战争。在对基齐库斯（Cizico）的攻打失败后（*Zosimus, lib. 1, cap. 42. Trebellius Pollio, in Claudius. Ammianus Marcellinus, Zonaras, in Annalibus.*），这些蛮族人来到了群岛（Arcipelago），围攻了萨洛尼基（Salonichi），或者叫特萨洛尼卡（Tessalonica），以及卡山德里亚（Cassandria）。就在他们快要占领这两座城市的时候，有消息称克劳狄乌斯·奥古斯都正率兵逼近。克劳狄乌斯在罗马得知蛮族人的大肆入侵活动后，决定亲自率兵迎击他们，不过，有些人认为应该向高卢与西班牙（具有帝国最出色的军力）的占领者泰特里库斯（Tetricus）开战，而不是向哥特人和其他蛮族人开战，对此克劳狄乌斯回答说："与泰特里库斯的战争关系到我个人，但与哥特人的战争关系到公众。"克劳狄乌斯想要将公众的需求置于个人的需求之上。佐纳拉斯（*Zonaras, in Annalib.*）在这里写的是波斯图姆斯，不是泰特里库斯。但如之前所述，波斯图姆斯早已经被杀了。克劳狄乌斯在为这场战争组建强大军队的时候，先把弟弟昆提卢斯（Quintillus）与奥勒里安努斯（Aurelianus）派往了那里，由于奥勒里安努斯具有丰富的作战经验，克劳狄乌斯将色雷斯与伊利里亚军队的主要指挥权授予了他。

昆提卢斯与奥勒里安努斯两位将领带着一支强大的军队赶来，这使那些蛮族人决定放弃对萨洛尼基的围攻而转向佩拉戈尼亚（Pelagonia）与佩奥尼亚（Peonia），在这两处，达尔马提亚的骑兵战功卓著，杀死了3000名蛮族人。那些蛮族人进入上默西亚，克劳狄乌斯·奥古斯都率领他的军队出现在那里（*Trebellius Pollio, in Claudius.*）。据说，双方进行了一场决战，但这有待确认。罗马人先是假装逃跑，之后又突然气势汹汹地返回攻打蛮族人，最终在战场上杀死了5万敌人，取得了一场重大胜利。那些逃跑的蛮族人来到马其顿，但由于受到罗马骑军的袭击，再加上饥饿，许多人在此丧命，剩下的人见没了出路，只好躲到埃莫山，试图在此过冬。我们将在下一年看到这些人也全部被杀死了。如果佐纳拉斯（*Zonaras, in Annalibus.*）所述属实，那些蛮族人中有一部分舰队和士兵脱离了大部队，向色萨利

（Tessalia）与亚该亚（Acaia）发起了攻袭。他们给两地造成了很大的破坏，但仅限于农村，因为城市装备精良，戒备森严，防卫得很好。但蛮族人还是攻占了雅典，并将那里著名学派的所有书籍搜集起来烧毁。正是因为其中一个非常精明的蛮族人指出雅典人整日沉迷于这些无用的学术研究，所以他们才会想到入侵雅典。事实证明，击败雅典人确实比击败其他民族容易得多。雅典的这场灾难很可能就是之前公元267年所说的那场灾难。历史学家们补充说，这些蛮族人又乘船抵达克里特岛（Creta）与罗得岛（Rodi），一直到西普里岛（Cipri），但是没有做出什么重大事情，这时他们遇到了瘟疫的侵袭，许多人因感染瘟疫而死。

这一年，东方又出现了其他乱事。帕尔米拉女王芝诺比娅统治索里亚的时候不愿再听命于罗马帝国，于是打算占领埃及以扩大她的统治区域（*Zosimus, lib. 1, cap. 44.*），为此，她与埃及的贵族蒂玛尼斯（Timagenes）联络。她派将领扎布达（Zabda）率领一支7万人（包括帕尔米拉人和索里亚人）的军队前往埃及，与5万埃及人进行了战斗，最终打败了埃及人，这一胜利使富庶的埃及归顺于芝诺比娅。扎布达在亚历山大里亚留下5000名驻军之后就返回了索里亚。当时，在那片地区，普罗布斯（Probus），或者普罗巴图斯（Probatus）正带着一支舰队驱赶海盗，听说了埃及的动乱后，他立即将船驶向了那里，并在埃及和利比亚聚集了尽可能多的士兵，最终将帕尔米拉的驻军赶出了亚历山大里亚，让埃及重回罗马人的统治。但芝诺比娅很快就做出了行动（*Trebellius Pollio, in Claudius.*），她再次派扎布达与蒂玛尼斯率领一支新的军队前往那里，普罗布斯与埃及人民一起英勇战斗，最终击败了他们。普罗布斯为了阻止2000名帕尔米拉人的行军，占领了埃及巴比伦附近的一处地点。如果他没有这么做，埃及的战局可能已经结束。然而，蒂玛尼斯更熟悉埃及地形，他占领了山头，然后动用所有兵力袭击了普罗布斯及埃及人，使他们溃不成军。普罗布斯自刎而死，埃及又回到了芝诺比娅的统治之下（*Joannes Malala, in Chronogr.*）。克劳狄乌斯·奥古斯都因为忙于与蛮族人的战争，无暇顾及埃及的战事，也无暇顾及被泰特里库斯占领的高卢（*Eumenes, in Panegyr. Constant.*）。泰特里库斯在这一年围攻了欧坦市（Autun）7个月，这座城市一直不愿意服从他，最终他使用武力将其征服。

在这一年年初，斐理斯（Felix）在圣彼得教堂继任了已逝教皇圣狄奥尼修斯的教皇之位（Blanchinius, ad Anastasium.）。

年　份　公元270年　小纪纪年第三年
　　　　斐理斯教皇第二年
　　　　克劳狄乌斯二世皇帝第三年
　　　　昆提卢斯皇帝第一年
　　　　奥勒里安努斯皇帝第一年
执政官　安提阿科斯（Antiochus）第二次与奥尔菲图斯（Orfitus）

这里称安提阿科斯是二任执政官是基于我引用的一则碑文（Thesaurus Novus Inscript., pag. 366.）以及佛罗伦萨人席恩与赫拉克利乌斯历书（Fasti di Theon e di Heraclius）中的记载，历书中称这一年的执政官为二任执政官安提阿科斯与奥尔菲图斯（Cuspinianus, Bucherius.）。这一年的罗马总督是弗拉维乌斯·安提阿基安努斯（Flavius Antiochianus），这令梅扎巴尔巴（Mediobarb., in Numismat. Imper.）与巴基神甫（Pagius, in Crit. Baron.）认为上述执政官应该叫这个名字。但我不敢因此而更改这位执政官的名字，毕竟"安提阿科斯"是历书中记载的名字。

余下的在埃莫山过冬的蛮族人（Trebellius Pollio, in Claudius. Zosimus, lib. 1, cap. 45.）经历了许多苦难，瘟疫渐渐止息，而且春天已来临，他们试图启程返回他们的国家，但是他们被罗马军队包围，不得不用剑为自己杀出一条路。他们攻击了罗马步兵，攻击非常猛烈，致使2000名罗马士兵战死沙场。如果不是克劳狄乌斯·奥古斯都派来的骑兵及时赶到，杀了大批蛮族人，情况可能更加糟糕。蛮族人遭到罗马军队的追捕，且由于瘟疫使他们处于困境，于是他们放下了武器，表示投降。他们当中许多人被收到了罗马军队中，一些人则分配到了土地进行耕种，还有少数人留在了他们自己的军队中，直到克劳狄乌斯死去，于是他们就成了极少数还能再次看见他们故乡的人。特雷贝利乌斯·波利奥（Trebellius Pollio, in Claudio.）提到克劳狄乌斯·奥古斯都给伊利里亚的指挥官布洛库斯（Broccus）

写的一封信，信中说他歼灭了32万哥特人，击沉了他们2000艘军舰，河流中和河岸上到处是盾牌、剑与小矛。因为这场胜利如此值得纪念，克劳狄乌斯皇帝被授予了"哥特征服者"（Gotico）的封号（*Julianus, Oratione I.*），在他的许多纪念币上都有这个名号（*Goltzius et Mediobarb., in Numism. Imp.*）。根据特雷贝利乌斯·波利奥（*Trebellius Pollio, in Trigint. Tyrann., cap. 25.*）所述，克劳狄乌斯对伊苏里亚人（Isauri）进行了残酷的镇压。之前讲过，伊苏里亚人在加里恩努斯统治时期发动叛乱，加里恩努斯想过用绳子拴住他们的脚，把他们流放到西里西亚，让他们无法利用险峻的山势发动新的叛乱。但他们仍然继续造反，不知道是因为他们的顽固，还是因为克劳狄乌斯的死。后来他们拥立肯索里努斯（Censorinus）为皇帝，但不清楚这件事发生在这一年还是下一年。根据特雷贝利乌斯·波利奥（*Trebellius Pollio, in Censorino et Tito.*）所述，肯索里努斯曾2次担任执政官，2次担任禁军总督，3次担任罗马总督，此外他还担任过行省总督、领事、法官特使等职务。他当时年事已高，并且由于在瓦勒良与波斯人的战争中受过伤而跛足。特雷贝利乌斯提到，肯索里努斯上位7天后，就被拥立其为皇帝的士兵所杀，他的尸体被埋在了博洛尼亚，他的墓志铭上写着他所有的荣誉，最后写着他一生很幸福，除了当皇帝的这些日子。不过根据梅扎巴尔巴（*Mediob., in Numismat. Imperator.*）引用的一枚纪念币上的内容，他的名字叫作阿庇乌斯·克劳狄乌斯·肯索里努斯（Appius Claudius Censorinus），在克劳狄乌斯皇帝统治第三年篡位。肯索里努斯的亲属一直活到君士坦丁大帝时期，由于憎恨罗马，他们来到色雷斯和比提尼亚居住（*Trebellius Pollio, in Censorino et Tito.*）。如果乔瓦尼·马拉拉（*Joannes Malala, Chronogr.*）所述属实（他的叙述中通常混杂着许多编造的成分），这一年，当克劳狄乌斯皇帝在潘诺尼亚的城市锡尔米姆（Sirmio）时，芝诺比娅女王占领了阿拉伯，杀死了该地的行政长官特拉苏斯（Trassus）[或许是科拉苏斯（Crassus），因为特拉苏斯不像罗马人的姓氏]。

在这一年，克劳狄乌斯皇帝不幸逝世，结束了他短暂而光荣的统治（*Euseb., in Chron. Joannes Malala, Chronogr. Zonaras, in Annalibus.*）。被克劳狄乌斯打败的哥特人决心报仇，将瘟疫带到了罗马军队中。克劳狄乌斯皇帝（*Trebellius Pollio,* in Claudius.）因感染上这一致命的疾病，最终死去。关于克劳狄乌斯死去的月份一直存在争议（Petavius et Noris. Pagius et alii.）。蒂勒蒙特（Tillemont, Mémoires des Empereurs.）认为克劳狄乌斯是在这一年4月死去的，我认为这一说法更真实可信。诺丽斯和巴基根据一则写有克劳狄乌斯名字的法令（L. 2, tit. 23, C. de divers. rescript.）——上面写着克劳狄乌斯死于这一年10月26日，认为克劳狄乌斯大概在10月底结束了生命，但这则法令有可能跟其他史料一样是存在错误的。不过，学者们可以确定的是，克劳狄乌斯是在这一年死去的，所有人都为此感到悲痛，尤其是罗马元老院（Eutrop. Aurel. Vict. Trebellius Pollio. Zosimus.），他们为克劳狄乌斯制作了一尊半身像和一尊金像，将它们放在坎皮多里奥的元老院中纪念他，并根据异教的迷信将他神化。著名的柏拉图哲学家波菲利（Porphyrius, in Vita Plotini.）也于这一年逝世，他的作品被保留至今。

特雷贝利乌斯·波利奥（Trebellius Pollio, in Claud.）清楚地写道，克劳狄乌斯死后，他的弟弟马库斯·奥勒留斯·克劳狄乌斯·昆提卢斯（Marcus Aurelius Claudius Quintillo）（勋章中是这么称呼他的）被选为皇帝，他当时在阿奎莱亚（Aquileia），显然他不像有些人认为的那样，是在克劳狄乌斯在世的时候成为皇帝的。据欧特罗皮乌斯（Eutrop., in Breviar.）所述，这个昆提卢斯得到元老院的认可，被认为是一个正直且非常和蔼可亲的人。但根据佐纳拉斯（Zonaras, in Annalibus.）所述，昆提卢斯太过单纯，无法承担起统治帝国的重任，也没有史料记载他做出过什么值得瞩目的事迹。克劳狄乌斯死后，锡尔米乌姆军队中最具名望的军官奥勒里安努斯几乎在同一时间被士兵们拥立为皇帝（Zosimus, lib. 1, cap. 47. Zonaras, in Annalibus.）。这个消息传到了意大利，引起了一阵轰动，所有人都认为奥勒里安努斯的优秀品质要远远多于昆提卢斯，他所统领的军队的实力也远远强于昆提卢斯的军队。这场变故最终导致昆提卢斯在阿奎莱亚死亡。有人（Joannes Malala, Chronogr.）认为昆提卢斯是因疾病而死；特雷贝利乌斯·波利奥（Trebellius Pollio, in Gallienus.）与其他一些人（Aurelius Victor, in Epitome. Eutrop., in Breviar.）说他是被士兵所杀；佐西姆斯（Zosimus, lib. 1, cap. 47.）认为是他的亲属意识到他要垮台，于是劝他通过自杀让步，昆提卢斯就听从了他们的劝告，割腕而死。波利奥、欧特罗皮乌斯、尤塞比乌斯（*Eusebius, in Chronic.*）和佐纳拉斯（*Zonaras, in Annalib.*）都认为昆提卢斯仅仅统治了17天；沃皮斯库斯（*Vopiscus, in Aurel.*）说他统治了20天；佐西姆斯说他统治了几个月，诸多他的勋章（*Mediobarb., in Numismat. Imperat.*）似乎可以说明昆提卢斯的统治时间没有那么短。毫无疑问的是，奥勒里安努斯如今坐拥皇位，并得到了罗马元老院的欢呼和认同。奥勒里安努斯是罗马最具荣光也是最严格的皇帝之一，当时的罗马帝国被之前的皇帝弄得支离破碎，并且还受到外族势力的蹂躏，非常需要一个像奥勒里安努斯这样的人。奥勒里安努斯也很快展现出了他的才华，做出了许多伟大的事，这些事如果像蒂勒蒙特（*Tillemont, Mémoires des Empereurs.*）认为的那样都发生在这一年，并且不是在10月底，而是在这一年4月，那么就应该提到克劳狄乌斯的死亡与奥勒里安努斯当上皇帝的事。但巴基神甫（*Pagius, in Crit. Baron.*）认为奥勒里安努斯所做的事有一部分发生在下一年。这里我们缺少翔实的史料以确定这些事件发生的准确时间，不过可以确定这些事确实发生了，我将在下一年进行讲述。

年　份　　公元271年　小纪纪年第4年
　　　　　斐理斯教皇第三年
　　　　　奥勒里安努斯皇帝第二年
执政官　　卢基乌斯·多米提乌斯·奥勒里安努斯·奥古斯都（Lucius Domitius Aurelianus Augustus）与巴苏斯（Bassus）第二次

　　巴基神甫、雷兰多与其他一些作家认为奥勒里安努斯皇帝这一年是第二次任执政官，但没有可靠的证据可以证明。据说，奥勒里安努斯在公元259年曾任补任执政官，但这一点是完全不确定的。有两则碑文记录了奥勒里安努斯第二次任执政官这件事，一则是雷内修斯（*Reinesius, Inscription., pag. 387.*）发表的碑文，另一则是雷兰多（*Reland., in Fast. Consul.*）引用的古迪奥的碑文。但这两则碑文均损坏了，且来源可疑，根本无法为我们提供准确可靠的事实。而所有的古代执政官年表中都写着奥勒里安努斯在这一年任执政官，但并没有标注是二任执政官。同时，在这一年以及下一年的一些碑文中，都标示着这一年是奥勒里安努斯第一次任执政官。我发表的一则碑文（*Thesaurus Novus Inscript., pag. 367, n. 1.*）也说明了此事。潘维尼乌斯（*Panvin., in Fast. Consul.*）认为第二位执政官叫庞波尼乌斯·巴苏斯（Pomponius Bassus），因为克劳狄乌斯皇帝统治时期，有一个受人尊敬的元老院议员叫这个名字，但这一猜测太过无力。根据研究古罗马历书的学者说，他叫努美里乌斯或者马库斯·凯奥尼乌斯·维里乌斯·巴苏斯（Numerius o Marcus Ceionius Virius Bassus），但这个名字是来自上述那两个完全不可靠的碑文。此外，奥勒里安努斯曾写信给一个叫凯奥尼乌斯·巴苏斯（Ceionius Bassus）的人（*Vopiscus, in Aurelian.*），但没有证据表明他就是执政官。因此，为了谨慎起见，我这里只用巴苏斯这个姓氏称呼他。

奥勒里安努斯皇帝在勋章（*Mediobarb., in Numismat. Imper.*）中被叫作卢基乌斯·多米提乌斯·奥勒里安努斯（Lucius Domitius Aurelianus）。在一些勋章中写着他的名字为克劳狄乌斯·多米提乌斯·奥勒里安努斯（Claudius Domitius Aurelianus），还有的写着恺撒·卢基乌斯·多米提乌斯皇帝（IMP. C. L. DOM.），而不是克劳狄乌斯·多米提乌斯皇帝（IMP. CL. DOM.）。有可能这些勋章中的内容是错误的。诺丽斯主教与巴基神甫认为奥勒里安努斯实际上来自瓦莱里娅（Valeria）家族，因为克劳狄乌斯皇帝在写给他的一封信中称他为瓦莱利乌斯·奥勒里安努斯（Valerius Aurelianus），并且在雷内修斯发表的碑文中也写着同样的名字。但是如我之前所说，雷内修斯的碑文无法用来判断事实。无论是在勋章还是古代碑文中，对这位皇帝的称呼都是卢基乌斯·多米提乌斯·奥勒里安努斯，因此我们就按照这一说法来。如果有其他人（*Stampa, ad Fast. Consul.*）称他为弗拉维乌斯·克劳狄乌斯·瓦莱利乌斯（Flavius Claudius Valerius），那也不必遵循他们的说法。据沃皮斯库斯（Vopiscus）所述，奥勒里安努斯生于达契亚行省的锡尔米姆市（Sirmio），他出身卑微，父母姓名不详。他凭借自己的审慎与英勇为自己在军队闯出了一条路，随着他的晋升，他获得了越来越多的赞誉与声望。他外表英俊，身材高大，强壮无比，在吃喝及其他娱乐上十分节制（*Vopiscus, in Aurelian.*）。但他在执行军纪上非常严格，甚至有点过度。曾经有一个士兵被控告与旅馆老板的妻子通奸，于是他下令将一棵树上两根粗壮的树枝弯下来,把其中一根树枝绑在罪犯的一只脚上,将另一根树枝绑在罪犯的另一只脚上,然后让树枝自己弹起。那罪犯就这样被撕成了两半,这一悲惨的场景让其他人深感恐惧。奥勒里安努斯的成功开始于瓦勒良·奥古斯都统治时期,加里恩努斯对他表现出极高的敬意,克劳狄乌斯对他更是敬重。他在与法兰克人、萨尔玛提亚人及哥特人的战争中多次取得胜利。尽管他对士兵严加管束,但他还是深受士兵的爱戴。这里值得一提的是他给一位代理长官写的一封信,他在信中说:"如果你想成为一名军官,或者说,如果你想好好活着的话,那就得让士兵们尽职尽责。需要规定,禁止偷别人的鸡,禁止碰别人的羊,禁止窃取葡萄、践踏耕地,禁止向人民索取油盐、木柴。士兵们应该为从敌人那里获得战利品感到高兴,而不是热衷于欺压罗马人民。每个人都应该有干净利落的武器、锋利的刀剑、缝制完好的鞋子。衣服破旧了应该换新的。士兵们的军饷应该放在他们的口袋里,而不是拿到酒馆里消费。每个人都有自己的项链、戒指或手镯,并且不会将其出售或用来赌博。他们应照料马匹与运货的牲畜,包括军队中的骡子。人人都应互相帮助。他们无需为看病花钱,不要把钱浪费在占卜算命上。士兵们需要一直住在军营里,如果发生打架斗殴,就要对他们施以杖责以示惩罚。"如果我们这个时代的将军或军官能学一下这么值得称赞的管理条例(为异教徒知晓而有时被基督徒忽视的条例),那就好了。奥勒里安努斯皇帝的妻子是乌尔皮亚·塞维丽娜(Ulpia Severina),我们只知道她生育了一个女儿,其后代一直活到沃皮斯库斯所处的时代。

据佐西姆斯(*Zosimus, lib. 1, cap. 48.*)所述,奥勒里安努斯成为皇帝后来到罗马,在这里确保了他的权势之后,就从罗马出发,经过阿奎莱亚进入当时受到斯基泰人,即哥特人严重骚扰的潘诺尼亚。他首先下令撤走这些地方的粮食与饲料,使蛮族人面临饥饿的困境。尽管如此,蛮族人还是出现在多瑙河对岸,于是奥勒里安努斯不得不与其进行正面战斗,但不知道是哪一方取得胜利。夜幕降临,敌人退回多瑙河对岸,第二天早晨,蛮族人派使者到奥勒里安努斯这边来请求议和。佐西姆斯并没有讲到奥勒里安努斯是否同意议和,似乎是没有的,因为奥勒里安努斯离开后留下了一支强大的军队,这支军队屠杀了数千蛮族人。奥勒里安努斯之所以离开这里,是为了镇压另一拨蛮族人对意大利的入侵——沃皮斯库斯(*Vopiscus, in Aure-*

lian.）称这拨蛮族人为马科曼尼人（Marcusmanni），德西普斯（*Dexippus, de Legat., tom. I Hist. Byzantin.*）称其为朱通吉人（Giutunghi），不过这两位作家讲的是同一件事、同一拨蛮族人。根据德西普斯所述，奥勒里安努斯来到多瑙河，将朱通吉人一举击溃，之后越过多瑙河，向他们发起攻击，屠杀了无数敌人，最后剩下的敌人派来使者向奥勒里安努斯请求议和。奥勒里安努斯让军队武装起来，为了让那些蛮族人认识到罗马的强大，他穿着皇帝长袍坐在营地中央高高的皇座上，所有的军官都骑着马，分成多列在他旁边，皇座之后是排成排的军旗，上面绘有金色的鹰和皇帝的肖像。这些使者讲话时语气非常坚定，说他们请求议和并不是作为战败者，还提醒皇帝战争中的输赢乃是常事，并强调他们的军队有多么勇敢，仅朱通吉族就有4万名骑兵，步兵数目更多，他们表示愿意与罗马军队议和，但罗马必须按照以往的惯例赠送他们礼物与金银。奥勒里安努斯严肃地回答说是他们违反协约先发动战争，因此他们无权要求奖赏与礼物，而且应该由他——奥勒里安努斯，而不是由他们提议和条件。最近30万斯基泰人或哥特人骚扰欧洲和亚细亚所做的过分之事，如果不越过多瑙河惩罚这些蛮族人，罗马人永远不会平息心中的怒气。就这样，那些使者带着这一充满愤怒的回复被遣送了回去。德西普斯（*Dexippus, de Legat., tom. I Hist. Byzantin.*）还写道，汪达尔人（Vandali）也对罗马帝国发动了战争，但罗马军队很快就打败了他们，击溃了他们的骄傲，于是他们派使者向奥勒里安努斯请求议和与联盟。对此，奥勒里安努斯想要听一下军队的建议，而军队普遍的回答是：既然这些蛮族人已经提出了优厚条件，那么战争可以结束了。于是，奥勒里安努斯同意了他们的议和请求。汪达尔人给奥勒里安努斯送去了人质，并给罗马军队送去了2000匹马，之后安分地回到了他们的国家。后来，有500人又回来在罗马的领土内进行劫掠，他们的国王为了遵守协约，将他们全部用剑斩杀。

正当奥勒里安努斯忙于对付汪达尔人时，有消息称朱通吉人的另一支军队正朝意大利进军。奥勒里安努斯先是派去了他的大部分军队，而后他带着其余人急忙赶去阻止蛮族人的入侵，但他还是去晚了，那些蛮族人已经进入意大利，在米兰地区做尽了恶事。沃皮斯库斯（*Vopiscus, in Aurelian.*）称那些蛮族人为施瓦本人（Svevi）、萨尔玛提亚人与马科曼尼人，不过也有可能是他混淆了事件，重复了之前说过的内容。不管怎样，不得不说那些蛮族人的确势力很强、人数很多。据说，奥勒里安努斯本来想在皮亚琴察附近对那些蛮族人发起全面进攻，但蛮族人事先躲藏在树林里，到傍晚时分突然对罗马人发起了袭击，最终打败了罗马军队，屠杀了大量罗马士兵，人们因此而担心罗马帝国会有覆灭的危险。此外，蛮族人的入侵激起了罗马的惊愕与恐慌，各种叛乱随之而来，再加上其他一些灾祸的发生，奥勒里安努斯感到非常担忧与愤怒。于是，奥勒里安努斯写信给元老院，要求他们在这个如此多难的紧急时刻查阅女预言家的预言之书，以缓和这么多的担忧、恐惧与疑问，就好像（这是信中的原话）"他们现在在一座基督教堂里，而不是众神之殿里"。查阅预言家之书的时间在1月11日，如巴基神甫（Pagius, in Critic. Baron.）所述的那样也许是在这一年的1月，但是不太可能如巴基所认为的，奥勒里安努斯于上一年11月初在锡尔米姆成为皇帝，然后他先是来到罗马，之后返回潘诺尼亚，在多瑙河畔的多个地方取得战争胜利，在追杀阿拉曼尼人，或者说是马科曼尼人与朱通吉人之后，他向罗马下达了上述指令。所有这些事情怎么可能只在两个月内完成？皇帝们往往不是单独行军，而是带着庞大的宫廷人员、护卫军与民兵，那么要完成这么多件事就需要数月的时间。因此，如蒂勒蒙特（Tillemont, Mémoires des Empereurs.）认为的那样，奥勒里安努斯应该是在上一年4月成为皇帝，并且在上一年进行了多次战争。或者，蛮族人入侵意大利发生在这一年，而于下一年1月11日在罗马元老院查阅了预言家之书，书中预言要进行大量残忍的祭祀活动，还有游行以及异教徒进行的仪式。由于我们无法确定这些耸人听闻的事件发生的时间，因此只讲述关于这场战争的持续和结束即可。据奥勒留斯·维克多（Aurelius Victor, in Epitome.）所述，奥勒里安努斯经历了3场战斗，最终战胜了蛮族人。第一场战争是在皮亚琴察，这应该不是沃皮斯库斯所讲述的那场战争，否则肯定有一个人是弄错了；第二场战争是在法诺市（Fano）与梅陶罗河（Metauro）附近，这表明在皮亚琴察的那场战争中蛮族人占据优势，然后他们又深入罗马；第三场战争是在帕维亚的乡村，在这里奥勒里安努斯消灭了所有扰乱意大利和平的蛮族人。就这样，这场战争以罗马军队的胜利宣告结束。随后，奥勒里安努斯动身回罗马，但并不是为了带回胜利的喜悦，而是为了展现他的严厉,甚至可以说是残忍。因为(*Vopiscus, in Aurel.*)他对罗马滋生的叛乱充满愤怒,并且有传言称有人在对他和政府设圈套(*Zosimus, lib. 1, cap. 49.*),于是他将那些骚乱的策划者通通判处了死刑。尽管沃皮斯库斯是奥勒里安努斯的歌功颂德者,但也承认他的判决的确太过严苛了。奥勒里安努斯受到越来越多的指责,因为他甚至不原谅一些地位显赫的元老院议员,其中包括埃皮蒂米乌斯(Epitimius)、乌尔巴努斯(Urbanus)和多米提安努斯(Domitianus),即使他们的一些罪行是可宽恕的,而且这些罪行也只是基于一个证人的指控。之前奥勒里安努斯或许是受人爱戴的,但从这以后,人们对他只有害怕,都说从他这里只能期待死亡。"他是一位好医生,但对待病人非常不友好",背教者尤利安努斯(Iulianus Apostata)(*Julianus, de Caesarib.*)也指责他的残忍。奥勒留斯·维克多(*Aurelius Victor, in Epitome.*)与欧特罗皮乌斯(*Eutrop., in Breviar.*)将他形容为一个没有人性、残暴嗜血的人,他甚至还处死了他妹妹的一个儿子。阿米阿努斯·马尔切利努斯(*Ammianus Marcellinus, lib. 30 Histor.*)认为他的残忍行为是在各种借口下开展的,特别是以获取更多财富为借口,这样就可以充盈因加里恩努斯的疯狂而空虚的国库。沃皮斯库斯(*Vopiscus, in Aurelian.*)也这样认为。

这一年,奥勒里安努斯考虑到蛮族人的贪婪,认为他们有可能再次入侵罗马帝国(*Idem, ibidem.*),于是在元老院的建议下,他决定重建被毁的罗马城墙,以在出现危险与发生战争的时候可以保卫罗马。伊达修斯(*Idacius, in Chronic.*)称城墙的重建工作在这一年,但尤塞比乌斯(*Euseb., in Chronic.*)、卡西奥多鲁斯(*Cassiodorus, in Chronico.*)与其他作家认为是在更晚些的时候。在《亚历山大编年史》中,这件事在下一年被提到。因为此次重建工作,奥勒里安努斯扩大了罗马的边界。沃皮斯库斯写道,罗马城的一圈长达50罗马里。不过根据佐西姆斯所述,这项伟大的工程直到普罗布斯·奥古斯都(Probus Augustus)时期才竣工。

年　份　公元272年　小纪纪年第五年

斐理斯教皇第四年

奥勒里安努斯皇帝第三年

执政官　昆图斯（Quintus）与维尔杜米亚努斯（Veldumianus）或维尔杜尼亚努斯（Veldumnianus）

制服了蛮族人，使意大利重归平静之后，奥勒里安努斯·奥古斯都还有两件非常重要的事要做。泰特里库斯占领着高卢和西班牙。帕尔米拉女王芝诺比娅占领着几乎整个东方，还有埃及。出于一些原因，奥勒里安努斯首先出征对付芝诺比娅。这位公主自称东方的女王，是古代最著名的女性之一，在一些勋章（*Spanhemius, de Usu et Praestant. Numismat. Patinus, Num. Mediob., Numismat. Imp.*）上她被叫作塞普蒂米亚·芝诺比娅·奥古斯塔（Settimia Zenobia Augusta），就好像她是塞普蒂米乌斯·塞维鲁斯皇帝家族中的后代一样。而根据特雷贝利乌斯·波利奥（*Trebellius Pollio, in Trig. Tyrann., c. 29.*）所述，她说自己是克娄巴特拉（Cleopatra）与托勒密（Tolomei）国王的后代；亚他那修（*Athanasius, in Histor.*）认为她信仰犹太教，因为她支持邪恶的保卢斯·萨摩萨塔努斯（Paulus Samosatenus）。马拉拉（*Johannes Malala, in Chronogr.*）说她是撒拉逊（Saraceni）女王。特雷贝利乌斯·波利奥称她有着绝世的美貌和过人的才智，她的眼睛乌黑发亮，皮肤青黑，她嘴里仿佛不是牙齿，而是珍珠，她的声音柔和而清脆，但非常有气势。在需要的时候，她的严厉无异于暴君，但有时她又比最贤明的君主还要仁慈。与一般的女性不同，她知道如何储存金钱，但在职责所需时，她又会展现出她的慷慨。在行为习惯上，她不亚于男性，很少乘马车出去，而是经常骑马，经常步行三四罗马里，因为她过去是靠狩猎长大的。自从她的丈夫奥登纳图斯（Odaenathus）自立为奥古斯都，穿上皇袍，戴上皇冠，她也获得了"奥古斯塔"的封号，她很快就发现自己怀孕了，于是她不想再与丈夫有联系。她过着波斯式异常华丽的生活，并且希望人们按照对波斯国王行礼的方式对她行礼；她穿着盔甲与人民交谈，总是与军队中地位最高的军官共进午餐；她使用的盘子都是金制的，且镶有宝石，而服侍她的大部分是阉奴，很少有宫女；她十分坚守节操，无论是嫁人还是成为寡妇，她都恪守贞操，因此受到各地的赞颂。奥勒里安努斯曾在给元老院的一封信中（*Trebellius Pollio, in Triginta Tyran., c. 29.*）称赞过她，说她不像一个女人，因为她在决策时十分谨慎，在执行决议时十分坚定，在与士兵讲话时十分严厉，以至于不仅东方和埃及的人民都对她俯首称臣，而且阿拉伯人、撒拉逊人与亚美尼亚人也不敢不服从于她，不敢反抗她，他们对她感到深深的恐惧。她的丈夫奥登纳图斯对抗波斯人的光荣事迹大部分要归功于她。此外，她还精通语言与文学，除了她的母语腓尼基语或撒拉逊语，她还会说埃及语、希腊语与拉丁语，但她不敢随意说拉丁语。她的希腊语老师是著名的哲学家朗基努斯（Longinus），他留下过一篇重要的有关"崇高"的专题论文。她还让她的儿子们学习拉丁语，而他们连希腊语都很少说并且很艰难。她为她的丈夫奥登纳图斯生了3个儿子，即赫伦尼安努斯（Herennianus）、提莫拉奥斯（Timolaos）和瓦巴拉图斯（Vaballathus），在奥登纳图斯死后，她让他们坐上了皇位，成为"奥古斯都"，但是由于他们年纪尚小，还没有能力进行统治，于是她就以他们的名义管理国家。奥登纳图斯还有一个儿子，是他与他的一位前妻所生，叫作赫罗狄斯（Herodes）或赫罗狄安（Herodianus）（*Goltzius. Tristanus. Mediob., in Numism. Imper.*）。在一些勋章（不知是不是真的）中他被冠以"奥古斯都"的称号，这是奥登纳图斯授予他的。特雷贝利乌斯·波利奥（*Trebellius Pollio, in Triginta Tyran., c. 29.*）也证实这一事实。如我之前提到的，芝诺比娅由于她这个继子身居高位而设法杀死了他和丈夫奥登纳图斯。这样一位领袖，尽管身为女性，却统治着从君士坦丁堡海峡到整个埃及的领地，并且受到许多邻国的帮助，她足以令任何统治者对她心生敬畏，但奥勒里安努斯皇帝不是这样，凭借着勇敢与睿智，他总是能够胜券在握。

　　奥勒里安努斯率领强大的军队从罗马向东方进军，他们所走的路线是当时惯常走的路线，即通过陆路到达拜占庭，然后经由拜占庭海峡进入亚细亚。但是在抵达之前，由于罗马帝国的敌人再次侵袭了伊利里亚与色雷斯，于是奥勒里安努斯先去解救了这两个行省（*Vopiscus, in Aurel.*）。奥勒留斯·维克多（*Aurelius Victor, in Epitome.*）写道，在奥勒里安努斯统治时期，一个叫塞普蒂米乌斯（Septimius）的人在达尔马提亚自立为皇帝，但是没过多久他就被他的士兵所杀。这件事发生在什么时候，我们并不知晓。据沃皮斯库斯所述，由于哥特国王卡纳鲍德斯（Cannabaudes）

对罗马帝国傲慢无礼，于是奥勒里安努斯越过多瑙河，来到他的领地，对他发动战争，最后将其杀死，还屠杀了5000名哥特士兵。大概就是在这个时候，奥勒里安努斯夺取了卡纳鲍德斯的马车，这辆马车由4头鹿牵拉。在哥特人的营地里，罗马军队发现了许多已经死去的打扮成士兵的妇女，还活捉了10个人。罗马军队进入城市，将许多其他哥特族的贵族妇女囚禁了起来（*Vopiscus, in Bonosus.*），后来奥勒里安努斯命令将她们送到佩林斯（Perinto），用公众的钱供养她们，但不是每个人单独供养，而是7个人一起供养，这样花的钱会少一些。奥勒里安努斯处理完这些事后继续朝拜占庭进军，他穿过海峡，一上岸就收复了芝诺比娅占领的迦勒底（Calcedone）与比提尼亚（Bitinia）。然而佐西姆斯（*Zosimus, lib. 1, cap. 50.*）称，自从听说奥勒里安努斯当上皇帝之后，比提尼亚就摆脱了帕尔米拉人的控制。似乎加拉齐亚（Galazia）也进行了一些反抗，不过可以确定的是，奥勒里安努斯最终占领了该地。奥勒里安努斯来到卡帕多细亚的城市蒂安娜（Tiana）（*Vopiscus, in Bonoso.*），发现这里城门紧闭，人们准备着抵抗他。据说，奥勒里安努斯愤怒地喊道："这个城市中的狗我也不会放过。"沃皮斯库斯十分崇敬已逝的阿波罗尼乌斯（Apollonius），他是位著名的哲学家，还是位巫师，出生于蒂安娜，像其他古人一样，他讲述了许多关于该市的奇妙故事，他还被该市的人民奉为神灵。沃皮斯库斯讲道，阿波罗尼乌斯出现在奥勒里安努斯的梦中，劝诫他如果想要取得胜利，就要仁慈。这些话足以平息奥勒里安努斯的愤慨。后来蒂安娜最富有的人之一赫拉克蒙（Eraclammone）来到奥勒里安努斯的军营，给奥勒里安努斯指出了一个能够进入城市的秘密通路，而他则希望通过背叛家乡来获得巨大的荣誉。多亏了这一秘密，奥勒里安努斯轻而易举地占领了蒂安娜。就在所有人期待着洗劫城市、屠杀市民的时候，奥勒里安努斯却下令仅仅将背叛者赫拉克蒙杀死，他说："我们无法信赖一个连自己的家乡都背叛的人。"然而，奥勒里安努斯将赫拉克蒙的所有财产都留给了他的儿子，这样人们就不会认为他处死赫拉克蒙是为了霸占他的财产。奥勒里安努斯想起了自己说过不会放过蒂安娜的狗的话，于是说："杀死所有的狗，这样对我来说足矣。"连他的士兵都为他的回答鼓掌，尽管这与他们想要劫掠的愿望相违背。

据沃皮斯库斯（*Vopiscus, in Aurelian.*）所述，奥勒里安努斯继续行军，一直来到索里亚的首都安提阿,之后在达芙涅(Dafne)进行了一场不太激烈的混战,奥勒里安努斯取得胜利后进入这座大城市,他想起阿波罗尼乌斯在梦中对他的劝告,于是非常仁慈地对待达芙涅的居民。后来,奥勒里安努斯来到美索不达米亚的城市埃梅萨(Emessa),在这里与芝诺比娅进行了一场激烈的战斗。但佐西姆斯(*Zosimus, lib. 1, cap. 50.*)对这件事的叙述不同,他写道:"芝诺比娅与其庞大的军队一直在安提阿等待奥勒里安努斯,她派了一支强大的军队到数千里以外的伊玛(Imma)迎战他。"芝诺比娅的军队中有数量庞大的弓箭手,这是罗马军队中所缺少的。此外,芝诺比娅军中众多的骑兵全都是从头到脚全副武装,而罗马骑兵武装简单。非常善战的奥勒里安努斯注意到了自己军队的劣势,于是下令骑兵佯装逃跑,等到敌军在追逐他们的过程中因装备沉重而筋疲力尽时,他们再调转方向与敌军交战。就这样,罗马军队屠杀了大量帕尔米拉人。尤塞比乌斯(*Eusebius, in Chronic.*)写道,在这场战争中有一位罗马将军表现出色,他的名字叫庞培安努斯(Pompeianus),姓氏为弗朗库斯(Francus),他的家族在安提阿一直延续到尤塞比乌斯生活的时代。帕尔米拉的逃兵不敢回到安提阿(*Zosimus, lib. 1, cap. 50.*),因为害怕安提阿人民发现他们战败而不让他们进城,或者将他们大卸八块,但是他们的将领扎布达(Zabda),或者叫扎巴(Zaba),抓了一个与奥勒里安努斯相像的男人,散布谣言称他们囚禁了奥勒里安努斯皇帝,以此安抚了人民,使他们打开了城门。第二天晚上,扎布达与芝诺比娅出发前往埃梅萨。奥勒里安努斯进入安提阿,受到了安提阿人民的热烈欢迎,但有几个富人因为害怕皇帝而隐退了,奥勒里安努斯立即发布一则宽恕所有人的公告,他的仁慈让所有人都心甘情愿地归顺于他。在安提阿处理好一切事务后,奥勒里安努斯再次启程前往芝诺比娅躲避的埃梅萨。在达芙涅附近,奥勒里安努斯遇到一支帕尔米拉的军队,他们想要阻止他的前行,奥勒里安努斯命军队杀死了许多人。在行军途中,阿帕米亚(Apamea)、拉里萨(Larissa)和阿瑞图萨(Aretusa)都一一归顺于奥勒里安努斯(*Vopiscus, in Aurel. Zosim., lib. 1, cap. 52.*)。尽管如此,芝诺比娅的军队仍有7万名士兵,由扎布达指挥。双方又进行了一场决战,起初似乎是罗马人不占优势,他们的部分骑兵不得不战术性撤退。但是,当帕尔米拉人追赶他们的时候，罗马步兵却从侧面向他们发动袭击，这时帕尔米拉人的全副武装对他们并没有益处，因为罗马人用锤头不断击打他们，将他们击倒在地。最后，战场上全是尸体，芝诺比娅急忙地逃回了帕尔米拉。奥勒里安努斯在埃梅萨受到了人民的热烈欢迎，他向埃拉加巴卢斯神（Elagabalus）表示感谢，认为这场胜利是由他策划的。在高兴地欣赏了芝诺比娅没来得及带走的宝藏后，奥勒里安努斯立马率军朝帕尔米拉进军，这是所罗门（Solomon）在索里亚沙漠或腓尼基沙漠建造的一座城市，因为与罗马人和波斯人的贸易而变得非常富有。在行军途中，奥勒里安努斯多次遇险——他的军队受到索里亚刺客的猛烈袭击，尽管如此，奥勒里安努斯抵达帕尔米拉后立即对这座城市进行了围攻。由于缺少史料，我们现在还无法确定奥勒里安努斯是在这一年还是下一年结束了这场伟大的战争。我将把这件事放到下一年来讲。

年　份　公元273年　小纪纪年第六年
　　　　斐理斯教皇第五年
　　　　奥勒里安努斯皇帝第四年
执政官　马库斯·克劳狄乌斯·塔西佗（Marcus Claudius Tacitus）与普拉西狄安努斯（Placidianus）

对于第一位执政官塔西佗（Tacitus），因为大家普遍认为他就是后来的皇帝，于是研究古罗马历书的学者便称他为马库斯·克劳狄乌斯（Marcus Claudius）。尽管这件事存在一些疑问，但我还是遵循了这一说法。

如之前所说，奥勒里安努斯对帕尔米拉展开了气势汹汹的围攻，但帕尔米拉防守准备很充足（Vopiscus, in Aurel. Zosimus, lib. 1, c. 54.）。这座城市配备了充足的弓箭、石头与其他作战工具，可以向敌人投掷火焰。而罗马军队的士兵与牲畜在这荒芜的沙漠上除了沙子找不到任何生活必需品。此外，芝诺比娅还在等待波斯人、亚美尼亚人与撒拉逊人的救援，于是帕尔米拉人嘲笑罗马军队的进攻太莽撞。但奥勒里安努斯让四面八方的邻国送来生活必需品，供应军队日常所需，同时他也在毫不懈怠地想办法拿下这座设防得如此完备的城市。然而让他感到愤怒的是，他曾写信给芝诺比娅，命令她赶快投降，并向她提供优厚的条件，承诺会保留帕尔米拉人的所有权利，但芝诺比娅给了他一个十分傲慢的回复，她自称是"东方女王"，将自己的名字置于皇帝的名字之前，并信心满满地说等她的援兵一到，一定会挫败皇帝的骄傲（*Zosimus, lib. 1, cap. 55.*）。事实上，波斯人确实像承诺的那样前来救援芝诺比娅，但奥勒里安努斯阻断了他们，让他们迷了路。撒拉逊和亚美尼亚的军队也赶来了，但奥勒里安努斯一边利用他们的恐惧，一边使用金钱诱使他们加入了他的军队。尽管如此，帕尔米拉人还是进行了顽强的抵抗，同时还嘲笑、侮辱罗马人。与此同时，芝诺比娅在帕尔米拉的粮食逐渐短缺，她决定躲到波斯人的领地，但是在她骑着单峰骆驼逃跑的时候，被罗马骑兵抓住，而后被送到了奥勒里安努斯那里囚禁了起来。罗马士兵们纷纷向奥勒里安努斯请求处死傲慢的芝诺比娅，但是奥勒里安努斯觉得杀死一个女人是件不光彩的事。而陷入痛苦中的帕尔米拉市人民也向奥勒里安努斯表示了投降。奥勒里安努斯进入帕尔米拉，饶恕了那里的人民，但是没有饶恕主要官员，因为他们是芝诺比娅的顾问，奥勒里安努斯将他们视为芝诺比娅做出众多恶事的始作俑者，将他们通通处死了。这些人中包括（*Vopiscus, in Aurelian. Zosimus, l. 1, c. 56.*）著名的哲学家与诡辩家朗基努斯（Longinus），他是芝诺比娅的老师与亲信，据信，就是他口述了芝诺比娅给奥勒里安努斯的那封傲慢自大的回信。朗基努斯非常坚强地面对死刑，还安慰前来哀悼他的朋友们。据说，奥勒里安努斯还饶恕了芝诺比娅的一个儿子瓦巴拉图斯（Vaballathus），有一枚勋章（*Tristan., et Mediobarb., in Numism. Imp.*）上面写着他的名字以及"奥古斯都"的封号，在勋章的另一面则写着奥勒里安努斯·奥古斯都的名字。如果这枚勋章是真的话（这值得怀疑），那么它应该是在之前的某一年打造的，即上述悲剧发生之前。芝诺比娅的另外两个儿子赫伦尼安努斯（Herennianus）与提莫拉奥斯（Timolaos）的命运如何，我们并不清楚。佐西姆斯只写到芝诺比娅的一个儿子——他与母亲一起被囚禁。沃皮斯库斯写道，芝诺比娅在罗马还活了很长时间。这也有可能说的是她的女儿。但是特雷贝利乌斯·波利奥（*Trebellius Pollio, in Trig. Tyrann., c. 23.*）说芝诺比娅与她的两个小儿子赫伦尼安努斯、提莫拉奥斯一起被带到了罗马。而佐西姆斯则认为，芝诺比娅被带到了欧洲，她见自己大势已去，非常痛苦，最终因为疾病或者是不愿进食，又或者是不愿遭受在凯旋仪式上的耻辱而死在了大街上。这里还是沃皮斯库斯的说法更值得相信，因为他生活的年代距这一时期更近。乔瓦尼·马拉拉（*Joannes Malala, Chronogr.*）也证实，不幸的芝诺比娅出现在奥勒里安努斯的凯旋仪式上，后来才被斩首。佐纳拉斯（*Zonaras, in Annalib.*）对此比较了各种说法。我们完全可以相信佐西姆斯（*Zosimus, lib. 1, cap. 56.*）的说法，即奥勒里安努斯掠夺了帕尔米拉的所有财富，甚至连神庙也不尊重。之后，他再次启程返回埃梅萨（*Vopiscus, in Aurelian.*），各国的使者都来到埃梅萨为他献上丰盛的礼物，包括撒拉逊人（Saraceni）、布莱米人（Blemmii）、亚索米人（Assomiti）、巴克特里亚人（Battriani）、赛里斯人（Cinesi，一般认为是中国人）、伊比利亚人（Iberi）、阿尔巴尼亚人（Albani）、亚美尼亚人（Armeni）与印度人（Indiani）。奥勒里安努斯对待波斯人、亚美尼亚人和撒拉逊人非常傲慢与专横，因为他们曾经帮助过芝诺比娅。

就这样，东方重归平静之后，奥勒里安努斯带着芝诺比娅与她的儿子们渡过拜占庭海峡返回罗马（*Zosimus, lib. 1, cap. 60. Vopiscus, ibid.*）。当得知卡尔皮人入侵了色雷斯，奥勒里安努斯又到那里与他们对战并打败了他们。因此，罗马元老院除了之前授予奥勒里安努斯的"哥特征服者"（Gotico）、"萨尔玛提亚征服者"（Sarmatico）、"亚美尼亚征服者"（Armeniaco）、"帕提亚征服者"（Partico）与"阿迪亚波纳征服者"（Adiabenico）的称号，还授予了他"卡尔皮征服者"（Carpico）的称号。奥勒里安努斯对此一笑，写信给元老院议员说，如今他期待着自己还被称为"卡尔皮斯科洛"（Carpiscolo），这是一种鞋的名字，时至今日仍有叫这个名字的鞋。但这个时候有消息称，帕尔米拉人再次发动叛乱，他们杀死了桑达里奥（Sandario）与驻守在那里的600名弓箭手，于是，奥勒里安努斯急忙返回。奥勒里安努斯突然抵达安提阿，吓坏了当时正在专心参加马术比赛的人。帕尔米拉人原本打算劝说美索不达米亚与整个东方的行政长官马尔切利努斯（Marcellinus）自立为皇帝，马尔切利努斯一边拖住他们，一边将一切报告给奥勒里安努斯。帕尔米拉人见马尔切利努斯迟迟不做决定，于是拥立了另一个人为皇帝，沃皮斯库斯称他为阿基琉斯（Achilleus），佐西姆斯则称他为安提阿科斯（Antiochus）。奥勒里安努斯抵达帕尔米拉，令所有人都意想不到的是，他没有动用武力就占领了这座城市，他展现出从未有过的愤怒与残忍，要将这里的人民通通用剑刺死，甚至连小孩也不放过。后来他平息了怒气，写信给凯奥尼乌斯·巴苏斯（Ceionius Bassus），让他饶恕那些仍然活着的人。佐西姆斯认为，出于蔑视，奥勒里安努斯没有杀死帕尔米拉人选举的那位荒唐的皇帝。他下令重建被士兵洗劫的太阳神庙，为此调拨了大量金钱。此外，他将这座城市夷为平地，现今的英国学者们参观它的遗址会发现，其中仍保留着许多展现其古代威严的遗迹。

我们之前讲过，芝诺比娅从繁荣时期的罗马帝国手中夺取了埃及。在上一年，奥勒里安努斯与她在东方交战的时候，派普罗布斯（后来成为皇帝）（*Vopiscus, in Probus.*）率军前往埃及收复这个富有且极其重要的行省。在第一场战斗中，普罗布斯打败了敌人；在第二场战斗中，他遭到失败。但是，他很快就想办法恢复了兵力，最终将这一著名的行省收复到罗马人的统治之下，之后他赶来援助奥勒里安努斯与帕尔米拉人进行余下的战斗，并最终收复了东方。似乎在这之后埃及重归平静了，但这时一个叫马库斯·菲尔姆斯或菲尔米乌斯（Marcus Firmus, o Firmius）的塞琉西亚人自立为奥古斯都皇帝（*Vopiscus, in Firmus.*），他是芝诺比娅在位时的朋友，正如一些勋章上所写的那样——其中有一枚勋章保留至今（*Goltzius, et Spanhemius, in Numism. Imp.*）。菲尔姆斯在埃及拥有很多财富，其中最主要的是纸莎草，他吹嘘靠纸莎草与胶水来制造纸获得的财富足以供养一个军队。他与布莱米人与撒拉逊人有贸易往来，并将船只送往印度进行交易。后来，他占领了亚历山大里亚与埃及之后，尽其所能地帮助芝诺比娅，但芝诺比娅垮台后，他也垮台了。奥勒里安努斯将他的部分军队派往那里，打败了菲尔姆斯，在使用了各种酷刑之后，将菲尔姆斯杀死了。就这样，在很短的时间内，奥勒里安努斯征服了这个富庶的国家，并向罗马送去大批粮食（其运输曾经被菲尔姆斯中断）。奥勒里安努斯（*Vopiscus, in Firmus.*）在将这些胜利告知罗马人民时写道，他知道罗马人民与元老院关系不融洽，与骑士阶级不友好，对执政官也没有什么好感。终于，不知疲惫的奥勒里安努斯匆忙处理完东方的事情后，又朝欧洲进军，希望能同样征服泰特里库斯——如今唯一的罗马帝国的篡位者。奥勒里安努斯是如何到达那里并在短时间内收复那些被占领的行省的，古代历史学家们只进行了简要的讲述（*Vopiscus, in Aureliano. Trebellius Pollio, in Tetricus. Euseb., in Chron.*）。我们只知道，双方军队在马恩河（Marna）畔的赛隆（Scialons）进行了一场战斗，泰特里库斯背叛了他的军队，投靠了奥勒里安努斯，而他的士兵们惨遭奥勒里安努斯军队的沉重打击。有一些人认为，泰特里库斯是被他的士兵们背叛，并被押送到奥勒里安努斯那里的，后来那些士兵也归顺了奥勒里安努斯。然而，似乎在奥勒里安努斯到达那一地区之前或之后不久，他与泰特里库斯之间签订了某些投降条约，对人往往并不仁慈的奥勒里安努斯这次对泰特里库斯十分宽厚。据古代历史学家说，泰特里库斯之所以抛弃他的士兵而投靠奥勒里安努斯，是因为士兵们总是不服从他的命令，还时不时地造反，因此泰特里库斯不得已请求奥勒里安努斯将他解救出来。泰特里库斯对奥勒里安努斯宣誓效忠以后，他的所有军队也承认奥勒里安努斯为皇帝，加入了罗马军队。这样，高卢、西班牙与不列颠都回到了奥古斯都皇帝的统治之下。时至今日，这样一位奥古斯都皇帝在3年多的时间里就做出了如此多的事迹，取得了如此多的胜利，让人感叹不已，他将罗马帝国从众多蛮族人手中解救出来，打倒了篡位者，并让许多分开多年的军队加入他的兵团。尤塞比乌斯（*Euseb., in Chronic.*）在其编年史中写道，罗马在这一年为奥勒里安努斯举行了凯旋仪式。但可以认为这是一个错误，因为尤塞比乌斯还提道，泰特里库斯的垮台是在奥勒里安努斯统治的第一、第二年，而沃皮斯库斯则称这件事发生在帕尔米拉战争之后。让人无法理解的是，奥勒里安努斯是怎么在仅仅一年的时间里做出上述这么多事迹、行了这么多的路的，而且他还带着军队，其中还有沉重的战车，它们又不会飞。我会根据大多数历史学家的叙述，将上述的凯旋仪式放在下一年来讲。

年　份　公元274年　小纪纪年第七年
斐理斯教皇第六年
奥勒里安努斯皇帝第五年

执政官　卢基乌斯·多米提乌斯·奥勒里安努斯·奥古斯都（Lucius Domitius Aurelianus Augustus）第二次，盖乌斯·尤利乌斯·卡皮托里努斯（Gaius Iulius Capitolinus）

在整顿好高卢的事务之后，奥勒里安努斯返回了罗马去参观庆祝他凯旋的仪式。这是罗马有史以来最盛大、最值得纪念的凯旋仪式。据沃皮斯库斯（*Vopiscus, in Aurelian.*）所述，有3辆凯旋战车吸引了所有人的目光。第一辆是奥登纳图斯（芝诺比娅的丈夫）曾经使用的战车，车上载满了金银珍宝；第二辆同样豪华的战车是已逝的萨波尔国王（当时波斯的统治者）的儿子或侄子送给奥勒里安努斯的；第三辆是芝诺比娅的战车。芝诺比娅曾希望乘着这辆战车作为胜利者进入罗马，如今她的确乘这辆战车进入了罗马，但是是作为战败者。此外，还有哥特国王的战车——由4头鹿牵引，奥勒里安努斯乘坐着这辆战车进入坎皮多里奥山，向朱庇特神祭祀了那4头鹿。在这一盛大的凯旋仪式上，还有20头大象、200只来自利比亚与巴基斯坦的被驯服的野兽——奥勒里安努斯后来将它们赠送给了一些特殊的人。除此之外，还有骆驼、驼鹿与其他类似的外族禽兽。队伍后面还有800对角斗士与来自各个蛮族国家的囚犯，包括布莱米人、亚索米人、阿拉伯人、印度人、巴克特里亚人、伊比利亚人、撒拉逊人、波斯人、哥特人、阿兰尼人、罗索拉尼人、萨尔玛提亚人、法兰克人、施瓦本人、汪达尔人与日耳曼人，他们全部被绑着双手，还有许多在大屠杀中幸存下来的帕尔米拉人，以及几个参与叛乱的埃及人。但是，最吸引人眼球的是泰特里库斯出现在战败者中，他穿着高卢人的衣服，与他一起的还有他儿子小泰特里库斯，他曾授予其元老院议员的头衔（*Trebellius Pollio, in Triginta Tyran., c. 29.*）；芝诺比娅也衣着华丽，全身装饰着宝石，但双脚和双手被金锁链绑着，在她低垂的脖子上也拴着一条锁链，一个波斯人在她前面扶着她。在这个盛大的典礼中，整个城市都闪耀着金光，战车满载着战利品，军旗飞扬，在元老院、军队与人民的簇拥下，奥勒里安努斯在几个小时后到达了坎皮多里奥，之后更晚些时候抵达了宫殿。不过，还是有许多人蹙眉叹息，因为他仿佛看到罗马的元老院议员竟然也被列入凯旋队列，这完全不符合惯例。还有人窃窃私语（*Vopiscus, in Aurel.*），因为奥勒里安努斯让一个女人出现在凯旋仪式上，就好像她是一位伟大的将军一样。对于这些非议，奥勒里安努斯后来在信中试图通过将芝诺比娅与最杰出的政府官员相提并论来解答元老院与罗马人民的疑惑。在接下来的几天中，整个罗马上演着各种戏剧表演与竞技比赛，还有角斗士搏斗、狩猎、海战等，并且每天都会给罗马人民发放面包与猪肉。

据特雷贝利乌斯·波利奥（*Trebellius Pollio, ibid.*）所述，奥勒里安努斯不仅赦免了芝诺比娅，还赐予了她和她的儿子特权，并在蒂沃利（Tivoli）哈德良宫殿附近给了他们一处住所，从那之后，芝诺比娅就住在那里，像一位罗马贵妇一般。欧特罗皮乌斯（*Eutrop., in Breviar.*）写道，在他生活的时期，仍然有芝诺比娅的后代，但不知道是其儿子的子嗣，还是女儿的子嗣。佐纳拉斯（*Zonaras, in Annalibus.*）说奥勒里安努斯娶了芝诺比娅，或者是她的一个女儿。这完全是编造的。不过值得相信的是，奥勒里安努斯将芝诺比娅的女儿许配给了罗马贵族。

如我不久前所说的，奥勒里安努斯对人民的慷慨一点也没有减弱，他赠予了人民衣服和金钱等礼物（*Vopiscus, in Aurel.*）。由于当时有许多欠税人，于是他下令在图拉真广场将他们所有的欠单全部烧掉。他还发布公告，赦免了所有犯有大不敬之罪的人。让他尤其获得称赞的是，他不仅赦免了高卢篡位者泰特里库斯的所有罪行（*Trebellius Pollio, in Triginta Tyran., c. 23.*），而且还任命他为整个意大利的总督，即包括坎帕尼亚（Campania）、桑尼奥（Sannio）、卢卡尼亚（Lucania）、布鲁齐（Bruzii）、普利亚（Puglia）、卡拉布里亚（Calabria）、伊特鲁里亚（Etruria）、翁布里亚（Umbria）、皮切诺（Piceno）与弗拉米尼亚（Flaminia），以及整个安诺纳里奥（Annonario）国家，还授予其荣誉，有时候还称他为共治者、作战伙伴，甚至是皇帝，这表明他们之前达成过一些协议。奥勒里安努斯笑着对泰特里库斯说："统治意大利的一个行省比统治高卢更加光荣。"奥勒里安努斯还使泰特里库斯的儿子小泰特里库斯在元老院获得了一席之位，并可以安然地享受他们的财产（*Zosimus, lib. 1, cap. 61.*）。此外，奥勒里安努斯还将所有掺假的、损坏的钱币全部送到造币厂，制造新的钱币。正是在这个时候，造币厂的官员（*Vopiscus, in Aurelian. Aurelius Victor, in Epitome. Eutrop., in Breviar.*）被控诉在菲利西斯莫（皇帝的自由奴隶）的推动下进行造假，他们在罗马发动了一场激烈的叛乱，杀死了6000名士兵。奥勒里安努斯怒不可遏，最终将他们制服。据苏伊达斯（*Suidas, in Lexico.*）所述，奥勒里安努斯还处死了许多元老院议员，因为他从芝诺比娅那里得知他们不忠的消息。奥勒里安努斯十分崇拜太阳神（*Zosimus, lib. 1, cap. 61. Vopiscus. Eusebius et alii.*），因此这一年，他在罗马建造了一座非常壮观的太阳神殿，用大量黄金、珍珠和其他珍贵物品对其进行装饰，仅放在那里的黄金就重达15000磅。神殿里摆放着太阳神与柏罗斯神（Belus）的雕像，以及其他从帕尔米拉带来的装饰品。坎皮多里奥也摆满了各国送来的各式各样的礼品，罗马的所有神庙都有奥勒里安努斯赠送的礼品。此外，他还进一步加强了教皇的权威，并调拨资金用于维护神庙、保障祭司。所有这些举措让人看出他对异教的虔诚与热忱。到目前为止，他对基督徒仍然是仁慈的，然而，对异教的热忱使他在这一年开始了对基督徒的残忍迫害（*Eusebius, in Histor. et in Chronico. Lactantius, de Mortibus Persecutor. Orosius, Syncellus, et alii.*）。奥勒里安努斯制定了许多好的法律，但他打算制定更多其他的法律，尤其是整顿引入罗马的奢侈之风（*Vopiscus, in Aurelianus.*），包括禁止将黄金用于过多的装饰、镀金与其他无用的用途上，并禁止使用丝绸，因为当时的丝绸仅仅在印度才有，1磅丝绸就值1磅黄金。真的希望在我们这个时代也能诞生一些像奥勒里安努斯这样的人，以整顿意大利某些城市的奢侈之风。另外，奥勒里安努斯很高兴看见普通人拥有充盈的金银，生活富足。当时在托斯卡纳与利古里亚还有许多未开垦的土地，奥勒里安努斯计划将蛮族囚犯的家人送到那里进行劳作。但是随着他的离世，这一计划与其他计划都没能实施。

据信（*Blanchinius, ad Anastasium.*），这一年，斐理斯教皇离世，他被上帝召唤入天堂以奖励他所做出的贡献，但由于即将来临或是已经四起的对基督教徒的迫害，直到下一年才选出继任的教皇。

年　份　公元275年　小纪纪年第八年

欧提其安教皇第一年

塔西佗皇帝第一年

执政官　卢基乌斯·多米提乌斯·奥勒里安努斯·奥古斯都第三次，提图斯·阿尼乌斯·马尔切利努斯（Titus Annius Marcellinus）

第二位执政官的名字为阿尼乌斯，而不是阿沃尼乌斯（Avonius），也不是阿诺尼乌斯（Anonius）。据沃皮斯库斯（*Vopiscus, in Valerian. Zonaras, in Annalibus.*）所述，奥勒留斯·戈尔迪安努斯（Aurelius Gordianus）为这一年的补任执政官，而在9月25日，维利乌斯·科尼菲修斯·戈尔迪安努斯（Velius Cornificius Gordianus）担任补任执政官。

据说，在这一年年初，欧提其安继任罗马教皇之职。

上一年，奥勒里安努斯来到高卢，很可能是因为那一地区发生叛乱，而他很容易就平息了叛乱。据信，奥勒良市（Orleans）是由他重建，并以他的名字命名的。由于蛮族人入侵了文德利西亚国（Vindelicia），该地包含后来的巴伐利亚（Baviera）、施瓦本（Svevia）和格劳宾登（Grigioni）的部分地区，奥勒里安努斯赶去那里，赶走了敌人，恢复了该地的平静。之后，他从那里进入伊利里亚，大概是在这个时候他意识到援助达契亚行省（现今特兰西瓦尼亚，位于多瑙河畔）的困难性——该地被太多蛮族人环绕，于是他决定将该行省抛弃（*Lactantius, de Mortib. Persecut. Eutropius. Syncellus.*）。因此，他将达契亚行省的所有军队与罗马居民撤离多瑙河，让他们在默西亚的一片地区驻守与居住，后来，该地被命名为新达契亚（Nuova Dacia），据说萨尔迪卡（Sardica）成为其首都。由此可以看出，罗马异教徒对于神的想象与骄傲都是不真实的，他们以为他们的神永远不会退缩，永远不会让帝国的所属国被别人夺去。圣奥古斯丁（*S. Augustinus, de Civitate Dei, lib. 4, c. 29.*）提到过关于他们这位无能的神的其他类似例子。很有可能是这一年，奥勒里安努斯在那一地区或者是色雷斯度过了冬天，在这期间，他致力于集结一支强大的军队向波斯人开战。他太过渴望荣耀，迄今为止已经做出了许多伟大的功绩，但他仍然想做出更多功绩。他向波斯人开战是有理由和借口的，之前我们讲过，波斯人曾帮助过芝诺比娅。但是上帝就在（*Lactantius, de Mort. Persec., cap. 7.*）他下达了迫害基督徒的命令，并要在整个帝国内执行的时候夺走了他的生命（*Euseb., in Chronic.*）——一道闪电落在了他和他的官员们身边，但这不足以让他丧命。他是死于他人之手。

罗马人民确实对奥勒里安努斯非常爱戴，因为他们从他那里收到了很多恩惠和奖赏，或者他们期待着从他那里得到恩赐（*Vopiscus, in Aurelianus.*）。除了这一点，很少有人对他心怀爱戴，因为他太过严厉，甚至可以说是残忍。罗马元老院，甚至是他的朝臣们，对他不是爱戴而是畏惧（*Aurelius Victor, in Epitome. Eutropius, in Breviar.*）。有一次，他的一名亲信穆尼斯修斯（Mnestheus）犯了错误，他就对其严厉恐吓。佐西姆斯（*Zosimus, lib. 1, cap. 62.*）称这名亲信叫厄洛特斯（Erote）。这名亲信深知奥勒里安努斯的恐吓并不是玩笑，如果他恐吓了谁，那就意味着他不会宽恕谁。穆尼斯修斯很早就学会了临摹奥勒里安努斯的字体，于是他写了一张字条，上面列着他和许多其他人的名字，其中一些是让奥勒里安努斯感到愤怒的人，还有一些还没受到奥勒里安努斯的恐吓，但可以将他们看成残暴的奥勒里安努斯计划处死的人，而后穆尼斯修斯夸大事情的严重性，使得所有人觉得有必要铲除这位残忍的暴君来保全自己的性命。我们前面也见过因这种情况而惨遭谋杀的皇帝。有可能其中一些只是小说家的谣言。可以确定的是，奥勒里安努斯被刺杀的当日在一个叫作新堡（Caenophrurium，即Castelnuovo）的地方，该地位于拜占庭（Bisanzio）与赫拉克利亚（Eraclea）之间。在这里，受到穆尼斯修斯煽动的官员趁奥勒里安努斯身边没有多少护卫军的时候，向他砍了数刀，最终将他杀死。沃皮斯库斯（*Vopiscus, ibid.*）写道，奥勒里安努斯死于将领穆卡波（Mucapor）之手。关于这件事的其他细节，史料没有相关记载。沃皮斯库斯还写道，这一年2月3日，奥勒里安努斯的死讯传到了罗马，由此我们可知，奥勒里安努斯的悲剧应该发生在这一年的1月底。后来，大家发现了穆尼斯修斯的狡猾诡计，于是将他绑在一根柱子上，让他被野兽咬食。其他被他欺骗的人非常后悔自己的手上沾上了他们皇帝的鲜血，他们中一部分人被士兵所杀，另一部分被后来的继位者塔西佗（Tacitus）与普罗布斯（Probus）所杀。军队为死去的皇帝举办了隆重的葬礼，并写信给元老院与罗马人民告知发生的一切，并且希望元老院能将奥勒里安努斯置于众神之列。在为奥勒里安努斯致颂词之后，当时的首席元老院议员塔西佗第一个为他授予了所有神的荣誉。当然不能否认奥勒里安努斯是最杰出的罗马皇帝之一，他在如此短的时间内重振了罗马帝国，将其从内忧外患中解救出来，如果不是被谋杀，他还准备做出更多伟大的功绩。奥勒里安努斯当时正值壮年，他知道如何通过有节制的生活保持自己充沛的精力，如果生病了，他不会立马叫医生，而是通过严格的饮食来自愈。他的过度严厉尽管为他招致了许多人的憎恨，但对罗马帝国十分有用，因为他清除了那些想要扰乱公共和平的心怀不轨者与阴谋者。特别是他会严惩告密者，也就是在之前的统治中经常看到的控告者，他甚至对自己的亲属与家人也不会网开一面。他穿着朴素，同时要求他的妻子与女儿也这么做，她们想要穿丝绸衣服时，他回答说："一匹布卖得比黄金还贵，这太奢侈了。"沃皮斯库斯还提到奥勒里安努斯其他值得称赞的优点。但是这位杰出的皇帝缺少一种必要的美德，那就是仁慈——这是所有贤明的皇帝都不可缺少的一项美德，因为他的这个缺点，或者更准确地说，因为他的残忍，最终落得一个不幸的结局。

所有人都以为奥勒里安努斯死后，军队会马上选他们中的一位将领做皇帝，但事实并不是这样的（*Vopiscus, in Aurelianus.*）。或许是因为所有将领都无法摆脱杀死奥勒里安努斯的怀疑，所以士兵们无法选举其中一位为皇帝。于是他们写信给元老院，请求元老院选一位称职的皇帝。元老院不敢这样做，因为他们在罗马选举的皇帝总是不得军队的心。元老院与军队之间互通了3次信，总是将这一选举任务推给对方。这一争执很少见，因为过去军队在这个时候总是非常强势傲慢，然而这次他们的表现着实让人吃惊（*Vopiscus, in Tacitus. Aurelius Victor, in Epitome.*）。这场争执持续了6个月，却仍然没有选出一位皇帝，尽管如此，帝国内人民的生活却是十分平静，所有奥勒里安努斯与元老院任命的行政官员仍继续尽职尽责地做着他们的工作——除了亚细亚的行省总督奥勒留斯·弗斯库斯（Aurelius Fuscus），因此法尔科尼乌斯（Falconius）被派到了那里。根据布赫里乌斯发表的年表（*Bucherius, in Cycl.*）可知，这一年的罗马总督是波斯图米乌斯·西亚格里乌斯（Postumius Syagrius）；但沃皮斯库斯写这一年9月25日的罗马总督为埃利乌斯·凯塞提安努斯（Aelius

Caesetianus）。最终结束了这种争执并促使元老院选出一位新皇帝的是日耳曼人的进军（*Vopiscus, in Aurelianus.*）。日耳曼人越过莱茵河，占领了几个重要城市，元老院担心波斯人也会发动战争。补任执政官维利乌斯·科尼菲修斯·戈尔迪安努斯在9月25日提出选出一位新皇帝的必要性，首席元老院议员马库斯·克劳狄乌斯·塔西佗（Marcus Claudius Tacitus）正准备回答的时候，元老院齐声打断了他，他们一致认为应该选他为皇帝，他是个十分谨慎且正直的人，非常配得上皇帝这一高位。但塔西佗以自己年事已高，不能骑马与指挥军队为由竭力拒绝，他甚至早已预料到了这件事，因而在坎帕尼亚退隐了两个月。但是，梅提乌斯·法尔科尼乌斯·尼科马库斯（Mettius Falconius Nicomacus）站起身来，不断恳求塔西佗，说当前罗马帝国的处境需要他，最后塔西佗妥协了。塔西佗的上任受到人民和禁卫军的热烈欢呼，他向他们承诺会赠予他们以往的赏赐。塔西佗以自己是著名历史学家科尔涅利乌斯·塔西佗（Cornelius Tacitus）的后代为荣，因此他在所有图书馆里都放上了他的作品，尽管如此，仍然有许多作品丢失。他曾经担任执政官，有很多儿子，但都年纪尚小，他还有一个同母异父的兄弟，在勋章中被叫作马库斯·阿尼乌斯·弗洛里安努斯（Marcus Annius Florianus）。他不理解元老院为何为选出一位皇帝这么高兴，不过他为自己被选为皇帝而感到荣幸。他重新施行古代的法律，恢复元老院与罗马总督的权威，以至于在很短的时间内他就达到了所有人对他的期望。元老院立即写信将这一令人高兴的消息告知迦太基、特雷维里、安提阿、米兰、亚历山大里亚、特萨洛尼卡、科林斯与雅典。塔西佗刚一接受了皇位并向元老院表示了感谢，就下令在一些神庙里放上奥勒里安努斯的银像，并在坎皮多里奥放上一尊他的金像。不过这尊金像最后没有放，其他雕像都被摆放在了神庙里。塔西佗禁止公众与个人将银和铜、银和金掺在一起；还规定奴隶不能参与自己主人罪行的审问，即使涉及叛国罪也不能。他下令为已逝的被神化的皇帝建造一座神庙，不过希望里面只放置贤明皇帝的雕像，以激励后世的皇帝效仿贤君。他还向元老院请求让他的弟弟弗洛里安努斯担任下一年的执政官，虽然元老院一直对皇帝希望的事情唯唯诺诺，但这次他们否决了塔西佗的请求，并解释说下一年的执政官已经选出来了，如果免去其中某个人的任职不太合适。据说，塔西佗见元老院这种自由的氛围很高兴，他说："元老院知道他们选出来的皇帝是什么性情。"后来，他将私人财产捐赠给公众。萨尔马修斯（Salmasius）谈到这些财产的价值，其数额之大似乎很难让人相信。同样不太可能的是，这些捐赠是给年老和有孩子的人的。沃皮斯库斯提到的"公共事业"可能表示另一个含义，而塔西佗拥有的所有现金，他都将其用于支付军队开支。

年　份　公元276年　小纪纪年第九年
　　　　欧提其安教皇第二年
　　　　塔西佗皇帝第二年
　　　　弗洛里安努斯皇帝第一年
　　　　普罗布斯皇帝第一年
执政官　马库斯·克劳狄乌斯·塔西佗·奥古斯都（Marcus Claudius Tacitus Augustus）第二次，埃米利亚努斯（Aemilianus）

沃皮斯库斯（*Vopiscus, in Probus.*）提到这一年2月3日的执政官是埃利乌斯·斯科皮亚努斯（Aelius Scorpianus），因此，可以认为塔西佗·奥古斯都只担任了一个月的执政官。

据沃皮斯库斯所述，塔西佗所做的事还包括禁止在罗马设立任何妓院，这并不是意味着清除妓女，而是清除这样一个无耻下流的恶习。然而，这条规定只持续了很短时间，因为人民已习惯了粗暴的言行，他们没有基督教这样的指引与约束。另外，他禁止在夜间开放浴室，以防止骚乱的发生，还禁止男人与女人穿丝绸衣服。他打算推倒自己的房子，然后用自己的钱在那里建造一个公共浴室。他向奥斯蒂亚人民赠送了100根用努米底亚大理石雕刻的石柱，它们高达23罗马尺。他将他在毛里塔尼亚的财产用于坎皮多里奥建筑的维护工作，并且将他餐桌上的银制餐具捐给神庙，还释放了他的100名奴隶。他继续如之前那样生活，穿着以前还未当皇帝时的衣服。他的饮食仍然非常简单，主菜是卷心菜等。他还希望他的妻子不佩戴宝石，不允许公众在衣服上装饰黄金。此外，他对严惩杀害奥勒里安努斯的凶手这件事情十分上心，尤其是对穆卡波（Mucapor）进行了严酷的惩罚（*Zosimus, lib. 1, cap. 63. Zonaras, in Annal. Vopiscus, in Tacitus.*）。

自从上一年，人们就听说来自梅蒂斯沼泽的斯基泰人发起了一场大规模军事运动，声称是奥勒里安努斯皇帝叫他们这么做的。他们进入本都（Pontus）、卡帕多细亚、加拉齐亚（Galazia）与西里西亚，肆无忌惮地进行抢劫。塔西佗尽管已经年老，但他认为自己有责任亲自率兵到那里。与他同行的是他的弟弟弗洛里安努斯，他已被任命为禁军总督。他们二人从两个方向对斯基泰人发起进攻，最后迫使那些没有死于罗马士兵剑下的人退回到他们的国家。在这之后，塔西佗准备返回欧洲，然而这时死神找上了他（*Aurel. Victor, in Epitome. Eusebius, in Chron.*）。有人说他死于塔尔索（Tarso），有人说是蒂安娜，还有人说是本都。根据一些人的记载，塔西佗仅仅在位6个月零几天，据推测他是在这一年4月结束生命。然而，直到沃皮斯库斯所在的时期，关于他是死于自然疾病还是死于他杀仍然是无法确定的。希腊作家们（*Zosim. Zonar. Euseb. Joan. Malala.*）认为塔西佗死得非常惨。对此，佐西姆斯写道，塔西佗派他的亲戚马西米诺（Maximinus）到索里亚任行政长官，但马西米诺对该市的地方长官极其不好，于是他们所有人联合起来打算谋杀马西米诺。后来，他们害怕塔西佗会惩罚他们，而当时有一些参与刺杀奥勒里安努斯的人还活着，于是他们和这些人联合起来，为除去塔西佗策划了一场阴谋，最终将其杀死。人们在特尔尼（Terni）为塔西佗竖立了一座纪念碑，上面有他的雕像，但后来被一道闪电击碎了（*Vopiscus., in Flor.*）。对于塔西佗，我们所知道的只有这么多，撰写罗马皇帝历史的作家也只知道这些。当然，塔西佗富有见识，为公众利益着想，本可以做出一些光荣事迹，但他短暂的生命让他无法做更多事情。沃皮斯库斯（*Idem, in Tacitus.*）写道，塔西佗下令将9月称作"塔西佗月"，但这样一个幼稚的虚荣行为不像是一位如此睿智的年长皇帝会做的事。

塔西佗死后，就像皇位是世袭的一样，士兵们拥立他的弟弟，同时也是禁军总督的马库斯·阿尼乌斯·弗洛里安努斯（Marcus Annius Florianus）为奥古斯都皇帝，弗洛里安努斯立即将此消息告知罗马元老院，元老院立马同意他上位。但是罗马军队将领普罗布斯当时身在索里亚,那里的军队一听说塔西佗的死讯,就齐声高呼普罗布斯为皇帝。普罗布斯表示不愿(至少表面上是这样)接受皇帝之位,因为(据他所说)他从来没有想过要获得这一荣誉(*Vopiscus, in Probus.*),他向士兵们说明,他们选他为皇帝不会得到任何好处,因为他是个不太宽容的人。然而最后,他妥协了,因为在这一事件之后,继续做一个普通人对他来说将是十分危险的。就这样,一场内战爆发了。弗洛里安努斯被公认为罗马以及欧洲、阿非利加、亚细亚直到西里西亚所有行省的皇帝,而普罗布斯只有索里亚、腓尼基、巴勒斯坦与埃及,与弗洛里安努斯统治的地域比起来少之又少。当时,弗洛里安努斯正将分散在亚细亚的斯基泰人围堵在拜占庭海峡附近,得知普罗布斯自立为皇帝后,他撇下蛮族人,率领军队来到西里西亚朝普罗布斯开战。普罗布斯知道自己的军力远不敌弗洛里安努斯的军力,于是他致力于防卫,并尽力拖长战争的时间,直到炎热的夏季到来——大部分欧洲人都习惯于寒冷的气候——这一地区的酷暑不仅让弗洛里安努斯的士兵们难以忍受,而且还使大部分人病倒了。得知此消息,普罗布斯率兵来到弗洛里安努斯所在的塔尔索,尽管他们杀死了弗洛里安努斯的一些士兵,但他们不敢冒险,只是进行了一些小的战斗。与此同时,弗洛里安努斯的士兵意识到他们的军队实力因为疾病而变得如此疲弱,同时他们也认识到对手普罗布斯在能力与功绩上更胜一筹——据猜测,普罗布斯还暗中告诉他们会给予他们很多好处——于是他们决定抛弃弗洛里安努斯,拥立普罗布斯为皇帝,以结束战争(*Vopiscus, in Probus. Zosimus. Eusebius. Syncellus. Joannes Malala.*)。大部分历史学家认为,弗洛里安努斯是被他的士兵所杀。然而,奥勒留斯·维克多(*Aurelius Victor, in Epitome.*)写道,弗洛里安努斯是割腕自杀的,他在位仅仅两个月左右的时间。就这样,普罗布斯成了唯一的皇帝,他使东方所有的军队都听命于他。在这之后,他给罗马送去几封言辞恳切的信,向元老院与罗马人民解释他是迫不得已成为皇帝的,但是如果没有他们的认可和批准,他也不愿意继续当这个皇帝。普罗布斯这么说是因为他手握帝国的大部分军力,他非常清楚在这种情况下元老院会做出怎样的回复。沃皮斯库斯写到普罗布斯的这封信于2月3日在元老院被宣读,所有人都鼓掌欢呼表示赞同。评论家们一致认为这个叙述实际是一个错误，因为沃皮斯库斯同时还写道，弗洛里安努斯在统治了两三个月后，于这一年的夏天死去，因此普罗布斯不可能在这一年的2月获得皇位，他也不会等到下一年的2月才获得元老院的批准。

年　份　公元277年　小纪纪年第十年
　　　　欧提其安教皇第三年
　　　　普罗布斯皇帝第二年

执政官　马库斯·奥勒留斯·普罗布斯·奥古斯都（Marcus Aurelius Probus Augustus）与马库斯·奥勒留斯·保利努斯（Marcus Aurelius Paulinus）

在勋章（Mediobarb., in Numismat. Imperat.）上，这位新任皇帝的名字为马库斯·奥勒留斯·普罗布斯（Marcus Aurelius Probus）。他出生于潘诺尼亚的锡尔米姆市（Sirmio），他的家庭十分普通，家境并不富有。他在年轻的时候就加入了军队，在瓦勒良·奥古斯都统治时期，他由于杰出的表现被提拔为军官。他长相英俊，颇具勇气，为人正直，正好与其姓氏的意义（Probus可译为"正直的、廉洁的"）相对应，因此，他受到许多人的称赞。由于他在与各个蛮族和帝国叛乱者的战争中做出过许多瞩目的战绩，因此加里恩努斯皇帝十分器重他。奥勒里安努斯皇帝也非常敬重他，似乎还想让普罗布斯做他的继位者。克劳狄乌斯二世与塔西佗也一直将他视为罗马帝国最优秀的贵族。沃皮斯库斯讲到他的各种壮举以及上述皇帝的一些信件，证明了他们对还未成为皇帝时的普罗布斯有多么赏识。在作战上，也许没有人能与普罗布斯匹敌，他也会采取一些赢得士兵爱戴的方法，并不是放纵他们，而是让所有人认识到他有多爱他们。他经常看望士兵，不希望他们缺少什么，也不希望他们受到不公的对待，甚至当奥勒里安努斯对士兵们发火时，他会凭借智慧平息奥勒里安努斯的怒气。当军队收获一些战利品时，除了兵器，他希望把所有东西都分给士兵。另外，他效仿阿非利加的汉尼拔（Hannibal），让士兵们不断地训练和工作，使他们在劳动中变得坚强。于是，他们在许多城市建造了桥梁、神庙、柱廊与其他建筑；他们抽干了埃及的沼泽，以便能够在上面耕种；他们开凿了运河，以便让水流排出；他们还通过其他方式促进了尼罗河上的交通运输。普罗布斯成为皇帝之后，因为这些令人称赞的举动而受到罗马帝国所有人民的认可，沃皮斯库斯甚至写下一句在我看来非常夸张的溢美之词，他说普罗布斯比奥勒留、图拉真、哈德良、安东尼努斯、亚历山大、克劳狄乌斯皇帝更受人爱戴，因为他具有他们所有的优点，同时还没有他们的缺点。沃皮斯库斯（*Vopiscus, in Florianus.*）后来发现他对这位皇帝的丰功伟绩实际上所知甚少。佐西姆斯（*Zosimus, lib. 1, cap. 65.*）写道，普罗布斯的壮举之一就是惩罚了杀害奥勒里安努斯与塔西佗的凶手。他没有公开地对他们进行判决，而是邀请他们全部到一个宴会上来，然后命令护卫军将他们全部杀死，其中有一个人逃跑了，但后来被抓住活活烧死了。但是沃皮斯库斯（*Vopiscus, in Probus.*）与佐西姆斯的叙述不同，他写普罗布斯的确给那些死去的皇帝报了仇，但是是以更加温和谨慎的方式。他还宽恕了那些曾经支持弗洛里安努斯对付他的人，因为他们追随的不是一位篡位者或暴君，而是前任皇帝的弟弟。

就在罗马帝国因塔西佗的死和弗洛里安努斯与普罗布斯的皇位争端而变得一片混乱的时候，日耳曼民族越过莱茵河（*Zosimus, lib. 1, c. 67.*），占领了高卢近郊的不少城市。沃皮斯库斯（*Vopiscus, in Probus.*）认为，高卢自从波斯图姆斯倒台后就陷入了动荡，奥勒里安努斯死后，该地就被高卢人占领。于是，普罗布斯决定先不回罗马，他于5月初来到锡尔米姆，然后从那里向莱茵河进军。他发现蛮族人分散在高卢的各个城市，于是对他们发动攻击，屠杀了大量敌军。他在写给元老院的一封信中，说自己杀死了40万蛮族人，抓捕了1.6万人，后来将他们征用到罗马军队中，被他安排到各个地方和不同的区域。有可能沃皮斯库斯在这里的叙述是错误的，或者是普罗布斯夸大了敌军的死亡人数，总之很难让人相信。最终，普罗布斯从蛮族人手里收复了六七十座高卢的城市。

佐西姆斯（*Zosimus, lib. 1, c. 67.*）讲到一件奇怪的事情：当时普罗布斯的军队正面临着饥饿，这时天突然黑了下来，然后下起了倾盆大雨似的小麦，顿时就形成了一些麦堆。士兵们非常吃惊，起初他们不敢食用这些小麦，但迫于饥饿，他们磨碎了小麦，发现正好可以用来填饱肚子。我本该略过这件事情，因为和其他作家一样，我也认为这是编造的，并且沃皮斯库斯对这件事只字未提，佐纳拉斯（Zonaras, in Annalib.）也是以十分怀疑的态度说起这件事。但我还是想在这里提一下，因为在公元1740年，有新闻称奥地利的一个山谷也下过小麦雨，而我亲眼见过这一场面，但我无法确认是风将小麦从别的地方刮到了这里，还是通过其他方式出现的。不过，可以确定的是这些小麦不是从地里长出来的，也不是来自哪个既不耕作也不播种的国家。佐西姆斯还补充说，普罗布斯还与洛乔尼人（Logioni）进行了一场大战——洛乔尼人是日耳曼的一个民族，有可能他们就是科尔涅利乌斯·塔西佗所说的利吉人（Ligi）。这场战争的结果是罗马人取得了胜利，洛乔尼人的国王塞诺（Senno）与他的儿子被囚禁，但后来通过签订和平条约，普罗布斯放了他们，并释放了所有被捕者，归还了掠夺的战利品。普罗布斯的将领与法兰克人之间也进行了一场激烈的战斗，而普罗布斯则亲自与勃艮第人和汪达尔人在莱茵河畔进行了交战——这些蛮族人不知是从鞑靼利亚（Tartaria）还是从别的北方国家到达的那里。普罗布斯的军力不足以与人数众多的蛮族人抗衡，于是，他十分机智地试图将蛮族人分开。罗马人故意对蛮族人说一些侮辱之语以激怒他们，然后假装逃跑，一旦蛮族人中有人跨过莱茵河，那么他们大部分人就会穿过河流。趁此时机，罗马人立即向他们发起袭击，并最终将其击溃，而那些幸存下来的人只有归还所有战利品，释放所有俘虏，才能得到安宁。但这些人后来并没有遵守协议，普罗布斯就攻击了他们的战壕，一部分人被杀死，另一部分人与他们的国王伊吉洛（Igillo）一起被俘虏并送到了不列颠居住，后来他们就忠于罗马帝国了。沃皮斯库斯也证实，普罗布斯跨过莱茵河，向蛮族人开战，最后迫使蛮族人一直撤退到了涅克罗河（Necro）和阿尔巴河（Alba），并使其归还了之前在罗马帝国境内掠夺的战利品。战争持续了很长时间，每天都有人为普罗布斯送上蛮族人的脑袋，普罗布斯为每个送来人头的人付了一枚金币。这场惨败令9位蛮族人首领赶来向普罗布斯请求议和。普罗布斯表示，只有他们释放人质，并向罗马人进奉牛羊肉与粮食，才同意议和。普罗布斯的勋章（Mediobarbus, in Numismat. Imp.）上标有他获得"日耳曼胜利"的字样，指的是这一年，或者还有下一年，因为他似乎不太可能在短短几个月的时间里就进行了如此多的战斗。

这一年（Eusebius, in Chron.），马内特（Manete）的异端邪说开始在世界上传播，后来大肆扩散到许多地区并持续了好几个世纪，甚至在公元1000年以后还渗透到意大利。

年　份　公元278年　小纪纪年第十一年
　　　　欧提其安教皇第四年
　　　　普罗布斯皇帝第三年

执政官　马库斯·奥勒留斯·普罗布斯·奥古斯都（Marcus Aurelius Probus Augustus）第二次，卢布斯（Lupus）

弗利乌斯或者维里乌斯·卢布斯（Furius o Virius Lupus）是这一年和接下来两年的罗马总督（Bucherius, in Cycl.）。潘维尼乌斯认为他也是这一年的执政官。这有可能是真的，因为当时已经出现将两个职位合在一起的现象了。

普罗布斯·奥古斯都恢复了高卢的平静后来到雷齐亚（Rezia）（Vopiscus, in Probus.），当时这个地方可能受到了敌人的骚扰，普罗布斯将其驱逐，使该地回到了和平的局面。到达伊利里亚后，看到这一地区受到萨尔玛提亚人与其他蛮族的骚扰与劫掠，普罗布斯感到很痛心。他的军队实力之强令敌人胆战心惊，足以驱散所有敌人，几乎没有拔剑就夺回了被敌人占领的地方。普罗布斯继续行军，发现色雷斯也因哥特人的入侵而饱受痛苦。有关这位杰出皇帝的史料到沃皮斯库斯所处的时代已经丢失了很多，对此沃皮斯库斯觉得很遗憾。因此，关于普罗布斯在色雷斯的事迹，我们只知道哥特人对他非常畏惧，以至于一部分人归顺于他，一部分人通过签订条约与罗马人建立了友谊。

很长时间以来，伊苏里亚（Isauria）的人民都反抗着罗马帝国，之前的皇帝都无法让他们归顺，因为他们凭借极其险峻的山势进行防御，另外，这里勒索抢劫事件频发。普罗布斯想要征服这些强盗以获得荣耀，于是向伊苏里亚进军，途中他抓捕并处死了那些强盗中一个非常强势的首领帕尔弗里乌斯（Palfurius）。利用这个人，普罗布斯在战争中取得了胜利，解放了整个伊苏里亚，并在那里重新实行罗马帝国的权威与法律。由于那里地势陡峭，易守难攻，普罗布斯说，阻止那些强盗进入比让他们进入后再清除他们更容易，于是，普罗布斯赠予在那里的老兵许多恩惠和赏赐（如今我们所说的封地），命令他们让他们的儿子18岁以后从军，这样他们就会先习得作战之术，而不是偷盗之术。尽管如此，那里的人民没过多久再次发动叛乱，整个国家又像一个强盗窝一样。佐西姆斯（*Zosimus, lib. 1, c. 69.*）也谈到过伊苏里亚的骚乱，他写到有一个叫利迪乌斯（Lidius）的强盗首领（或许他与沃皮斯库斯提到的帕尔弗里乌斯是同一个人）带着一伙人在利西亚（Licia）和潘菲利亚（Panfilia）打杀抢劫，随着罗马军队的逼近，他与手下的人躲到了克雷玛（Cremma）——利西亚的一座堡垒，这里地处险山，有许多深沟，很难攻破。在此他们遭到罗马军队的围攻，他们将许多建筑夷为平地用于耕种，后来意识到这还不足以满足需求，他们就驱逐了一些无用之人——这些人是罗马人送进来的，残忍的利迪乌斯将他们全部扔下了悬崖。利迪乌斯还设法挖了一条地道，他手下的人就通过地道出去抢劫。这件事被一个女人发现，于是利迪乌斯带着防卫兵和兵器匆忙地逃走了。利迪乌斯有一名技艺高超的射箭手，可以射中瞄准的任何地方，这名射箭手因遭到利迪乌斯的殴打而逃到罗马人的军营，朝正探窗出来观察敌人的利迪乌斯射了致命的一箭，这场围攻因此而结束。有可能普罗布斯所有这些英勇的事迹都发生在这一年。在他的一些勋章（*Mediobarb., in Numism. Imperator.*）上提到，他这一年取得"哥特胜利"，这表明他还向哥特人发动了战争并战胜了他们，然而沃皮斯库斯对这场战争只字未提。

年　份　公元279年　小纪纪年第十二年

欧提其安教皇第五年

普罗布斯皇帝第四年

执政官　马库斯·奥勒留斯·普罗布斯·奥古斯都（Marcus Aurelius Probus Augustus）第三次，诺尼乌斯·马塞卢斯（Nonius Marcellus）第二次

在我发表的一则罗马碑文（*Thesaurus Novus Inscription., pag. 267.*）中提到第二位执政官诺尼乌斯·马塞卢斯。

普罗布斯·奥古斯都获得胜利后，从索里亚开始与布莱米人（Blemmii）交战，交战地与埃及接壤。布莱米人要么是通过武力，要么是通过阴谋，占领了埃及的城市科普特（Copto）和托勒密（Tolemaide），但他们遭到了罗马军队的屠杀，很快就投降了（*Vopiscus, in Probus.*），他们中的许多人作为囚犯被送往罗马，由于他们面庞瘦小、长相奇特、行为怪异，任何看到他们的人都感到惊讶。当时，布莱米人的邻国人民均对他们心怀畏惧，如今布莱米人战败，这令波斯国王纳尔塞斯（Narses），或者纳尔塞特（Narsete）非常恐惧。事实上，普罗布斯本打算向波斯开战，但波斯的使者突然到来，非常谦卑地向他请求议和。普罗布斯热情地迎接了他们，但是不愿接受波斯国王送来的礼物，他表示，他很惊讶波斯国王给一位皇帝就送来这么点儿东西，要知道只要皇帝愿意，他就可以成为他们整个国家的主人。波斯使者听了普罗布斯的回答感到既惊恐又困惑，就这样，普罗布斯将他们遣送了回去。波斯人愈加恐惧，再次派使者带着丰厚的礼物前来，普罗布斯终于感到满意，和他们签订了和平协议。佩塔维乌斯神父认为西尼修斯（*Synesius, de Regno.*）讲到的关于卡里努斯·奥古斯都（Carinus Augustus）的一件事应该说的是普罗布斯。西尼修斯写道，波斯国王对罗马人侮辱谩骂，于是愤怒的皇帝率领军队向亚美尼亚进军。他们抵达山顶，在此俯瞰波斯，皇帝鼓舞士兵们说："这就是你们即将纵情享乐的地方，现在的诸多不便先忍耐一下。"然后，皇帝坐在草地上的桌子旁开始吃午餐，他的午餐仅仅是一小勺豌豆和几片咸猪肉。就在这时，传来了波斯使者前来拜访的通报，但皇帝没有挪动位置，也没有换衣服，他穿着一件羊毛制的紫色大衣，因为头秃而戴着一顶帽子，就这样接

待了他们。他说，如果波斯国王不亲自来的话，那么不久波斯的国土就会寸草不生，就像他的头一样，说着他摘下了帽子。皇帝向那些使者展示了他的餐桌，问他们需不需要一同用餐，如果不用，就可以走了。波斯使者回去后，将皇帝与他的军队毫不在意奢侈安逸的事报告给了国王，这令波斯人更加恐惧，波斯国王不得不亲自去拜访罗马皇帝，同意了他所要求的一切。我们并不清楚卡里努斯皇帝是否与波斯人交过战，但根据沃皮斯库斯（*Vopiscus, in Carus.*）（我们不久后也会看到）所述，卡鲁斯（Carus）皇帝曾战胜过波斯人，因此，上述这件事更有可能指的是他，而不是卡里努斯。尽管如此，这件事似乎更像是普罗布斯做出的，他无须使用武力就足以让那些波斯人胆战心惊。

年　份　公元280年　小纪纪年第十三年
　　　　欧提其安教皇第六年
　　　　普罗布斯皇帝第五年

执政官　梅萨拉（Messala）与格拉图斯（Gratus）

马尔瓦西亚（*Malvasia, Marm. Felsin., pag. 353.*）引用的一则碑文中提到一个叫卢基乌斯·庞波尼乌斯·格拉图斯（*Lucius Pomponius Gratus*）的二任执政官。这有可能说的就是这一年的执政官。

普罗布斯·奥古斯都使东方恢复宁静之后返回了欧洲，在色雷斯稍作停留时，居住在多瑙河口的蛮族人巴斯塔尼人（Bastarni）找到他，或许是因为被敌人驱逐，或者是为了改善他们的生活状况，他们向普罗布斯请求在罗马帝国境内居住，并对其宣誓效忠（*Vopiscus, in Probus. Zosimus, l. 1, c. 71.*）。普罗布斯在色雷斯给10万巴斯塔尼人分配了土地，而他们也从那时起对罗马帝国无比忠诚。但格皮迪亚人（Gepidi）、格罗通吉人（Grotunghi），或者叫特鲁通吉人（Trutunghi）以及汪达尔人不是这样的，他们有成千上万的人获得了在罗马行省定居的机会（以增加这些地方的人口），但他们一见普罗布斯忙于与篡位者作战（对此我不久就会讲到），就开始在罗马地区烧杀抢掠，造成了极为严重的破坏。普罗布斯不得不对这些暴徒使用武力，对他们进行镇压，以致这些人很少有人能活着回到家乡。然而，据佐西姆斯所述，定居在罗马领地的一部分法兰克人发起了一场叛乱，他们聚集了大批舰队，入侵了希腊，之后来到西西里，占领了叙拉古市（Siracusa），屠杀了那里的大批居民，但他们在阿非利加被击退，却很幸运地逃出直布罗陀海峡（Stretto di Gibilterra），安然无恙地返回了日耳曼。

虽然没有史料可以确定萨图尼努斯（Saturninus）叛乱的起始时间，但尤塞比乌斯（*Eusebius, in Chron.*）将此事放在了这一年来讲，沃皮斯库斯（*Vopiscus, in Probo.*）也是这么写的，因此，我也在这里讲一下这件事情。我们之前讲过在加里恩努斯统治时期有一位篡位者萨图尼努斯，所有古代历史学家们一致认为（*Zosimus, Aurelius Victor, in Epitome. Eutrop., in Brev.*），另一位同样叫萨图尼努斯的人在普罗布斯统治时期发起了叛乱。在一些勋章（*Goltzius et Mediob., in Numismat. Imper.*）上，有一人叫塞克斯图斯·尤利乌斯·萨图尼努斯（Sextus Iulius Saturninus），还有一人叫普布利乌斯·塞普罗尼乌斯·萨图尼努斯（Publius Sempronius Saturninus），这两个人都有着"奥古斯都"的封号，但无法判断哪个是属于普罗布斯统治时期的。根据蒂勒蒙特（*Tillemont, Mémoires des Empereurs.*）所述，似乎塞克斯图斯·尤利乌斯是这一年反叛的人。佐西姆斯称他出生于毛里塔尼亚，沃皮斯库斯说他来自高卢——一个非常动荡、很容易产生篡位者的国家。所以，奥勒里安努斯皇帝（*Vopiscus, in Saturn.*）任命他为东方边境的军队指挥官后，特别命令他永远不准踏入埃及，因为奥勒里安努斯皇帝深知高卢人的品性以及埃及人的不安与虚荣，他们总是对新事物非常贪婪。萨图尼努斯在各项军事职务与各种战役中表现出色，他夸耀说自己平定了高卢的动荡，将阿非利加从摩洛人手里解救出来，还恢复了西班牙的和平。总之，他被认为是奥勒里安努斯手下最优秀的将领。普罗布斯·奥古斯都也非常宠爱他、信任他。此外，萨图尼努斯开始在安提阿建造一座新的城市，或者叫"新安提阿"（*Euseb., in Chron.*）。但是，他违反禁令去了埃及，变化无常的亚历山大里亚人民突然间拥立他为奥古斯都。萨图尼努斯作为一个忠诚的人，不愿接受皇帝之位，于是逃离了那里，躲到巴勒斯坦，但是在巴勒斯坦，他的朋友们不断警告他，经历了这样一件事后仍自持为一个普通人有多么危险，最终他们劝说萨图尼努斯接受了皇位与"奥古斯都"的头衔。此外，据说（*Vopiscus, in Saturn.*）萨图尼努斯不愿走到这一步，在人民的欢呼声中，想到自己即将面对的危险，他的眼里流下了泪水，他对鼓励他的人讲出作为统治者的不幸，并且说他很清楚地认识到这一步最终一定会带他走向死亡。佐纳拉斯（*Zonaras, in Annalib.*）写道，普罗布斯皇帝对萨图尼努斯非常信任，以至于当第一个人带来萨图尼努斯反叛的消息时，他将那个人视为造谣者并进行了惩罚。他还给萨图尼努斯多次写信确保会赦免他，但是周围的人劝萨图尼努斯不要相信这样动听的言辞，萨图尼努斯听从了他们的话没有让步。与此同时，普罗布斯派了一支军队到那里，得知这一消息后许多其他军队抛弃了萨图尼努斯加入了普罗布斯的军队，萨图尼努斯在一座坚固的城堡里被捕，士兵们砍了他的头。由此，东方与埃及恢复了平静。

这一年还值得一提的是沃皮斯库斯（*Vopiscus, in Probus.*）讲述的普罗库卢斯（Proculus）与博诺苏斯（Bonosus）的叛乱，奥勒留斯·维克多（*Aurelius Victor, in Epitome.*）与欧特罗皮乌斯（*Eutrop., in Breviar.*）也提到过。提图斯·埃利乌斯·普罗库卢斯（Titus Aelius Proculus）（*Goltzius et Mediob., in Numismat. Imperat.*）出生于利古里亚海岸东段的阿尔本加（Albenga），他从他的长辈那里学会了偷盗，因此变得十分富有，以至于他在发动叛乱的时候能够将自己的2000名仆人组成一支军队。他投身于军队，成为各个军团的军官，做出了许多卓著的功绩。但他非常无耻好色。据说，在科隆的时候，他正在下棋，一名士兵或者滑稽演员开玩笑称他为奥古斯都，并拿来一件羊毛制的紫色长袍为他披上。普罗库卢斯担心此举会招致惩罚，他为此询问军队，军队都表示赞同，于是他就真的当上了奥古斯都皇帝。据信，他的妻子比其他任何人都支持他篡位，她是个刚强有力的女人，后来被称作"参孙"（Sansone，基督教《圣经》中的人物，以身强力大著称）。里昂人也鼓励普罗库卢斯篡夺皇位，他们因受到奥勒里安努斯皇帝的残忍对待而对其无比憎恨。据沃皮斯库斯（*Vopiscus, in Probus.*）所述，纳博讷高卢（Gallia Narbonese）、西班牙与不列颠都归属于普罗库卢斯。那一时期，阿勒曼尼人进军高卢，普罗库卢斯多次将其打败。但后来，普罗库卢斯被普罗布斯派去的军队打败了，普罗库卢斯一直逃到边境，向法兰克人请求救援，但是法兰克人背叛了他，将他杀死了。另外一位叛乱者博诺苏斯（*Idem, in Bonosus.*）的结局也是如此，他出生于西班牙，但是祖籍在不列颠，他的母亲来自高卢。除了是一名优秀的军官，他还是一个鼎鼎大名的酗酒者。他喝酒越多，越精神，奥勒里安努斯皇帝多次说："他不是为活着而生的，而是为喝酒而生的。"皇帝要从蛮族人的使者那里获取秘密时就会用到他，因为当所有人都喝醉时，他却不会。当他在莱茵河指挥军队的时候，因为他的士兵防守不力而使日耳曼人烧了罗马人的军舰，由于担心受罚，他自立为皇帝（*Vopiscus, in Probus.*）。似乎这件事发生在普罗库卢斯叛乱的时候，他们联合起来对抗普罗布斯的军队。沃皮斯库斯证实，普罗布斯为了制服这个篡位者进行了多场战斗，最后博诺苏斯在一个绞刑架上被处死，当时人们说："你们看那里悬着的不是一个人，而是一个大酒桶。"佐西姆斯（*Zosimus, lib. 1, cap. 66.*）与佐纳拉斯（*Zonaras, in Annalibus.*）提到不列颠的一个行政长官叛乱，但是没有写他的名字。普罗布斯得知此事后，向毛鲁斯·维克托里努斯（Maurus Victorinus）抱怨，因为正是在他的建议下，普罗布斯才任命此人担任不列颠的行政长官。于是，维克托里努斯前去不列颠找这个朋友，并设法将他杀死了。罗马还发生了几次角斗士的叛乱，许多罗马平民也加入其中，为此，普罗布斯不得不派一些军队到罗马镇压他们。最终，这些叛乱的人全部被制服。

年　份　公元281年　小纪纪年第十四年
　　　　欧提其安教皇第七年
　　　　普罗布斯皇帝第六年
执政官　马库斯·奥勒留斯·普罗布斯·奥古斯都（Marcus Aurelius Probus Augustus）第四次，提贝里亚努斯（Tiberianus）

奥维尼乌斯·帕特诺（Ovinius Paternus）是这一年的罗马总督（*Bucherius, de Cycl.*）。关于普罗布斯·奥古斯都以凯旋者之姿回到罗马的时间一直存在争议。但几乎可以确定是在这一年，而不是在其他年份，因为他已经那么多次战胜蛮族，恢复了整个罗马帝国的平静，如今他终于可以回来收获荣誉和掌声了（*Vopiscus, in Probus.*）。在他的这场凯旋仪式中，有被他击败过的蛮族人组成的各种队列。后来，他要在竞技场里举办一场壮观的野兽狩猎活动，为此他命人将整棵树连根运送到那里，形成一片森林。在竞技场里可以看到1000只鸵鸟和同样多的鹿、野猪、狍子与其他食草动物，他将这片地方留给人民狩猎。第二天，100只满身鬃毛的狮子被带到圆形剧场中，它们的咆哮声如雷声一般。最后这些狮子全都被杀了，但这一场景并没有给人们带来多大乐趣。同样地，还有200只豹子、100只母狮与300头熊被杀。另外还有300对角斗士的搏斗，普罗布斯还给人民发放了丰厚的礼物。在统治之初，普罗布斯就恢复了元老院的审判权和其他主要的司法权，就像过去一样，并且还让元老院任命行省总督，给他们选调特使、地方代理长官，以及辅佐各行省行政长官的副总督的权利，他还希望皇帝制定的法律先得到元老院的批准。如此多的权力回到了元老院手中，使元老院议员们感觉仿佛回到了奥古斯都大帝时期，普罗布斯因此获得了热烈的掌声与极高的赞誉。在这一年的和平时期，为了不让士兵们过于闲散，普罗布斯让他们从事各项劳务，让他们在高卢、潘诺尼亚与默西亚的山丘上种植葡萄，并允许所有人（*Aurelius Victor, in Epitome. Eutrop., in Breviario. Vopiscus, in Probus.*），特别是西班牙的人民拥有葡萄园。多米提安努斯皇帝之后，并不是所有人都能得到这项许可。背教者尤利安努斯（*Julianus, de Caesaribus.*）写道，普罗布斯在他统治的时间里重建或装饰了70座城市。据乔瓦尼·马拉拉（*Joannes Malala, in Chronogr.*）所述，普罗布斯为安提阿的博物馆与喷泉装饰了镶嵌性图案，还下令该市的国库每年缴纳赋税，以让该市的年轻人能免费接受文学教育。

年　份　公元282年　小纪纪年第十五年

欧提其安教皇第八年

普罗布斯皇帝第七年

卡鲁斯皇帝第一年

执政官　马库斯·奥勒留斯·普罗布斯·奥古斯都（Marcus Aurelius Probus Augustus）第五次，维克托里努斯（Victorinus）

这一年，罗马的总督是庞波尼乌斯·维克托里努斯（Pomponius Victorinus），或者叫维托里亚努斯（Vittorianus）（Bucher., in Cycl.），一些人认为他也是这一年的执政官。

波斯人又对罗马帝国进行了怎样的骚扰，我们并不知道，只知道普罗布斯皇帝准备向他们发动战争。为此，普罗布斯率领军队进军潘诺尼亚（也就是伊利里亚）的锡尔米姆，打算从那里进入东方，但这时，那些与他一起打败众多敌人的士兵突然叛变，将他杀死（Vopiscus, in Probus. Julianus, de Caesaribus.）。他们对普罗布斯心生不满的原因是他总是让他们从事一项又一项的劳作，从来没有休息与放松的时候，普罗布斯说："士兵不应该不劳而食。"有一天他还不经意地说出这样的话："真希望整个国家能一直处于这种安宁的状态，这样就不再需要士兵了。"但这不太像一个睿智的皇帝会说出的话。最令士兵们感到恼火的是他为了扩大他的家乡锡尔米姆的领土并使其更加富有，下令成千上万的士兵开凿沟渠，并将那里的一个巨大沼泽抽干。因此，有一天，士兵们愤怒地向他发起突袭（Aurelius Victor, in Epitome. Eutrop., in Breviario. Eusebius, in Chronico.），即使他逃到了一座铁塔上，也没有幸免于难，最终被惨杀。据信，普罗布斯死于这一年8月，正值他统治的第七年，享年50岁（Johannes Malala, in Chronogr.）。普罗布斯是位值得活得更久的皇帝，因为他不光在胆量上不逊于任何前任皇帝，并且在仁慈上也超过了许多人。罗马帝国处于衰败的局势时，他使其恢复了过去的强盛，他心里总是想着公众的利益，而不是个人利益。谁也不知道他是否有子嗣，据说他有妻子，但是无法确定她的名字。因此很难理解沃皮斯库斯（Vopiscus, in Probus.）说普罗布斯的后代从罗马离开，到加尔达湖与科莫湖附近的维罗纳居住。后来，士兵们为普罗布斯建造了一座宏伟的陵墓，其纪念碑上写着他是位真正正直的皇帝，战胜了许多蛮族与篡位者。当普罗布斯的死讯传到罗马时，元老院与罗马人民都心痛不已，不仅仅是因为失去了一位这么杰出的皇帝，还因为担心普罗布斯的死会带来非常严重的影响。事实上的确如此。为了纪念普罗布斯，罗马人将他神化，授予他所有的荣誉，为他建造神庙，并每年举办纪念他的竞技比赛。

普罗布斯手下的禁军总督是马库斯·奥勒留斯·卡鲁斯（Marcus Aurelius Carus），许多人怀疑他参与了谋杀普罗布斯的事。沃皮斯库斯（*Idem, in Carus.*）为卡鲁斯辩护，声称他品行正直，后来他还严惩了那些杀害这位杰出皇帝的人。但是沃皮斯库斯也不清楚卡鲁斯真正的家乡到底在哪儿，有人认为他出生于罗马，有人认为在伊利里亚，还有人认为在米兰。维克多（*Aurelius Victor, in Epitome.*）、欧特罗皮乌斯（*Eutrop., in Breviario.*）与尤塞比乌斯（*Euseb., in Chronic.*）称其出生于高卢的纳博讷（Narbona）。尽管如此，沃皮斯库斯认为卡鲁斯的父母都来自罗马，他通过各项军事职务一直升到了禁军总督的高位，他不仅受到普罗布斯的重用，而且受到整个军队的爱戴与尊重。但根据背教者尤利安努斯（*Julianus, de Caesaribus.*）所述，卡鲁斯其实生性忧郁严肃，他有两个儿子，长子叫作马库斯·奥勒留斯·卡里努斯（Marcus Aurelius Carinus）——他无耻的一生与父亲完全不同，不久后我们就会讲到；另一个儿子据说叫作马库斯·奥勒留斯·努梅里亚努斯（Marcus Aurelius Numerianus）——他既聪明又非常和蔼。在我发表的两则碑文中（*Thesaurus Novus Inscription., pag. 256, num. 7, et 461, num. 5.*），他的名字为马库斯·努美里乌斯·努梅里亚努斯（Marcus Numerius Numerianus），因此，还需要考证一下他的一些勋章（*Mediobarb., in Numismat. Imperat.*）是否真实，或者是这两则碑文有误。普罗布斯死后，军队中的大部分人同意立卡鲁斯为皇帝，认为他比其他任何人都值得坐上这一至高之位。这个消息传到了罗马，元老院与罗马人民都为之悲痛，不是因为他们不知道卡鲁斯是一个正直之人（尽管远不如普罗布斯）（*Vopiscus, in Probus.*），而是因为所有人都畏惧他的儿子卡里努斯——他因无耻的恶习而声名狼藉。而卡鲁斯也很快就宣布了他的两个儿子，即卡里努斯与努梅里亚努斯为"恺撒"。后来，卡鲁斯皇帝决定出征东方以对抗波斯人，但因为小儿子年龄太小，似乎不适合管理人民，于是卡鲁斯派大儿子卡里努斯到高卢，授予其管理该行省以及意大利、伊利里亚、西班牙与不列颠行省的权力，就好像他是奥古斯都一样。但是卡鲁斯越来越后悔没有派努梅里亚努斯到那里去，因为他很清楚卡里努斯的流氓行为，甚至据信，如果他活得再久一点的话，就会撤去卡里努斯的"恺撒"头衔，以免让一个品行败坏的人继任他的皇位。不过，他派卡里努斯去高卢的同时，也安排了几个正直睿智的议员在他身边，但由于卡里努斯头脑笨拙、品行恶劣，这一补救办法并没有什么用处。

年　份　　公元283年　小纪纪年第一年
　　　　　欧提其安教皇第九年
　　　　　加犹教皇第一年
　　　　　卡鲁斯皇帝第二年
　　　　　卡里努斯皇帝第一年
　　　　　努梅里亚努斯皇帝第一年
执政官　　马库斯·奥勒留斯·卡鲁斯·奥古斯都（Marcus Aurelius Carus Augustus）
　　　　　与马库斯·奥勒留斯·卡里努斯·恺撒（Marcus Aurelius Carinus Caesar）

在诺丽斯与大马士革的古罗马历书中，卡鲁斯·奥古斯都被称为二任执政官。但是因为其他历书与各种法令中没有提及他第二次任执政官，所以这里我也不敢这么称呼他。然而，潘维尼乌斯（*Panvin., in Fastis Consul.*）发现一则碑文，上面称卡鲁斯为二任执政官（CONSVL II），他还引用沃皮斯库斯的作品补充说，在这一年7月，努梅里亚努斯·恺撒与马特罗尼安努斯（Matronianus）接替了他们的执政官之位。但我在沃皮斯库斯的作品中没有找到相关记述。在《亚历山大编年史》中（*Chron. Paschale, seu Alexandr.*），这一年除了卡鲁斯与卡里努斯，戴克里先（Diocletianus）与巴苏斯（Bassus）也被称为执政官。似乎在我发表的一则碑文中（*Thesaurus Novus Inscript., pag. 368, n. 1.*）也说到这两位补任执政官。事实上，后面我们还会看到戴克里先第二次任执政官，这表明他在之前担任过执政官。

这一年的罗马总督是提图里乌斯·罗布斯图斯或罗布鲁斯（Titurius Robustus Roburrus）。在一些法令中，卡里努斯与努梅里亚努斯具有奥古斯都皇帝的头衔。佐纳拉斯（Zonaras, in Annalib.）证实了此事，但无法确定是在哪个月份他们的父亲宣布他们为帝国共治者的。普罗布斯的英勇智慧令蛮族人恐惧，也挫败了萨尔玛提亚人的骄傲。但自从得知普罗布斯被杀的消息后，他们就再次准备入侵伊利里亚与色雷斯，希望取得更好的成果。在进军途中，他们遇到了携军而来的卡鲁斯·奥古斯都，卡鲁斯杀死了1.6万名敌军，俘虏了2万人，使他们见识了罗马军队的英勇（Vopiscus, in Carus.）。就这样，卡鲁斯使伊利里亚恢复了平静。卡鲁斯本可以做出更大的战绩，但这时波斯人的入侵令他不得不返回东方，继续普罗布斯计划的战争，这是他的军队所希望的，因为他们想在这里获得更多战利品。没有人知道卡鲁斯是不是在出征东方之前先返回了罗马。沃皮斯库斯（Vopiscus, in Carinus.）提到一点线索，他写道，戴克里先听到大家称赞卡鲁斯在罗马举办的戏剧表演和竞技比赛时说道："卡鲁斯这是在他的帝国里被嘲笑了。"但是卡鲁斯即使不在罗马也可以举办那些表演。可以确定的是，卡鲁斯带领他的军队来到美索不达米亚，由于波斯人已经撤退，他毫不费力地收复了整个美索不达米亚。然后他从那里进入波斯，一直到波斯的首都塞斯蒂芬（Ctesifonte）。欧特罗皮乌斯（Eutrop., in Breviar.）与佐纳拉斯（Zonaras, in Annalib.）写道，卡鲁斯占领了该市以及塞留西亚（Seleucia），因为这一战绩，他被授予"帕提亚征服者"的称号。此时，波斯人通过底格里斯河的一条河道对卡鲁斯发起了袭击，卡鲁斯带着他的军队撤退到了一个安全的地方。安全指的是远离波斯敌人，但没有远离内部的危险，最终卡鲁斯在此逝世。即使在古代，关于他是如何死去的也一直存在争议（Vopiscus. Aurel. Victor. Eutropius. Eusebius. Zonaras.），但共同的说法是，他在底格里斯河附近病倒，有一天暴风雨来袭，一道闪电击中了他，使他窒息而死，同时他的帐篷也着火了。有一些人说他的仆人不顾一切想置他于死地，于是放火点着了他的帐篷。不管真实的情况如何，卡鲁斯在这个危急关头因病去世了。这件事是否是有人蓄意而为，只有上帝知道。卡鲁斯的死讯传到了罗马总督那里，根据罗马异教徒的习俗，他们将卡鲁斯神化（Mediobarbus, in Numism. Imperator.）。在《乔瓦尼·马拉拉编年史》（Cronografia di Giovanni

Malala）的众多流言传说中还记述了这样一个故事：卡鲁斯将东方的一个行省命名为卡利亚（Caria），还将美索不达米亚的一座城市命名为卡拉斯（Caras），在他返回罗马的途中，他与匈奴人（Unni）进行了交战，最后在战争中被杀死，当时的执政官是马克西穆斯（Maximus）和雅努阿里乌斯（Ianuarius），也就是公元288年。据认为，卡鲁斯死于这一年年底，因此，他的儿子卡里努斯与努梅里亚努斯成了皇帝。毫无疑问的是，努梅里亚努斯当时随同卡鲁斯一起与波斯人作战，这时卡里努斯似乎仍然在高卢。

这一年，欧提其安（Eutychianus）教皇逝世，他的继任者为加犹（Gaius）教皇。

年　份　公元284年　小纪纪年第二年
　　　　加犹教皇第二年
　　　　卡里努斯皇帝第二年
　　　　努梅里亚努斯皇帝第二年
　　　　戴克里先皇帝第一年
执政官　马库斯·奥勒留斯·卡里努斯·奥古斯都（Marcus Aurelius Carinus Augustus）第二次，马库斯·奥勒留斯·努梅里亚努斯·奥古斯都（Marcus Aurelius Numerianus Augustus）

潘维尼乌斯（*Panvin., in Fastis Consul.*）与雷兰多（*Reland., in Fastis.*）猜想努梅里亚努斯·奥古斯都在上一年任补任执政官，因此在这一年也是第二次任执政官，但这一说法并没有什么依据。不过可以肯定的是，所有的历书、法令与其他古代史料都提到了卡里努斯第二次任执政官，却没有提及努梅里亚努斯。此外，在勋章（*Mediobarbus, in Numismat. Imp.*）中，努梅里亚努斯仅仅被称作执政官，而不是二任执政官。因此，可以认为潘维尼乌斯引用的那则写有"二任执政官"的碑文有可能是伪造的。

盖乌斯·凯奥尼乌斯·瓦鲁斯（Gaius Ceionius Varus）是这一年与下一年的罗

马总督。卡里努斯与努梅里亚努斯两兄弟在罗马与各个行省被公认为皇帝，这一年的一些法令也标有他们的名字，但是仍然无法确定他们是否来过罗马。据认为他们来过罗马，因为沃皮斯库斯（*Vopiscus, in Carinus.*）称他见过相关的绘画，画上绘有罗马人用奏乐与表演为他们举办庆典的场面。然而，似乎卡里努斯并没有那么快从高卢返回意大利，而努梅里亚努斯（*Vopiscus, in Numerianus.*）则没有时间返回。因为据辛西洛（Sincello，*Syncell., Histor.*）所述，在努梅里亚努斯返回意大利的途中，他在色雷斯的赫拉克利亚（Eraclea）被杀。努梅里亚努斯曾娶禁军总督阿利乌斯·阿普尔（Arrius Aper）的一个女儿为妻，阿利乌斯·阿普尔是一个对皇位有很强觊觎之心的人，凭借禁军总督的权威与作为皇帝岳父的特殊地位，他认为通过牺牲年轻的努梅里亚努斯达到他的目的会很容易。他曾经鼓动努梅里亚努斯到波斯，希望努梅里亚努斯在战争中死于波斯人之手。但他的计划没有得逞。不过，努梅里亚努斯却生了眼疾（*Victor, de Caesaribus.*），为了不让人知晓这一点，他只能乘坐马车与军队从波斯返回。阿普尔趁这个机会杀了他的皇帝女婿，然后用马车拉了数天他的尸体，就好像他还活着一样，以便设法登上皇位。很难理解一个死去的皇帝怎么会被藏这么久而无人发现，并且还不是在他的宫殿里，而是在一支军队中。终于，尸体的恶臭让人们发现了这件事，所有人都心知肚明这是禁军总督阿普尔所为。于是，军队召开了一次全体大会，开始商议选举另一位贤明的皇帝，希望他能够公正地为努梅里亚努斯的死复仇。大多数人投票支持戴克里先，他是当时的骑兵将领，我们会在下一年讲到他。就这样，戴克里先的统治时代开始了，这一时代也被称为"殉道时代"，在基督教历史上十分著名。戴克里先登上了皇位，成为奥古斯都，士兵们向他请求查出谁是杀害努梅里亚努斯的凶手，他先发誓自己与努梅里亚努斯的死无关，然后拔出短剑，将其刺入了阿普尔的胸口，说："他就是杀死努梅里亚努斯的人。"乔瓦尼·马拉拉（*Johannes Malala, Chronogr.*）说努梅里亚努斯于父亲死后在与波斯人的战争中取得了一些胜利，这有可能是真的，但他还写到努梅里亚努斯在卡拉斯市被波斯人围攻，波斯人将其抓捕，杀死并剥皮，然后保留着他的皮作为一个战利品，以此彰显他们的荣耀、罗马人的耻辱。努梅里亚努斯遭受了瓦勒良皇帝遭受过的不幸。佐纳拉斯（*Zonaras, in Annalibus.*）也讲到了这一传说，但又提到了另一个更有根据的说法，即努梅里亚努斯是被阿普尔杀死的。《亚历山大编年史》(*Chron. Alexandrin.*)中出现了一个错误，即写波斯人抓捕的是卡里努斯，而不是努梅里亚努斯。根据这一年10月15日戴克里先的一则法令（*L. ut nemo invit., Ibi. 3 Cod.*）推断，努梅里亚努斯的死与戴克里先的上位发生于这一年9月，此时卡里努斯皇帝仍然在世当权。于是，帝国内出现两位奥古斯都皇帝，一场内战不可避免地爆发了。更糟糕的是，还有第三人参与这场竞争，即尤利安努斯·瓦伦斯（Iulianus Valens）(*Victor, de Caesaribus.*)，他是威尼斯的监察官，一听到卡鲁斯·奥古斯都死去的消息，他就篡夺了皇位，自立为皇帝。就这样，3个皇帝为争夺罗马帝国的统治权而相互竞争。

在罗马，人们为努梅里亚努斯的死而感到悲痛，他的美好品德令他广受爱戴，他还特别擅长演讲（*Vopiscus, in Numerianus.*），据说他发表过一些慷慨激昂的讲话。此外，他的诗歌也非常出色，甚至超过了他同时代的所有诗人。在一枚勋章（*Mediobarb., in Numismat. Imperat.*）上写着努梅里亚努斯被罗马人神化，在他死后，罗马人继续承认他的哥哥卡里努斯·奥古斯都为皇帝，没有提及戴克里先与尤利安努斯·瓦伦斯，不过这似乎是毫无疑问的。

年　　份　　公元285年　小纪纪年第三年
　　　　　　加犹教皇第三年
　　　　　　卡里努斯皇帝第三年
　　　　　　戴克里先皇帝第二年
执政官　　马库斯·奥勒留斯·卡里努斯·奥古斯都（Marcus Aurelius Carinus Augustus）第三次，阿里斯托布鲁斯（Aristobolus）；盖乌斯·奥勒留斯·瓦莱利乌斯·戴克里先·奥古斯都（Gaius Aurelius Valerius Diocletianus Augustus）第二次

虽然这一年的法令与古代历书介绍这一年的执政官为戴克里先（二任执政官）与阿里斯托布鲁斯，但在我看来，卡里努斯·奥古斯都（三任执政官）应该在这一

年1月1日与阿里斯托布鲁斯共任执政官。诺丽斯主教（*Noris, Dissertat. de Num. Imper. Dioclet.*）与具有权威性的维克多都写阿里斯托布鲁斯是卡里努斯的禁军总督，他效忠于卡里努斯直到这一年卡里努斯死亡。那么，怎么可能在这一年年初阿里斯托布鲁斯与卡里努斯的敌人共任执政官呢？因此，写有"执政官戴克里先·奥古斯都第二次与阿里斯托布鲁斯（Diocletianus Ⅱ Augustus, et Aristobulus Coss.）"的法令（*L. 2, C. si quis aliquem.*）要么是弄错了月份，要么是戴克里先自己坐拥皇位后更改了时间。那么，似乎伊达修斯（*Idacius, in Fastis.*）在历书中写的内容是可信的，即卡里努斯在西方与阿里斯托布鲁斯共任执政官，戴克里先在东方与另一人共任执政官。后来，戴克里先暗中拉拢阿里斯托布鲁斯与卡里努斯的其他官员背叛他们的皇帝，卡里努斯因此垮台，而戴克里先为了奖励阿里斯托布鲁斯，就让他继续与他共任执政官，同时下令将之前公文中出现的卡里努斯的名字全部抹去，只写他与阿里斯托布鲁斯的名字。随着卡里努斯的垮台，戴克里先大肆地侮辱他，斥责他无边的恶习与放荡的生活方式。沃皮斯库斯（*Vopiscus, in Carinus.*）将卡里努斯描述为只沉迷于享乐（甚至是最不道德的）与奢侈，头脑简单。他前后娶了9位妻子，然后又将她们抛弃，而且大多是在她们怀孕的时候；他憎恨并驱逐了他身边那些品行正直的人，却任用一些品行不端的人，将主要职位授予无耻之徒；他处死了禁军总督，让从前为他寻找妓女的皮条客马特罗尼安努斯（Matronianus）接任；他还让跟他具有同样品性的一个文书人员担任执政官；他的宫殿里全是滑稽小丑、妓女、歌者与皮条客；为了省去签写信件与政令的麻烦，他让一个无耻的共犯帮助他。欧特罗皮乌斯（*Eutrop., in Breviar.*）谈到了卡里努斯的各种残忍行为，除了这些恶习，他还十分傲慢，这从他写给元老院的信件中可以看出来。在成为皇帝之前，他对执政官毫不尊重。此外，他在宴会上与浴场中挥霍无度。总之，这就是卡里努斯邪恶的本性与放荡的生活，卡鲁斯皇帝不止一次说过："他不是我的儿子。"据说，他的父亲曾经想过除掉他，不想为自己留下这样一个可耻的继位者。很有可能卡里努斯身居高卢的时候得知了他的弟弟努梅里亚努斯的死讯，以及戴克里先在东方、尤利安努斯·瓦伦斯在伊利里亚称帝的消息，于是（*Aurelius Victor, in Epitome.*），他聚集了尽可能多的兵力，随后出征要击败这两个竞争者。他离开意大利，来到伊利里亚，向瓦伦斯开战，最终他幸运地赢得了战争，杀死了瓦伦斯。之后他继续行军至默西亚，在这里迎击戴克里先与他的军队。双方进行了多次战斗，最终在维米纳基西斯（Viminaciensis）与穆尔戈（Murgo）之间迎来了一场决战，卡里努斯成功打败了敌军，并乘胜追击戴克里先。奥勒留斯·维克多证实（Idem, ibidem.），卡里努斯的许多士兵都很憎恶这样一个放荡无节制的皇帝，因为他们的妻子都没能幸免于他的好色淫荡，因此他们想到，如果卡里努斯赢得了战争，成为帝国唯一的主人，那么他肯定会更加横行霸道。此外，他们也有可能受到了戴克里先的暗中鼓动，于是戴克里先假装带兵逃跑，而卡里努斯的士兵则在追捕的时候将卡里努斯击倒在地，将其杀死。就这样，在仅仅两年多的时间里，卡鲁斯皇帝与他的儿子们先后死去，戴克里先·奥古斯都成了唯一的皇帝。作为一个精明谨慎的人，他宽恕了所有人，特别是执政官阿里斯托布鲁斯，并保留了他所有的荣誉，还将卡里努斯的所有军队留为己用。看到这场内战最终没有以流放、处死与没收财产而结束（这在异教罗马很难得，几乎是史无前例的事），所有人都对戴克里先称赞有加。佐纳拉斯（Zonaras, in Annalibus.）写道，之后戴克里先在这一年来到罗马，元老院与罗马人民都对他表示服从。诺丽斯主教（Noris, de Dioclet. Num.）认为，戴克里先在潘诺尼亚度过了冬天，打算出征对付波斯人，因为罗马人与波斯人至今仍没有达成和平。

年　份　公元286年　小纪纪年第四年
　　　　加犹教皇第四年
　　　　戴克里先皇帝第三年
　　　　马克西米安努斯皇帝第一年
执政官　马库斯·尤尼乌斯·马克西穆斯（Marcus Iunius Maximus）第二次，维提乌斯·阿奎利努斯（Vettius Aquilinus）

戴克里先现在成为罗马帝国唯一的皇帝，他来自（Eutrop., in Brev. Lactant., de Mort. Persec.）达尔马提亚的城市戴克里亚（Dioclea），他原先叫戴克里斯（Diocles），后来改名为戴克里先（Diocletianus）。维克多（Aurel. Victor, in Epit. Zonaras, in Annal.）与佐纳拉斯称戴克里先出身极为卑微，也有说法认为他曾经是一名自由奴隶，或者是元老院议员阿努里努斯（Anulinus）手下的一名自由奴隶的儿子。然而，大多数人认为他的父亲是一名抄写员或文员。他通常被叫作盖乌斯·瓦莱利乌斯·戴克里先（Gaius Valerius Diocletianus），没有人知道他为什么叫这个名字。他的名字还被写为盖乌斯·奥勒留斯·瓦莱利乌斯·戴克里先（Gaius Aurelius Valerius Diocletianus），或许是为了显示他是马库斯·奥勒留斯·卡鲁斯与他的儿子努梅里亚努斯的继任者。通过军事道路，他一直晋升为默西亚的军队指挥官。努梅里亚努斯统治时期，他担任骑军将领。传说在高卢的通格雷斯（Tungres），曾经有一个祭司的妻子预言他将来会成为皇帝（Vopiscus, in Numerianus.），当他与那妇人算账时，那妇人说戴克里先太小气了，戴克里先开玩笑说："当我成为皇帝后，我会变得慷慨的。"那妇人再次说道："你不要取笑我，当你杀死一只阿普尔（野猪）时，你就会成为皇帝。"从那以后，戴克里先就经常猎杀野猪，但从来没见预言实现。后来当他杀死禁军总督阿普尔时，他惊呼："现在我杀死了这只决定性的野猪。"这件事让人感到很离奇，有可能是某个人在戴克里先成为皇帝后编造出来的。如我之前提到的，戴克里先的声望让他在公元283年担任补任执政官（Aurelius Victor, in Epitome. Lactantius, de Mort. Persecut. Eutrop., in Breviar.）。无可否认，他身上有着令人艳羡的品质，特别是他的警觉与活跃的思维，甚至无人能与他相比。他能够轻而易举地深入人的内心，窥见别人的意图而不被欺骗。在面临危险的时候，他能很快找到应对计策与逃脱方法，并能够预见所有，在任何需要的时机进行伪装与隐藏。然而，他的性情却是非常冲动与暴躁的，但他已习惯了控制自己的脾气，每当做出什么残忍之举时，他都会想办法进行掩饰，并会设法将公众的憎恨转移到议员和行政官身上。虽然他非常节俭与吝啬，甚至会为了钱做一些不公正的事情，但他十分热衷华丽，特别是对于衣服，他会在衣服上缀满黄金与宝石，这超过了最虚荣的前任皇帝。但这只是他虚荣的一小部分，随着时间的推移，他开始效仿卡里古拉和多米提安努斯，让人尊奉他为"上帝"。维克多辩解说他并没有因此而放弃成为人民的国父。后面我们会讲到他的军事战绩。拉克坦提乌斯说他天生胆小，面对危险会害怕得发抖。尽管经历了许多变故，戴克里先统治时间之久足以让人相信他是一位很有头脑、有能力管理一个广阔帝国的人，并且很懂得管制士兵与将军（过去他们频繁发动叛乱以致造成悲剧）。

戴克里先的妻子叫普里斯卡（Prisca），但他们没有儿子。于是，戴克里先想找个人帮助他一起承担统治帝国的重任，为此，他挑选了一个人，这个人就是马克西米安努斯（Maximianus），在勋章（*Mediobarb., in Numismat. Imperat.*）与碑文中叫马库斯·奥勒留斯·瓦莱利乌斯·马克西米安努斯（Marcus Aurelius Valerius Maximianus）。这个名字来源于他的恩主戴克里先，就好像他是戴克里先收养的一样。同时，在史料中，戴克里先具有"朱庇乌斯"（Ioppius）的称号，马克西米安努斯具有"赫拉克利乌斯"（Herculius）的称号，就像传说中的那样——朱庇特（Iuppiter）重生，赫拉克勒斯（Hercules）为他做了许多美好的事情。据信，戴克里先大概出生于公元255年，马克西米安努斯大概出生于公元250年。马克西米安努斯的家乡是潘诺尼亚行省锡尔米姆市的一个小城镇，他的父母靠给别人做临时工挣钱，但从军使他从卑微的身份得以晋升，担任各种军事职务，最终成为至高无上的皇帝（*Aurelius Victor. Lactantius. Eutropius.*），后来，他在那里建了一座宫殿。他一直是戴克里先的密友，知道戴克里先所有的秘密。在奥勒里安努斯与普罗布斯统治时期，马克西米安努斯多次在多瑙河、幼发拉底河、莱茵河（*Mamertinus, in Panegyrico.*）的战争中表现英勇，取得了优良战绩。戴克里先觉得自己生性胆小，需要一个有胆识的人辅佐他，于是选朋友马克西米安努斯作为他的得力助手，后来又作为帝国共治者，尽管他们之间没有任何亲缘关系。起初，上一年，戴克里先封马克西米安努斯为恺撒，并开始委托给他帝国最重要的任务以稳固他的地位。自从卡里努斯离开高卢后，也就是自从传来卡里努斯的死讯后，高卢两名暴徒首领掀起了叛乱，即卢基乌斯·埃利亚努斯（Lucius Aelianus）与格奈乌斯·萨尔维乌斯·阿曼杜斯（Gnaeus Salvius Amandus）。在两枚勋章（*Goltzius et Mediobarbus, in Numismat. Imperat.*）中，他们还具有"奥古斯都"的头衔，但这两枚勋章不知是不是真的，因为埃利亚努斯在蒂勒蒙特（*Tillemont, Mémoires des Empereurs.*）的作品中被称作奥鲁斯·庞波尼乌斯（Aulus Pomponius），有可能是那些伪造者为了满足古董爱好者而伪造的勋章。这两个人带领众多的农民与小偷（被称为巴高迪人，Bagaudi）入侵并掠夺了高卢。为了对付这些人，戴克里先立马派去了马克西米安努斯（*In Panegyr. Max. et Const. Aurel. Victor. Eutropius.*）与多支军队，经过几场战斗，马克西米安努斯驱逐了那些恶棍，恢复了高卢的平静。对于马克西米安努斯的这一战绩是发生在上一年还是这一年或者下一年，学者们一直有争议。或许读者也不愿看我参与这一争议，特别是这件事的确很难判断。不过，学者们一致认为可以确定的是，身在尼科米底亚的戴克里先越来越认识到他这位出色的老朋友马克西米安努斯可以委以重任，于是根据伊达修斯的历书（*Idacius, in Fastis.*），他在这一年4月1日宣布马克西米安努斯为奥古斯都和帝国共治者。令人惊叹的是这两位奥古斯都皇帝并没有血缘关系，并且性情截然不同，但从那时开始，两个人就紧密联系在一起，像两个好兄弟一样统治着国家。马克西米安努斯保留着从出生时就带有的粗野，在外表与举止上也是这样（*Aurelius Victor, ibidem. Eutrop., in Breviar. Lactantius, de Mortib. Persecutor.*）。马克西米安努斯生性粗鲁暴躁，缺乏文明，做计划时也缺乏谨慎；戴克里先却与之相反，他机智审慎，待人和蔼可亲（*Vopiscus, in Aurelianus.*），有时也会抱怨马克西米安努斯的生硬无情。但马克西米安努斯懂得利用他的凶猛与野性达成他的意愿，一旦涉及严峻、为人所憎的决定，他就会把这项重任交与戴克里先，而后又会完全服从戴克里先。这就是为什么那些只看到表象的人说，戴克里先是为了创造一个黄金世纪而生，而马克西米安努斯是为了创造一个钢铁世纪而生。此外，我们从拉克坦提乌斯（*Lactantius, de Mortib. Persecutor., cap. 8.*）那里可知，马克西米安努斯不像戴克里先那样吝啬，他非常慷慨，但一旦需要钱的时候，他也会给一些富有的元老院议员施加一些假的罪名，将其处死以霸占他们的财产。拉克坦提乌斯还谈到马克西米安努斯那无法满足的好色之欲，他到处强暴那些富人的女儿。

马梅尔提努斯（*Mamertinus, in Panegyr. Maximiani.*）的一段话似乎表明巴高迪人被击败后不久，日耳曼民族勃艮第人（Borgognoni）、阿拉曼尼人（Alamanni）、凯博尼人（Caiboni）与埃鲁利人（Eruli）就袭击了高卢。马克西米安努斯击败了他们，几乎所有人都死在了罗马人的剑下，没有人能活着将战败的消息带回他们的国家。有一则这一年9月17日之前的碑文（*Pagius, in Critic. Baron. ad hunc annum.*），上面写着戴克里先有着"日耳曼征服者"与"不列颠征服者"的称号，据信这些来源于上面提到的胜利，以及他的将领在不列颠取得的胜利。

年　份　公元287年　小纪纪年第五年

加犹教皇第五年

戴克里先皇帝第四年

马克西米安努斯皇帝第二年

执政官　盖乌斯·奥勒留斯·瓦莱利乌斯·戴克里先（Gaius Aurelius Valerius Diocletianus）第三次，马库斯·奥勒留斯·瓦莱利乌斯·马克西米安努斯（Marcus Aurelius Valerius Maximianus）

这一年的罗马总督（*Bucherius, de Cycl.*）是曾任执政官的尤尼乌斯·马克西穆斯（Iunius Maximus）。诺丽斯主教（*Noris, de Num. Dioclet.*）提及这一年的一枚纪念章，上面描绘着戴克里先与马克西米安努斯乘坐凯旋战车的情景。这表明他们在庆祝某些胜利，或者这是元老院为他们举办的凯旋仪式。据信，这是为了庆祝上一年马克西米安努斯在与日耳曼人的战争中取得的胜利，或者如我下面要讲的，是为了庆祝战胜波斯人，或者法兰克人和撒克逊人（*Aurelius Victor, in Epitome. Eutrop., in Breviar.*）——他们通过海路入侵了高卢。当然，马梅尔提努斯（*Mamertinus, in Panegyr. Maximiani.*）为了赞颂马克西米安努斯写道（很可能带有夸张与奉承的色彩），高卢人与日耳曼人进行了无数次战争，日耳曼人还在这一年第一天抵达特雷维里城墙。马克西米安努斯当时正在那里过冬，并庆祝他担任执政官，得知日耳曼人入侵后，他拿起武器，向他们进军，最终击溃了他们。春天到来，马克西米安努斯跨过莱茵河，在日耳曼地区对蛮族人发起了战争，摧毁了他们的国家。而刚刚提到的法兰克人与撒克逊人已在上一年通过海路入侵高卢，马克西米安努斯立即准备了一支舰队来对抗蛮族人的舰队，他将舰队交给卡劳修斯（Carausius）指挥。卡劳修斯出身卑微，属于菲安德拉（Fiandra）或布拉班特（Brabante）的梅纳皮亚人（Menapii）（*Aurelius Victor, in Epitome. Eutrop., in Breviar.*），他声望很高，特别是在指挥舰队和进行海战方面。似乎从马梅尔提努斯的赞美词中可以看出卡劳修斯击败了海上的敌人。但是渐渐地，人们发现卡劳修斯热衷于持续战争，而不是结束战争，他放任法兰克人与撒克逊人对罗马地区进行劫掠，然后将他们的战利品夺回来，却没有想过将其归还给原来的主人。马克西米安努斯像平常一样严厉，下令要将卡劳修斯处死。卡劳修斯得知了这个命令后，将所有舰队引到不列颠，并拉拢了驻守在不列颠岛的罗马军队，然后自立为奥古斯都。诺丽斯与尤塞比乌斯（*Eusebius, in Chron.*）认为这件事发生在这一年，巴基神甫（*Pagius, Crit. Baron.*）认为在上一年。卡劳修斯随后着手准备维持自己的地位，他建造了新的军舰，招募新兵，并拉拢大量蛮族人为自己所用，还教授蛮族人海战战术。

在诺丽斯发表的纪念章中可以看到4头大象拉着凯旋战车的情景，这大概指的是戴克里先在地中海东部沿岸诸国对抗波斯人取得的胜利。因为无法忍受波斯国王纳尔塞斯或纳尔斯（Narses, o Narse）[其他人说是巴赫拉姆二世（Bahram II）]在卡鲁斯·奥古斯都死后占领美索不达米亚（*Mamertinus, in Panegyr. Maximiani, c. 7.*），于是戴克里先向波斯进军。波斯军队似乎还深入了索里亚，威胁到首都安提阿。马梅尔提努斯清楚地写道，出于恐惧，或出于罗马军队的逼迫，波斯人不得不撤出美索不达米亚，退到以底格里斯河为边界的地方。很有可能是在这个时候，波斯国王给戴克里先送去了一些丰厚的礼物，希望他们之间能达成和平。当然，根据历史可知，罗马人与波斯人很多年来都存在分歧，不过戴克里先似乎同意了波斯国王的议和请求，不仅收复了东方行省与城市，而且恢复了那里的平静。但是很难明确这两位皇帝各种事迹发生的准确时间，当时他们的歌颂者虽然提及这些事迹，但是并没有标明时间。因此，如蒂勒蒙特（*Tillemont, Mémoires des Empereurs.*）所认为的那样，马克西米安努斯在莱茵河对岸向日耳曼人发动战争，大肆破坏他们的国家，以及波斯人与戴克里先建立友谊，并给皇帝送去礼物这些事有可能发生在下一年。

年　份　公元288年　小纪纪年第六年

加犹教皇第六年

戴克里先皇帝第五年

马克西米安努斯皇帝第三年

执政官　马库斯·奥勒留斯·瓦莱利乌斯·马克西米安努斯·奥古斯都（Marcus Aurelius Valerius Maximianus Augustus）第二次，庞波尼乌斯·亚努阿里乌斯（Pomponius Januarius）

根据库斯皮尼亚努斯（Cuspinianus）和布赫里乌斯（Bucherius）出版的年表，这一年的罗马总督是庞波尼乌斯·亚努阿里乌斯，潘维尼乌斯（*Panvin., in Fastis Consul.*）与其他人认为他同时也担任执政官的职务。在这一时期，似乎同时兼任罗马总督与执政官是可能的，因此我将这位执政官的名字写为庞波尼乌斯。此外，根据阿米阿努斯（*Ammianus, lib. 23.*）的一段作品与其他一两位作家的作品，潘维尼乌斯认为这一年任执政官的不是马克西米安努斯·奥古斯都，而是一个叫马克西穆斯（Maximus）的人，但是诺丽斯主教以及古罗马历书确证这一年的执政官就是马克西米安努斯。

如果可以知道马梅尔提努斯在4月21日为马克西米安努斯皇帝诵读第一篇颂词的准确年份，那么就会给当时的纪年史提供一些帮助。诺丽斯称其发生在下一年，巴基称在这一年，其他人认为在更晚些的时候。从这篇颂词中我们可以了解到，马克西米安努斯（*Mamertinus, in Panegyr., cap. 7 et 12.*）在同一年击败了高卢的敌人，掠夺了他们的村镇，还在高卢的大河中准备了大量军舰，计划将不列颠从篡位者卡劳修斯（Carausius）手里解放出来。恰巧在这一年或者上一年，冬天仿佛春天一样，天空极为晴朗，非常有利于建造军舰。根据马梅尔提努斯的文章，我们无法分辨是马克西米安努斯还是戴克里先率领一支强大的军队来到雷齐亚（Rezia），在这里战胜了日耳曼人，扩大了罗马帝国的边界。可以确定的是，大概在这一年，戴克里先满载着荣誉从对抗波斯人的军事远征中返回了欧洲，与马克西米安努斯谈判公共事务。马梅尔提努斯（*Idem, ibid., cap. 10.*）还提到某一日耳曼民族的国王吉诺邦（Genobon）（一些人认为是法兰克王），带着他所有的臣民来拜见马克西米安努斯，向其请求议和，并希望与罗马帝国建立友谊与联盟。

年　份　公元289年　小纪纪年第七年

加犹教皇第七年

戴克里先皇帝第六年

马克西米安努斯皇帝第四年

执政官　巴苏斯（Bassus）第二次，昆提亚努斯（Quintianus）

这一年的罗马总督仍然是庞波尼乌斯·亚努阿里乌斯（Pomponius Januarius）。马梅尔提努斯在诵读颂词之前，讲到戴克里先与马克西米安努斯分别从东方与西方回来，两位皇帝会在一起讨论解决帝国之需而要采取的计策。罗马帝国之外，卡劳修斯（Carausius）占领了不列颠，实力越来越强，蛮族人也从各方出击，尽管他们已被击败，但仍每日威胁着罗马各省。两位皇帝的会面展现了他们亲密和睦的关系，戴克里先带来波斯国王送给他的礼物，马克西米安努斯则带来从日耳曼获得的战利品。如果马梅尔提努斯在特雷维里（高卢的最北部，也是与高卢的临界处）为马克西米安努斯诵读颂词是在这一年，而不是上一年，那么可以认为在这之前，马克西米安努斯就完成了军舰的建造。为了对抗不列颠的篡位者卡劳修斯（*Idem, ibidem, cap. 11.*），他将军舰从河流推向大海。那个时候，由于长时间晴朗的天气，水位一直很低，但突然下起了一场雨，水位上涨，使得这些船只到大海的运输变得便利。因此，那篇献给马克西米安努斯的颂词似乎预示了接下来的成功与胜利。但是后来的结果与预期不同。双方进行了几场海战，据欧特罗皮乌斯（*Eutrop., in Breviario.*）所述，马克西米安努斯遭遇惨败，因为他的军队不擅长海上作战，而卡劳修斯的军队则习惯于海上作战。这场意想不到的失败使马克西米安努斯（*Eumen., Panegyric. Const., cap. 11.*）不得不接受了议和的提议，卡劳修斯因此获得了不列颠的统治权，并被冠以罗马帝国在不列颠的"守卫者"名号。诺丽斯主教（*Noris, Dissert. de Num. Dioclet.*）提到的一枚勋章上写着"奥古斯都们达成和平"（PAX AVGGG.），这表明卡劳修斯在另外两位皇帝的同意下保留了"奥古斯都"的头衔。至于戴克里先，他在这一年对萨尔玛提亚人（Sarmati）、尤通吉人（Jutunghi）和夸迪人（Quadi）发起战争，并取得了胜利，为当时的歌功颂德者所夸耀（*Mamert. et Eumenes, in Panegyr.*），因为这些胜利，戴克里先在一些碑文中被称作"萨尔玛提亚征服者"（Sarmatico）。在献给戴克里先的勋章（*Mediobarb., in Numismat. Imperat.*）中可以看到"萨尔玛提亚胜利"的字样。欧迈尼斯（*Eumene, Eumenes, Panegyr. Const., cap. 11.*）的记述可能有些夸大其词，他写到萨尔玛提亚民族在这场战争中遭遇惨败，乃至全族灭绝，仅有他们的名字留下来作为他们曾经存在的证明。但后面我们会看到从那开始，这一民族变得越来越强盛，并成为罗马帝国一个强大的敌人。歌颂者们还谈到了多瑙河另一侧的行省达契亚（Dacia）的重建（*Idem, ibid.*）——之前该地曾被奥勒里安努斯抛弃，但我们很难了解到罗马军队当时是如何壮大或重获优势的。

年　份　公元290年　小纪纪年第八年

加犹教皇第八年

戴克里先皇帝第七年

马克西米安努斯皇帝第五年

执政官　盖乌斯·奥勒留斯·瓦莱利乌斯·戴克里先·奥古斯都（Gaius Aurelius Valerius Diocletianus Augustus）第四次，马库斯·奥勒留斯·马克西米安努斯·奥古斯都（Marcus Aurelius Maximianus Augustus）第三次

这一年的罗马总督是图拉尼乌斯·格拉提亚努斯（Turranius Gratianus）。因为这一时期的动荡骚乱，皇帝戴克里先与马克西米安努斯一直在行军中。雷兰多与蒂勒蒙特（*Tillemont, Mémoires des Empereurs.*）在引用的法令中提到，戴克里先在这一年既到过潘诺尼亚的锡尔米姆，又到过色雷斯的拜占庭，在另一则公文中提到他还到过美索不达米亚的城市埃梅萨，但很难相信戴克里先能在如此短的时间内安排这些相隔甚远的行军路程。然而，如巴基神甫（*Pagius, Critic. Baron.*）所认为的，如果欧迈尼斯（其他人认为是马梅尔提努斯）的颂词是于这一年发表的，那么我们就可以从中了解到（*Eumen., seu Mamert., Panegyr. Maximian., cap. 4.*）戴克里先从索里亚来到潘诺尼亚，然后从那里返回意大利。欧迈尼斯还提到戴克里先战胜并俘虏了撒拉逊人（Saraceni），但不清楚是发生在戴克里先这次出征东方还是之前出征的时候。

大概在这一时期，罗马帝国开始爆发一些新的动乱，对此奥勒留斯·维克多（*Aurelius Victor, Epitome.*）与欧特罗皮乌斯（*Eutrop., in Breviar.*）给我们留下了一些相关记载。不列颠早已被卡劳修斯占领，从罗马帝国分离出去，双方表面上签订了协议。阿非利加有一个叫尤利安努斯（Iulianus）的人发动了叛乱。据戈尔齐乌斯（*Goltzius et Mediob., in Numismat. Imper.*）所述，他的名字为昆图斯·特雷波尼乌斯·尤利安努斯（Quintus Trebonius Iulianus），并且具有奥古斯都皇帝的头衔。同样在阿非利加，"五部落民族"（Quinquegenziani）（不知是蛮族人还是反叛者）也起兵造反。对于他们没有什么相关记录，只知道他们的名字有可能取自5个联合在一起的民族。埃及也发生了一些动乱，卢基乌斯·埃皮迪乌斯·阿基琉斯（Lucius Epidius Achilleus）在这里自立为奥古斯都，并且将他的统治区域扩大到埃及行省的大部分地区。根据勋章上的记录，他在位统治了5年，但不知道是从哪一年开始的。此外，波斯人（一些作家称其为帕提亚人）从来不安分，他们一旦看见有利时机，就骚扰东方的罗马地区。这些都是两位皇帝要着重考虑的事。

年　份　公元291年　小纪纪年第九年
　　　　加犹教皇第九年
　　　　戴克里先皇帝第八年
　　　　马克西米安努斯皇帝第六年
执政官　盖乌斯·尤尼乌斯·提贝里亚努斯（Gaius Iunius Tiberianus）第二次，狄奥尼（Dione）

根据我发表的一则碑文（*Thesaurus Novus Inscript., p. 268, n. 1.*）可知，提贝里亚努斯在这一年第二次任执政官。佛罗伦萨历书（Fasti Fiorentini）与布赫里乌斯（Bucherius）出版的罗马总督年表也证实了这一点。我们之前讲过盖乌斯·尤尼乌斯·提贝里亚努斯是公元281年的执政官，因此我们完全可以猜测他与这一年的执政官是同一个人。布赫里乌斯的年表指出这一年的罗马总督是尤尼乌斯·提贝里亚努斯。我们已经讲过，当时有可能是同一人兼任执政官与罗马总督的职位。第二位执政官狄奥尼很有可能是著名历史学家卡西乌斯·狄奥尼（Cassius Dione）的儿子或者孙子，因此一些人也称他的名字为卡西乌斯·狄奥尼。

纪念马克西米安努斯诞辰（*Genethliac. Maximian., cap. 4.*）一书的作者（有可能是欧迈尼斯或者马梅尔提努斯）讲到两位奥古斯都皇帝在米兰会面的事情。我们有充分理由相信这件事发生在这一年（*Pagius, Crit. Baron.*），并且肯定是在这一年的头几个月。那年的冬天非常寒冷（*Genethliac. Maximian., cap. 9.*），到处都是冰雪，冷到人呼出来的气都能结成冰。尽管如此，戴克里先还是从索里亚经过潘诺尼亚来到意大利，马克西米安努斯也从高卢取道摩纳哥来到意大利，两人都带着很少的随从日夜赶路，甚至比他们之前派出去的信使更早抵达。米兰人民以热烈的掌声欢迎两位皇帝，既是为他们意想不到的到来，也是为他们之间的和睦关系。罗马元老院知道他们无法回罗马，于是派最著名的元老院议员到米兰，向两位奥古斯都表示祝贺。两位皇帝这次会面的主题是共同商量如何在如此动荡的环境中稳固帝国，征服叛乱者。从前面提到的颂词（*Panegyr. Maximian., cap. 16.*）中我们可知，这一时期帝国中心一片宁静，并且收成颇丰。帝国外，蛮族人都陷于激烈的战争中。在阿非利加，摩尔人之间内战频发。在萨尔玛提亚，哥特人与勃艮第人交战，勃艮第人战败，于是向阿莱曼尼人请求支援，但据说这些勃艮第人后来占领了阿莱曼尼人的国家（这似乎很奇怪）。哥特人的另一个民族特维吉人（Tervigi）与泰法尔人（Taifali）联合在一起，向汪达尔人（Vandali）与格皮德人（Gepidi）发动了战争。波斯人也同样遭遇动荡（*Agathias. Eutychius. Sincellus.*），因为奥斯米达（Osmida）起兵造反对抗他的兄弟波斯国王。与埃及接壤的布莱米人（Blemmii）当时也在与埃塞俄比亚（Etiopia）人民交战。当然，蛮族人之间的不和对罗马帝国来说是有利的，但罗马帝国有自己的麻烦，对此我们之前已经提到过。那些蛮族人变得越来越好战，后来损害到了罗马人的利益，对此我会在后面讲到。

有可能在这一年发生了欧迈尼斯或马梅尔提努斯叙述的事情，即马克西米安努斯将归顺于罗马帝国的法兰克人民安排到未开垦的康布雷（Cambray）与特雷维里（Treveri）居住。尤塞比乌斯（*Euseb., in Chronic.*）也提到，这一年，埃及的城市布西里（Busiri）和科普特（Copto）起兵造反反抗罗马，最终不知哪位罗马将领将这两地占领并夷为平地。尤塞比乌斯还叙述说，似乎之前提到的阿基琉斯（Achilleus）的叛乱并没有发生，上述那两座城市的大屠杀也不应该视为阿基琉斯叛乱的迹象。

年　份　公元292年　小纪纪年第十年

　　　　加犹教皇第十年

　　　　戴克里先皇帝第九年

　　　　马克西米安努斯皇帝第七年

执政官　安尼巴利亚努斯（Annibalianus）与阿斯克勒庇俄多图斯（Asclepiodotus）

公元297年的罗马总督是阿弗拉尼乌斯·安尼巴利亚努斯（Afranius Annibalianus），很有可能他与这一年的执政官是同一个人。

根据布赫里乌斯的年表（Bucher, in Cyclo.），这一年8月3日的罗马总督是克劳狄乌斯·马塞卢斯（Claudius Marcellus）。这一年，罗马帝国内发生了一件十分重要的事情。由于罗马帝国一方面受蛮族人威胁，另一方面受反叛者的蹂躏，两位皇帝无法顾及所有危机（Lactantius, de Mortibus Persecutor., cap. 7.），另外戴克里先是个生性胆小的人，他不愿意将自己置于危险之中，于是他与马克西米安努斯决定挑选两位出色的军队将领辅佐他们，以缓解他们的劳苦。为了让这两个人更加服从于他们的管理，他们认为最好封他们为"恺撒"，相当于今天的罗马国王。至于这一加封的时间，卡西奥多鲁斯、伊达修斯、尤塞比乌斯与《亚历山大编年史》的说法各不相同。巴基神甫（Pagius, Crit.）给出的理由足以让我们相信这件事发生在这一年3月1日，当两位奥古斯都在尼科米底亚的时候（Lactantius, de Mortib. Persecut., cap. 7. Eutropius. Aurel. Vict. Eusebius.），这两位指定的恺撒分别是君士坦提乌斯·克洛鲁斯（Constantius Chlorus）与伽列里乌斯·马克西米安努斯（Galerius Maximus），他们二人都被皇帝收为养子，还被迫抛弃他们原来的妻子，娶皇帝的女儿为妻。君士坦提乌斯娶了马克西米安努斯的继女提奥多拉（Teodora），伽列里乌斯则娶了戴克里先的女儿瓦莱里娅（Valeria）。两位新任恺撒还被授予了保民官权力，具有了无上权威。但到这里他们的好运还没有结束。过去，虽然有多位皇帝与恺撒，但罗马帝国一直是统一的。如今，两位皇帝将罗马帝国进行了划分，这让所有敬慕罗马威严的人议论纷纷，认为这样会使帝国日渐削弱，并最终走向灭亡。两位奥古斯都则认为，每一个皇帝与恺撒都尽心守护好自己的那一部分帝国，并在对方需要援助的时候立即给予帮助，这样帝国会变得越来越强大稳固，这当然不是帝国的分裂，而是4位皇帝的友好协作，因此他们之间仍维持着和睦的统治局面，奥古斯都制定的法律也继续在所有行省内施行，其中一位皇帝会在必要时到另一人的帝国行省内。

根据古籍（*Aurelius Victor, in Epitome.*）记载，君士坦提乌斯·恺撒负责管理阿尔卑斯山以北的所有行省，包括高卢、西班牙、不列颠与毛里塔尼亚廷吉塔纳（Mauritania Tingitana，隶属于西班牙的一个行省）；马克西米安努斯·奥古斯都负责管理意大利与阿非利加的剩余部分，包括附属于这些行省的岛屿；伽列里乌斯·恺撒负责管理色雷斯、伊利里亚、马其顿、潘诺尼亚与希腊；而戴克里先·奥古斯都则保留从拜占庭海峡开始的索里亚与东方其他所有行省，还包括从阿基琉斯手里收复的埃及。然而，这种多位皇帝共治、国家分裂的制度很快就产生了不良影响。据拉克坦提乌斯（*Lactantius, de Mortib. Persecutor., cap. 7.*）证实，每位统治者都想拥有不逊于他人的宫廷，以及不输于其他共治者的军队，于是他们就无限制地增加赋税以满足他们的支出，而这样的高额赋税使得许多地方的田地无人耕种，因为农田主与农民缴完赋税以后就没剩下的钱用来生存了。据奥勒留斯·维克多（*Aurelius Victor, Epitome.*）所述，意大利在那之前一直没有被要求为宫廷与军队提供生活必需品，但从那时起，也和其他行省一样缴纳赋税，一开始还很少，后来渐渐增多，甚至到了过分的程度，最终导致了它的彻底毁灭。

至于上述两位恺撒，他们都来自伊利里亚，戴克里先与马克西米安努斯也是从伊利里亚出来的。君士坦提乌斯常被史学家们（*Pollio, in Claudius.*）称为克洛鲁斯（Chlorus，源自希腊语中的"苍白、绿色"），或许是因为他脸色苍白，或者是因为他常身着绿色服装。他的父亲是尤特罗庇乌斯（Eutropius），据说是当地最富有的人之一，他的妻子是克劳迪娅（Claudia）——克劳狄乌斯二世皇帝的一个兄弟克里斯普斯（Crispus）的女儿。因此，古代史学家们称他为奥古斯都家族的后代，或许也是因为这个，他的后代中出现了克劳迪亚家族。尽管如此，他家庭中的贵族与教师应该没有那么多，因为他几乎没怎么学过文学，并且他是从军队底层开始他的军事生涯的，在奥勒里安努斯与普罗布斯的军队中做过普通士兵要做的劳苦之事。奥勒留斯·维克多（*Aurelius Victor, in Epitome.*）说君士坦提乌斯出生于一个贫穷的村镇，他和伽列里乌斯一样没有多少文化，经历了战争的苦难洗礼，后来成为帝国的有用之才。瓦莱西乌斯（*Anonymus Vales. post Ammian.*）写道，君士坦提乌斯是皇帝护卫军中的第一批士兵，后来因为他的英勇而成为军官，或者说军团上校，最后成为达尔马提亚的总督，在各种战争中表现出色。凭借这样的声望，他不断晋升，在这一年，两位奥古斯都认为他有能力担任"恺撒"。在碑文与勋章中，他被称作弗拉维乌斯·瓦莱利乌斯·君士坦提乌斯（Flavius Valerius Constantius）。之所以有瓦莱利乌斯的名字，是因为他被其中一位皇帝收为养子，而这两位皇帝都具有瓦莱利乌斯家族的名字。至于弗拉维乌斯，没有人知道他为什么有这个名字，据说是特雷贝利乌斯·波利奥的奉承，说他是弗拉维乌斯·维斯帕西亚努斯皇帝的后代。关于这位皇帝拥有的优秀品质，我会在后面讲到。这位皇帝还是著名的君士坦丁大帝（Constantinus il Grande）的父亲，这个儿子是在公元274年，他出征埃尔维齐亚（Elvezia）时出生的，能作为君士坦丁大帝的父亲大概是他最大的荣耀。

另一位恺撒伽列里乌斯也出身卑微，他出生在新达契亚（nuova Dacia）的首都塞尔迪卡（Serdica或者Sardica）的一个小村镇（*Lactantius, de Mort. Persec., cap. 9. Aurel. Victor, in Epitome. Eutrop., in Breviar.*）。他的母亲罗慕拉（Romula）是该地基督徒的敌人，由于当地基督教徒不愿意参加她亵渎神灵的祭祀与宴会，因此在伽列里乌斯小的时候她就激发了他对基督教徒的极大仇恨。古代作家们给他起绰号为"放牧人"，因此历史学家们推断他的父母都是农民。他也是通过从军获得了名声，两位奥古斯都认为他功绩卓著，可以提拔他为"恺撒"。一些勋章称他的名字为盖乌斯·伽列里乌斯·瓦莱利乌斯·马克西米安努斯（Gaius Galerius Valerius Maximianus）。根据欧特罗皮乌斯（*Eutrop., in Breviario.*）所述，伽列里乌斯的品行值得赞颂，但拉克坦提乌斯（*Lactant., de Mort. Persec., cap. 9.*）却说他的行为举止透露出他自出生就带有的那种粗鲁，并且随着时间的推移还变得越发傲慢与残忍，以至于他身上的那一点点优点都消失殆尽了（*Aurelius Victor, in Epitome.*）。他十分蔑视文学以及研究文学的人，只宠信从军的人，即使他们愚昧无知，他也会提拔他们为行政官，这极大地危害到了公平正义。后面我们会看到，他的野心最后使戴克里先不得不放弃了指挥权；还有他对金钱的贪婪，使他向人民征收巨额的赋税，这使人民陷入悲惨的境地。尤其要提到的是他对基督教徒进行的残忍迫害，这个我们会在后面讲到。

令人惊讶的是（*Vopiscus, in Carus. Julian., Oratione I. Aurel. Vict., ibid.*）这4位皇帝保持了几年难得的团结合作关系，所有人都为了帝国的利益而竞争。戴克里先被视为所有人的父亲，其他人都会忠实地遵从他的命令、履行他的意愿，戴克里先也不乏让他的共治者们高兴的办法，他会替他们隐瞒他们的过去，对制造不和与造谣的人进行惩罚。总之，他用尽一切办法与服从于他的人保持和谐的关系。我们前面讲到过一个叫尤利安努斯（Iulianus）的人在阿非利加篡夺了皇位。据信，因为该地是马克西米安努斯统治的帝国分地，于是他在这一年来到这一地区，迫使僭主尤利安努斯拿剑自刎。据欧迈尼斯（*Eumen., in Panegyr. Constant.*）所述，君士坦提乌斯自从被封为恺撒后，就匆匆来到他的领地高卢，高卢人甚至都不知道他要到来的消息，也不知道该行省归他统治的事情。君士坦提乌斯之所以那么着急赶到那里，是因为他得知不列颠的僭主卡劳修斯（Carausius）的军队乘多艘军舰来到那里并占领了格索里亚科［Gesoriaco，现今皮卡第（Picardia）］。为了让任何援救船只无法抵达那里，也为了让卡劳修斯的驻军无法逃离那里，君士坦提乌斯在海港周围用高梁杆修建了一道坚固的围墙。那些驻军只好投降，君士坦提乌斯将他们征用到自己的军队中。那道围墙很长时间里在海中完好地挺立着，但后来在海浪的一再冲击下终于垮掉了。君士坦提乌斯随后开始着手准备船只，以将不列颠从卡劳修斯的手中解救出来。此时，卡劳修斯正在不列颠享受着安逸的日子，但他并没有忘记进行精良的武装，以在受到围攻的时候能够进行防守。

据尤塞比乌斯（*Eusebius, in Chron.*）所述，在这一年或下一年，卡尔皮人

（Carpi）与巴斯特诺人（Basterni）被带到罗马行省内居住。这表明罗马人在与他们的战争中取得胜利且进入他们的国家，即使他们并没有受到其他蛮族人的入侵。据信，他们属于日耳曼民族，但是居住在维斯托拉河（Vistola）附近，位于现今的波兰（Polonia）。这场战争有可能发生在公元294年，后面我会对此进行讲述。

年　份　公元293年　小纪纪年第十一年

　　　　加犹教皇第十一年

　　　　戴克里先皇帝第十年

　　　　马克西米安努斯皇帝第八年

执政官　盖乌斯·奥勒留斯·瓦莱利乌斯·戴克里先·奥古斯都（Gaius Aurelius Valerius Diocletianus Augustus）第五次，马库斯·奥勒留斯·瓦莱利乌斯·马克西米安努斯·奥古斯都（Marcus Aurelius Valerius Maximianus Augustus）第四次

　　塞普蒂米乌斯·阿辛迪努斯（Septimius Acindynus）是这一年的罗马总督，并在下一年继续担任这一职务。不列颠的僭主卡劳修斯（Carausius）等待着与高卢的战争，但是他没有意识到，国内一场更危险且看不见的阴谋正在等待着他（*Aurelius Victor. Eutropius. Eumenes.*）。卡劳修斯最亲信的行政官阿莱克图斯（Allectus）或阿莱斯图斯（Alestus）或许是害怕会因犯过的罪行而遭到惩罚，或者仅仅是渴望权力，刺杀了卡劳修斯，然后自立为奥古斯都，统治了不列颠省。或许正是这个事件扰乱了君士坦提乌斯·恺撒的进攻计划，他没有再向不列颠进军，而是转向了斯凯尔特河（Schelda）流经国家（现今的荷兰）的考奇人（Cauchi）或卡马维人（Camavi）以及弗里斯兰人（Frisoni）。虽然在当时，那个国家到处是树丛与沼泽，很难进行作战，但君士坦提乌斯非常机智与执着，最终使那些蛮族全部都缴械投降。之后，他将这些人与他们的妻儿全部送到了高卢，给他们土地耕种，但是没有给他们留下武器，促使他们习惯于服从，不再想着造反。

这一年，两位奥古斯都与伽列里乌斯·恺撒做了哪些事情，我们并不知晓。根据雷兰多（*Reland., Fast. Consul.*）提到的这一年的公文，戴克里先当时身在伊利里亚或色雷斯，也就是伽列里乌斯统治的行省，但是他并没有在那一地区进行过任何军事活动。据尤塞比乌斯（*Eusebius, in Chron.*）所述，这一年，戴克里先开始让人尊奉他为神。据我所知，戴克里先命令人们在他面前进行跪拜，就像过去对波斯国王行礼那样（或许他就是从波斯国王那里获知这些礼仪的），而过去对皇帝行礼只要点头就可以了，就像对法官行礼那样。他是否还有别的要求我就不清楚了。戴克里先还变得十分虚荣，衣服甚至鞋子上都装饰有宝石，这是以前那些节制而贤明的皇帝会刻意避免的方面。

年　份　公元294年　小纪纪年第十二年

　　　　加犹教皇第十二年

　　　　戴克里先皇帝第十一年

　　　　马克西米安努斯皇帝第九年

执政官　弗拉维乌斯·瓦莱利乌斯·君士坦提乌斯·恺撒（Flavius Valerius Constantius Caesar）与盖乌斯·伽列里乌斯·瓦莱利乌斯·马克西米安努斯·恺撒（Gaius Galerius Valerius Maximianus Caesar）

根据背教者尤利安努斯（*Julian., Oratione I.*）与君士坦丁大帝的歌颂者欧迈尼斯（*Eumenes, Panegyr. 7 Costant., cap. 6.*）所述，两位恺撒君士坦提乌斯与伽列里乌斯在这一年继续英勇地对抗蛮族人。那些蛮族人长期在罗马帝国的领地内居住，把这些地区当作自己的土地进行耕种，两位恺撒将他们从罗马的地盘上驱逐了出去。此外，英勇的君士坦提乌斯还攻入其他日耳曼民族的国家，在各地都取得了胜利。那些人中有一部分人顽强反抗，他就将他们全部屠杀；另一部分人投降屈从，他就将他们安排到罗马行省内居住，以增加那里的人口，扩大那里的种植业。

根据一些法令的记录，这一年，戴克里先仍然与伽列里乌斯在伊利里亚，有可能他们在设法制伏潘诺尼亚与默西亚的蛮族人，这些蛮族人总是想着到罗马进行劫掠。伊达修斯（*Idacius, in Fastis.*）写道，萨尔玛提亚于这一年在多瑙河对面、与阿辛科（Acinco）和波诺尼亚（Bononia）相对的地方建造了一些堡垒。此外，也有可能在这一年发生了欧特罗皮乌斯（*Eutrop., in Breviar.*）叙述的事情，即戴克里先与伽列里乌斯共同作战或是单独作战，制服了卡尔皮人（Carpi）与巴斯塔尼人（Bastarni）（尤塞比乌斯在公元292年讲到这件事情），并且击溃了萨尔玛提亚人。他们俘虏了大批蛮族人，将他们送到罗马的各个行省，分给他们土地耕种。梅扎巴尔巴（*Mediobarbus, in Numism. Imperator.*）的作品中提到，戴克里先的一些勋章上写有"萨尔玛提亚胜利"（Vittoria Sarmatica）的字样，这一胜利应该指的就是这一年的胜利。

年　份　公元295年　小纪纪年第十三年

　　　　加犹教皇第十三年

　　　　戴克里先皇帝第十二年

　　　　马克西米安努斯皇帝第十年

执政官　托斯库斯（Toscus）与阿努利努斯（Anullinus）

潘维尼乌斯（*Panvin., in Fastis Consul.*）猜测，第一位执政官的名字叫作穆米乌斯·托斯库斯（Mummius Toscus），第二位执政官的名字叫作阿尼乌斯·科尔涅利乌斯·阿努利努斯（Annius Cornelius Anullinus）。后面我们会讲到，有两位罗马总督也叫这两个名字。这个猜测有一定的道理，但仍然是不确定的，因此这里我还是只以姓氏称呼他们。

这一年的罗马总督是由阿里斯托布鲁斯（Aristobolus）担任的。据伊达修斯（*Idacius, in Fastis.*）证实，上一年我们讲过卡尔皮人被罗马人征服，为了防止他们再生反叛之心，戴克里先强迫他们离开家乡，到潘诺尼亚居住。根据这一年的一些法令可知，戴克里先这一年仍然在潘诺尼亚与默西亚。可能是因为戴克里先战胜了该地区的萨尔玛提亚人，并恢复了该地的良好秩序，使两地处于和平的状态。于是，戴克里先就可以在此时为收复埃及做好准备，对此我将于下一年进行讲述。

在这一年，伽列里乌斯为了讨好岳父戴克里先以及戴克里先的女儿，也就是他的妻子瓦莱里娅（Valeria）（*Lactant., de Mortib. Persecut., cap. 15. Aurelius Victor, in Epitome. Ammianus, lib. 19.*），将潘诺尼亚一处开垦出来的大片土地以瓦莱里娅的名字命名，也就是现今的匈牙利（Ungheria）。

另外，似乎是在这一年发生了欧迈尼斯（*Eumen., Oration. de Schol. restaur.*）以及马克西米安努斯与君士坦丁的歌颂者（*Incertus, in Panegyr. Maximian., cap. 8.*）所叙述的事情，即马克西米安努斯·奥古斯都镇压了毛里塔尼亚的凶猛民族，然后将这里的大批人送到了其他国家。

年　份　公元296年　小纪纪年第十四年
　　　　玛策林教皇第一年
　　　　戴克里先皇帝第十三年
　　　　马克西米安努斯皇帝第十一年
执政官　盖乌斯·奥勒留斯·瓦莱利乌斯·戴克里先·奥古斯都（Gaius Aurelius Valerius Diocletianus Augustus）第六次，弗拉维乌斯·瓦莱利乌斯·君士坦提乌斯·恺撒（Flavius Valerius Constantius Caesar）第二次

根据库斯皮尼亚努斯（Cuspinianus）与布赫里乌斯（Bucherius）的年表，卡西乌斯·狄奥尼担任这一年的罗马总督之职。罗马教皇加犹（Gaius）于这一年逝世（*Anastas. Bibliothecar.*），玛策林（Marcellinus）在圣彼得教堂继任罗马教皇。

罗马皇帝在这一年取得了非常多的胜利，这些都是从古代年表中得知的十分确定的事实。君士坦提乌斯·恺撒一直希望收复不列颠，将该地从篡位者阿莱克图斯（Allectus）的手里夺回来（*Eumenes, in Constant. Eutropius. Aurelius Victor.*），为此，他早已武装好了一支优良的军队与强大的舰队，开始向那里航行。但是他担心法兰克人与其他的日耳曼民族看他忙于不列颠之战，再次试图入侵高卢，于是他请求他的岳父马克西米安努斯·奥古斯都来防卫边界。事实上，据欧迈尼斯证

实，马克西米安努斯来到了莱茵河，他的出现足以让那些蛮族人不敢为所欲为。君士坦提乌斯的舰队以势不可当之势驶向不列颠。他从格索里亚科（Gesoriaco）登船，虽然海水上涨，风势不利，但他的舰队还是顺利地开了船。塞纳河上的另一支舰队得知这个消息后士气大增，尽管天气不利，他们也出动了。他们的指挥官是禁军总督阿斯克勒庇俄多图斯（Asclepiodotus）。得益于当天的浓雾，他们成功地径直驶向不列颠，而没有被阿莱克图斯发现。此时，阿莱克图斯与他的舰队正在维塔岛（Vetta，现今怀特岛）上进行观察。阿斯克勒庇俄多图斯上岸，待所有士兵全部下船，所有装备全部被卸下船后，就下令放火将船烧掉，这样既可以让他的士兵背水一战，靠他们自己保住性命，也可以让那些船只不落入敌人之手。得知君士坦提乌斯正率领一支舰队前来，同时另一支舰队早已抵达不列颠，威胁到所有城市，阿莱克图斯惊恐万分，试图逃跑无果后，便和阿斯克勒庇俄多图斯开始了交战。阿莱克图斯没有等到所有军队联合在一起，也没有让他的士兵做好战斗准备，就带着他仅有的随从向罗马人发起攻击。最终他在这场战争中被击败并丧生，人们通过他所穿的皇袍才认出他的尸体。当然，阿莱克图斯的垮台也许发生在更晚些的时候。而此时，君士坦提乌斯的舰队由于浓雾而意外驶入了泰晤士河（Tamigi），由此他们抵达了伦敦。君士坦提乌斯的到来拯救了那里的人民，因为战败的阿莱克图斯军队中的法兰克人与其他蛮族人逃到了那里，就在他们策划着劫掠那座城市而后逃跑的时候，君士坦提乌斯带着军队来到了那里，将他们全部屠杀，挽救了伦敦市民的生命与财产。就这样，在很短的时间内，原先归属于罗马帝国的不列颠重新回到了君士坦提乌斯的分地统治之下，人民欢呼鼓舞，既是因为他们终于摆脱了暴君与蛮族的统治，也是因为他们发现君士坦提乌斯不是敌人，也不是复仇者，而是一位仁慈的皇帝。君士坦提乌斯宽恕了所有人，包括那些叛乱的同谋（Eumenes., Panegyr. Constant., cap. 6.），他还将先前暴君以及他的军队掠夺去的一切归还给了个人。就这样，不列颠恢复了宁静与安详，不列颠的人民也开始对罗马人表现出极大的尊重。同时，高卢也摆脱了过去因这些海盗而遭受的欺压。

如果《尤塞比乌斯编年史》（Eusebius, in Chron.）准确无误的话，那么戴克里先·奥古斯都也是在这一年出征对付埃及的篡位者阿基琉斯（Achilleus）（*Aurelius Victor, in Epitome. Eutrop., in Breviar.*）。戴克里先围攻了亚历山大里亚8个月，根据乔瓦尼·马拉拉（*Johannes Malala, in Chronograph.*）所述，他还破坏了阿基琉斯的水道，切断了他们的水源。当他率军攻入城内的时候，他完全忘记了仁慈，不仅杀死了阿基琉斯与其他的同谋，还允许他的士兵劫掠这座非凡的城市，然后放火将其点燃，拆毁该市的城墙。无数人被剥夺了财产，然后被驱逐。马拉拉讲到一则传说：戴克里先下令不要停止对亚历山大里亚人的杀戮，直到他们的鲜血到达马的膝盖位置，这是因为他进入这座城市的时候，他的马不小心被一个死人绊倒了，马的膝盖上染了血。誓言达成之后，他才下令停止屠杀，于是，那里的人民后来为他的马竖立了一座铜像。只有欧迈尼斯极力赞颂戴克里先的仁慈，赞颂他使埃及重获和平；欧特罗皮乌斯（*Eutrop., in Breviar.*）以及其他作家（*Euseb., in Chron. Orosius et alii.*）都确证，戴克里先对待那里的人民极其残忍。尤塞比乌斯（*Euseb., Hist. Eccl. lib. 8, cap. 17.*）称伽列里乌斯具有"埃及征服者"（Egiziano）与"底比斯征服者"（Tebaico）的称号。这表明除了戴克里先，伽列里乌斯也参与到此次征战中。在《历史杂记》（*Historia Miscella*）（*Histor. Miscella in Dioclet.*）中写道，君士坦提乌斯的儿子君士坦丁陪同戴克里先到那里，并且在行军中多次表现出他的英勇。据苏伊达斯（*Suidas, in Excerpt.*）所述，戴克里先命人搜寻并烧毁了他们能找到的所有关于炼金术的书籍——有关将金属转变成金和银的书籍。有些人认为，戴克里先相信这些玄幻之术可能成为人民造反的工具，因此想要消除人民反叛的可能。但更可信的解释是，戴克里先认为这些都是虚幻的事物（实际上确实如此），因此他试图用这种方式让人们摆脱对炼金术的痴迷。如果那些书中真的有炼制金银的办法，戴克里先不会这么没有判断力而将这些书烧掉，他会知道如何保留这些书以为己用。除此之外，戴克里先还巡视了整个埃及。据普罗科匹乌斯（*Procop., de Reb. Pers., lib. 1, cap. 19.*）所述，戴克里先发现在埃及与埃塞俄比亚（也就是努比亚）接壤的地方有一大片土地，由于努比亚人不断入侵此地，因此维护该地所需要的花费比获得的收益还要多，于是他给努比亚人颁布了一项规定，命令他们制止布莱米人与阿拉伯的其他民族，防止他们再骚扰埃及。奥林匹奥多罗斯（Olimpiodoro, *Olympiodorus,*

Eclog. in Histor. Byzant.)补充说，戴克里先受到布莱米人的邀请而到他们的国家游玩，为了与其建立友谊，戴克里先同意每年给他们一定的补助金，但没过多久这就变得毫无用处了，因为布莱米人太习惯于抢劫，甚至到今天，仍有人在那里进行偷盗。偷盗者不是布莱米人，就是阿拉伯的一个强盗民族。普罗科匹乌斯还写道，在埃及有丰富的祖母绿矿，现代的旅行者也证实了此事，然而，一位阿拉伯王子因受到突厥人不公的迫害而进行报复，最后毁了这些矿，因此他们也无法再知道那些矿在哪里了。

年　份　公元297年　小纪纪年第十五年
　　　　玛策林教皇第二年
　　　　戴克里先皇帝第十四年
　　　　马克西米安努斯皇帝第十二年
执政官　马库斯·奥勒留斯·瓦莱利乌斯·马克西米安努斯·奥古斯都（Marcus Aurelius Valerius Maximianus Augustus）第五次，盖乌斯·伽列里乌斯·马克西米安努斯·恺撒（Gaius Galerius Maximianus Caesar）第二次

阿弗拉尼乌斯·安尼巴利亚努斯（Afranius Annibalianus）在这一年担任罗马总督。如果像巴基神甫和其他人（*Pagius, Critic. Baron. De la Baune et alii.*）所认为的那样，欧迈尼斯在这一年在欧坦（Autun）学院发表演讲的事情是真的，那么可以说伽列里乌斯·马克西米安努斯对波斯人发动的战争已经于这一年开始了。要是如蒂勒蒙特（*Tillemont, Mémoires des Empereurs.*）所言，那么不能排除这篇演讲是在下一年发表的可能性，因为上面并没有标明确切的年份。一些人还怀疑欧迈尼斯不是这篇演讲的作者。由于欧特罗皮乌斯（*Eutrop., in Breviario.*）、尤塞比乌斯（*Eusebius, in Chronic.*）、伊达修斯（*Idacius, in Fastis.*）与《亚历山大编年史》（*Chronic. Alexandrinam.*）都称伽列里乌斯的波斯之战发生在埃及解放之后，因此我便在这一年讲述这场战争。然而，我还是要说一下，奥勒留斯·维克多（*Aurelius*

Victor, in Epitome.）与乔瓦尼·马拉拉（Johannes Malala, in Chronograph.）似乎都是在更晚些的时候讲到这次战争的。佐纳拉斯（Zonaras, in Annalibus.）说这两场战争就像是同时发生的一样。当时统治波斯的可能是叫纳尔塞斯（Narses），或者纳尔斯（Narse），也可能是纳尔塞特（Narsete），又或者巴赫拉姆（Bahram），他是位有野心的国王，在征服者的荣耀上，他不愿逊色于他的祖父萨波尔（Sapor）。他已经从罗马人手里夺走了亚美尼亚，凭借强大的军队，他又对东方各国发起了进攻。据拉克坦提乌斯（Lactantius, de Mortibus Persecutor., cap. 9.）证实，戴克里先不愿直接与纳尔塞斯作战，以免自己遭遇瓦勒良皇帝那样的不幸，于是他像以往那样，将这个任务交给了他的勇士，即伽列里乌斯·马克西米安努斯·恺撒，他自己则来到安提阿整顿休息，借口说是为了在这里准备给伽列里乌斯的军队输送兵力与粮食。伽列里乌斯是个非常勇敢的人，奥罗修斯（Orosius, Histor., lib. 7, cap. 25.）讲到了他与波斯人的两次战争，但没有说战争的结果。所有历史学家（Aurelius Victor, in Epitome. Julianus, Oratione I. Ammianus Marcellin. et alii.）一致认为，伽列里乌斯在其中一场战争或者第三场战争中完全被波斯人打败，但不是因为他无能，而是因为他太过鲁莽——想要凭很少的几支军队袭击波斯人的千万大军。根据尤塞比乌斯（Euseb., in Chronic.）、欧特罗皮乌斯（Eutrop., in Breviar.）与鲁弗斯·费斯图斯（Rufus Festus, in Breviar.）记述的内容可知，伽列里乌斯亲自将他战败的事报告给戴克里先，受到了戴克里先非常无礼、傲慢与轻蔑的对待，以至于他不得不穿着紫色长袍跟在戴克里先的马车后步行了1罗马里的路。这些事也可能都发生在上一年。面对这样的失败和耻辱，伽列里乌斯并没有丧失勇气，反而更加想要报仇雪恨。于是，他组建了一支强大的军队（Jordan., de Reb. Getic., cap. 21. Lactantius, de Mortibus Persecut., cap. 9. Rufus Festus, in Breviar. Eutropius et alii.），其中包括退伍军人、伊利里亚和默西亚的哥特人，然后率军进入亚美尼亚，再次与波斯国王交战。戴克里先也带着许多军队接近美索不达米亚的波斯边界，支持伽列里乌斯，但他总是保持着离危险很远的距离。伽列里乌斯吸取了上次的教训，表现出来的谨慎和睿智令人钦佩。他先是带着两名士兵亲自去刺探敌情，精心设下圈套，然后抓住时机，突然向敌军发起攻击。尽管敌军兵力更多，但受限于庞大的装备笨拙性，最终伽列里乌斯将其击败，并屠杀了大量波斯士兵。佐纳拉斯（*Zonaras, in Annalibus.*）写道，波斯国王受了严重的伤逃跑了，他的妻子被俘，或者如其他人认为的那样，他的妻子、妹妹与子女，以及众多波斯贵族都被俘虏。罗马人在敌人的军营中收获了丰厚的战利品，所有士兵因此而变得富有。据佩特鲁斯·帕特里修斯（*Petrus Patritius, de Legat. Tom. I Histor. Byzant.*）所述，伽列里乌斯下令谦虚有礼地对待被俘的公主们。这一举动受到波斯人的敬佩，他们不得不承认罗马人在作战英勇与品行正直上不亚于他们。读者们或许很难相信阿米阿努斯·马尔切利努斯（*Ammianus Marcellinus, lib. 22.*）所讲的事情，他写道，当时一个士兵发现了一个皮袋子，或者是一个盾牌，里面或上面有大量珍珠，但是他把珍珠全都扔了，只拿走了袋子或盾牌。当时的罗马军队远离奢侈，对于那些虚荣的华物一概不知。当然，这个人一定很无知！

据乔瓦尼·马拉拉（*Joannes Malala, in Chronogr.*）所述，波斯王后阿尔萨内（Arsane）被带到安提阿，在达芙涅（Dafne）这个安逸的地方待了几年，戴克里先保留了她的所有荣誉，直到罗马与波斯达成和解，才将她归还给她的丈夫。戴克里先还因上面讲到的胜利而给各个行省进行了慷慨的赠予。但是，没有证据表明波斯王后被俘虏了数年。纳尔塞斯逃到其王国的边界后又返了回来，派自己的一个亲信阿法尔班（Afarban）到伽列里乌斯那里谦恭地请求议和，并给了他一张纸条，上面写着对伽列里乌斯更有利的条件，但只要求归还他的妻子与孩子。此外，他希望得到罗马的慷慨善待。罗马大概也不想让波斯帝国威严扫地，因为罗马与波斯是当时世界上最庞大的两个帝国，就像地球上空的两个太阳。使者来到伽列里乌斯面前，伽列里乌斯愤怒地回答说，他们曾经那样虐待瓦勒良皇帝，如今轮不到波斯国王请求别人善待他们。尽管如此，伽列里乌斯还是想起了罗马人的品行习惯，即打败傲慢的反抗者，善待那些顺从的人，于是，他送走了使者，让他告诉他的主人很快就会见到他很珍视的人。随后，伽列里乌斯来到戴克里先所在的尼西比，告诉他波斯国王的提议。伽列里乌斯受到光荣的接待，然后他们开始讨论是否同意议和。伽列里乌斯认为应该继续战争并取得胜利（*Aurelius Victor, Epitome.*），让波斯完全成为归属于罗马帝国的一个行省。但是戴克里先想要结束战争，因为他意识到让这个庞大的帝国完全服从有多么困难，他希望采取一些更加谨慎的策略。因此，他派亲信西科里乌斯·普罗布斯（Sicorius Probus）到纳尔塞斯那里去。普罗布斯在阿斯普鲁迪斯河（Asprudis）附近的米底亚（Media）找到了波斯国王，然后受到了非常光荣的接待，但是纳尔塞斯没有马上接见普罗布斯，因为他想拖延时间让他的逃兵赶到那里。只有阿法尔班与另外两个人与普罗布斯见了面，普罗布斯要求波斯国王将底格里斯河一侧到其源头的5个行省割让给罗马，即因特勒内（ntelene）、索芬内（Sofene）、阿尔扎塞内（Arzacene）、卡尔杜内（Carduene）和扎布迪克内（Zabdicene）。此外，他要求将底格里斯河作为两个帝国的分界线，尼西比作为两国之间的贸易中心；亚美尼亚归属于罗马，其范围一直延伸到米底亚边界上的津塔城堡；伊比利亚国王应该由罗马皇帝加冕。除了尼西比这一条款外，纳尔塞斯同意了所有的要求，并放弃了对美索不达米亚的所有主张。就这样，双方达成了和平协定，罗马将被俘虏的人送了回去。上述胜利给罗马帝国带来了巨大的荣耀与利益，因为据鲁弗斯·费斯图斯（*Rufus Festus, in Breviario. Libanius, in Basilic.*）证实，这一和平的局面一直持续到他所在的时代，即持续了40年，直到君士坦丁统治末期波斯人才打破了和平协议，想要夺回被割让的行省。伽列里乌斯因为这场胜利而忘乎所以。根据拉克坦提乌斯（*Lactantius, de Mortib. Persec.*）所述，伽列里乌斯获得了"波斯征服者"（Persico）、"亚美尼亚征服者"（Armeniaco）、"米底亚征服者"（Medico）与"阿迪亚波纳征服者"（Adiabenico）的称号，就好像他征服了所有这些民族一样。更荒唐的是，从那以后，他热衷于"战神之子"的封号，而戴克里先开始对他产生强烈的畏惧。戴克里先在给伽列里乌斯写信的时候通常称呼他为恺撒，他多次感叹地说道："到什么时候我才能有其他头衔？"

  有可能在这一年，马克西米安努斯·奥古斯都与君士坦提乌斯·克洛鲁斯·恺撒也在与其他蛮族的战争中取得了胜利，但由于无法明确时间，我将于下一年讲述他们的事迹。

年　　份　公元298年　小纪纪年第一年

玛策林教皇第三年

戴克里先皇帝第十五年

马克西米安努斯皇帝第十三年

执政官　阿尼基乌斯·福斯图斯（Anicius Faustus）与维里乌斯·加卢斯（Virius Gallus）

这两位执政官的名字源自我的文集（*Thesaurus Novus Inscript., pag 370.*）中引用的两则碑文，在此我没有如一些人认为的那样称福斯图斯为二任执政官，并且我将第二位执政官的名字写为维里乌斯（Virius），而不是《亚历山大编年史》中的塞维鲁斯（Severus）。

根据古代年表，阿尔托里乌斯·马克西穆斯（Artorius Maximus）是这一年的罗马总督。君士坦提乌斯·恺撒向阿拉曼尼人（Alamanni）发起的战争有可能发生在这一年，尤塞比乌斯（*Euseb., in Chron.*）称此战大概发生在这一时期，但欧特罗皮乌斯（*Eutrop., in Breviar.*）与佐纳拉斯（*Zonaras, in Annalibus.*）是在波斯战争之前讲到这件事。阿拉曼尼人全副武装，组成一支强大的军队来到高卢的朗格勒（Langres），这让君士坦提乌斯大吃一惊，于是他被迫与手下仓促撤退。当他抵达一座城市时，发现那里的人们因为害怕敌人进入而紧闭城门。如果他想自救，就必须用绳子从城墙上爬过去。但他最后在5个小时内就召集了他所有的军队，然后勇敢地向敌人发起进攻，将他们击溃。尤塞比乌斯、欧特罗皮乌斯、奥罗修斯（*Orosius, lib. 7, cap. 25.*）与佐纳拉斯称君士坦提乌斯在战场上杀死了6万敌军。但是通常人们都会夸大胜利结果，任何熟悉战争的人都会合理地怀疑，当时被杀死的敌军不是6万人，而是6000人。正如尤塞比乌斯与西奥法尼斯（*Teophanes, in Chronico.*）的作品中记述的那样，君士坦提乌斯在这场战争中受伤。在取得如此光荣的胜利后，欧特罗皮乌斯还写道，马克西米安努斯·奥古斯都在阿非利加征服了"五部落民族"（Quinquegenziani），并迫使他们恳请议和，马克西米安努斯同意了他们的请求。

年　　份　公元299年　小纪纪年第二年

玛策林教皇第四年

戴克里先皇帝第十六年

马克西米安努斯皇帝第十四年

执政官　盖乌斯·奥勒留斯·瓦莱利乌斯·戴克里先·奥古斯都第七次，马库斯·奥勒留斯·瓦莱利乌斯·马克西米安努斯·奥古斯都第六次

这一年的罗马总督是阿尼基乌斯·福斯图斯（Anicius Faustus）。自从戴克里先·奥古斯都选择管理东方以后，出于对这个地方的热爱，他开始在著名城市安提阿（相当于东方地区的罗马）修建一些新的建筑；在收复了埃及，结束了与波斯人的战争，使东方恢复平静之后，他开始着重关注这些建造工程。乔瓦尼·马拉拉（Joannes Malala, in Chronogr.）来自安提阿，因此他的叙述更可信一些。他写道，戴克里先建造了许多宏伟壮观的建筑来装点安提阿，并加固罗马边界。他在这座城市建造了一座巨大的宫殿——加里恩努斯先前已打下了这座宫殿的地基，另外竞技场旁边有一个浴场，于是他给这个浴场起名为"戴克里先浴场"。他还下令建造公共粮仓，用来储存粮食，并规定了小麦及其他出售商品的价格，以免商人受到士兵的伤害。此外，他在达芙涅建造了一座体育场，这样就可以在奥林匹克竞赛后给获胜者颁奖。他还在这里建造了朱庇特奥林匹克（Iuppiter Olimpico）神庙、阿波罗（Apolline）神庙与复仇女神（Nemesi）神庙，并用独特的大理石镶饰神庙。他在地下为赫卡忒女神（Ecate）建造了一座神庙，通向神庙需要下365个阶梯。在达芙涅，他也建有一座宫殿，这样皇帝到那里的时候就可以居住在宫殿里，而过去皇帝都是住在帐篷里。在埃德萨与大马士革，他开设了一些作坊，以加工各种战争用的武器，应对阿拉伯人的频繁入侵。除此之外，他还在安提阿建造了一所造币厂。这些还无法表现出戴克里先的出众才华。他还致力于在边界修建堡垒与要塞，到处驻军并派英勇的将军驻守边境。从阿米阿努斯（Ammianus, lib. 23, cap. 11.）与普罗科匹乌斯（Procop., de Ædicti., lib. 1, cap. 6.）的记述中也可以看出戴克里先的孜孜不倦，他用城墙和塔楼加固了美索不达米亚的切尔库西奥（Cercusio）或齐尔切西奥（Circesio）城堡。此外，欧迈尼斯（Eumen., Orat. de Schol. restaurand.）谈到了许

多荒废的城市已经变成了野兽的巢穴，而经过奥古斯都与恺撒的整顿，它们重新振兴起来，变得人口稠密。欧迈尼斯还提到在莱茵河、多瑙河与幼发拉底河为守卫罗马而建造的堡垒。

据伊达修斯（*Idacius, in Fastis.*）所述，马克西米安努斯·奥古斯都在这一年向日耳曼民族的马科曼尼人发动了战争，最后将其击溃。欧特罗皮乌斯（*Eutrop., in Breviar.*）与奥勒留斯·维克多（*Aurelius Victor, in Epitome.*）也提到了此次胜利。

年　份　公元300年　小纪纪年第三年

玛策林教皇第五年

戴克里先皇帝第十七年

马克西米安努斯皇帝第十五年

执政官　弗拉维乌斯·瓦莱利乌斯·君士坦提乌斯·恺撒（Flavius Valerius Constantius Caesar）第三次，盖乌斯·瓦莱利乌斯·伽列里乌斯·马克西米安努斯·恺撒（Gaius Valerius Galerius Maximianus Caesar）第三次

在古罗马历书中，君士坦提乌斯的名字被置于伽列里乌斯之前，这证明了一些人认为的当他们被选为恺撒时，君士坦提乌斯的地位更加显要的说法。根据古代年表（*Panvin., in Fastis Consul.*），阿庇乌斯·庞培·福斯提努斯（Appius Pompeius Faustinus）担任这一年的罗马总督。从一些可能属于这一年的公文中可以看出，戴克里先这一时期居住在色雷斯和伊利里亚。据欧特罗皮乌斯（*Eutrop., in Breviario.*）所述，波斯战争结束以后，罗马人又打败了萨尔玛提亚人，征服了卡尔皮人与巴斯塔尼人。如果这些确实发生在这一年，那么就可以理解为什么戴克里先留在伽列里乌斯管辖的地方——为了帮助他一起对抗那些蛮族。但是根据《尤塞比乌斯编年史》（*Eusebius, in Chron.*）记载，卡尔皮人与巴斯塔尼人在先前就被制服了，并被送到了罗马行省内居住。尤塞比乌斯还谈到了戴克里先浴场（Terme Diocleziane）大概于这一时期在罗马开始修建，后来由君士坦丁完成。这一建筑十分宏伟庞大，关于这一点可以参见描写古罗马作家们的描述。马克西米安努斯·奥古斯都在迦太

基建造了马克西米安努斯浴场（terme massimiane）。当时，浴场的使用可谓十分频繁，但现在我们会发现，几乎整个欧洲都已经很长时间没有再使用浴场了。

年　份　公元301年　小纪纪年第四年
　　　　玛策林教皇第六年
　　　　戴克里先皇帝第十八年
　　　　马克西米安努斯皇帝第十六年
执政官　提提安努斯（Titianus）第二次，内波提安努斯（Nepotianus）

在法布莱图斯（*Fabrettus, Inscript., pag. 208.*）发表的一则碑文中提到一个叫提图斯·弗拉维乌斯·波斯图米乌斯·提提安努斯（Titus Flavius Postumius Titianus）的执政官。我认为他就是这一年的执政官，后面我们还会看到公元305年的罗马总督是波斯图米乌斯·提提安努斯。这一年的罗马总督由埃利乌斯·迪奥尼修斯（Aelius Dionisius）担任。

尤塞比乌斯（*Euseb., in Chron.*）提到这一年在西顿（Sidone）和泰尔（Tiro）发生了一场可怕的地震，许多建筑物倒塌，无数人被压在废墟下。君士坦提乌斯·恺撒在这一年做了哪些事，我们并不知晓。欧迈尼斯（*Eumenes, Panegyric. Const.*）在给君士坦丁·奥古斯都的颂词中提到他的父亲君士坦提乌斯在温多内（Vindone，据认为是现今的伯恩州）对敌人进行了大屠杀。除此之外，有可能在这一年，一大队日耳曼人想借助河上的冰到达莱茵河上的大岛，即巴达维亚（Batavia），但是冰层突然融化，他们被困在了半道上，最后不得已成为君士坦提乌斯的俘虏。

年　　份　公元302年　小纪纪年第五年

玛策林教皇第七年

戴克里先皇帝第十九年

马克西米安努斯皇帝第十七年

执政官　弗拉维乌斯·瓦莱利乌斯·君士坦提乌斯·恺撒（Flavius Valerius Constantius Caesar）第四次，盖乌斯·伽列里乌斯·瓦莱利乌斯·马克西米安努斯·恺撒（Gaius Galerius Valerius Maximianus Caesar）第四次

努米乌斯·托斯库斯（Nummius Toscus）在这一年担任了罗马总督之职。

这一年，东方遭遇了一场严重的饥荒，导致那里的粮食价格暴涨（*Idacius, in Fastis. Lactantius, de Mort. Persecut., cap. 7.*）。戴克里先为此采取的措施不够谨慎——他下令以平常的价格出售粮食，这使商人们不愿再出售粮食，也不愿从遥远的国家运来粮食，结果饥荒持续了很长时间，还引发了骚乱与杀戮，最终迫使皇帝废除那项规定，让市场进行自我管理。这场饥荒可能蔓延到了埃及，埃及原先有充足的粮食，通常是供给他国粮食的国家。我们从《亚历山大编年史》（*Chron. Alexandrin.*）与普罗科匹乌斯（*Procop., in Histor. arc.*）那里得知，戴克里先调拨了大量粮食，每年赠送给该国的穷人。这一慷慨之举一直延续到查士丁尼·奥古斯都（Iustinianus Augustus）统治时期才停止。

根据奥勒留斯·维克多（*Aurelius Victor, in Epitome.*）所述，两位奥古斯都颁布了一些非常公正的法令，以确保城市的和平与稳定，特别是取消了派往各省以调查动乱、滥用职权与投诉的密探，或者叫检查员。一开始，这一职务还是受人尊敬的，对公众也是有利的，因为奥古斯都通过检查员得知发生的骚乱后，开始进行整治。但随着时间的推移，这个好制度逐渐恶化成了害人的东西，因为检查员会编造虚假的控诉，谋杀任何与他们不和的人，或者不愿用金钱贿赂他们的人，他们还让所有的国家缴纳贡税，甚至远方诸国的人民也感到恐惧。此外，奥古斯都还制定了一些良好的规章制度，以维持罗马人民生活必需品的供应，并确保士兵能按时收到俸禄，有才能的人能得到晋升，作恶者受到惩罚。他们还继续为罗马城建造美丽而坚固的城墙，并在其他城市建造宏伟壮观的建筑，特别是在迦太基、尼科米底亚与

米兰。马克西米安努斯在米兰建造了一些温泉，或者说是浴场，并以他的名字命名。奥索尼乌斯（Ausonius, de Urbibus.）在对主要城市的描述中提到了这些浴场。不可否认，当时的罗马帝国称得上一片安宁祥和，但如奥勒留斯·维克多所说，平静之中也不乏一些麻烦与动乱。马克西米安努斯·奥古斯都的无耻好色引起了很多人的不满，他甚至连人质也不放过，但戴克里先为了不破坏现在的宁静，也为了维持和马克西米安努斯与伽列里乌斯的和谐关系而睁一只眼闭一只眼，任由他们为所欲为，做出不公正与蛮横的行为。

年　份　公元303年　小纪纪年第六年

玛策林教皇第八年

戴克里先皇帝第二十年

马克西米安努斯皇帝第十八年

执政官　盖乌斯·奥勒留斯·瓦莱利乌斯·戴克里先·奥古斯都（Gaius Aurelius Valerius Diocletianus Augustus）第八次，马库斯·奥勒留斯·瓦莱利乌斯·马克西米安努斯·奥古斯都（Marcus Aurelius Valerius Maximianus Augustus）第七次

这一年的罗马总督是尤尼乌斯·提贝里亚努斯（Iunius Tiberianus）（Bucherius, de Cyclo.）。

我不知道该说这一年是基督教徒悲惨的一年还是光荣的一年。悲惨是因为在这一年，基督教徒遭遇了有史以来最残酷的迫害；光荣是因为无数教徒不畏酷刑与死亡，忠诚地信仰基督教，他们的牺牲使天堂中多了许多光荣的殉教者（Euseb., Hist. Eccl., lib. 8, c. 1, et in Chron.）。据拉克坦提乌斯（Lactantius, de Mortib. Persecutor., cap. 9 et 10.）所述，公元298年，在向神灵献祭的时候，从祭祀的动物内脏中看不到任何能预测未来的迹象，占卜师将此异常归咎于有几个基督教徒在场。于是，戴克里先愤怒地下令，所有信仰基督教的宫廷人员与士兵都要受鞭打之刑并撤职以祭祀众神。还有少数人被判处了死刑，但因为这事在当时引起了轰动，就没有执行。戴

克里先·奥古斯都与伽列里乌斯·恺撒一起在尼科米底亚的城市比提尼亚度过了这一年的冬天。据尤塞比乌斯所说，在那一时期，由于长期的和平状态，基督教迅速发展扩大，在罗马行省的各个城市建造了无数教堂，东方与西方已经有无数人成为基督教的信仰者。但是在这些基督教徒中存在一些异端邪说，使得妒忌、欺骗与虚伪在他们之间滋生。甚至主教之间也意见不合，互相议论对方，于是他们的信徒开始出言不逊并掀起叛乱，完全忘记了神圣基督教的教义与责任。没有人想到安抚上帝，于是上帝想要惩罚他们的疏忽，使他们悔改，便让异教徒将他们的愤怒发泄到基督教徒身上（Lactantius, de Mort. Persecutor., cap. 9 et 10.）。伽列里乌斯·恺撒是最开始煽风点火的人，他的母亲极其仇恨基督教徒，受她的影响，伽列里乌斯也一心要铲除基督教徒，过去他就表现出了这样的想法，在这一年，他正式宣布要将基督教徒赶尽杀绝。当时他与岳父戴克里先在尼科米底亚，所有人都以为他们二人在秘密地讨论国家最重要的事务，事实上，他们在房间里讨论的是如何灭绝基督教徒。伽列里乌斯是这项迫害的热心推动者，戴克里先尽其所能阻止这件事情，说扰乱整个罗马帝国是极其危险的，并且迫害基督教徒并没有什么用，因为基督教徒为了忠于他们的信仰早已习惯了忍受死亡。因此，只要禁止官员与士兵信仰基督教就足够了。伽列里乌斯请求听一下几个宫廷官员与将军的意见，结果他们所有人都同意伽列里乌斯的提议。戴克里先还想听一下他们的众神与祭司怎么说。不用我说，大家应该也知道他们的回答是什么。于是，戴克里先下令抓捕信仰耶稣基督的人，伽列里乌斯要求将他们都活活烧死，但戴克里先只是同意不动用武力对他们进行诉讼。

据拉克坦提乌斯所述，这场令人落泪的悲剧开始于这一年的2月25日，禁军总督带着几个士兵前往尼科米底亚教堂——这座教堂位于皇宫对面的一个高地上，他们闯入教堂，将里面的圣人雕像全部烧毁，并掠走了所有的宗教装饰品与花瓶、器皿。与此同时，两位皇帝在皇宫的窗边看着教堂讨论着，伽列里乌斯坚持将教堂放火烧毁，但戴克里先的意愿占了上风，他认为应该将教堂拆掉，以免相邻的房屋也被大火烧着。在短短几个小时内，这一命令就被执行了。第二天，皇帝颁布了一条敕令（Euseb., Histor. Eccles., lib. 8, cap. 2.），下令将所有基督教堂，包括地基全部摧毁，并将基督教所有的宗教书籍烧掉，同时称所有不愿抛弃基督教的贵族人士都下流无耻，将所有不愿抛弃基督教的平民都变为奴隶。这是皇帝一开始颁布的敕令，后来又加上了搜寻所有主教并强迫他们向异教众神献祭的命令。最后，皇帝下令对基督教徒施行酷刑，于是出现了许多忠于耶稣基督的殉教者，他们的鲜血使得基督教更加稳固，得以长久立足于世上。这条敕令发布没多久，戴克里先与伽列里乌斯居住的尼科米底亚宫殿就发生了两次火灾（*Lactantius, de Mortib. Persecut., cap. 14.*），大火烧毁了宫殿的大部分。后来成为皇帝的君士坦丁当时也在那座城市，在他的一篇演讲中（*Constantinus, in Oration. apud Eusebium.*），他将大火归咎于闪电和天火。对此，拉克坦提乌斯肯定地认为，那场大火是伽列里乌斯·恺撒所为，因为他想将其归罪于基督教徒，让戴克里先对他们更加愤怒。关于这场著名的残忍迫害基督教徒的事件，我就讲这么多，读者如果想了解更多内容，可以阅读尤塞比乌斯（*Euseb., Histor. Eccles., lib. 8.*）、巴罗尼奥主教（*Baronius, in Annalib.*）与蒂勒蒙特（*Tillemont, Mémoires des Empereurs.*）的作品，以及博兰多的《圣人行传》（*Acta Sanctorum Bolland.*），总的来说，就是阅读基督教历史。

据尤塞比乌斯（*Eusebius, lib. eod., cap. 6.*）所述，大概在这一时期，一些人试图在马拉蒂亚（Melitene，亚美尼亚的行省）与索里亚篡夺皇位。对于这些动乱，我们只知道诡辩家利巴尼乌斯（*Liban., Oration. 14 et 15.*）在其作品中记录的内容，即在塞琉西亚，一个叫作奥利金的率领500人的将军在其士兵的要求下自立为帝，因为他们无法再忍受清理该市港口的辛苦劳动。奥利金意欲占领安提阿，并且成功地凭那几百名士兵闯入了该城市，但是安提阿的人民进行了反抗，不到一个晚上，这些人就被杀死，或者被抓捕了。因为这一忠诚之举，安提阿人民从戴克里先那里得到了丰厚的奖赏。塞琉西亚的主要军官未经审判就被判处了死刑，连辩解的机会也没有。这一残忍的行为令整个索里亚的人民都对戴克里先心生憎恨，甚至于90年后，也就是利巴尼乌斯生活的时期，他的祖父与其他人因为念了戴克里先的名字而惊恐不已，最终丧生。

据拉克坦提乌斯（*Lactantius, de Mortib. Persecut., cap. 17.*）所述，戴克里先在这一年回到罗马庆祝11月20日的20周年庆典。然而，巴基神甫（*Pagius, Critic. Baron.*

ad annum 298.）、蒂勒蒙特（*Tillemont, Mémoires des Empereurs.*）与其他一些人对这件事存有争议，他们想知道这里的20周年庆典指的是什么，为什么会在11月20日这天。我不会参与这样的争论，不过值得一提的是，现今的学者一致同意罗马人民在这一年为戴克里先举办凯旋之礼，而不是如《尤塞比乌斯编年史》（*Eusebius, in Chronic.*）中所写的那样在上一年。根据一位古代颂词作家（*Incertus, in Paneg. Max. et Const., cap. 8.*）所述，马克西米安努斯也在凯旋典礼上，因为他也参与了与罗马帝国敌人的战争并取得了胜利。公元297年我们讲过戴克里先与波斯国王达成和平协议，著名权威佩特鲁斯·帕特里修斯（*Petrus Patricius, de Legation., tom. I Hist. Byzant.*）似乎同意尤塞比乌斯与欧特罗皮乌斯（*Eutrop., in Breviario.*）的叙述，即在戴克里先的凯旋战车前拉着波斯国王纳尔塞斯的妻子、妹妹与孩子，而我们讲过这些人已经在很早之前就被释放了。有可能在凯旋典礼上出现的只有波斯公主与王子的肖像，而不是真人。欧特罗皮乌斯还谈到戴克里先为此举办的豪华盛宴，但是他并没有像以前的皇帝一样举办盛大的表演竞赛，因为崇尚节俭，因此他嘲笑卡鲁斯与其他前任皇帝，在他看来，他们都把钱浪费在了那些无用的表演上（*Lactantius, de Mortib. Persecut., cap. 17.*）。于是，罗马出现了许多针对戴克里先的讽刺诗，戴克里先无法忍受这样的放肆与傲慢，认为最好还是离开罗马，于是他在这一年年底到了拉文纳（Ravenna），甚至都不想等到下一年的第一天，即他第九次担任执政官的时候。在途中，季节寒冷与下雨让人感到非常不适，戴克里先发了几次烧，虽然是低烧，但一直持续着，使得他不得不总是乘坐马车。当时在各个地方受到欺压迫害的基督教徒乐见这位迫害者遭受这样的惩罚。虽然我说的是各个地方，但君士坦提乌斯·恺撒统治的国家除外，即高卢。因为据拉克坦提乌斯（*Idem, cap. 15.*）所述，君士坦提乌斯对基督教徒非常仁慈，他崇慕他们的美德，但为了不与戴克里先产生冲突，他下令只将他们的教堂拆毁，不准对人造成伤害与骚扰。或者，如果尤塞比乌斯（*Euseb., Hist. Eccl., lib. 7. cap. 13.*）所述属实，君士坦提乌斯管辖国家的教堂被保留了下来，即使有一些被破坏了，那也是愤怒的异教徒干的，而不是君士坦提乌斯下令这么做的。但是巴基神甫认为在这一年，高卢也残杀了一些基督教徒，使上述迫害进一步发酵。

根据拉克坦提乌斯（*Lactantius, cap. 38.*）所述，在20周年之际，一个被哥特人驱逐的蛮族部落逃到马克西米安努斯的国家避难，他们被伽列里乌斯征用到护卫军里，之后又被马克西米安努斯征用，但他们并没有服务于罗马人，而是想要征服与欺压罗马人。

年　份　　公元304年　小纪纪年第七年

玛策林教皇第九年

戴克里先皇帝第二十一年

马克西米安努斯皇帝第十九年

执政官　盖乌斯·奥勒留斯·瓦莱利乌斯·戴克里先·奥古斯都（Gaius Aurelius Valerius Diocletianus Augustus）第九次，马库斯·奥勒留斯·瓦莱利乌斯·马克西米安努斯·奥古斯都（Marcus Aurelius Valerius Maximianus Augustus）第八次

这一年的罗马总督是阿拉克里乌斯·鲁菲努斯（Araclius Rufinus）。

戴克里先、马克西米安努斯与伽列里乌斯对基督教徒的迫害一开始，上帝就将他的愤怒发泄到这些残忍杀害正义之人的迫害者身上，以至于他们建立起来的和平与伟大渐渐消失，原本繁荣昌盛的罗马帝国又回到了变革与灾难的混乱之中。前面我们讲过，迫害者首领戴克里先在上一年患病，来到拉文纳后，他于1月1日第九次上任执政官，然后在这里待了一整个夏天，希望能恢复健康。眼见疾病非但没有好转，反而越来越严重，戴克里先决定来到空气更有益于健康的色雷斯，更重要的原因是他急于建成先前在尼科米底亚建造的竞技场。与此同时，各地都在为戴克里先的身体健康向他们的神灵祈求。戴克里先经过威尼斯与伊利里亚，越过多瑙河，终于来到尼科米底亚，到这里时他早已衰弱无力，以至于12月13日有传言称他已经逝世。这令整个宫廷都感到悲伤并有些怀疑，后来整个城市甚至传言戴克里先的尸体已经被埋葬了。但当时戴克里先仍然活着，虽然意识薄弱，有时还陷入昏迷。尽管有人可以证实戴克里先还活着，但仍有一些人怀疑他们是在隐瞒戴克里先的死讯以

让伽列里乌斯·恺撒有时间赶过来，阻止士兵们发生叛乱。我们对伽列里乌斯这一年的行动一无所知。至于马克西米安努斯·奥古斯都，根据一则古代颂词（*Incertus, in Panegyr. Maximian. et Constant., cap. 8.*），他在这一年第八次任执政官，在罗马居住了很长时间。

由《大马士革编年史》（*Anastas. Bibliothec.*）可知，罗马教皇玛策林（Marcellinus）在这一年逝世，一些人认为他是受到迫害而殉教的，但是没有可靠的证据可以证明。甚至在古时候，多纳图斯派信徒（Donatista）散播谣言称，教皇是在迫害中屈服于恐惧，向异教众神献祭。因此后来形成了一个传说，叙述了他的堕落以及后来的悔罪。这场迫害的残酷使得罗马教皇之位空置了3年，没有人敢冒险填补空位，因为异教徒会把愤怒发泄在基督教的领路人身上。

年　份　公元305年　小纪纪年第八年
　　　　教皇职位空缺
　　　　君士坦提乌斯皇帝第一年
　　　　伽列里乌斯皇帝第一年
执政官　弗拉维乌斯·瓦莱利乌斯·君士坦提乌斯·恺撒（Flavius Valerius Constantius Caesar）第五次，盖乌斯·伽列里乌斯·瓦莱利乌斯·马克西米安努斯·恺撒（Gaius Galerius Valerius Maximianus Caesar）第五次

这一年的罗马总督是波斯图米乌斯·提提安努斯（Postumius Titianus）。

戴克里先·奥古斯都一直生着病，因此继续待在尼科米底亚。3月1日这天，他强迫自己（*Lactantius, de Mort. Persecutor., cap. 17.*）尽力走出宫殿见见人民，但他面容憔悴，人们好不容易才认出他，并且发现他有时候神志不清。没过多久，伽列里乌斯·恺撒过来看望他，但不是为了祝他身体恢复健康，而是劝告他，甚至是强迫他放弃皇位。伽列里乌斯此前已跟马克西米安努斯皇帝说过同样的话，他用挑衅性的言语威胁马克西米安努斯如果不放弃手中的统治权，他就会发动内战。现在，他先是以礼貌的方式设法让岳父戴克里先顺从自己的意愿，说他年事

已高，再加上体弱，已经无法再统治人民，然后向他举出涅尔瓦·奥古斯都的例子。戴克里先回答说，从皇帝沦为一个普通人是件不光彩的事，并且也很危险，因为有那么多人憎恨他。涅尔瓦的例子没有什么说服力，因为直到死去，他依然保有皇帝的位子。戴克里先还说他会将奥古斯都的位子授予他和君士坦提乌斯两个人，但是伽列里乌斯再三说4位皇帝在位会扰乱戴克里先建立的政府形式，而后他提高声音补充说，如果戴克里先不让位，那么他就会想办法达成他的目的，因为他不想再位居人下，他已经厌倦了在伊利里亚与蛮族交战的15年艰苦生活，其他人却在更宁静富足的国家享受安逸的生活。患病的戴克里先此前已经收到马克西米安努斯的来信，信中马克西米安努斯说了伽列里乌斯对他做出的威胁，还说伽列里乌斯为了达到这一目的还在不断壮大他的军队。于是，戴克里先眼里含着泪水妥协了，他与马克西米安努斯都同意了退位。之后，他们开始讨论两位恺撒的选举。戴克里先提议任命君士坦提乌斯的儿子君士坦丁（Constantinus）与马克西米安努斯的儿子马克森提乌斯（Maxentius）为恺撒。但是骄傲的伽列里乌斯都拒绝了，他说马克森提乌斯虽然是他的女婿，但他恶习满满，而君士坦丁有太多的美德，深受军队爱戴，他们两个人都不会服从他的命令，而他想要能够按他的方式做事的人。"那么谁可以呢？"戴克里先问道。伽列里乌斯回答说可以提拔塞维鲁斯（Severus）与戴亚（Daia，伽列里乌斯一个妹妹的儿子，不久前获得马克西米努斯的名字），他们二人都出生于伊利里亚。对于塞维鲁斯，戴克里先问道："是那个舞者吗？那个日日夜夜喝酒的酒鬼吗？""正是他，"伽列里乌斯回答说，"因为他懂得如何管理军队。"戴克里先只能低着头，顺从了他高傲的女婿的意愿。戴克里先写信给马克西米安努斯以确定退位以及给两位既定的恺撒加冕的方式和时间。实际上，傲慢的伽列里乌斯在与戴克里先谈话之前，已经将塞维鲁斯派到了马克西米安努斯那里，向他请求授予恺撒之位。

很快到了5月1日戴克里先与马克西米安努斯退位的日子（*Lactantius, de Mortib. Persecut., cap. 19.*），戴克里先出现在距尼科米底亚几罗马里的一个地方，这个地方也是伽列里乌斯很多年前被选任为恺撒的地方。这里有一个皇座，所有宫廷人员与军队都整齐有序地排列着。作为一等军官，君士坦丁也位列其中，所有人都将目光转向他，希望甚至笃定他会被选为新任恺撒。这时，戴克里先先是泪流满面地说明自己已无法再进行统治，需要休息，而后宣布君士坦提乌斯·克洛鲁斯与伽列里乌斯·马克西米安努斯为新任的奥古斯都，以及塞维鲁斯与马克西米努斯为新任的恺撒。士兵们大吃一惊，开始交头接耳，询问是不是君士坦丁改了名字。与此同时，伽列里乌斯把戴亚，也就是马克西米努斯叫到前面，戴克里先将皇袍脱了下来，给新任的恺撒穿上。马克西米努斯在过去几年摆脱了牧羊人的身份，先是成为一个普通士兵，后来成为护卫军，直到成为军官，最终成为恺撒。他不再是羊群的统领者了，而是士兵的统领者，他担任恺撒后开始统治，或者说是蹂躏东方，尽管他并不通晓军事，也不懂得管理人民。戴克里先改回了他原来的名字戴克里，乘坐马车回到他的家乡达尔马提亚休息，然后在萨洛纳（Salona）停留了下来。而马拉拉（*Johannes Malala, in Chronogr.*）的说法似乎没有根据，他写戴克里先在安提阿退位，然后担任该市的朱庇特祭司之职。伽列里乌斯·奥古斯都与马克西米努斯·恺撒接手了统治权，开始制订新的计划。与此同时，马克西米安努斯·奥古斯都正在他常居的城市米兰。如我之前所说，他在此建造了一些豪华的温泉。如加尔瓦诺·达拉·菲亚玛（Galvano dalla Fiamma, *Gualvaneus de Flamma, Manipul. Flor. tom. XI Rer. Italic.*）所述，马克西米安努斯还在此建造了一座皇宫与一座赫拉克勒斯神庙［可能是现今的圣洛伦佐教堂（basilica di Sanctus Lorenzo）］。在这座城市（*Euseb., in Chron. Idacius, in Chronico. Incertus, in Panegyr. Maximian.*），同样是在5月1日这天，马克西米安努斯皇帝也卸去了皇位，宣布君士坦提乌斯·克洛鲁斯为奥古斯都，塞维鲁斯为恺撒。在这之后，据欧特罗皮乌斯（*Eutrop., in Breviario.*）与佐西姆斯（*Zosimus, lib. 2.*）所述，马克西米安努斯退隐到了卢卡尼亚（Lucania）最宜人的地方（现今卡拉布里亚的一部分），不过他不是为了休息，而是为了等待更加有利的时机以实现他仍然未泯的野心。到目前为止，所有叙述以及后面所发生的事情都让我们明白戴克里先与马克西米安努斯不是像奥勒留斯·维克多、欧特罗皮乌斯及其他人所说的那样，因为心胸宽广而退位，是被迫退位。

现在，罗马帝国有了两位新任奥古斯都，即君士坦提乌斯·克洛鲁斯与伽列里乌斯（也被叫作"小马克西米安努斯"，以与退位的马克西米安努斯皇帝相区别），还有两位新任恺撒，即塞维鲁斯与马克西米努斯。他们的管辖区域是这样分配的：君士坦提乌斯统治高卢、意大利与阿非利加，后来还包括西班牙与不列颠；伽列里乌斯则统治整个亚细亚、埃及、色雷斯与伊利里亚。但据欧特罗皮乌斯（*Eutrop., in Breviar.*）与奥勒留斯·维克多（*Aurelius Victor, de Caesaribus.*）所述，君士坦提乌斯满足于奥古斯都的头衔与权威，并且满足于他现在管辖的行省，于是他让塞维鲁斯·恺撒管辖意大利，有可能还包括阿非利加，不过塞维鲁斯（*Anonymus Valesianus post Ammian.*）必须遵守之前已经制定的规定，服从于君士坦提乌斯的命令。因此，如一些勋章（*Mediobarbus, in Numismat. Imp.*）上所记录的，塞维鲁斯拥有了弗拉维乌斯·瓦莱利乌斯·塞维鲁斯（Flavius Valerius Severus）的名字。同样，马克西米努斯·恺撒也要服从他舅舅伽列里乌斯·奥古斯都的命令。

前面我们讲过，马克西米努斯出身卑微，除此之外，他还拥有一身恶习（*Euseb. Lactant. Victor, etc.*）。他特别喜欢喝酒，且喝酒后经常发疯，发疯时，他甚至会做一些伤害自己的事，因此从那以后，凡是他午饭后或晚饭后下令做的事都不会被执行，除非等到第二天。他还极其好色，并且十分残忍，尤其是对基督教徒，他对他们进行了非常残酷的迫害。他还给人民带来非常沉重的负担，因为他向人民征收高额的赋税，以致在他统治之下，各省都变得一贫如洗，而他却将所有钱奖赏给他的朝臣与士兵。维克多赞颂马克西米努斯是个安静、喜欢文人墨客的人。但根据尤塞比乌斯所述，马克西米努斯除了巫师谁也不喜欢，巫师是他最喜欢的人。在一些勋章（*Mediobarbus, in Numism. Imperator.*）上，这位残暴的戴亚被称为盖乌斯·伽列里乌斯·瓦莱利乌斯·马克西米努斯（Gaius Galerius Valerius Maximinus）。据尤塞比乌斯（*Euseb., Histor. Eccles., lib. 9, cap. 1.*）所述，伽列里乌斯并没有将整个东方交由马克米西努斯统治，而是仅仅让他管辖索里亚与埃及。如我之前所述，大失所望的君士坦丁仍旧待在戴克里先皇帝曾经待过的尼科米底亚，直到现在，伽列里乌斯用他作为人质来控制他的父亲君士坦提乌斯。也正是在这一年，君士坦丁的父亲多次写信给伽列里乌斯，请求让他的儿子回到他身边，因为他想见见儿子，特别是自从他开始感到身体不适以后。伽列里乌斯出于其他目的没有让君士坦丁离开。君士坦提乌斯生性和蔼可亲，所以伽列里乌斯对他怀有鄙视。另外，伽列里乌斯身体不适，他感觉自己将命不久矣，他认为自己活着的时候可以根据自己的意愿任命两位恺撒，但如果自己死了，君士坦提乌斯就可以拥有整个罗马帝国了。因此，伽列里乌斯不想放走君士坦丁，甚至想着怎么杀掉他，以除掉这个他上升路上的障碍。但是他不敢公开处死君士坦丁，因为他很清楚军队有多么爱戴这个拥有诸多美德的年轻王子。于是，他决定采用陷阱与欺诈的手段谋杀君士坦丁。历史学家普拉克萨戈拉斯（Praxagoras）据说生活在君士坦丁统治时期，或他儿子的统治时期，他写道（Photius, Bibliothec. Cod. 62.），有一天伽列里乌斯强迫君士坦丁与一只凶猛的狮子搏斗，最后君士坦丁杀死了那只狮子。据佐纳拉斯（Zonaras, in Annalibus.）所述，一天，伽列里乌斯要求君士坦丁带着很少的士兵进攻萨尔玛提亚的一个将军，而这个将军带着许多士兵（Anonymus Valesianus post Ammian.）。君士坦丁去了，最后他抓着那个将军的头发把他拖到了伽列里乌斯脚下。有可能就是在这场与萨尔玛提亚的战争中，伽列里乌斯派君士坦丁率领几支军队经由一个沼泽与那里的蛮族作战，希望君士坦丁能在那里被淹死，或者被敌人杀死。但事实正相反，君士坦丁屠杀了大量萨尔玛提亚人，然后凯旋，伽列里乌斯因此窃取了他人英勇作战的成果。上帝在这么多危险与圈套之中保护着这位王子，以让他后来为神圣的基督教做出非凡的有益之举。据奥勒留斯·维克多（Aurelius Victor, in Epitome.）所述，君士坦丁在罗马作为伽列里乌斯的人质，但众所周知，伽列里乌斯没有再回过罗马，因此，这件事肯定是不存在的。关于伽列里乌斯安排的这些圈套，尤塞比乌斯也有相关记述（Euseb., in Vita Constant., lib. 1, cap. 20.）。

年　份　公元306年　小纪纪年第九年

教皇职位空缺

伽列里乌斯皇帝第二年

塞维鲁斯皇帝第一年

马克森提乌斯皇帝第一年

马克西米安努斯皇帝第一年

执政官　弗拉维乌斯·瓦莱利乌斯·君士坦提乌斯·奥古斯都（Flavius Valerius Constantius Augustus）第六次，盖乌斯·伽列里乌斯·瓦莱利乌斯·马克西米安努斯·奥古斯都（Gaius Galerius Valerius Maximianus Augustus）第六次。

这一年的罗马总督是阿尼乌斯·阿努里努斯（Annius Anulinus）。

君士坦丁不仅意识到他的父亲君士坦提乌斯·奥古斯都非常想见他，而且知道父亲的身体状况每况愈下（Lactantius, de Mortib. Persec., cap. 14.），因此，他请求能够离开那个危险之地。伽列里乌斯为了避免与君士坦提乌斯公开决裂，同意君士坦丁离开。于是一天晚上，伽列里乌斯给予了君士坦丁出发的许可，并下令给他牵一匹马，但告诉他要等到第二天早上自己起床的时候再动身，因为他还有些其他命令要给君士坦丁下达。据信，伽列里乌斯是利用这段时间先派一个信使前去通知塞维鲁斯·恺撒，让他在君士坦丁经过意大利的时候，用某些借口将他留住。于是，伽列里乌斯第二天直到中午才起床，起床后，就叫人把君士坦丁叫来。但是，君士坦丁在前一天晚上伽列里乌斯刚上床的时候就赶紧来到马厩挑选马匹离开了，就好像是要逃离一个巨大的危险，后面有人追他一样。甚至当他在马厩牵走他需要的马匹后（nonymus Valesianus post Ammian.），还十分谨慎地将其他马匹全都弄成了残疾，这样就没有人能追赶他了。听到这个消息，伽列里乌斯大发雷霆（Zosimus, lib. 2, cap. 5.），而让他更愤怒的是，当他下令立即追捕君士坦丁时，却被告知马厩里没有能奔跑的马了。就这样，君士坦丁顺利地逃脱了视他为眼中钉的人的魔爪，毫无阻碍地穿过了阿尔卑斯山，抵达了高卢，也就是他父亲管辖的区域。奥勒留斯·维克多与佐西姆斯（Aurel. Victor, in Epit. et Zosimus, lib. 2, cap. 5.）认为君士坦丁逃跑是因为急于统治——他看见两个乡野粗人塞维鲁斯与马克西米努斯比他这个皇帝的儿子更位高权重而恼火。有可能是这样的。君士坦丁来到父亲身边，但此时君士坦提乌斯并没有像尤塞比乌斯（*Euseb., Vit. Constant., lib 1, cap. 21.*）与奥勒留斯·维克多所写的那样生命垂危，因为比所有人更可信的作家欧迈尼斯（*Eumen., Panegyr. Constant., cap. 7.*）在给君士坦丁的颂词中写道，君士坦丁抵达格索里亚科（Gesoriaco）时，他的父亲君士坦提乌斯正准备率领一支强大的舰队到不列颠与皮蒂人（Pitti）和卡莱多尼人（Caledonii）作战。君士坦提乌斯看到儿子意外到来而欣喜若狂，很快君士坦丁就加入了父亲的这次出征。

皮蒂人和卡莱多尼人住在不列颠——现今称为苏格兰（Scozia）的那部分地区，据说这是一个凶残的民族，根据比德（*Beda, Hist. Angl., lib. 1, cap. 1.*）所述，他们从斯基泰（Scitia）到达那里。乌塞留斯（*Usserio, Usser., de Reb. Britann.*）认为他们来自斯堪的纳维亚（Scandinavia）或周围的地区。但是古代作家（*Aurelius Victor, in Epitome.*）有时不仅仅称现在的鞑靼利亚人为斯基泰人，也会称俄罗斯人与北方最近时期的人为斯基泰人。在这场征战中，君士坦提乌斯得到了阿拉曼尼国王爱罗克斯（Erocs）的帮助，他也亲自参与其中。关于这场战争的其他内容，我们只知道阿诺尼努斯·瓦来西亚努斯（*Anonymus Valesianus.*）所说的，君士坦丁战胜了那些民族。但是，当君士坦提乌斯到达约尔奇市（Jorch）的时候，他原本就虚弱的身体变得越来越差，最终走到了人生的终点。7月25日这天（*Idacius, in Chronico.*），在孩子们的环绕下，君士坦提乌斯逝世了。人们为他举办了隆重的葬礼，然后根据异教徒的习惯将他神化，这在一些勋章（*Mediobarb., in Numismat. Imperat.*）中可以看到。英国的学者一直对君士坦提乌斯埋葬的地点有争议。根据斯蒂凡努斯·拜占提努斯（*Stephanus Byzantinus, de Urbibus.*）、阿诺尼努斯·瓦来西亚努斯、科斯坦蒂诺·波菲罗热内塔（*Constantinus Porphyrogeneta, de Provin.*）与其他作家所述，君士坦提乌斯出生于新达契亚的城市奈苏姆（Naissum），今天被称为塞尔维亚（Servia）。如果他父亲尤特罗庇乌斯（Eutropius）的妻子克劳迪娅（Claudia）真的是克劳狄乌斯二世皇帝的弟弟克里斯普斯（Crispus）的女儿，那么不可否认他还有一点贵族血统。当然，古人对君士坦提乌斯的这一出身是毫不怀疑的。克劳迪亚家族与克里斯普斯（Crispus）这个名字也出现在他的后代中。君士坦提乌斯通过行军开始了他辉煌的一生，在艾尔维齐亚（Elvezia，现今瑞士）作战的时候，埃琳娜——一个地位极其低下的女人，在公元274年为他生下了君士坦丁——后来成为最光荣的皇帝。埃琳娜是君士坦提乌斯的妻子，还是只是他的一个妓女，至今无法确定。尤塞比乌斯（*Eusebius, in Chron.*)、佐西姆斯（*Zosimus, lib 2, cap. 5.*）、尼基弗罗斯（Nikephoros）与其他一些人都认为君士坦丁是君士坦提乌斯的私生子。阿诺尼努斯·瓦来西亚努斯则说埃琳娜是君士坦提乌斯的妻子。生活在距当时非常近的欧特罗皮乌斯（*Eutrop., in Breviar.*）说君士坦丁出生于一段非常隐晦的婚姻中，他承认他的母亲身份卑微，但是与君士坦提乌斯结过婚。维克多（*Aurelius Victor, in Epitome, et de Caesarib.*）也证实，君士坦提乌斯在被封为恺撒时，不得已抛弃了他的第一任妻子，这个人应该就是埃琳娜，因为没有记载说他还有别的妻子。另外，一位君士坦丁的颂词作者（*Incertus, in Panegyr. Const., pag. 3.*）写道："君士坦丁在节欲方面不逊色于他的父亲，刚一成年就娶了妻子。"如果与君士坦丁同时代的作家都这么说的话，那么在这样的权威面前，佐西姆斯与其他后世作家的说法就不攻自破了。我们可以认为埃琳娜就是君士坦提乌斯的合法妻子，尽管后来依据异教徒的习惯，他将其抛弃，然后在公元292年娶了马克西米安努斯·奥古斯都的女儿提奥多拉（Teodora）为妻。

所有的古代作家，不管是基督教的还是异教的，都对君士坦提乌斯·奥古斯都的优秀品质赞叹有加（*Lactantius, de Mortib. Persecut., cap. 8. Incertus, in Panegyr. Maximian. Eutrop., in Breviar. Eusebius, in Vita Constantini, lib. 1.*）。君士坦提乌斯生性善良温和、平易近人，为人十分正直；他在战争中表现得英勇神武，而在取得胜利时又不骄傲自满，并且宽宏大量；他虽然有野心，但从来没有觊觎共治者的东西；他虽然有欲望，但从来没有违背节欲的要求。这些美德令他赢得了高卢人民的爱戴，特别是他非常关注他的臣民能够享受安宁与幸福，让人民变得富足，而不是国库，这让所有人欢欣不已。为了不加重人民的负担，他过得非常节俭。他满足于使用很少的银制餐具，当需要举办隆重的宴会时，他就派人去向朋友借餐具。此外，尤塞比乌斯（*Eusebius, in Vita Constantini, lib. 1, cap. 14.*）

讲到一件值得一提的事情：戴克里先得知君士坦提乌斯这种状况，就派了几个使者到高卢，让他们以自己的名义就疏于管理、自身贫穷以及没有在国库中储备金钱以供帝国之需对君士坦提乌斯发表一番严厉的讲话。君士坦提乌斯在对老皇帝的热情表示感谢之后，请求使者在他的宫殿里停留数日。与此同时，他告知其辖区内的所有富人他需要用钱，于是所有人都兴高采烈地跑来送上金银，并互相较量，看谁送得多。君士坦提乌斯叫来戴克里先的使者，向他们展示这些宝藏，说这些是由他信任的人保管，以便在需要的时候送过来。使者惊讶地离开了，回去将他们看到的报告给了戴克里先。君士坦提乌斯又叫来了那些金钱的主人，将所有金钱全部如数归还给了他们，并表示了诚挚的感谢。君士坦提乌斯的仁慈同样十分瞩目（Euseb., lib. 8, cap. 13 Hist. Eccl. et in Vita Constant., lib. 1, cap. 15. Optatus, lib. 1. Lactant., de Mortib. Persecut., cap. 15.）。虽然他从来没有真正信仰过基督教，但据说他很厌恶异教那么多神灵，他只崇拜一位至高无上的神。此外，他很喜欢基督教徒，在任何时候都会给予他们帮助，还将许多人留在他的宫廷中服务。公元303年，戴克里先与伽列里乌斯发布了迫害基督教徒的残忍敕令，并让君士坦提乌斯与马克西米安努斯也执行。马克西米安努斯欣然执行了，但君士坦提乌斯为了不与其他人对立，只是让人推倒了高卢的基督教堂，正如我前面所提到的，他不允许伤害基督教徒，也不许剥夺任何人的宗教信仰自由。他这种仁慈有可能源于他生性对人和善，也可能源于他的第一任妻子埃琳娜对他的影响。埃琳娜在那个时候是一名基督教徒，不过这件事是有待确证的，尤塞比乌斯则明确否认了这件事。但也有可能至少在初期的时候，埃琳娜是信仰基督教的。尤塞比乌斯（Euseb., in Vita Constant., lib. 1, cap. 16.）还讲到了一个值得纪念的举动。当迫害基督教徒的敕令传来时，君士坦提乌斯下令任何信仰耶稣基督的朝臣、法官与其他官员要么卸去他们的职位，要么放弃他们的宗教。有人选择了第一个，有人选择了第二个。于是，君士坦提乌斯责备那些背教者的不忠与懦弱，并将他们从宫廷中赶了出去，说他们背叛了他们的上帝，很有可能之后也会背叛他。他将那些忠诚的信教者留在了他的身边，并给他们分配了护卫军，在其他皇帝残忍地迫害基督教徒的时候他却视他们如朋友。

君士坦提乌斯的第一任妻子埃琳娜为他生下了君士坦丁大帝，公元292年，君士坦提乌斯不得已抛弃埃琳娜后，娶了马克西米安努斯·奥古斯都的女儿弗拉维娅·马克西米安努斯娜·提奥多拉（Flavia Massimiana Teodora），她为君士坦提乌斯生下了3个儿子，即德尔马西乌斯（Delmacius）、尤利乌斯·君士坦提乌斯（Iulius Constantius）与安尼巴利亚努斯（Annibalianus），3个女儿，即康丝坦娅（Costanza）、阿纳斯塔西娅（Anastasia）与尤托皮娅（Eutropia）。根据尤塞比乌斯（Euseb., in Vita Constantini.）、拉克坦提乌斯（Lactantius, de Mortibus Persecut.）、背教者尤利安努斯（Julian., Oratione I.）、利巴纽斯（Libanius, Oratione III.），特别是当时同时代的作家欧迈尼斯（Eumen., Panegyr. Constant., cap. 7.）证实，君士坦提乌斯在去世之前，决定只让他的长子君士坦丁（据信出生于公元274年）进行统治，其他孩子过着普通人的生活。他还向他的军队推荐了君士坦丁，他的推荐也没有白费心血，在他去世的同一天，所有军队以及阿拉曼尼的国王爱罗克斯（Erocs，作为罗马人的援兵，他当时也在不列颠的约尔奇市）都宣称君士坦丁为奥古斯都皇帝，并为他披上皇帝的紫色长袍。之后，君士坦丁开始为父亲准备葬礼。佐西姆斯（Zosimus, lib. 2, cap. 9.）与阿诺尼努斯·瓦来西亚努斯（Anonymus Valesianus, post Ammian.）认为士兵们只是给了君士坦丁"恺撒"的头衔。事实上，在一些锻造于这一年7月25日之后的勋章上（Mediobarbus, Numism. Imperator.）可见君士坦丁被称为"恺撒"。但是作家之间很容易达成一致，拉克坦提乌斯（Lactantius, de Mortib. Persecut., cap. 25.）肯定地说，君士坦丁确实被士兵们冠以奥古斯都皇帝的头衔，但是他行事非常谨慎，虽然不想与其他皇帝关系决裂，但他还是给他们送去了自己头戴皇冠的画像，如新任皇帝惯常做的那样，他想表示愿意与他们和谐相处。伽列里乌斯·奥古斯都看见后脸色大变，准备烧掉这幅画像并处死送来画像的人，但他的朋友们劝阻他说，如果他们关系破裂的话，伽列里乌斯的士兵一定会投靠君士坦丁，因为他们非常爱戴君士坦丁，知道他有许多才华与美德。于是伽列里乌斯妥协了，他接受了画像，并给君士坦丁送去了自己的画像，但同时强迫君士坦丁只能拥有"恺撒"的头衔与保民官的权力。君士坦丁非常谨慎，顺从了伽列里乌斯的意愿。伽列里乌斯对君士坦丁的上位这么愤怒并不让人感到惊讶，因为这打乱了他的所有计划。他本来打算在君士坦提乌斯死后，让他的宠臣李锡尼（Licinius）成为奥古斯都皇帝，把君士坦提乌斯的儿子们排除在外，只让自己儿子手下的人当政。之后，再让塞维鲁斯成为奥古斯都，让他的私生子坎迪迪安努斯（Candidianus，被伽列里乌斯的妻子瓦莱里娅·奥古斯塔收养）成为恺撒。他还打算在他统治到不想再统治的时候，就像戴克里先与马克西米安努斯一样退位，在隐居中平静地度过人生的最后几年。由于君士坦提乌斯的死比他预想的早了很多，并且君士坦丁已经上位，他的所有想法都被打乱了。如我之前所说，君士坦丁顺从了伽列里乌斯的意愿，只拥有"恺撒"的头衔。但是伽列里乌斯想要断绝君士坦丁成为奥古斯都的道路——根据戴克里先制定的制度，帝国内只能有两位奥古斯都，于是没多久他就宣布塞维鲁斯为奥古斯都皇帝，并表示他这么做是因为塞维鲁斯年龄更高，并且比君士坦丁任恺撒时间更长。到目前为止，事情进展得很平静，其他皇帝都听命于伽列里乌斯。

然而，由于伽列里乌斯品行败坏、行为残暴，事情很快就发生了变化。据拉克坦提乌斯（*Lactantius, de Mortib. Persecut., cap. 21.*）所述，当伽列里乌斯战胜波斯人时，了解到那些人民都是他们国王的奴隶后，便想利用这个范例让罗马人都成为他的奴隶，束缚他们的自由。他任意夺走人们的地位和荣誉，每天都会做出新的残忍之举，首先是迫害基督教徒，后来扩展到各类人，甚至是他自己的朝臣。将人钉在十字架上、将人活活烧死以及将人喂给野兽（特别是极其庞大而凶猛的熊）成了每天都会上演的节目，伽列里乌斯还在现场嘲笑他们，如果某人惨死的场面没有满足他的残忍本性，他就不会去吃饭。囚禁、流放、剑刺与砍头在他看来都是太轻的刑罚。他还将贵族妇女抓捕到他的宫殿里。除此之外，公平正义也不复存在，伽列里乌斯将律师与法学家全部处死或流放，让对法律一无所知的军人担任法官，也不再派陪审员到各省。只要是文人或者雄辩家，就会招致他的仇恨。总之，不公正当权，一切都很混乱。另外，伽列里乌斯为了获得金钱，还十分贪婪与残暴。他在帝国各省征缴巨额赋税，严格按照人和动物的数目，按照土地、树木与葡萄藤的占地进行征收。任何人都无法避免这一压榨。由于穷人无法缴纳足够的赋税，伽列里乌斯就借口他们是假装付不起，将很多人都淹死了。最终，上帝开始对这个不光是基督教徒，而且是全人类的敌人实施报复了，就像对其他两位迫害基督教徒的皇帝那样。

伽列里乌斯准备在罗马征收他所立下的高额赋税，没有人有特权可以豁免，他还派人去调查了罗马居民的人口数目与财产情况。但是，罗马人民不习惯于这样的赋税，因为过去他们一直将自己视为主人，而不是奴隶。因此，罗马怨声四起，引发了叛乱，已退位的马克西米安努斯皇帝的儿子马克森提乌斯（Maxentius）很懂得利用这一时机。在一些古代勋章中（*Goltzius et Mediobarbus, Numismat. Imp.*），他叫作马库斯·奥勒留斯·瓦莱利乌斯·马克森提乌斯（Marcus Aurelius Valerius Maxentius）。古代颂词作家（*Incertus, Panegyr. Const.*）称他有可能是马克西米安努斯的妻子尤托皮娅（Eutropia）为了得到丈夫的宠爱而生下的儿子。奥勒留斯·维克多（*Aurelius Victor. Anonymus Valesianus.*）与阿诺尼努斯·瓦来西亚努斯也是这么认为的。就算这是不确定的，但毫无疑问的是，马克森提乌斯身上确确实实集合了所有恶习，他懒惰傲慢、盛气凌人、残忍恶毒，无人能比。尽管如此，伽列里乌斯还是在很早之前就将自己的一个女儿许配给了他，但认识到他品性放荡可鄙后，伽列里乌斯从未想过提拔他到恺撒之位。马克森提乌斯（*Aurel. Victor. Zosimus, lib. 2, cap. 9.*）居住在罗马城的一座别墅里，正无所事事时，他听说了罗马人民因害怕伽列里乌斯向他们征收赋税而准备起义，于是他开始拉拢留在罗马的少数禁卫军——禁卫军很仇视伽列里乌斯，因为他将禁卫军的人数减少了（*Lactantius, de Mortib. Persecut., cap. 26.*）。马克森提乌斯收买了一些官员，包括卢基安努斯（Lucianus）、马塞卢斯（Marcellus）和马塞利安努斯（Marcellianus），承诺给他们很多奖赏。安排好一切后，他们引爆了地雷，杀死了代理罗马总督阿贝利乌斯（Abellius），尽管他不是正式的总督，然后他们宣布马克森提乌斯为奥古斯都。根据拉克坦提乌斯所述，这一天是10月27日，或者如蒂勒蒙特（*Tillemont, Mémoires des Empereurs.*）依据一个古代历法所认为的，是10月28日这天。罗马人民不但没有反对，反而很支持这位新皇帝的上任，因为马克森提乌斯向他们展示了许多优势，特别是他身居罗马这一点——宫廷远离罗马会带来很多不利的影响。听说儿子即位的消息，马克西米安努斯从卢卡尼亚来到罗马。有人认为（*Aurelius Victor, de Caesaribus.*）马克西米安努斯很早就知道了这个阴谋,并且他似乎还反对儿子的计划。但似乎欧特罗皮乌斯(*Eutrop., in Breviario.*)的记述更加可信,由于马克西米安努斯不情愿退位,他便一直观望,等待合适的时机再次即位,因此他很高兴看见儿子策划的这一阴谋,因为这正好为他重登帝位提供了条件。事实上,马克西米安努斯从卢卡尼亚来到坎帕尼亚,在这里停留了下来(*Lactantius, de Mortib. Persecut.*)。一些人认为,马克西米安努斯来到罗马表面上是为了辅佐儿子,其实是为了控制儿子。事实确实也是这样的。没过多久罗马就出现了叛乱,反对马克森提乌斯这个满身恶习、声名狼藉的人,这时马克森提乌斯意识到父亲的权威很有必要,因为他受到更多罗马人的爱戴与尊重,于是马克森提乌斯请求父亲重新即位,将紫色皇袍送到了坎帕尼亚(*Incertus, in Panegyr. Maximian. et Constant., cap. 10.*),或者是在罗马交与他,宣布他再任奥古斯都皇帝,成为帝国共治者。精明的马克西米安努在元老院与罗马人民也向他请求之后,才好意接受了。就这样,罗马有了两位奥古斯都,即马克西米安努斯与马克森提乌斯。伊利里亚与东方有另外两位奥古斯都,即伽列里乌斯与塞维鲁斯。君士坦丁则在高卢、西班牙与不列颠担任恺撒。这一变动对基督教徒来说是有利的(*Euseb., Histor. Eccl., lib. 8, cap. 14.*),因为马克森提乌斯很快就下令停止对他管辖地区的基督教徒的迫害。

至于君士坦丁,他上任后的第一个举措也是归还他管辖领域内的基督教徒可以公开信仰基督教的自由。他的母亲埃琳娜以前给他讲述了基督教的神圣性(*Euseb., in Vita Constantini, lib. 1, cap. 25.*),这激发了他对基督教的好感。然后,他以谨慎与温和的方式开始处理他管辖行省的事务,这让他赢得了所有人的称赞与爱戴。他的英勇也在许多地方彰显。在他的父亲君士坦提乌斯忙于不列颠之战时(*Eumen., Panegyr. Constant.*),日耳曼民族的法兰克人打破了和平协定,入侵高卢。已经回到高卢的君士坦丁向他们发动了战争,最终打败了他们,还抓住了他们的两个国王(*Eutrop., in Breviar.*),即阿斯卡里库斯(Ascaricus)与雷加索(Regaiso),或者盖索(Gaiso),然后对他们进行了严厉甚至是残忍的惩罚——在君士坦丁为公众举办盛大表演的时候将他们放到野兽面前——当时他的凶狠个性还没有被基督教驯服。这场胜利之后,君士坦丁突然横渡莱茵河,对帝国的敌人进行了报复,促使他们自那以后更加尊重罗马帝国的威严。他对弗里斯兰地区的布鲁特里人（Brutteri）发动了进攻，屠杀俘虏了成千上万的人，还放火烧了他们的村镇，掠夺了他们所有的牲畜。他将俘虏的年轻人喂给了野兽，这可能是对他们打破协议的惩罚，但有可能是出于他们的残忍行为。君士坦丁不满足于此，为了能随时到日耳曼，他开始在科隆附近的莱茵河上建造桥梁。欧迈尼斯证实，这是一项令人惊叹的宏伟工程，在如此宽广的河流中打下桥桩，之后不断加以完善。但瓦莱西乌斯（*Valesius, Rer. Franc.*）称这项工程是徒劳的，君士坦丁没有建成这座桥。之后，君士坦丁为分散在莱茵河畔的堡垒精心安排了驻军。他凭借这些英勇的战绩令日耳曼人民感到恐惧，于是蛮族人再也不敢尝试侵扰高卢，高卢很长一段时间都处于宁静与和平之中。

年　份　　公元307年　小纪纪年第十年
　　　　　教皇职位空缺
　　　　　伽列里乌斯皇帝第三年
　　　　　马克森提乌斯皇帝第二年
　　　　　马克西米安努斯皇帝第二年
　　　　　君士坦丁皇帝第一年
　　　　　李锡尼皇帝第一年
执政官　　马库斯·奥勒留斯·瓦莱利乌斯·马克西米安努斯·奥古斯都（Marcus Aurelius Valerius Maximianus Augustus）第九次，弗拉维乌斯·瓦莱利乌斯·君士坦丁·恺撒（Flavius Valerius Constantinus Caesar）

根据雷兰多（*Reland., in Fast.*）以及一些历书记载，上述两位是这一年的执政官。但我必须提醒读者，由于罗马帝国出现了动荡与分裂，以及众多统治者之间存在分歧，这一时期的执政官开始变得非常混乱。在罗马，马克森提乌斯与马克西米安努斯担任执政官；在东方，伽列里乌斯担任执政官。根据席恩历书（Fasti di Theon）记载，塞维鲁斯·奥古斯都与马克西米努斯·恺撒也担任执政官。或许，君士坦丁也被伽列里乌斯指定为执政官，不过是在塞维鲁斯死后。当时有些人为了不出错，便用上一年执政官"之后的一年"（post consulatum）来标注这一年的年份。朱斯特奥·特图鲁斯是这一年的罗马总督。

自从马克森提乌斯将皇位归还给他的父亲马克西米安努斯以后，马克西米安努斯为了进一步制造混乱，让伽列里乌斯忧心忡忡，他写信给此时在萨罗纳的一栋别墅里过着宁静生活的戴克里先，邀请并劝说他重登帝位。有些人认为这件事发生在更晚些的时候。戴克里先比马克西米安努斯更理智，没有马克西米安努斯的野心，他当即拒绝了提议，对使者说（Aurelius Victor, in Epitome.）："如果马克西米安努斯看见我在萨罗纳亲手种的卷心菜，他一定不会想到以这种方式引诱我。"奥勒留斯·维克多写到伽列里乌斯也试图引诱戴克里先，但似乎没那么可信。从沃皮斯库斯（Vopiscus, in Vita Aureliani.）的记述中我们可以看出，戴克里先确实对皇位的虚荣没有什么欲望，在他看来，没有什么比统治得好更难的事了，因为总有四五个地位最高的官员联合起来欺骗皇帝，让皇帝做他们想做的任何事。因此，皇帝待在他的隔间里，无法亲眼看事情，只能依靠很多人向他证明的东西自以为明智地处理事务。但其实他什么也看不到，也不知道真相，不管他的愿望多么美好，能力多么高，有多么小心谨慎，他还是被欺骗和出卖，将职位授给那些配不上的人，废黜那些更有能力任职的人。

伽列里乌斯·奥古斯都得知他的女婿马克森提乌斯反叛的消息后，似乎并不忧虑（Eutrop. Aurel. Vict. Lactantius.），因为他知道马克森提乌斯是个十足的懒汉，沉溺于各种恶习，所以，马克森提乌斯只会受到所有人的憎恨，而非爱戴。于是，他没有亲自去击倒这位篡位者，而是将这项任务交给了塞维鲁斯·奥古斯都，他负责管辖意大利。塞维鲁斯在这一年带着一支强大的军队来到意大利，但这支军队的大部分士兵在两年前曾效忠于马克西米安努斯，他们十分渴望回到罗马的安逸生活中。因此，塞维鲁斯刚一抵达罗马城墙下，马克森提乌斯就很容易地通过暗中交易贿赂了塞维鲁斯的军队，于是士兵们举起旗帜，加入了马克森提乌斯的队伍，向塞维鲁斯发起了进攻。塞维鲁斯别无选择，只能逃跑，在逃跑途中他遇到了可能正在带领援军前往罗马的马克西米安努斯，他只能躲到拉文纳。在拉文纳，他受到马克西米安努斯的围攻，但这座城市城防牢固，粮食充足，似乎无法攻克（*Idacius, in Chronico.*）。如果佐西姆斯（*Zosimus, lib. 2, cap. 10.*）所述属实的话，马克西米安努斯通过欺骗的手段攻下了该市；但尤塞比乌斯与欧特罗皮乌斯不完全同意他的说法，他们说马克西米安努斯用各种奉承、承诺与誓言引诱塞维鲁斯放弃了皇位，跟他来到了罗马，当塞维鲁斯到达一个叫三塔伯纳斯（Tre Taberne）的地方时，中了马克西米安努斯预先安排士兵设下的一个埋伏，被绞绳杀死。或者如阿诺尼努斯·瓦来西亚努斯（*Anonymus Valesianus.*）所说的那样，马克西米安努斯将塞维鲁斯关在监狱中，当伽列里乌斯冲入意大利的时候，将他勒死了。其他作家说塞维鲁斯在拉文纳被杀，出于恩泽，他被允许通过割腕的方式平和地死去。拉克坦提乌斯（*Lactantius, de Mortib. Persecut., cap. 26.*）写道，塞维鲁斯见自己已到了绝路，于是自愿向马克西米安努斯投降了。这场悲剧似乎发生于这一年2月。塞维鲁斯有一个儿子叫塞维利亚努斯（Severianus），后来李锡尼（Licinius）在公元313年将他处死，以消灭他对延续统治的任何妄想。

　　解决了塞维鲁斯这个敌人后，所有人都能预料到伽列里乌斯·奥古斯都一定会为塞维鲁斯复仇的。伽列里乌斯因为勇猛而令人畏惧，但更多的是因为他庞大而强势的军队，所以马克西米安努斯清楚地认识到伽列里乌斯会是一个更难对付的敌人。于是，马克西米安努斯亲自去找此时在萨罗纳的别墅里享受安逸生活的戴克里先，劝说他重新登上皇位。但马克西米安努斯白跑了一趟，因为戴克里先面对此时惊涛骇浪般的局面，就只想安全地待在岸边，看着他人经受狂风暴雨。于是，马克西米安努斯将希望转向了君士坦丁·恺撒。自从战胜了法兰克人以后，君士坦丁就声名显赫地在高卢享受着和平宁静的生活（*Incertus, in Panegyr. Maximian. et Const.*）。马克西米安努斯为了引诱君士坦丁加入他的阵营，说尽儿子马克森提乌斯的坏话，可能是为了表示他已经放弃了自己的儿子，随后宣布君士坦丁为奥古斯都皇帝，并将自己的女儿弗拉维娅·安娜·福斯塔（Flavia Massimiana Fausta）嫁给了君士坦丁。据猜测，君士坦丁的第一任妻子或者小妾米涅维娜（Minervina）已经去世了，她为君士坦丁生下了长子克里斯普斯（Crispus），后来成为恺撒。因此，从这里就开始了君士坦丁的统治。与此同时，伽列里乌斯·奥古斯都率领一支强大的军队冲入意大利，来到罗马，但他发现他错误地以为他的那些军队足以围攻这座城市，因为他从来没有到过罗马，也不知道这座城市的广袤。伽列里乌斯抵达特尔尼（Terni），派李锡尼（Licinius）与普罗布斯（Probus）去见他的女婿马克森提乌斯，诱使马克森提乌斯前来找他进行谈判。马克森提乌斯对此嗤之以鼻。伽列里乌斯无比愤怒，威胁说要杀掉马克森提乌斯，杀光元老院与罗马人民（*Anonym. Valesianus. Lactantius. Zosimus. Aurel. Vict.*）。但是这一次，马克森提乌斯却游说了伽列里乌斯军中的一部分士兵，因为他知道对这些罗马士兵来说，向他们的家乡罗马发起进攻是件多么可耻的事。于是，士兵们立即抛弃了伽列里乌斯，投靠了马克森提乌斯。如果不是伽列里乌斯扑倒在剩余士兵的脚下，向他们恳求、承诺，阻止了他们的反叛，那么军队中剩下的人也会抛弃他的。就这样，伽列里乌斯被迫放弃围攻。这个自以为令所有人害怕的恶人有幸安然无恙地逃脱了，不知他心中是愤怒还是羞耻。在返回途中，为了阻止敌人追上他们，同时也是因为他对留在他身边的剩余士兵做出过承诺，所以他允许士兵对他们途经的所有国家进行劫掠，一如敌人占领城市时所实施的暴行。伽列里乌斯安然地返回了潘诺尼亚，但是在意大利留下的不是皇帝的尊称，而是"罗马人的杀手"这个恶名。

与此同时，住在高卢的马克西米安努斯清楚地认识到女婿君士坦丁不会与伽列里乌斯相互联合，但也不会向他开战，即使有消息称伽列里乌斯蒙受耻辱，逃离了意大利。马克西米安努斯因此愤怒地返回了罗马，与儿子马克森提乌斯继续统治着罗马（*Lactantius, de Mortibus Persecut., cap. 28. Eutrop., in Brev.*）。但野心勃勃、焦虑不安的马克西米安努斯无法忍受儿子地位显赫，虽然是儿子帮他恢复了帝位，士兵们也没有像对他一样那么服从马克森提乌斯。于是，心狠手辣的马克西米安努斯开始暗中设法让军队背弃马克森提乌斯，但他的企图并没有达成，有一天，他召集了军队与人民，当着儿子的面，夸大国家现在遭遇的苦难与混乱，然后严厉斥责马克森提乌斯，把所有灾难归咎于马克森提乌斯的愚钝莽撞与行为不当。发疯的马克西米安努斯话还没说完，就用手扯下了儿子的紫色皇袍，将其撕烂。马克森提乌斯克制住了自己，只是躲在军队中间，士兵们开始侮辱谩骂马克西米安努斯，向其发起反抗。据佐纳拉斯（*Zonaras, in Annalibus.*）所述，马克西米安努斯见到这种情况，便想要让士兵们相信他只是开玩笑，为了看一看他们是否真的爱戴他的儿子。但这无济于事，士兵们一片哗然，马克西米安努斯被迫逃出了罗马。他来到高卢向女婿君士坦丁抱怨被儿子赶出了罗马（*Lactantius, de Mortib. Persecut., cap. 26.*），但是，君士坦丁早已得知了更准确的消息，不想为可耻的岳父采取任何行动。马克西米安努斯在高卢住了一段时间后，意识到自己没有任何优势，便决定采取权宜之计——去寻找他儿子最大的敌人——伽列里乌斯·奥古斯都。据说，马克西米安努斯这么做是为了看看是否能通过一些诡计将伽列里乌斯除掉。伽列里乌斯当时在潘诺尼亚的卡农托（Carnonto），他将戴克里先从萨罗纳叫到了这里，为了让他支持新奥古斯都的选举，以填补塞维鲁斯被杀之后的空缺。马克西米安努斯见那里的士兵都忠于伽列里乌斯，而戴克里先也执意不愿重登帝位，就知道自己的所有阴谋都失败了，所有希望都破灭了。于是，他别无选择，只能辅佐伽列里乌斯，支持他提拔李锡尼，宣布其为奥古斯都（也许在前几个月，伽列里乌斯就授予了李锡尼"恺撒"的头衔）。根据伊达修斯（*Idacius, in Fastis.*）所述，这场加冕在11月11日举行，《亚历山大编年史》记录在这一年。

　　成为奥古斯都的李锡尼在勋章（*Mediobarb., in Numismat. Imperat.*）和碑文（*Gruterus in Inscription. Thesaur. Novus Veter. Inscript.*）中被称作盖乌斯·弗拉维乌斯·伽列里乌斯·李锡尼亚努斯·李锡尼（Gaius Flavius Galerius Licinianus Licinius），他出生于（*Eutrop., in Breviar. Anonymus Valesianus.*）伊利里亚的新达契亚，来自一个地位低下的农民家庭（*Capitolin., in Gordian.*），但他上位之后吹嘘自己是菲利普（Philippus）皇帝的后代。他对文学一无所知，甚至还宣称文学为敌人（*Aurelius Victor, in Epitome.*），称文学是国家的毒药与瘟疫。他还特别憎恨律师与检察官，认为他们只会让法庭的纷争更加混乱，无法结束。他和伽列里乌斯之间的友谊开始于二人参军的时候，后来他们之间的关系变得越来越亲密，特别是在波斯之战中，李锡尼英勇非凡，没有他的建议，伽列里乌斯几乎什么也做不成。因此，君士坦提乌斯皇帝刚去世的时候，伽列里乌斯就想提拔李锡尼为奥古斯都。但是君士坦丁捷足先登，伽列里乌斯到现在才实施他的计划，给李锡尼披上皇帝的紫袍，并打算派他去和罗马的篡位者马克森提乌斯交战。据尤塞比乌斯（*Euseb., in Vita Constantini, lib. 4. cap. 50.*）所述，在君士坦丁统治之初，西方的不列颠人就归顺于他的统治。上一年讲到他的父亲君士坦提乌斯向皮蒂人（Pitti）和卡莱多尼人（Caledonii）开战，不知道这两件事说的是不是同一件事。

年　份　公元308年　小纪纪年第十一年

马塞卢斯教皇第一年

伽列里乌斯皇帝第四年

马克森提乌斯皇帝第三年

君士坦丁皇帝第二年

李锡尼皇帝第二年

马克西米努斯皇帝第二年

执政官　马库斯·奥勒留斯·瓦莱利乌斯·马克西米安努斯·奥古斯都（Marcus Aurelius Valerius Maximianus Augustus）第十次，盖乌斯·伽列里乌斯·瓦莱利乌斯·马克西米安努斯·奥古斯都（Gaius Galerius Valerius Maximianus Augustus）第七次

多位皇帝之间的分歧依旧持续着，因此这一年的执政官仍然存在混乱的现象。上述两位执政官似乎是伽列里乌斯·奥古斯都指定的，他与马克西米安努斯达成一致共任执政官，而没有与马克森提乌斯共任执政官，尽管他们之间有可能也达成了一致。在罗马，前三个月的执政官与上述执政官不同。根据罗马总督年表（*Bucher., de Cyclo.*），马克森提乌斯与儿子罗慕路斯（Romulus）共任这一年的执政官，在纪念章（*Mediobarb., in Numismat. Imperat.*）上罗慕路斯的名字为马库斯·奥勒里安努斯·罗慕路斯（Marcus Aurelius Romulus）。在一些历书中，记载着这一年戴克里先第十次任执政官，但这有可能是抄写者的一个错误，因为戴克里先已经不想再涉足公共事务了。这一年的罗马总督是斯塔提乌斯·拉菲努斯（Statius Raffinus）。

圣彼得大教堂的教皇之位空缺了这么长时间后，在这一年，马塞卢斯（Marcellus）被选为教皇。

巴基神甫（*Pagius, in Crit. Baron.*）认为马克西米努斯·恺撒在上一年成为奥古斯都，但似乎更有可能这件事发生在这一年。马克西米努斯当时在守卫东方，当得知李锡尼在11月11日被封为奥古斯都时，他愤愤不平，认为这对自己来说是一个极大的委屈，因为他比李锡尼更早被封为恺撒，凭他的资历，应该在别人之前获得荣誉（*Lactantius, de Mortib. Persec., cap. 32.*）。据拉克坦提乌斯所述，伽列里乌斯得知了马克西米努斯的抱怨后，派了多名使者去安抚他，让他服从并接受，让位于比他年长的人——李锡尼。马克西米努斯仍然固执地坚持自己的要求，因此伽列里乌斯很后悔将他从平民提拔上来，封他为恺撒——伽列里乌斯本来希望马克西米努斯能服从于他的每一个命令，但现在他发现马克西米努斯是如此倔强与急躁。后来，傲慢的马克西米努斯不顾伽列里乌斯的意愿，卸任恺撒，成为奥古斯都，之后告诉伽列里乌斯，是他的军队拥立他为皇帝的，他无法拒绝。由于他们相隔很远，这些消息的传送与他们之间的争论需要一些时间，因此这足以令我们相信马克西米努斯的上位发生于这一年，而不是上一年。于是，罗马帝国内就有了5位奥古斯都皇帝：伽列里乌斯、马克森提乌斯、君士坦丁、李锡尼与马克西米努斯。拉克坦提乌斯还加上了戴克里先，但没有人写到他再次上任皇帝。谁都可以想象，在这么多皇帝的统治下，当时的公共事务有多么混乱。然而，除了马克森提乌斯，其他人似乎以某种方式达成了一致。我们之前讲过，马克西米努斯也叫作戴亚（Daia），出生于伊利里亚的一个农民家庭，参军后因在军队中表现优异而脱颖而出。有人说马克西米努斯是一个安静的人（*Aurelius Victor, in Epitome.*），但根据拉克坦提乌斯（*Lactantius, de Mortib. Persecut. cap. 32.*）与尤塞比乌斯（*Euseb., Histor. Eccles., lib. 8, cap. 14.*）所述，他是屠杀子民的杀手，他掠夺人民的财产以保证士兵的富有。另外，根据基督教教会历史，他还是基督教徒的迫害者。

马克西米安努斯这个时候意识到，在伽列里乌斯的国家实施诡计根本无法使他从中获益，而在女婿君士坦丁皇帝那里则有可能收到更好的结果。于是，他去了高卢（Lactant., ibid., cap. 29.），君士坦丁热情地接待了他，让他住在宫殿里，为他提供所有东西（Eumen., Panegyr. Constant., cap. 14 e seg.），就好像他是那一地区的主人一样。君士坦丁还让所有人像对待他一样向马克西米安努斯致敬，服从他的命令。狡猾的马克西米安努斯置身于这样的舒适便利中，为了让女婿相信他不再有统治的想法，而是想要和戴克里先一样在平静中度过剩下的日子，便主动退了位，过着普通人的生活。马克西米安努斯所做的这一切很容易使女婿上当。这一年，法兰克人向罗马的领地发起了军事进攻。君士坦丁在马克西米安努斯的建议下，带着很少的士兵悄悄地朝那一地区进军，以出其不意地偷袭敌军，但是，他那个野心勃勃的岳父其实心里另有打算，他希望君士坦丁能陷入巨大的危险之中，那样他就能统领剩下的士兵与军队了。事实上，自从和君士坦丁分开后，马克西米安努斯就出发去了阿尔勒（Arles），大部分士兵都在那里，他们在行军中消耗掉了所有粮食，这样君士坦丁到了那一地区就没有粮食了。抵达阿尔勒后，马克西米安努斯再次登上皇位，占有了宫殿和财产，之后立即用这些财产来引诱那里的士兵效忠于他，同时，他还写信给远处的军队，承诺给他们丰厚的犒赏，邀请他们加入他的阵营，并诋毁他的女婿君士坦丁。此时，君士坦丁也得知了岳父的诡计，他不再那么信任这个不安分的老岳父了，于是在他身边安排了几个密探。密探们把马克西米安努斯背叛的最初行动通知给了君士坦丁，于是，君士坦丁在马克西米安努斯继续实施计划之前迅速从莱茵河来到阿尔勒，重新赢得了所有反叛军队的心，并下令追捕马克西米安努斯，马克西米安努斯只好逃到马赛（Marsiglia）。君士坦丁向那座城市发动了袭击，但发现梯子太短，无法登上城墙后，只好下令撤退。看到马克西米安努斯站在城墙上，君士坦丁靠近他，语气十分温和地责备他背信弃义，但收到的回复只有侮辱漫骂。这个时候，马赛的居民打开了一扇城门，让君士坦丁的军队进来抓捕了马克西米安努斯，马克西米安努斯被带到君士坦丁面前。君士坦丁表现出令人难以置信的宽容，因为除了责备背信弃义的岳父，脱掉其紫色皇袍，他再没有对岳父做出任何伤害行为，也没有将其赶出高卢，还继续将其留在他的宫殿中，这些有可能是出于他的妻子福斯塔（Fausta）的恳求。但是，后面我们会看到马克西米安努斯这个奸诈之人的阴谋诡计还没有结束。君士坦丁从上述危险中解脱出来后，由于他仍是一个异教徒，因此给据说是欧坦（Autun）的阿波罗神庙捐赠了大量东西。

根据佐西姆斯（*Zosimus, lib. 2, cap. 12.*）与奥勒留斯·维克多（*Aurel. Victor, in Epitome.*）所述，阿非利加在这一年发生了一场叛乱。塞维鲁斯死后，阿非利加可能是服从于伽列里乌斯·奥古斯都的。马克森提乌斯是罗马与意大利的皇帝，他知道阿非利加先前是分配给在罗马统治的皇帝管辖的，于是他试图将自己的统治区域扩展到那里，并派了几个士兵护送着他的画像到那里。阿非利加的人民拒绝接受马克森提乌斯的画像，但因为那里的军队无法或不愿反抗，迦太基与其他地方就服从了他。马克森提乌斯想亲自去阿非利加控诉任何蔑视他画像的人，剥夺他们的财产，如果不是占卜师和他说祭祀品中预示了不祥的征兆，从而阻止了他，否则他可能真的会这么做。与此同时，他对弗里吉亚人亚历山大（Alexander）也不信任，亚历山大在迦太基担任禁军总督或者代理总督时，马克森提乌斯给他写信，想要他送来他的一个儿子作为人质。亚历山大知道马克森提乌斯是个无耻放荡的皇帝，于是表示抱歉，没有送去他的儿子。后来亚历山大发现马克森提乌斯派人来刺杀他，尽管他是一个精神有点儿颓废、年事已高并且懒惰的人，但他还是发动了叛乱，让军队拥立他为奥古斯都。于是，在上述5位皇帝外又增加了一位皇帝，罗马帝国由此变得更加分裂。特里斯坦认为（*Tristan., Medail., lib. 3.*），在一些罕见的勋章中，一个叫作迪乌斯（Divus）的尼格里尼亚人是上述亚历山大的儿子，但这值得怀疑。根据亚历山大的勋章（*Mediobarbus, Numism. Imperator.*）上记录的内容，他在阿非利加统治了3年。

年　份　公元309年　小纪纪年第十二年

　　　　马塞卢斯教皇第二年

　　　　伽列里乌斯皇帝第五年

　　　　马克森提乌斯皇帝第四年

　　　　君士坦丁皇帝第三年

　　　　李锡尼皇帝第三年

　　　　马克西米努斯皇帝第三年

执政官　马克森提乌斯·奥古斯都（Maxentius Augustus）第二次，罗慕路斯·恺撒（Romulus Caesar）第二次

这两位执政官是马克森提乌斯在罗马指定、被意大利认可的执政官。但是在罗马帝国的其他行省，由于皇帝之间存在不和，不知道他们是否有指定的执政官，或者他们指定了执政官，但不知道执政官的名字。因此，有的人为了标注年份，就使用了"马克西米安努斯第十次与伽列里乌斯第七次任执政官后的一年"（post consulatum Maximiani X et Galerii Ⅶ）的形式。尽管如此，有人认为李锡尼·奥古斯都也在这一年担任了执政官。马克森提乌斯的儿子罗慕路斯·恺撒在这一年第二次担任执政官，他有可能是在这一年去世的。一些人认为他在台伯河里溺水身亡，但是没有相关的记载，甚至溺水身亡的是不是他也是值得怀疑的，因为君士坦丁的一位歌颂者（Incertus, in Panegyr. Constantini, cap. 18.）在其作品中提到的人不知是马克森提乌斯自己还是他的儿子。另外，后面我们会看到，马克森提乌斯确实在那条河里淹死了，因此似乎这一段落讲的是他，而不是他的二儿子。这一年担任罗马总督的是奥勒留斯·赫耳墨根尼斯（Aurelius Hermogenes）。

马克西米安努斯去世后，他的阴谋也随之终结，但他死去的确切时间至今仍然无法确定。伊达修斯（Idacius, in Fastis.）称马克西米安努斯于下一年去世。尤塞比乌斯（Eusebius, in Chron.）则认为他是在儿子马克森提乌斯统治的第三年死去的。由于马克森提乌斯统治的第三年大部分要延伸到这一年，因此我认为，马克西米安努斯的死更有可能发生于这一年。对此，这一时期的作家拉克坦提乌斯（Lactantius, de Mortib. Persecut., cap. 30.），以及阿诺尼努斯·瓦来西亚努斯（Anonymus Valesianus.）、佐西姆斯（*Zosimus, lib. 2, cap. 2.*）和欧特罗皮乌斯（*Eutrop., in Breviar.*）都有相关的记载。

  前面我们讲到马克西米安努斯这个奸邪之人在高卢从皇位上退了下来，又在阿尔勒登上皇位，尽管他如此背信弃义，但还是在女婿君士坦丁那里享受到了最光荣的待遇。但是习惯了统治的恶人怎么可能满足于普通人的生活？马克西米安努斯有时候用恳求之语，有时候用谄媚之语不断骚扰他的女儿福斯塔，想引诱她背叛丈夫君士坦丁，并承诺会给她许配一个更好的丈夫。马克西米安努斯叫女儿在某天晚上敞开丈夫卧室的门。福斯塔假装同意了，然后把一切告诉给了丈夫。君士坦丁为了弄清马克西米安努斯想干什么，便在那天晚上让一个卑贱的仆人躺在自己的床上。马克西米安努斯半夜全副武装出现在那里，当他发现那里只有很少的护卫军看守，并且还离得很远时，他便告诉护卫军他做了一个梦，想要将这个梦告诉他亲爱的皇帝女婿，然后他进到君士坦丁的房间里，杀死了不幸的仆人，之后，他走出房间昭告这件事，并且还为此而骄傲得意。就在这时君士坦丁带着一队士兵突然出现，他叫人把被杀者的尸体带到众人面前，随之辱骂这个邪恶卑鄙的老头，当时马克西米安努斯十分震惊与困惑，一句辩解的话也说不出。君士坦丁允许他选择死亡的方式，他选择了绞绳，由此结束了其邪恶卑鄙的一生。佐西姆斯写道，马克西米安努斯是在塔尔索（Tarso）耻辱地死去的。但佐西姆斯应该是弄错了，因为可以确定马克西米安努斯当时在普罗旺斯（Provenza），也就是阿尔勒（Arles）——君士坦丁与他的朝臣常待的地方。或者如《新世纪编年史》（*Cronaca Novaliciense*）（*Chron. Novaliciense, Rer. Italicar., Part. Ⅱ, tom. 2.*）中所说的在马赛（Marsiglia），书中写道，大概在公元1054年，马克西米安努斯的尸体被挖出，尸体被涂上了防腐香料，放置在一个铅制的棺材里，外面还有一个白色大理石做的椁。后来，在阿尔勒大主教兰巴尔多（Rambaldo）的命令下，这个棺材被扔进了深海里。这就是这位骄傲而野心勃勃的马克西米安努斯皇帝的耻辱结局，他曾是基督教徒的残忍迫害者，是残杀基督教徒的最后几位皇帝之一，因此上帝用最可耻的死亡惩罚了他。君士坦丁为岳父举办了光荣的葬礼［圣安布罗休（*Ambrosius, Epistol. 53.*）也证实，他说君士坦丁将马克西米安努斯的尸体放在了一个斑岩棺材里，而不是白色大理石棺材］。由此巴基神甫（*Pagius, in Crit. Baron.*）推断，君士坦丁为自己冠以了"马克西米安努斯的孙子"这一荣誉，为此巴基神甫引用了他的一则碑文，上面写着他有这样的称号。但是，君士坦丁大帝并不想要，甚至是憎恶这一荣誉，他还叫人推倒了马克西米安努斯的所有雕像，撕毁了他的所有画像，抹去了关于他的铭文和记录。那么这样的话，那块碑文更有可能是属于小君士坦丁（Constantinus juniore）的，也就是君士坦丁大帝与马克西米安努斯的女儿福斯塔的儿子。

年　份　公元310年　小纪纪年第十三年
　　　　欧瑟比教皇第一年
　　　　米尔提亚德斯教皇第一年
　　　　伽列里乌斯皇帝第六年
　　　　马克森提乌斯皇帝第五年
　　　　君士坦丁皇帝第四年
　　　　李锡尼皇帝第四年
　　　　马克西米努斯皇帝第四年
执政官　马克森提乌斯皇帝一人

伊达修斯（Idacius）与布赫里乌斯（Bucherius）的历书中提到这一年罗马的执政官只有马克森提乌斯一人。意大利以外，有人将这一年标注为"马克西米安努斯第十次与伽列里乌斯第七次任执政官后的第二年"。在席恩（Theon）历书中可以看到这一年的执政官是安德罗尼库斯（Andronicus）与普罗布斯（Probus），他们有可能是接替马克森提乌斯的执政官。鲁弗斯·沃鲁西安努斯（Rufus Volusianus）是这一年的罗马总督。

在上一年，我们看到上帝已经对卑鄙无耻的马克西米安努斯做出了惩罚。这一年，上帝对另一位皇帝伽列里乌斯进行了惩罚，我们之前讲过他是迫害基督教徒的主要推动者。伽列里乌斯居住（*Lactantius, de Mortibus Persecut., cap. 31. Anonym.*

Valesianus.) 在新达契亚的萨尔迪卡 (Sardica),他非常热爱他的家乡,据奥勒留斯·维克多 (*Aurelius Victor, de Caesaribus.*) 所述,他在潘诺尼亚砍伐了大片森林,然后开垦这些土地,并将多瑙河的佩尔松湖的水抽干,使得这大片的土地成为对帝国有用的地方。他对罗马的僭主马克森提乌斯怀恨在心,并与其为敌,为此他竭尽全力集结人力与财力。他以庆祝成为恺撒20周年为借口,派他的士兵前往各省收取赋税——此前他以借用的名义一再向他管辖的各省征收赋税,使得各省苦不堪言。这些士兵残忍至极,与其叫他们收税者,不如叫他们刽子手。拉克坦提乌斯描述了这一惨无人道的掠夺场面,士兵们粗暴地夺走了人民从地里收获的所有果实,不给他们留下一点维持生存的食物。但是,最终上帝让伽列里乌斯明白有人在他之上(*Eusebius, Histor. Eccl., lib. 8, cap. 16. Lactantius, de Mort. Persec., cap. 33.*)。伽列里乌斯下半身最隐私羞耻的部位出现了感染化脓的症状,形成了可怕而难以治愈的疮口,因为疼痛难忍,他不断发出令人恐惧的尖叫声。后来他身上的疮口已经变成了坏疽,医生努力通过切割与灼烧的方法进行治疗,疮口似乎结疤愈合了,但不久之后它又变得比以前更加严重,还散发出恶臭。拉克坦提乌斯用夸张的手法写道,这种恶臭不仅弥漫在整个宫殿里,还扩散到整个城市里。之后,肉继续腐烂,开始出现大量蛆虫。这个邪恶无耻的皇帝就这样处于痛苦的状态,至于他的结局,我将在下一年讲到。

似乎纳撒利乌斯 (*Nazarius, in Panegyr., cap. 18.*) 在给君士坦丁·奥古斯都的颂词中提到的内容也发生于这一年,即日耳曼民族布鲁特里人 (Brutteri)、卡马维人 (Camavi)、切鲁西人 (Cherusci)、万乔尼人 (Vangioni)、阿拉曼尼人 (Alamanni) 和图班蒂人 (Tubanti) 联合起来组成了一支强大的军队,发动了对君士坦丁的战争。君士坦丁立即带兵迎击他们,在得到许可可以派使者前去与那些蛮族人进行谈判时,他伪装成其中一个使者,进入了敌人的军营。他身边有两个士兵,可以侦察敌人的军力与计划。事实上,一切进展得很顺利。一听说君士坦丁亲自带兵,这些蛮族就打算分开,不想再打仗了,但伪装起来而未被认出的君士坦丁向他们保证,说他们的皇帝在离军队很远的地方,于是蛮族人最后冒险战斗,最终被击溃,仓皇逃走。尤塞比乌斯 (*Euseb., in Vita Constantini, lib. 1, cap. 25.*) 也简单地提到了这场胜利。之后，君士坦丁来到不列颠，因为那里的一些人发动了骚乱，但不清楚他们是造反的人民还是憎恨君士坦丁的敌人。君士坦丁很快就平息了这场叛乱，或许根本没有进行战争，就轻而易举地征服了那些人，因为颂词作家们没有提到相关的战争经过。

圣马塞卢斯（Sanctus Marcellus）教皇被罗马的僭主马克森提乌斯驱逐流放，在年初结束了生命，被冠以殉教者的荣誉称号。他的继任者是欧瑟比（Eusebius）教皇（*Pagius, Crit. Baron.*），但他仅仅任职了四个半月就去世了，而后在圣彼得教堂接替他的是米尔提亚德斯（Miltiades）教皇。

年　份　公元311年　小纪纪年第十四年
　　　　米尔提亚德斯教皇第二年
　　　　马克森提乌斯皇帝第六年
　　　　君士坦丁皇帝第五年
　　　　李锡尼皇帝第五年
　　　　马克西米努斯皇帝第五年
执政官　盖乌斯·伽列里乌斯·瓦莱利乌斯·马克西米安努斯·奥古斯都
　　　　（Gaius Galerius Valerius Maximianus Augustus）第八次

由于皇帝们之间的不和，这一年的执政官仍然十分混乱。根据布赫里乌斯（*Bucherius, de Cycl.*）与伊达修斯（*Idacius, in Fastis.*）的年表，尽管伽列里乌斯·奥古斯都卧病在床，但还是在这一年第八次任执政官。卡西奥多鲁斯（*Cassiodorus, in Fastis.*）称李锡尼·奥古斯都与伽列里乌斯在这一年共任执政官。席恩历书与拉克坦提乌斯（*Lactantius, de Mortib. Persecut., cap. 35.*）提到这一年的执政官是伽列里乌斯与马克西米努斯，由此可以推断，他们之间在一定程度上恢复了和谐的关系。事实上，在我的碑文第四卷的附录中引用了一则卡林西亚（Carintia）的碑文，上面写到一座神庙建于"马克西米安努斯皇帝第八次任执政官与马克西米努斯皇帝第二次任执政官"的时候，似乎指的就是这一年。至于罗马，依据上述布赫里乌斯与库斯皮尼亚努斯发表的年表可以确定，罗马直到9月都没有执政官，9月之后才有了执政官鲁菲努斯（Rufinus）和尤塞比乌斯（Eusebius），或者如《大马士革编年史》(*Chronic. Damasi, apud Anastasium. Bibliothecar.*)中所记载的是沃鲁西安努斯（Volusianus）与鲁菲努斯（Rufinus），伊达修斯（*Idacius, ibid.*)也认为是后两位执政官。不过根据我的推测（*Thesaurus Novus Inscript., pag. 172.*），可以认为这一年在罗马任执政官的是盖乌斯·凯奥尼乌斯·鲁菲努斯·沃鲁西安努斯（Gaius Ceionius Rufinus Volusianus）。或许他的共治者是尤塞比乌斯，而他的姓氏有可能由鲁菲乌斯（Rufius）改成了鲁菲努斯，如果鲁菲努斯与他不是同一人，那么有可能是阿拉迪乌斯·鲁菲努斯（Aradius Rufinus），他是下一年的罗马总督，而在这一年任执政官。尤尼乌斯·弗拉维亚努斯（Iunius Flavianus）在这一年10月底被授予罗马总督之位。

伽列里乌斯·马克西米安努斯·奥古斯都（*Euseb., Histor. Eccles., l. 8, cap. 17.*）在被蛆虫啃食的痛苦中继续腐烂（*Lactantius, de Mortib. Persecut., cap. 33.*）。无论他向他的神阿波罗（Apollo）和埃斯库拉皮乌斯（Aesculapius）求助多少次，他都没感到病痛有丝毫缓解，反而越来越严重。然后他意识到，或者是有人提醒他，这或许是上帝对他迫害基督教徒的惩罚。于是，他认识到应该归还基督教徒以和平，就此他颁布了一条敕令，其中可以看到他因为虚荣而给自己加上的一连串头衔。他下令从那以后不再骚扰耶稣基督的追随者，这样基督教徒就能为他的健康向上帝祈祷。但是在这条敕令中看不到他的悔过之语，甚至还有一些对基督教的亵渎之语。对于这条敕令，君士坦丁与李锡尼都表示赞同。根据拉克坦提乌斯所述，似乎马克西米努斯也同意了。拉克坦提乌斯还说，这条敕令在4月30日于尼科米底亚颁布，所有的基督教徒囚犯都被释放了，而后第二个月就传来了伽列里乌斯皇帝死去的消息。事实上，伽列里乌斯是在4月死去的。

伽列里乌斯死去的时候，李锡尼皇帝也在场，伽列里乌斯将他的妻子、戴克里先的女儿瓦莱里娅（Valeria）与他的私生子坎迪迪安努斯（Candidianus）托付给了李锡尼。勋章（*Mediobarbus, in Numismat. Imp.*）上写着异教徒授予了伽列里乌斯神的荣誉，据说这是由他的权威决定的。伽列里乌斯死后，李锡尼成了伽列里乌斯管辖区域的皇帝，包括整个伊利里亚（包含匈牙利和其他行省）、希腊、马其顿与色雷斯，以及拜占庭海峡另一侧的比提尼亚。但是东部行省的皇帝马克西米努斯并没有马上得知伽列里乌斯的死讯，他拿起武器冲向比提尼亚，占领了该地（*Lactantius, de Mortib. Persecut., cap. 36.*）。李锡尼赶赴拜占庭与之对抗，但是没有来得及，因为他暂时不想与马克西米努斯交战，于是与其进行了一次会面（*Euseb., Histor. Eccles., lib. 9, cap. 6 et 10.*）。最后，双方达成一致，比提尼亚归马克西米努斯，由此，拜占庭海峡成了他们统治帝国的边界。

据拉克坦提乌斯所述，马克西米努斯又像从前一样迫害基督教徒，并表示他是受各城市所托这么做的。为了彰显他的仁慈，他下令不要处死基督教徒，而是允许他们自己挖掉眼睛，或者切掉手、脚、鼻、耳。伽列里乌斯的妻子瓦莱里娅虽然被托付给了李锡尼，但她还是离开了李锡尼，她带着被她收养的丈夫的私生子坎迪迪安努斯来到马克西米努斯统治的地区。拉克坦提乌斯（*Lactant., ibid., cap. 39.*）只是说，李锡尼的色欲令瓦莱里娅恐惧，她认为在马克西米努斯的保护下更加安全，因为他已经娶妻了。但这个残忍的皇帝在这方面也是禽兽。自从瓦莱里娅与母亲普丽斯卡（Prisca，戴克里先皇帝的妻子）进入自己的国家，马克西米努斯就开始煽动瓦莱里娅，让她放弃对其皇帝父亲与丈夫的继承权的所有妄想。瓦莱里娅或许是为了保全养子坎迪迪安努斯与自己的权力而不想做任何事情。刚开始的时候，瓦莱里娅确实受到了马克西米努斯的优待，但没过多久，她就因受到过分的仰慕而陷入困境，因为马克西米努斯向她提出要娶她为妻，为此他表示愿意抛弃现在的妻子。瓦莱里娅的回答显示出她的睿智与坚定，她说她为这样一个败坏道德的提议感到惊讶，而且她死去的丈夫也会因此而愤怒，并且在她看来，马克西米努斯抛弃他没有任何过错的妻子很奇怪，这一点也让她看清楚了他是什么样的人，因此对他产生畏惧。总之，像她这样地位的人是不可以再想着嫁给第二个丈夫的，这是一件可耻、史无前例的事。马克西米努斯听到这样的回答，他所有的欲望都转变成了仇恨与愤怒。他将瓦莱里娅和她所有的手下都驱逐了，不给他们居所，让她羞耻地流落到各个地方。之后他霸占了瓦莱里娅所有的财产，废黜了她的军官，对她的仆人施以酷刑，对她宫廷中的贵族妇女进行控诉，其中一些还被他以通奸的罪名判处了死刑，但他知道她们比她有贞节得多。这些邪恶之举极大地增加了人们对这位残忍暴君的仇恨。瓦莱里娅的悲剧是如何结束的，我们很快就会看到。据尤塞比乌斯所述，马克西米努斯还向亚美尼亚人民发动了战争，因为他们是基督教徒，不愿向异教众神祭祀。与此同时，马克西米努斯的军队也遭遇了饥荒与瘟疫的侵袭。

正当东方发生这些事情的时候，君士坦丁·奥古斯都却致力于在高卢建立和平，以便能够以良好的状态应对罗马僭主马克森提乌斯对他的威胁（Zosimus, lib. 2, cap. 14. Lactant., de Mort. Persec., cap. 43.）——马克森提乌斯以他的父亲马克西米安努斯的死为借口而对君士坦丁充满敌意，尽管在他心里他并不讨厌君士坦丁。君士坦丁（Eumen., Panegyr. Constant.）在这一年参观了欧坦市（Autun），他发现那里很荒凉，就豁免了那里的人民过去5年与税务部门签订的债务，并免除了未来几年的部分赋税。此举极大地减轻了城市的负担，从那以后该市就获得了恩主皇帝家族的名字——弗拉维亚。正是在这个时候，演说家欧迈尼斯（Eumenes）为赞颂君士坦丁而创作了一篇颂词，这篇颂词与其他颂词一起流传至今。事实上，马克森提乌斯想过向君士坦丁发动战争，他本来计划到高卢的格里松（Grigioni），想要不费吹灰之力使君士坦丁屈服，然后击败李锡尼·奥古斯都，占领达尔马提亚与伊利里亚。但是在进行这场战争之前，马克森提乌斯认为应该先收复阿非利加（osimus, lib. 2, cap. 14. Aurelius Victor, de Caesaribus.），因为这里还有自立为奥古斯都的篡位者亚历山大。马克森提乌斯派禁军总督鲁菲乌斯·沃鲁西安努斯（Rufius Volusianus）率领军队主力到阿非利加，有可能就是在这场战争后，鲁菲乌斯·沃鲁西安努斯被提拔为执政官。鲁菲乌斯·沃鲁西安努斯让泽那（Zena）与他同行，泽那是个精通战术的人，也是一个十分温柔的人。这位将军轻而易举地打败了亚历山大这个僭主，使他的士兵落荒而逃。亚历山大被捕，然后被勒死。残忍的马克森提乌斯趁这个有利时机劫掠了整个阿非利加，所有贵族与富人都以亚历山大支持者的罪名被控诉和判刑，他们因此而丧生，并被夺去了财产。除此之外，马克森提乌斯还下令对迦太基进行劫掠并纵火，在当时，迦太基不仅是阿非利加，也是世界上最美丽且著名的城市。总之，阿非利加的各个行省都因这样的残忍暴行而变得生灵涂炭、一片荒凉。伴随着人民的眼泪，马克森提乌斯以凯旋者之姿返回罗马，然而这座城市很快也遭到了他的愤怒蹂躏，对此我会在后面讲到。

年　份　公元312年　小纪纪年第十五年

米尔提亚德斯教皇第三年

马克森提乌斯皇帝第七年

君士坦丁皇帝第六年

李锡尼皇帝第六年

马克西米努斯皇帝第六年

执政官　弗拉维乌斯·瓦莱利乌斯·君士坦丁·奥古斯都（Flavius Valerius Constantinus Augustus）第二次，普布利乌斯·李锡尼亚努斯·李锡尼·奥古斯都（Publius Licinianus Licinius Augustus）第二次

这是君士坦丁统治的高卢与其他国家以及李锡尼统治的伊利里亚的执政官——这两位皇帝达成了一致。但是根据伊达修斯（Idacius, in Fastis.）与布赫里乌斯年表（Bucher., de Cyclo.），罗马的执政官只有第四次上任的马克森提乌斯。在东方，一些人认为担任执政官的是马克西米努斯·奥古斯都与皮琴提乌斯（Picentius）。这一年的罗马总督是阿拉迪乌斯·鲁菲努斯（Aradius Rufinus）。

这一时期，多位出身农民家庭的皇帝统治着罗马帝国，或者更准确地说，分裂着罗马帝国。其中，在我看来，没有人比马克森提乌斯与马克西米努斯更危险、更有害，他们一个统治着罗马、意大利与阿非利加，另一个统治着东方各省。奥勒留斯·维克多（Aurelius Victor, de Caesaribus.）与佐西姆斯（Zosimus, lib. 2, cap. 14.），以及众多基督教史学家都谈论过他们的很多邪恶罪行。其中，拉克坦提乌斯（Lactantius, de Mortib. Persecut., cap. 37 et sequent.）描述了马克西米努斯令人难以置信的淫荡与他的残暴行径。为君士坦丁创作颂词的一位不知名作家（Incertus, in Panegyr. Const., cap. 4.）与尤塞比乌斯（Euseb., in Vita Constant., lib. 1, cap. 33.）则记

述了马克森提乌斯无数可怖的恶习，任何读到这段文字的人都会感到害怕。马克森提乌斯是如此淫荡放纵，如此残忍暴虐，不仅仅是在我们前面提到的阿非利加，而且在意大利与罗马也是这样，没有哪个贵族妇女能逃脱他的魔爪。罗马总督的妻子是一名基督教徒，为了摆脱马克森提乌斯的强暴，她将一把匕首插进自己的胸口而死去。这种行为在异教徒看来是光荣的，但对基督教徒来说却不是。同时，马克森提乌斯为了积累财富而进行的敲诈勒索不计其数，他计划将这些财富用于与君士坦丁的战争，用来取悦军队。每天都有诽谤富人与元老院议员的谣言，除了他们的财产，他们的生命也受到威胁，以至于元老院失去了他们最杰出的几位元老。此外，士兵也可以对无辜者的荣誉、生命与财产为所欲为，因为对他们来说公平正义已经失去了效力。在整个意大利，邪恶的行政官也做着相同的恶事。最终，马克森提乌斯在不到6年的时间里就将罗马与意大利各省的人民在过去十多个世纪中积累的财富掠夺一空（*Aurelius Victor, de Caesaribus. Euseb., in Vita Constantini, lib. 1, cap. 35.*）。有一天，因为一件很小的事，罗马市民就遭到了大屠杀。或许这是佐西姆斯（*Zosimus, lib. 2, cap. 13.*）所提到的那件事，他写道，因为一个士兵嘲笑福尔图娜（Fortuna）女神并放火点着了她的神庙，罗马市民蜂拥而去扑灭大火，他们对那个士兵动起了手并杀了他。于是，其他叛变的士兵就对这些市民进行了疯狂的屠杀，如果不是马克森提乌斯赶到，整座城市的人可能就死光了。纳撒利乌斯（*Nazar., in Panegyr. Constant.*）与普鲁登修斯（*Prudentius, in Sammach., lib. 1.*）也向我们描述了罗马在这位无耻残忍的暴君统治下的令人悲伤的画面：他掠夺他人的财产，沉迷于巫术，希望可以预见未来。

　　与此同时，罗马人暗中写信给君士坦丁·奥古斯都，催促他来罗马将他们从这个残忍的暴君手里解救出去，但是最终让君士坦丁决定发动战争的是他听说马克森提乌斯已决心向他开战，并且此事各地皆知，为此马克森提乌斯正进行着充分的准备，假装是为了给他的父亲马克西米安努斯报仇。马克森提乌斯实际上是一个十分无能、懦弱的人（*Aurelius Victor, de Caesaribus. Incertus, Panegyrico Constantin.*），他只喜欢享乐，从来不出宫殿，也极少旅行，而他所做的最长的旅行就是到萨卢斯蒂奥（Sallustio）的庄园。不过，此次他发动战争的自信来源于他的军队人数众多、实力强大，以及他有几位英勇善战的将军，还来源于他榨干所有臣民积累的财富。除了庞大的禁卫军队（被认为是最英勇的军队）及曾经效忠于父亲马克西米安努斯的军队，马克森提乌斯还在意大利与阿非利加征募了许多士兵。君士坦丁的一位不知名的颂词作家称马克森提乌斯的军队有10万名士兵，而君士坦丁的军队只有其1/4，即2.5万名士兵，他还特意说比亚历山大大帝的4万名士兵还要少。尽管佐西姆斯（Zosimus, lib. 2, cap. 15.）生活的时代离这一时期很远，但他的叙述似乎更加真实可靠。他写道，除了军队中的老兵，马克森提乌斯还有8万名意大利士兵与4万名西西里士兵和阿非利加士兵，最终他的军队中一共有7万名步兵和1.8万名骑兵。君士坦丁组建了一支包含高卢人与日耳曼人的军队，其中有9万名步兵与8000名骑兵。据纳撒利乌斯（Nazar., in Panegyr. Constant., cap. 9.）所述，君士坦丁先是尝试用和平的方式避免战争——他派使者到马克森提乌斯那里提议议和。但马克森提乌斯这个暴君比以往任何时候都要执着于他的计划，没过多久（Nazar., ibid., cap. 10.）他就开始了行动，拆除了罗马城内有关君士坦丁的所有雕像与画像，明确表示要为他的父亲报仇。君士坦丁见他更倾向于战争，便更加专注于为战斗做准备。为了确保只有这一个敌人要面对，君士坦丁首先与伊利里亚的皇帝李锡尼商议联盟，最后许诺将他的妹妹弗拉维娅·瓦莱里娅·康丝坦娅（Flavia Valeria Costanza）嫁给李锡尼，双方达成了联盟（Lactant., de Mort. Persecut., cap. 43.）。东方的皇帝马克西米努斯先前与李锡尼缔结了同盟，听说李锡尼与君士坦丁又结成了同盟，十分忌妒他们深厚的友谊，就好像他们想要他垮台一样，于是他立即转向了罗马的暴君马克森提乌斯，主动提出要与他联盟。马克森提乌斯非常开心地接受了这一提议，在这个如此重要的时候，马克西米努斯觉得这就是上天派给他的帮手。然而，我们并不知道李锡尼是否在这场战争中给君士坦丁提供过任何援助，也不知道马克西米努斯是否竭尽全力支持过马克森提乌斯。

君士坦丁不想让马克森提乌斯先发动战争，想先发制人，让他的国土远离战争。于是，大概在这一年春天，他从莱茵河率领军队出征（Incertus, in Panegyr. Costantini, cap. 5.），又派遣了另一支军队走海路。他突然出现在阿尔卑斯山，没有遇到任何抵抗就翻过了这座山，然而，到苏萨城（Susa）的时候，他发现此地防御工事坚固，且有驻军看守，他们极力阻止君士坦丁前行，也不愿加入他的队伍。君士坦丁并不打算围攻该城，而是下令放火烧了城门，然后在城墙上架梯子。他的军队成功进入城内，但善良的皇帝阻止了士兵进行劫掠，并饶恕了那里的居民和士兵（Nazar., in Panegyr. Constan., cap. 22.）。之后他的军队向都灵进军，但是在抵达都灵之前，突然出现了敌人的强大骑军部队，他们全副武装，拦住了君士坦丁的去路。君士坦丁率军将这些敌军夹在中间，然后朝他们进攻，大多数敌军被棍棒击倒在地，其他人被追击到都灵，但是都灵的人民不愿为他们打开城门，于是他们全部被杀死在城门外。在人民的请愿下，君士坦丁进入了都灵，受到了所有人的热烈欢呼。君士坦丁首战告捷，周围的城市纷纷派遣使者前来向他表示服从，并为他的军队提供粮食。就这样，一路上兵不血刃，君士坦丁就抵达了米兰，然后在米兰人民的欢呼声中进入了该城。君士坦丁的仁慈使得每个人都自愿归顺于他，并且劝说其他人也愉快地接受他为皇帝。在米兰休息了数日之后，君士坦丁来到布雷西亚（Brescia），那里有一支精锐的骑兵部队，似乎已准备好迎战君士坦丁，但是经过几个回合之后他们就被击败了，他们逃到了维罗纳，与马克森提乌斯的军队会合——这些军队先前被分散在各个地点以守卫这座城市（Incertus, in Panegyr. Costant., cap. 8.）。罗马的禁军总督鲁里基乌斯·庞培安努斯（Ruricius Pompeianus）在这里指挥军队，他有着丰富的作战经验，因为不想冒险进行战斗，于是他准备承受敌人的围攻，自己驻守在阿迪杰河一侧。君士坦丁进行了多次围攻，均宣告失败，最后他成功从阿迪杰河北部敌军防守最薄弱的地方攻入了维罗纳。庞培安努斯多次进行突围，但死伤惨重，于是他决定秘密出城集结兵力，然后再返回进行救援。事实上，他带了许多军队回来（Nazar., in Panegyr. Const., cap. 26.）。君士坦丁将大部分军队留了下来进行围攻，然后带着剩下的军队勇敢地迎击庞培安努斯的援兵，尽管他们的人数要少于敌军的人数。双方在傍晚时分开始了激战，一直打到半夜，马克森提乌斯的军队被彻底击溃，死伤无数，他们的将军庞培安努斯也被杀死了。君士坦丁在这场战斗中取得了伟大的成就，他置身于最危险的混战之中，像普通士兵一样用拳头殴打敌人，以至于在取得胜利之后，他的将军们泪流满面地恳求他不要再拿自己这么重要的生命冒险了（Incertus, in Panegyr., cap. 11.）。似乎这场围攻还持续了一段时间,最后维罗纳因为投降或者无力抵抗而被占领,之后被劫掠一空,但是当时的歌功颂德者只会让人们看到他们的英雄好的一面,因此没有写这场悲剧是如何结束的,不过阿诺尼努斯提到是庞培安努斯造成了维罗纳的毁灭,使那里的人民身处不幸之中。尽管被洗劫一空,但所有人的命都保住了,甚至还包括敌方的士兵。由于没有那么多锁链可以捆绑住这么多俘虏,君士坦丁下令将他们的剑制成锁链,把他们关在监狱里进行看守。

据纳撒利乌斯(*Nazar., in Panegyr. Const., cap. 27.*)所述,君士坦丁率军经过阿奎莱亚与摩德纳时,这两地的人民也进行了反抗,因此君士坦丁不得已使用武力征服他们。但最后,这些人民也很乐意地投降了,因为归顺君士坦丁会有更好的生活。事实上,从那以后他们的生活就变得平静祥和。君士坦丁继续前进的路上没有再遇到其他反抗,直到到达罗马附近,罗马是其作战的主要目标,他希望能占领帝国的首都,将那里的人民从暴君马克森提乌斯的枷锁中解救出来。马克森提乌斯过去从来不敢、现在也不敢踏出罗马一步(*Lactant., de Mortib. Persecut., cap. 44.*),因为他的占卜师或巫师曾向他预言,一旦走出罗马,他就会死。他的军队要远多于君士坦丁的军队,因此他已经囤积了大量粮食,并且通过前所未有的高额征税积累了大量的金钱,幻想能够击败君士坦丁的所有军队,就像过去打败塞维鲁斯与伽列里乌斯的军队一样。因此,他似乎更像是享受,而非担忧君士坦丁的到来,他以为自己可以轻而易举地歼灭君士坦丁的士兵,损害君士坦丁的名声、夺去他的性命。但是上帝的计划不同,他意欲将罗马从暴君手里解救出来,将基督教从异教徒的迫害中解脱出来——在这三个世纪里,他们屠杀了无数无辜的人。尽管君士坦丁在异教的迷信中出生与长大,但他非常偏袒基督教徒,这可能是从他的父亲君士坦提乌斯那里继承来的(前面我们讲过君士坦提乌斯非常支持基督教),或者来自他的母亲埃琳娜。如今他身处这样巨大的危险之中,面对这样强大的敌人,他要么失去一切,要么得到一切,这个时候,他知道自己需要上帝的帮助,于是开始认真思考向哪位上帝求助。他已经在很多时候看到了他迄今为止所信仰的神是多么愚蠢与虚假,因此他效仿父亲,不再崇拜异教诸神,而是信仰上帝。据尤塞比乌斯(*Euseb., in Vita Constan., lib. 1, cap. 27 et seq.*)所述,他从那之后的几年里开始和君士坦丁熟识,并亲耳从君士坦丁本人的口中了解到这一事实的真相。君士坦丁向上帝请求帮助,一天在行军途中,正午时分他看见天空中太阳下有一个发光的十字架,旁边有这样的话:"带着这个去夺得胜利吧。"他身边的士兵也目睹了这一奇观。君士坦丁对它的含义感到困惑,第二天晚上他梦到了基督,基督对他说,用那面旗帜就会取得胜利。君士坦丁立即叫来了基督教士,向他们说明了他所看到的,他明白应该对耶稣基督神圣化的十字架怀有崇敬之心,从此他从对异教众神的崇拜转为对基督教的崇拜。这是历史上十分轰动的事件,这件事也在短时间内完全改变了罗马帝国的面貌。君士坦丁将耶稣基督的名字首字母绣在了他的军旗上,然后勇敢地与暴君作战。学者们一直在查证这件事具体发生在什么时候,是在这场战争初期还是君士坦丁身处罗马附近的时候。拉克坦提乌斯(*Lactantius, de Mort. Persecut. cap. 43.*)清楚地写道,君士坦丁在与马克森提乌斯交战之前,在梦中得到上帝的指示,将基督的名字刻在了士兵的盾牌上,凭此他们最终取得了胜利。有些人可能会觉得奇怪,当时的颂词作家和异教史学家,像欧特罗皮乌斯、奥勒留斯·维克多与佐西姆斯等人都没有提到这么重要的历史事件。但其实这并不奇怪,因为他们也没有谈到君士坦丁信仰基督教的事情,如果他们谈到了,那也只是为了抨击他,绝不是为了赞颂他的功绩与创造的奇迹。不管怎样,毋庸置疑的是君士坦丁抛弃了异教众神,开始信仰基督教,他是第一位信奉耶稣基督的皇帝,这件事本身就如奇迹一般,是上帝之手作用的结果。拉克坦提乌斯与尤塞比乌斯是与君士坦丁生活在同一时期并与其熟识的作家,他们也不敢否认君士坦丁的这一信仰。

马克森提乌斯在这个时候采取的预防措施是让他的军队(比君士坦丁的军队多得多)撤出罗马,守卫台伯河与米尔维奥桥(Ponte Milvio),然后在河上建造一座浮桥,当桥上用以连接的钩子被拆掉后(*Eusebius, in Vita Constantini, lib. 1, c. 38.*),桥就会自动散架,这样既是为了确保必要时能够撤退,也是为了淹死正在过桥的敌人。君士坦丁到达了米尔维奥桥后,让军队在这里扎营,但是由于台伯河的阻挡——当时其水量极其丰富,还有那么多敌军防守,他不知道该如何过桥。而马克森提乌斯应该是受到其将军的鼓舞,认为凭借他们军队的优势一定能打赢战争,这诱使马克森提乌斯下令让他的军队通过浮桥到河的另一侧,与敌人进行一场决战，同时，他们占据了君士坦丁与台伯河之间一个叫作萨西罗西（Sassi Rossi）的地方。据奥勒留斯·维克多（*Aurelius Victor, de Caesaribus.*）所述，该地距罗马9罗马里。这是马克森提乌斯为君士坦丁做过的最令他"感激"的事情，因为君士坦丁什么都不害怕，就害怕暴君待在罗马，等待他的围攻，这样要么会导致罗马的毁灭，要么会造成围攻者的灭亡，因为这座大城市配备有充足的生活必需品与战争军需品，还有一支非常强大的军队（*Incertus, in Panegyr. Costantini, cap. 16.*）。两天前，马克森提乌斯被一个噩梦吓坏了，于是离开了宫殿，与妻子和儿子（不知是罗慕路斯还是另一个）搬到了一个特殊的房子里居住。迷信的罗马人马上就此进行预言，马克森提乌斯不久就要垮台了。

到了马克森提乌斯庆祝他生辰的这一天，或者是他统治第六年的最后一天，也就是拉克坦提乌斯（*Lactantius, de Mortib. Persec., cap. 44.*）所说的10月27日，或者如布赫里乌斯发表的历法（*Bucherius, de Cycl.*）中所写的10月28日，马克森提乌斯为人民举办了竞技表演节目，但因为人民高喊"君士坦丁战无不胜"，马克森提乌斯愤怒地离开，然后派几个元老院议员查询预言家之书（*Zosimus, lib. 2, cap. 16.*），同时他向众神祭祀，预言显示那一天罗马的敌人会死去。这使马克森提乌斯大受鼓舞，因为他以为这说的是君士坦丁，从来没想过自己会是那个"罗马的敌人"。于是他全副武装来到他的军队里，他们已经在与对手交战了。这些是拉克坦提乌斯的叙述。但君士坦丁的颂词作家（*Incertus, in Panegyr. Const., cap. 16. Nazar., in Panegyr., cap. 28.*）似乎说马克森提乌斯亲自排兵布阵，然后发动了战争（*Zosimus, lib. 2, cap. 16.*）。这是最可怕、最血腥的一场战争，似乎上帝有意让马克森提乌斯的庞大军队被限制在台伯河与敌军之间，这样他们被打败的时候，要么被剑刺死，要么落入河中淹死。事实上，君士坦丁将他的军队安排妥当后，就将希望全部寄予上帝了，他命令吹响号角，然后先于其他人冲向了敌人。首先屈服的是罗马和意大利的士兵，因为他们渴望摆脱马克森提乌斯这个暴君。其他人仍顽强抵抗，许许多多的人战死沙场。最后，马克森提乌斯的骑军被击溃了，所有军队准备掉头逃跑，但他们后面是敌人的刀剑，前面是宽广的河流。于是，无数人被杀，掉入河中淹死的人更多。马克森提乌斯也用马刺催马快跑，试图通过他的浮桥自救，但桥上承载了太多的逃兵，以致被压得散了架，马克森提乌斯与众多逃兵一起落入了河中，最后被淹没了（*Euseb., in Vit. Const., lib. 1, cap. 38.*）。消息传到罗马后，一时之间没有人敢表现出喜悦，因为有人声称这是个假消息，但第二天，暴君的尸体被找到了，人们将他的头砍下来，挂到一根杆子上在整个罗马城内展示，之后所有人都爆发出了（*Eutrop., in Breviar. Aurelius Victor, de Caesarib. Zosimus, lib. 1, cap. 16.*）经久不息的欢呼，他们无法形容摆脱了这样一位暴君之后的喜悦之情。让人们更加高兴的是，第二天获胜的君士坦丁以凯旋者之姿进入了罗马，表现出和平与友爱，因为他没有带任何囚犯，对所有人都很和善，并且让人们看到了他的仁慈与宽容。

　　佐西姆斯写道，君士坦丁只处死了小部分以前与暴君马克森提乌斯过于亲近的人。纳撒利乌斯说君士坦丁将马克森提乌斯的家族满门抄斩，有可能杀死了他的儿子罗慕路斯或另一个。君士坦丁对其余的人都很仁慈（*Incertus, in Paneg. Const., cap. 21. Libanius, Oratione 21.*），他饶恕了每一个曾经公开对抗他的人，保留了他们的财产与职务，甚至对于一些人民要求处死的人，他也予以赦免。此外，他将马克森提乌斯军队中有幸生存下来的士兵留为己用，并将他们进行了划分，然后分别派他们去驻守莱茵河与多瑙河畔的国家。在他所有的决议中，最令罗马人民感到高兴并为他赢得最多赞誉的是他完全废除了禁卫军——这一强大的军队建立于奥古斯都大帝之前，一直被后世的皇帝所保留，用以保卫他们的子民，保卫皇宫与罗马城。但我们多次看到禁卫军傲慢自大、令人憎恶，几乎要将罗马城毁灭，他们还多次发动叛乱，成为帝国的专横独裁者，因为他们习惯于篡夺权力选举皇帝或刺杀皇帝。特别是在马克森提乌斯统治期间，他们所犯的罪行简直令人难以置信，但马克森提乌斯为了得到他们的爱戴，允许他们做任何事，他常说只要他们高兴就可以任意花钱，因为他不会让这些功绩卓著的士兵缺少任何东西。君士坦丁留下了愿意效忠于他成为普通士兵的禁卫军，辞去了其他人，然后摧毁了禁卫军城堡，也就是禁卫军居住的堡垒。从那以后，除了夜里巡逻的士兵，或许还有皇帝宫殿里的几个护卫军，罗马城内再没有其他驻军了。但是，禁军总督的职位并没有因此而被废除，它仍然是皇帝宫廷里最显要的职位之一。而且因为戴克里先将罗马帝国分成了四部分，每位皇帝都想拥有自己的禁军总督，也就是护卫军长官，于是罗马帝国内就出现了四位禁军总督。君士坦丁沿用了这一制度，因此从那时起，意大利、高卢、伊利里亚与东方分别有一位禁军总督。后来，君士坦丁来到元老院（*Incertus, in Panegyr. Const., cap. 18.*），发表了一番尽显仁慈的讲话，说他想要保留元老院之前的权威。先前罗马城在暴君统治之下盛行控诉，不少罪犯与无辜者都因此失去财产甚至生命，君士坦丁下令从那以后禁止再听此类控诉者的指控，并命令判处控诉者死刑。另外，有无数人被马克森提乌斯以不公正的罪名流放、囚禁、判处各种刑罚或剥夺了财产（*Nazar., in Paneg. Constant., cap. 32 et seq.*），君士坦丁赦免了这些人，并归还了他们的财产。总之，罗马似乎在短时间内重生了，君士坦丁的仁慈在仅仅两个月的时间里就修复了残忍的马克森提乌斯在过去6年里犯下的所有罪恶。因为这场胜利，君士坦丁成了整个意大利的主人，各省的人民激动万分，纷纷赶来罗马一睹这位为他们打破枷锁的解救者。暴君马克森提乌斯的头颅还被送到了阿非利加，那里的人民对其说尽了侮辱之语，然后他们兴高采烈地接受了君士坦丁——这个终于将他们从悲惨的奴隶状态中解救出来的皇帝作为他们的统治者。

年　份　公元313年　小纪纪年第一年

　　　　米尔提亚德斯教皇第四年

　　　　君士坦丁皇帝第七年

　　　　李锡尼皇帝第七年

　　　　马克西米努斯皇帝第七年

执政官　弗拉维乌斯·瓦莱利乌斯·君士坦丁·奥古斯都（Flavius Valerius Constantinus Augustus）第三次，普布利乌斯·瓦莱利乌斯·李锡尼亚努斯·李锡尼·奥古斯都（Publius Valerius Licinianus Licinius Augustus）第三次

这一年的罗马总督是鲁菲乌斯·沃鲁西安努斯（Rufius Volusianus）。

按照其他作家的习惯，我从公元元年开始就用小纪纪年（*Indizioni*）来标注年份，小纪纪年是每15年循环一次，15年结束后再回到第一纪年。但是现在需

要说明一下，在过去的几个世纪中，小纪纪年并没有被使用，学者们一致认为，君士坦丁大帝是小纪纪年的创立者（*Panvin., in Fast. Consul. Petav., de Doctrina Tempor. Pagius, in Critic. Baron.*），但创立小纪纪年的原因至今仍不清楚。立法者认为这一纪年来源于某种需要缴纳的赋税。巴罗尼奥主教（*Baron., in Annalib. Eccles.*）补充说，该制度是针对士兵服役期满之后需要缴纳的赋税的。这些猜测是值得称赞的，但并不是确定的。不过毫无疑问的是，从那时起，小纪纪年就一直用于标注时间。此外，据说第一个小纪纪年开始于上一年9月，并不是因为上一年君士坦丁战胜了马克森提乌斯，如潘维尼乌斯认为的那样，君士坦丁打败马克森提乌斯发生于10月底。但正是因为上一年9月的时候，君士坦丁还不是罗马的主人，因此一些人认为第一个小纪纪年开始于这一年的9月，但是并没有证据可以证明此事。也有可能是君士坦丁在取得胜利之前引入这一纪年的。不管怎样，这一新的纪年方式开始于9月1日，或者9月24日，然后在西方沿用了许多个世纪，直到后来罗马基督教纪年开始盛行。

君士坦丁继续待在罗马，至少到这一年的1月1日，以庆祝他第三次任执政官。君士坦丁颁布了一则救济穷人的法令（*Cod. Theodos. L. 13, tit. 10, lib. 1.*），因为过去征税官向他们征收的赋税比富人还多。后来，他来到米兰，在另一则他颁布的法令（*Gothofredus, in Chron. Cod. Theodos.*）中显示，3月10日这天他在这座城市。伊利里亚的皇帝李锡尼也被召去了米兰，因为君士坦丁在上一年向李锡尼许诺将他的妹妹康丝坦娅（Costanza）嫁给他，所以他们就在米兰举办了隆重的婚礼，并在那里颁布了一项新的敕令，用以维护基督教和基督教徒的和平。

君士坦丁在罗马的时候就得知法兰克人——这个总是违反协议与条约的民族正在做入侵高卢的准备。因此，他迅速处理完意大利的事务，火速赶到了莱茵河畔（*Incertus, Panegyr. Const., cap. 22. Zosimus, lib. 2, cap. 17.*）。他发现法兰克人此时还没有越河，于是假装没有注意到他们的行迹而撤退，但是留下了一支强大的军队埋伏在那里。法兰克人以为君士坦丁走远了，就让大批队伍横渡莱茵河。但他们陷入了埋伏中，最后为他们的背信弃义付出了应有的代价。不过这还没有结束。君士坦丁再次来到这里，他集结了一批精良的船只，让他的士兵登上船，大胆地渡过了莱茵河，对那些野蛮、不守信用的民族进行了报复。一位不知名的颂词作家夸大其词，说君士坦丁给法兰克人的国家造成了巨大破坏，对他们进行了大肆屠杀，以至于都不应该再称他们为法兰克民族了。不过根据史料可以看出他的说辞有多么夸张。在这一年，似乎正是上述颂词作家（有人认为是纳撒利乌斯）在特雷维里诵读了献给君士坦丁的赞颂词，其中提到罗马元老院为君士坦丁打造了一尊雕像，就好像将其视为解放之神一样，意大利也献给他一个金制的盾牌和王冠。另外还值得一提的是，尽管这个歌功颂德者是异教徒，但在最后并没有提到朱庇特神，也没有提到阿波罗神和其他的异教神灵，而是提到了上帝，并向他祈祷要永远保护君士坦丁。他一定是知道这位满身荣光的皇帝已经成为上帝的信仰者。

据拉克坦提乌斯所述，在这一年（而不是佐西姆斯、《亚历山大编年史》的作者与伊达修斯所认为的公元316年），曾经的皇帝老戴克里先在亚得里亚海岸达尔马提亚的城市萨罗纳去世。据说，这里兴起了一座现代城市斯帕拉特罗（Spalatro）。不可否认，戴克里先身上有许多优秀的品质。两位异教作家，即利巴尼乌斯（*Libanius, Oratione 14.*）和背教者尤利安努斯（*Julian., Oratione I.*）称赞戴克里先是一个在许多方面都令人钦佩的人——尽管不是在所有方面，还承认他为公共利益付出了巨大努力。他制定了许多法律法规，并引入《查士丁尼法典》（*Codice di Giustiniano*），促进公平与谨慎。他一直十分关注惩恶扬善（*Aurelius Victor, in Epitome.*），维持粮食供应充足，使因战争而人烟稀少的国家重振起来。在他统治期间，蛮族为入侵而做的所有努力全都付诸东流。他和他的得力助手马克西米安努斯为镇压罗马帝国的敌人多次出征作战，承受了巨大的艰辛。他懂得如何使自己受爱戴，尤其是让人钦佩他的明智，尽管他被迫放弃了皇位，但他对皇帝之位多么棘手有清醒的认识，所以他从来没有受人诱惑想要重登帝位，而是决定余生过普通人的生活。但是，他也免不了受到一些批评（*Lactantius, de Mortib. Persecut., cap. 7.*），因为正如我们看到的，他创立了多个皇帝共治的制度，划分了帝国的各个行省，使两位奥古斯都与两位恺撒同时在分配给他们的领地进行统治，而且他们建立的宫廷并不逊色于其他宫廷，为了供养他们，人民不得不花费大量金钱。这一制度导致了罗马帝国的解体与迄今为止提到的战争，还增加了各省的军官和税吏人数，他们蹂躏百姓，使人民陷入贫困。他非常喜欢建造奢华的建筑，不仅在罗马，在其他城市，尤其是尼科米底亚，他也计划把这座城市变得和罗马一样。一座建筑建起后，如果他不满意，就叫人推倒重建，而为了寻找技工、运送材料与支付赎金，城市里出现了各种欺压人民的现象。为了装饰城市，他几乎毁了整个行省。关于戴克里先的贪婪，我们已经在上文中讲到了。他积累财富，但不是为了花费，除了其中一部分用于上述建筑物的建造上，当公众有需要的时候，他会通过征收新的赋税满足公众的需要。而当他看到一些耕种良好的土地，或装修精美的房子时，他会对地主或房主进行诽谤以夺取他们的地产甚至生命，因为除了杀戮，他不知道如何夺取他人的财产。以上是拉克坦提乌斯的记述。尤塞比乌斯也证实，戴克里先用新的赋税压榨盘剥人民，这使得人们觉得活着比死了更加难以忍受。

　　公众还指责戴克里先的奢侈，前面我们提到过他喜欢炫耀其奢华的衣服。此外，他还让人对他顶礼膜拜，也就是让人在他面前跪地行礼，这是当时只对异教众神所做的事，而他很高兴接受神的称号。他本该对真正的神怀有这样的敬仰，但在他所有的罪行之中，还要加上他作为皇帝之首而对无辜的基督教徒发起的残忍迫害。我们已经看到，这场迫害刚一开始，他就受到了上帝的惩罚，长期患病，后来还被迫退位。当然，在他退位的前几年，他受到了那些在他之后进行统治的皇帝的尊敬，因为是他将他们提拔到皇帝之位的，他们也经常在遇到重大且困难的事情时询问他的建议。但戴克里先的结局并没有和其他基督教迫害者的结局有什么不同。在他生命的最后时日里，不断出现不幸与悲伤的事情。他的雕像与碑文被君士坦丁砸碎抹去，他的女儿瓦莱里娅（伽列里乌斯的妻子）与他的妻子普丽斯卡在公元311年逃难到马克西米努斯皇帝的领地，受到其虐待，被剥夺了财产，然后被驱逐到索里亚的荒漠上。他多次派他的官员（*Lactantius, de Mortib. Persec., cap. 41.*）去恳求残忍的马克西米努斯将这两个如此重要的人归还给他，提醒马克西米努斯要履行的那些责任，但他没有收到任何回复，因此他更加痛苦与愤慨。见自己受到所有人的轻蔑与侮辱，他患上了一种折磨人的疾病。另外，更让他感到绝望的是奥勒留斯·维克多（*Aurelius Victor, in Epitome.*）讲到的，即君士坦丁与李锡尼请求他到米兰出席上面提到的婚礼，但他以自己年老体弱为借口拒绝了，为此君士坦丁与李锡尼很不满，于是给他写了一封充满威胁性的信，称他是他们的敌人。因为这件事，再加上上述其他不幸，戴克里先茶饭不思，寝不安席，只是叹息、呻吟、哭泣，一会儿躺在床上，一会儿躺在地上，大概在这一年6月，他在绝望中永远地闭上了眼睛。据欧特罗皮乌斯（*Eutrop., in Breviar.*）所述，依据当时异教的习惯，人们将他神化。在他的勋章（*Mediob., Numism. Imper.*）上，并没有神的称号，然而在马克西米努斯的一则敕令以及其他史料中可以看见他有着这样亵渎神灵的荣誉。在戴克里先统治时期，斯帕提亚努斯（Spartianus）、兰普里迪乌斯（Lampridius）、卡皮托里努斯（Capitolinus）、伍尔卡提乌斯·加利坎努斯（Vulcatius Gallicanus）与特雷贝利乌斯·波利奥（Trebellius Pollio）等作家享有盛名，他们记录的奥古斯都皇帝的历史多次在上文中被引用，没有他们，两个世纪的罗马历史就处于一片混沌不清之中。异教著名的哲学家波菲利（Porfyrius）也成名于这一时期，他是一名反基督教人士。对此，沃修斯（Vossius）、蒂勒蒙特（Tillemont）、卡维（Cave）与其他作家都有相关的讲述。

这一年，上帝对另一位基督教迫害者——或许是所有人中最残忍的一位，所进行的惩罚更加显而易见，这个人就是东方各省的统治者马克西米努斯·奥古斯都。前面我们讲过，伽列里乌斯颁布了停止迫害基督教徒的敕令，其他皇帝都执行了敕令，但马克西米努斯很快就忘记了敕令，继续残忍地迫害基督教徒。据尤塞比乌斯（*Eusebius, Histor. Eccl., lib. 9, cap. 9.*）所述，马克森提乌斯死去后，君士坦丁与李锡尼一起在上一年颁布了一项有利于基督教徒的公告，并且将此公告发给了马克西米努斯，不是请求他按他们的意图行事，而且以某种方式命令他。出于恐惧，他表示愿意这样做，于是发布了一条敕令，并将其发送给了萨比努斯（Sabinus）和其管辖地区内的其他官员。但是他并没有因此而打消对基督教徒的恶意，暗中将落入他手中的基督教徒淹死，也不允许他们聚会，不允许他们修建教堂。君士坦丁与李锡尼已经在米兰颁布了让基督教徒获得和平的敕令，一些人认为他们也将此事通知了马克西米努斯，但是并没有任何证据。就在李锡尼来米兰找君士坦丁的时候，马克西米努斯向李锡尼发起了战争。高傲的马克西米努斯（*Lactant., de Mortib. Persecut., cap. 44.*）向罗马元老院宣布，他对君士坦丁的权力高于另外两位奥古斯都感到愤愤不平，他也无法容忍君士坦丁战胜了马克森提乌斯。他曾经暗中与马克森提乌斯结盟，但君士坦丁是在马克森提乌斯那个暴君死后，在其写字台中发现他们来往的信件才知道此事的。马克西米努斯以为君士坦丁对他怀有敌意，因此当看见李锡尼到米兰与君士坦丁会面并结为亲家时，他心中的愤怒愈加高涨。在他看来，所有这一切都表明他们在商定如何使他垮台。于是，他决定阻止这些真正的或者只是他假想的对手。当李锡尼远离他的国家身在米兰的时候，马克西米努斯率领军队迅速从索里亚行进至比提尼亚。当时正值寒冬，雨雪交加，道路难行，为此他失去了大部分马匹与驮兽。尽管如此，他并没有让军队休息，而是让他们渡过海峡，进入色雷斯，最后来到拜占庭，他试图用礼物与承诺引诱那里的驻军，但没有用，于是他只好使用武力。那里的守卫军很少，只坚持了11天，就投降了。而后马克西米努斯来到赫拉克利亚（Eraclea），在这里他也用相同的时间使该市归顺于自己。在他行军途中，信使火速赶到意大利，带去了马克西米努斯入侵的消息，并让李锡尼迅速返回他的国家。李锡尼匆忙集结了尽可能多的军队，然后来到安德里诺波利斯（Andrinopoli），他并没有想要采取任何军事行动，只是为了阻止马克西米努斯的进攻，因为他只有不到3万的士兵，而马克西米努斯的士兵多达7万。以上这些都是拉克坦提乌斯的叙述。

  根据拉克坦提乌斯接下来的叙述，双方军队分别驻扎在安德里诺波利斯与赫拉克利亚，他们甚至互相能看到对方的军队（*Lactant., de Mortib. Persecut., cap. 46.*）。当时是4月的倒数第二天，李锡尼认为自己不能坐以待毙，于是打算在5月的第一天发动战争，因为那天是马克西米努斯的生辰，也是其升为恺撒之后的第八周年，他希望能在这一天战胜马克西米努斯，就像君士坦丁在马克森提乌斯统治第六周年的时候战胜他一样。而马克西米努斯则决定在4月的最后一天发起攻击，这样就能在第二天生日这天庆祝他取得胜利了。在给众神灵祈过愿之后，马克西米努斯觉得自己胜券在握，一旦取得了胜利，他就会完全歼灭基督教徒。如今，李锡尼已无法再撤退，夜里在梦中，有人向他建议求助上帝，向他祷告。于是第二天，李锡尼叫人在无数纸条上写上祷文，分发给他的军队。拉克坦提乌斯（*Lactant., de Mort. Persecut., cap. 47.*）展示了完整的祷文。到了4月的最后一天，马克西米努斯一早就将他的军队排布好了，李锡尼见状也不得不排兵布阵。这片贫瘠的土地就是特意为这样残酷的战争准备的。双方军队互相看着，有人焦虑，有人害怕。这时，李锡尼的士兵们摘下头盔，祈求上帝给予他们帮助，祈祷完后，他们重新戴上头盔，套上盾牌，士气十足地等待开战的信号。两位皇帝先进行了一次会面，但是马克西米努斯不愿接受那些议和的条件，因为他幻想看到李锡尼的所有军队都投靠他这一边，然后他就可以表现出一副仁慈君主的样子，宽恕所有士兵。他还幻想自己兵力大增之后能向君士坦丁发起进攻，打败君士坦丁。就这样，战争的号角吹响，双方军队开始了混战（*Eusebius, Histor. Eccl., l. 1, cap. 10.*）。似乎马克西米努斯的士兵不知道如何使剑，也不知道如何射箭，于是马克西米努斯四处奔走，鼓舞他的士兵们勇敢战斗，恳求他们并承诺给他们奖赏，但士兵们并不听。李锡尼的士兵与马克西米努斯的士兵相反，他们像狮子一样投身战斗，尽管人数远少于对方，但他们仍然屠杀了大量敌人，就好像对方不像是来战斗的，而是是来送死的。马克西米努斯的军队遭到了屠杀，他看到事情的发展与他的预期完全不一样，十分绝望，于是脱掉了皇袍，穿上一件奴隶的衣服逃跑了。马克西米努斯军队中一半的士兵死在了李锡尼军队的剑下，另一些人要么投降，要么逃跑了（*Lactant., de Mortib. Persecut., cap. 48.*）。马克西米努斯的护卫军也归顺于获胜者李锡尼。

马克西米努斯逃跑得十分迅速，以至于经过一天一夜，也就是在5月1日的晚上他就抵达了（当然借助了马匹）比提尼亚的尼科米底亚，距离上述作战的地方160罗马里。他觉得这里也不安全，于是匆忙带着孩子、妻子与少数几个朝臣撤回了卡帕多细亚。在尼科米底亚，他尽其所能集结了一支军队，然后恢复了皇帝之位，还十分愤怒地杀死了许多祭司与预言家，指责他们虚假的神谕造成了他的不幸。与此同时，李锡尼也没有浪费时间，他带着他的一部分军队，轻而易举地收复了色雷斯，而后横渡大海，占领了比提尼亚。6月13日这天（*Idem, ibidem.*），李锡尼在尼科米底亚的时候，意识到这次战争的胜利源于基督教上帝的帮助，于是他以君士坦丁·奥古斯都的名义颁布了一条敕令,下令取消所有反基督教的规定,并授予基督教徒宗教信仰的自由,允许他们修建教堂。后来,李锡尼继续追捕逃跑的马克西米努斯。而马克西米努斯也终于认识到这是上帝因为他残忍迫害基督教徒而给他的惩罚(*Eusebius, Histor. Eccl., lib. 1, cap. 10.*),于是他也颁布了一条支持基督教的敕令,下令停止对无辜的基督教徒所进行的残忍屠杀。马克西米努斯后来加固了陶罗山(Tauro)的关口以阻止李锡尼的前进(*Zosimus, lib. 2, cap. 17.*),他还到埃及征募新的兵力,但是当他回到塔尔索城时,听说李锡尼正在攻克陶罗山上的屏障和战壕,不管是海上还是陆地都有正向他袭来的军队,他才意识到他无法抵抗李锡尼的兵力,也无法抵抗被激怒的上帝对他的判决。因此,绝望的马克西米努斯决定服毒自尽(*Euseb., lib. 9, cap. 10. Lactant., de Mortib. Persecut., cap. 49.*),但是由于他在服用毒药之前吃喝得太多,因此毒药没能使他死亡,只是让他得了一种很可怕的疾病——满身疮痍,内脏在灼烧,全身疼痛难忍。他的身体渐渐干瘪,最后只剩下皮和骨头,以至于完全没有了原来的样子,甚至都认不出来他是谁(*Chrysostomus, Orat. in Gent.*),他的眼睛还从眼眶里凸了出来。正如尤塞比乌斯与圣哲罗姆(*Hieronymus, in Zachariam, cap. 14.*)所说的那样,最后马克西米努斯全身腐烂,像一个发臭的坟墓,里面囚禁着一个邪恶的灵魂。就这样,他在哭号中用头撞墙,终于承认了他犯下的滔天罪行,忏悔不该迫害无辜的基督教徒,但他没有因此而抛弃他的异教信仰,之后他结束了他的生命。马克西米努斯有几个儿子,其中一位已经被他指定继承皇位。他还有一个7岁的女儿,他曾经许诺将她嫁与伽列里乌斯的私生子坎迪迪安努斯为妻。但是上帝对每位迫害基督教徒的暴君都进行了公正的判决。因此,李锡尼后来将马克西米努斯家族中的所有人都处死了。

因为马克西米努斯的死,获胜者李锡尼不费吹灰之力地占领了整个东方(*Aurelius Victor, de Cesaribus. Zosimus, lib. 2, cap. 18. Euseb., lib. 9, cap. 11.*)。李锡尼抵达了安提阿,在那里他尽显自己的骄傲,不仅追杀了马克西米努斯的后代,将他的妻子扔进了奥龙特斯河的漩涡中,而且处死了马克西米努斯的大部分宠臣和官员,其中就包括卡尔基阿努斯(Calcianus)和佩乌切提乌斯或皮琴提乌斯

（Peucetius或Picentius），他们曾经杀死了无数基督教徒。他还处死了一个叫泰特克诺（Teotecno）的人，在处死他之前让他承认了他伤害基督教徒所用的那些骗术。李锡尼在安提阿的时候，伽列里乌斯皇帝的儿子、受马克西米努斯迫害的坎迪迪安努斯前来找他。一开始他受到李锡尼很好的招待，于是他的养母、戴克里先的女儿瓦莱里娅离开了流放地，悄悄来到宫廷，想看看坎迪迪安努斯会有怎样的结局。但是让人们没有想到的是，李锡尼处死了坎迪迪安努斯，还一同杀死了塞维利亚努斯（Severianus），也就是在公元307年被杀死的塞维鲁斯皇帝的儿子。据称他们中的一个人，或者两个人计划在马克西米努斯死后登上皇位。李锡尼还发布判决要处死瓦莱里娅，但瓦莱里娅听说这个可怕的消息后立即逃走了，然后在不同的国家隐姓埋名游荡了15个月，直到在特萨洛尼卡（Tessalonica）被发现，之后她与她的母亲、戴克里先的妻子（*Lactantius, de Mort. Persec., cap. 51.*）普丽斯卡（Prisca）一起被捉，她们两个人都在公元315年被判处砍头之刑。所有人都同情她们，尤其是瓦莱里娅，她是因为想要在邪恶的马克西米努斯的攻击之下保持贞洁才给自己带来了这么多不幸。君士坦丁与李锡尼皇帝宣布马克西米努斯为篡位者与国家公敌，并下令砸碎他的雕像，抹去他的碑文，推倒所有献给他与其子嗣的纪念碑。

另外还值得一提的是，不知是在李锡尼战胜马克西米努斯之前还是之后，一个叫作瓦莱利乌斯·瓦伦斯（Valerius Valens）的人在东方自立为皇帝（*Lactantius, de Mortib. Persecut., cap. 50. Aurelius Victor, in Epitome.*）。马克西米努斯捉拿了他，但当时并没有杀掉他，后来李锡尼成了东方的主人，将其处死。巴基神甫（*Pagius, Critic. Baron. ad hunc annum.*）在这一年对此事谈论了很多，但尽管如此，关于这个人的事情还是存在很多模糊不清的地方。

年　份　　公元314年　小纪纪年第二年

西尔维斯特教皇第一年

君士坦丁皇帝第八年

李锡尼皇帝第八年

执政官　　盖乌斯·凯奥尼乌斯·鲁菲乌斯·沃鲁西安努斯（Gaius Ceionius Rufius Volusianus）第二次，安尼亚努斯（Annianus）

这一年的罗马总督是鲁菲乌斯·沃鲁西安努斯。据说，他同时也担任这一年的执政官。

米尔提亚德斯（Miltiades）教皇于这一年年初逝世（*Chron. Damasi, seu Anast. Biblioth.*），接替他在圣彼得教堂任教皇之位的是西尔维斯特（Silvester），他是基督教最光荣的教皇之一，也是最幸福的，因为他生活在第一位基督教皇帝，即君士坦丁皇帝统治时期。当然，这位奥古斯都皇帝在打败马克森提乌斯以后就立即让人知道了他已皈依基督教，因此，据说他在以凯旋者之姿进入罗马的时候，并没有到坎皮多里奥山，他拒绝前去供奉朱庇特神（*Euseb., Hist. Eccles., lib. 9.*）。此外，他在罗马为自己竖立了一座手里拿着十字架的雕像，表示他是靠这个十字架取得胜利的。君士坦丁很谨慎，没有做出其他更大的行动，因为他想让人民自愿而不是被迫皈依基督教。另外，他也担心一下子让这么多信仰异教的人失去宗教信仰自由，会引起叛乱。在一些碑文中，除了其他的称号与荣誉，君士坦丁还拥有"大祭司长"（pontefice maximus）的头衔。但巴基神甫（*Pagius, Crit. Baron. ad annum 312.*）认为，这不是君士坦丁自己索要的头衔，而是异教徒根据他们的习惯给予他的。此外，君士坦丁还公开让罗马人认识上帝，告诉人们应该崇敬上帝（*Euseb., in Vita Constant., lib. 1, cap 42.*）。他对上帝的主教和基督教神职人员怀有极高的敬意，还将其中一些人留在他的宫廷里，与他一同用餐，在旅行中也让他们陪同，因为他认为他们的存在会给他带来上帝的恩惠与赐福。当时，活动于阿非利加的多纳图斯派（Donatismo）信徒主张分裂，使基督教会内部出现纷争与混乱。君士坦丁虽然刚刚皈依基督教，但他没有对这股反对基督教教义的势力感到愤怒，而是热心地准备治愈这一"疮口"（*Labb., Concil. Collect. Baron., in*

Annal. Pagius, in Crit. Bar.）。于是，他宣布在阿尔勒召开一场主教会议，讨论多纳图斯派信徒对凯西利阿努斯（Caecilianus）主教的指控。他在写给他们的一封信中表达了自己的虔诚，指出了上帝对犯罪者的仁慈，说："我也做过很多违背正义的事，不承想上帝会看到这些事，在他的眼里，我内心最隐蔽的东西也无处可藏。因此，我理应为我的糊涂而受到相应的对待，理应受到各种惩罚。但是上帝没有这么做。相反，他给予了我许多我不配拥有的恩惠，他对我的所有恩泽无从列举，可以说上帝以其仁慈让他的信徒背负重担。"

自从李锡尼·奥古斯都击败马克西米努斯以后，东方的所有行省以及埃及就归他统治了，再加上伊利里亚，李锡尼占据了一片非常广阔的统治区域。而君士坦丁则统治着意大利、阿非利加与西方的其余行省。但据奥勒留斯·维克多（Aurelius Victor, de Caesaribus.）证实，这两位皇帝的性情完全不同。君士坦丁受《福音书》的教化，倾向于宽厚仁慈，废除了钉在十字架上的刑罚，因为十字架是神圣的救世主圣化的东西。另外，他还废除了打断罪犯双腿的刑罚。就连对他的敌人，他也保留了他们的荣誉与财产，还有生命。然而李锡尼却是一个粗鲁的人，他生活节俭，很容易对人发火。前面我们已经看到过他展现出残忍的一个显著的例子。此外，那个时候，他还会像对待卑贱的奴隶一样折磨许多无辜的高尚哲学家。因此，两位皇帝之间的和谐关系没有持续很长时间，甚至在这一年双方进行了战争。这一年的前几个月，君士坦丁皇帝在特雷维里（Treveri）。他在这里颁布了各项关于公共管理的指令与法令（Gothofred., Chron. Cod. Theodos.），主要是为了纠正暴君马克森提乌斯统治期间造成的混乱局面。当时许多人因为官吏和贵族的傲慢残暴而失去了自由，沦为奴隶，为此君士坦丁予以严厉的惩罚，下令将任何声誉不好的人除去官职。这一年君士坦丁与李锡尼之间出现分裂并爆发战争的原因至今仍无法确定。异教作家佐西姆斯（Zosimus, lib. 2, cap. 18.）将一切过错都推给君士坦丁，认为是他不遵守协约，开始索取几个国家作为他的管辖地域而导致的战争。同样是异教作家的欧特罗皮乌斯（Eutrop., in Breviar.）则将争端的源头指向君士坦丁的野心，这是那个时候的统治者经常有的通病，并且从来都无法满足，除非恐惧将其阻止。但是诡辩家利巴尼乌斯（Libanius）认为，李锡尼是第一个打破和谐的人。阿诺尼努斯·瓦来西亚努斯（*Anonymus Valesianus post Ammianum.*）提到了李锡尼这么做的原因，他写道："君士坦丁将他的妹妹阿纳斯塔西娅（Anastasia）嫁给了巴西阿努斯（Bassianus），打算宣布他为恺撒，并让他统治意大利。"为了获得妹夫李锡尼的认可，君士坦丁派一个叫科斯坦提乌斯（Constantius）的人到李锡尼那里去征求他的同意。就在这个时候，君士坦丁发现李锡尼暗中与巴西阿努斯的兄弟、他的亲信塞内乔（Senecio）串通起来引诱巴西阿努斯拿起武器对付君士坦丁。巴西阿努斯被说服参与了这一阴谋，最后付出了生命的代价。君士坦丁要求交出这一阴谋的操纵者塞内乔，而李锡尼拒绝了。因为这一拒绝，再加上李锡尼叫人把埃莫纳（Emona，不知是在伊斯特里亚还是在潘诺尼亚）城内君士坦丁的所有画像与雕像全部拆除了，于是双方开始了公开的战争。君士坦丁亲自率领一支仅有2万名骑兵与步兵的军队向潘诺尼亚进军，在奇巴拉（Cibala）的战场上与李锡尼相遇。李锡尼的军队里有多达3.5万名士兵。两位皇帝在这里交战，最后李锡尼被打败。佐西姆斯（*Zosimus, lib. 2, cap. 18.*）描述了这场战争，他写这场战争从早上一直持续到晚上，死伤惨重，但最后君士坦丁所在的右翼击溃了敌人；而李锡尼的军队在经过一天的顽强战斗后，发现他们的皇帝骑马逃跑了，于是他们在黄昏时分只带了充足的食物后，抛弃了剩下的粮食、马车和装备，匆匆忙忙地撤退到了锡尔米姆——他们的皇帝李锡尼在他们之前已经到了那里（*Idacius, in Fastis. Euseb., in Chron.*）。这场血腥的战斗发生于10月8日，欧特罗皮乌斯（*Eutrop., in Breviar.*）说在这一时间之前，李锡尼就被君士坦丁打败，后来在奇巴拉突然撞上君士坦丁，再次被击败。佐西姆斯的叙述如此详细，因此他的叙述要比欧特罗皮乌斯的叙述更加可信一些。阿诺尼努斯·瓦来西亚努斯说李锡尼损失的士兵多达2万人，这个数字似乎太大了。

萨沃河（Savo）环绕着锡尔米姆，并在此汇入多瑙河（*Zosimus, lib. 2, cap. 18.*）。李锡尼在锡尔米姆并没有待很长时间，然后就带着妻子与孩子，拆毁了桥梁，连夜朝新达契亚行进，直到抵达色雷斯。途中（*Anonymus Valesianus.*），他立瓦伦斯（Valens）为恺撒。瓦伦斯是李锡尼军队中极为英勇的一名将军，关于他，历史上留下的信息非常少。君士坦丁派5000名士兵追捕逃跑的李锡尼，但没有结果。君士坦丁占领了奇巴拉与锡尔米姆，当他到达马其顿的城市腓立比（Filippi），或者色雷斯的城市菲利波波利斯（Filippopoli）时，李锡尼的使者从安德里诺波利斯（Andrinopoli）来请求议和，君士坦丁要求废黜李锡尼不顾他的想法册封的恺撒瓦伦斯，然而李锡尼不同意。与此同时，李锡尼用东方派来的人组建了另一支数量庞大的军队，然后再次来到战场上。但是不知疲倦的君士坦丁也没有就此懈怠，他在马尔迪亚（Mardia）平原上迎战李锡尼，双方又进行了一场死伤惨重的决战。据佐西姆斯所述，这场战争的结果未知，因为夜晚使双方停止了交战。但根据阿诺尼努斯·瓦来西亚努斯所述，在这场混战中，李锡尼处于劣势，最后借助夜色撤到了别的地方，第二天绕过君士坦丁，与他的军队躲到了伯里亚（Berea）。佩特鲁斯·帕特里修斯（Petrus Patricius, de Legat., Tom. I Hist. Byzantin.）写道，君士坦丁在这场战争中中了李锡尼军队的埋伏而失去了部分装备。后来，李锡尼再次派使者——他的一位顾问梅斯特里亚努斯（Mestrianus）前来向君士坦丁提出议和。君士坦丁考虑到离自己的国家很远，更何况战争的结果无法预料，于是接见了使者。君士坦丁对李锡尼表现出强烈的愤怒，因为李锡尼没有经过他的同意，甚至丝毫不顾及他的想法，就册封了一位新的恺撒，为此他宁愿支持一个下属（Anonymus Valesianus. Zosimus.），也不愿支持他的大舅子——一位奥古斯都皇帝。因此，君士坦丁表示，如果想议和，就要先废黜恺撒瓦伦斯。李锡尼最后妥协，同意了这个要求，于是双方达成了和平协议。如果奥勒留斯·维克多（Aurelius Victor, in Epitome.）所述属实，李锡尼不仅废黜了瓦伦斯的恺撒之位，而且处死了他。这场议和之后，伊利里亚、达尔达尼亚、马其顿、希腊与上默西亚归君士坦丁管辖；李锡尼则统治着索里亚和其他的东方行省，以及埃及、色雷斯与下默西亚（Jordan., de Reb. Getic.）（一些人称下默西亚为小斯基泰，因为这里过去居住着斯基泰民族）。于是，君士坦丁获得了部分李锡尼的领域，其统治区域大大增加。

在《狄奥多西法典》（Cod. Theodos., l. 1, de Privileg. eorum, etc.）中有一项君士坦丁于这一年10月29日在高卢颁布的法令。但如戈托弗雷杜斯（Gothofredus）所认为的，那个地名是错误的，或者月份弄错了，因为君士坦丁在与李锡尼的战争结束后不可能那么快就返回了高卢。

年　份　公元315年　小纪纪年第三年

西尔维斯特教皇第二年

君士坦丁皇帝第九年

李锡尼皇帝第九年

执政官　弗拉维乌斯·瓦莱利乌斯·君士坦丁·奥古斯都（Flavius Valerius Constantinus Augustus）第四次，普布利乌斯·瓦莱利乌斯·李锡尼亚努斯·李锡尼·奥古斯都（Publius Valerius Licinianus Licinius Augustus）第四次

君士坦丁与李锡尼为了向公众证明他们已经重新建立了联盟，在这一年均担任了执政官。鲁菲乌斯·沃鲁西安努斯（Rufius Volusianus）在2月25日仍然担任着罗马总督一职，这一点从君士坦丁给他下达的一项敕令（Cod. Theodos., lib. 2, quor. appellat.）中可以看出。根据库斯皮尼亚努斯和布赫里乌斯发表的罗马总督年表，维提乌斯·鲁菲努斯（Vettius Rufinus）在8月20日继任了该职位。

从戈托弗雷杜斯（Gothofred, in Chron. Cod. Theodos.）与雷兰多（Reland, in Fast.）收集的法令可知，在这一年的大部分时间里，君士坦丁皇帝都停留在潘诺尼亚、达契亚、上默西亚与马其顿，以便整顿这些新征服的国家。他有时在特萨洛尼卡（Tessalonica），有时在锡尔米姆和奇巴拉，有时在内索斯（Naisso）及这些地区的其他城市。当时，对于那些被判在剧场中作为角斗士进行搏斗或者被判开采矿山的罪犯，往往用烧红的铁器在其额头上烫一个烙印。君士坦丁在给尤梅利乌斯（Eumelius，他在下一年成为阿非利加的代理总督）下令执行的法令中，有一条就是废除这一做法，以免羞辱了人类的脸庞。原因正如他所说的，人类的脸折射出上帝之美的一些痕迹。又或许是君士坦丁对额头怀有敬意，因为基督教徒会在额头上涂抹圣油，做出十字架的手势。据拉克坦提乌斯与尤塞比乌斯证实，当时做十字架的手势就已经在使用了。君士坦丁在他出生的城市内索斯也颁布了一项尽显其仁慈的法令，并特别命令要在意大利推行该法令，还要把它刻在铜板上加以展示。这项法令源于当时有一种已经持续了很长时间的残酷的虐待行为，即父母如果因为贫穷无法养活自己的孩子，那么他们要么杀死孩子，要么卖掉孩子，或者抛弃孩子，

将他们在街头展示，这样他们就成了收留他们的主人的奴隶（*Cod. Theodos., l. 1, de aliment.*）。仁慈的皇帝下令，父亲可以带着他的孩子来到公职人员面前，证明他确实没有能力养活孩子，那么国库就要为这些可怜的人提供食物。后来在公元322年，他在阿非利加也制定了一项类似的法令，委任行省总督和公共部长对此进行监督，预判穷人的需求量，从公共粮仓中取出粮食来改善他们贫困悲惨的现状，这样就不会再有百姓死于饥饿了。他还下令，那些被父亲在街头展示并成为奴隶的孩子可以通过一个合理的价格赎回，或者可以用另一个奴隶进行交换。君士坦丁在锡尔米姆颁布的另一条法令（*Ibidem, l.1, de pignoribus.*）中，他禁止债主扣押债务人——特别是涉及金钱债务时，带走他们的仆人和用来耕种田地的牲畜，应将公众利益置于私人利益之上，否则将被处以死刑。这是善良明智的君主所必须履行的职责。另外，还有一项法令（*Ibidem, l.1, de matern. bon.*）是君士坦丁于7月18日在阿奎莱亚（Aquileia）为罗马的行政官、大法官与平民护民官颁布的，不过这项法令在9月5日才由罗马总督维提乌斯·鲁菲努斯（Vettius Rufinus）在元老院里宣读。这些信息使我们了解到，君士坦丁在潘诺尼亚、马其顿、默西亚和希腊处理完事务后，在这一年来到了意大利。事实上，他在罗马颁布了两项法令（*Gothofred., Chron. Cod. Theodos.*），分别是在8月底与9月初。他颁布的其他法令显示他在同年9月和10月以及随后的两个月里回到了潘诺尼亚。但可以肯定，其中一些法令中标注的日期是错误的，因为君士坦丁不会飞，他不可能那么快来到潘诺尼亚。据记载，君士坦丁于10月18日在穆尔吉罗（Murgillo）颁布了一项法令（*Ibidem, l.1, de Judaeis.*），该法令禁止犹太人侵扰（正如他们过去所做的那样）那些放弃自己的宗教而皈依基督教的人。他还威胁称，人们要向那些敢在将来侵扰他们的人发起战争，以及对那些改信犹太教的人处以各种惩罚。

如果我们相信巴罗尼奥（Baronio）主教的叙述，这一年教皇西尔维斯特（Silvester）在罗马召开了一个有75位主教参加的会议。但由于我们只是从圣西尔维斯特的记录中得到这一信息，而这些记录在今天被所有学者认为是不可信的（*Pagius, Crit. Baron. Natalis Alexander et alii.*），因而这一会议是建立在包含了太多不真实内容的谎言之上的，其真实性值得怀疑。

年　份　公元316年　小纪纪年第四年

西尔维斯特教皇第三年

君士坦丁皇帝第十年

李锡尼皇帝第十年

执政官　萨比努斯（Sabinus）与鲁菲努斯（Rufinus）

维提乌斯·鲁菲努斯继续担任这一年的罗马总督直到8月4日，也许他也是这一年的执政官。在那之后，该职务由奥维尼乌斯·加利坎努斯（Ovinius Gallicanus）担任。

尽管《狄奥多西法典》的法令中有些日期不正确，但我们可以从中得知，君士坦丁·奥古斯都在5月和8月身在高卢，他是从罗马到那里去的。这些法令中的第一条（*Cod.Theodos., l.10, de longi temporis praescript.*）就是在罗马颁布的，它让许多人感到极其安心。因为法律规定，只要谁能占有曾经属于君王的领地并保持长期的和平，无论是通过捐赠还是其他合法手段获得，谁就将永远是它的主人。在阿非利加有一种施暴行为，即由于欠下个人或税务部门的债务，恪守节操的妇女会被强行赶出她们的家。君士坦丁以严厉的酷刑以及死刑禁止这种欺压。由于他对基督教的崇敬之情日渐显露，为了引导他的臣民温和地、自发地笃信基督教，在这一年，他致函普罗托吉内主教，希望颁布一项法令，即允许每个人在基督教徒、主教和神职人员的见证下，在教堂里赋予其奴隶自由。在过去，释放奴隶的行为是在民事裁判官面前进行的，需要准备许多手续，克服各种困难，而从那时起，这一活动几乎不费吹灰之力，只需要教会神职人员的证明就足以归还基督教徒自由了。随后这条法令与其他法令一起得到了君士坦丁和他的继任者们的确认。尽管阿尔勒会议上通过了声明，之前在教皇梅尔基阿德（Miltiades）的领导下也举行了罗马会议，其中迦太基主教凯西利阿努斯（Caecilianus）被宣判无罪，多纳图斯派信徒被谴责为不公正的指控者，但这些分裂主义者仍然横行一时，他们成功地求得了君士坦丁的新判决。君士坦丁离开了高卢，再也没有回到那里，他（*Baron. Pagius. Fleury et alii.*）来到米兰。10月，凯西利阿努斯和反对派出现在他的枢机会议上。皇帝怀着慈善和耐心听取了每个人的意见并进行了审查，判决再次对凯西利阿努斯有利，但他的对手比以前更顽固，分裂的局面在阿非利加的教会中持续了一个多世纪。如果法令记录的是真实的，君士坦丁从米兰来到潘诺尼亚和新达契亚，并于12月4日在塞尔迪卡（Sardica）给西班牙的奥克塔维安努斯（Octavianus）伯爵颁布了一项法令，规定对犯有侵占他人妇女、仆人或财产，或其他罪行的权贵，将根据例法由各地方的长官进行审判，不允许向罗马的总督上诉，也不需要给皇帝上书。这种严厉的法律是必不可少的，可以遏制那些由于远离法庭或者具有上诉优势而偏袒他人的任何人滥用职权的行为。

另外值得一提的是，当皇帝8月份在高卢的阿尔勒时，他的妻子福斯塔（Fausta）在该月的第七天为他生了一个儿子。奥勒留斯·维克多（*Aurelius Victor, in Epitome.*）称他为小君士坦丁（Constantinus juniore）；佐西姆斯（Zosimus, lib. 2, chap. 20.）根据西尔巴吉奥（Silburgio）的版本，认为他的名字叫君士坦提乌斯（Constantius）；蒂勒蒙特（*Tillemont, Mémoires des Empereurs.*）分析了这一争论，最终倾向于认为他叫作小君士坦丁。在我看来，其他争论不必在此提及。在阿里古斯·斯蒂凡努斯（Arrigus Stephanus）制作的佐西姆斯的版本中，我们读到的是君士坦丁（Constantinus）；而尤塞比乌斯（*Eusebius, in Vita Constantini, lib. 1, c. 40.*）和阿诺尼努斯·瓦来西亚努斯（*Anonym. Valesianus post Amm.*）则说小君士坦丁被册封为恺撒（我们将于下一年讲到），由此给出了这一有争议的回复，但佐西姆斯称这位恺撒前段时间出生于阿尔勒。不管怎样，可以确定的是，君士坦丁的这个儿子后来成了罗马的皇帝。

年　份　公元317年　小纪纪年第五年

西尔维斯特教皇第四年

君士坦丁皇帝第十一年

李锡尼皇帝第十一年

执政官　奥维尼乌斯·加利坎努斯（Ovinius Gallicanus）与巴苏斯（Bassus）

第二位执政官可能叫作塞普蒂米乌斯·巴苏斯（Septimius Bassus），根据库斯皮尼亚努斯（Cuspinianus）和布赫里乌斯（Bucherius）的年表，他于5月15日开始担任罗马总督的职务。至于加利坎努斯（Gallicanus），瓦莱西乌斯（*Valesius, in Notis ad Ammian.*)声称他是历史学家伍尔卡提乌斯·加利坎努斯（Vulcatius Gallicanus），因为奥维尼乌斯·加利坎努斯是罗马总督。这一时期经常可以看到执政官与罗马总督兼任的现象。

据阿诺尼努斯·瓦来西亚努斯与佐西姆斯所述，君士坦丁·奥古斯都留在新达契亚的城市塞尔迪卡的时候，正值他统治十周年，他与东方的皇帝李锡尼商议共同将他们的儿子封为恺撒。君士坦丁的第一任妻子米涅维娜（Minervina）或许是在公元300年之前为他生下了克里斯普斯（Crispus）。在这位王子刚会识字的时候，他的父亲就指派著名的拉克坦提乌斯·菲尔米亚努斯（Lactantius Firmianus）作为他的老师（*Eusebius, in Chron.*），教他拉丁语、雄辩术，同时教他基督教的教义以使他保持真正的虔诚。因此这个年轻人受益匪浅，我们很快就会看到他开始在战场上表现卓越，并怀有远大的抱负，但后来他不幸身亡。君士坦丁的现任妻子福斯塔上一年为他生下了小君士坦丁，他后来也成为皇帝，并且是君士坦丁大帝儿子中最有名的，不知道是因为他的恶行还是他的美德（*Julian., Oratione I. Anonymus Valesianus.*）。因此，两人在这一年都被授予了恺撒的荣耀。我们从利巴尼乌斯（*Libanius, Oratione 3.*）那里得知，君士坦丁为他的每个儿子都组建了宫廷，并让他们指挥一支军队，但他还是会把他们留在自己身边，以免他的儿子们由于年轻气盛而遭遇挫折。在碑文（*Gruterus, Thesaur Inscription.*）和勋章（*Mediob., Numism. Imperat.*）中，克里斯普斯被称为弗拉维乌斯·瓦莱利乌斯·尤利乌斯·克里斯普斯（Flavius Valerius Iulius Crispus），而年轻的君士坦丁被称为弗拉维乌斯·克劳狄乌斯·小君士坦丁（Flavius Claudius Constantinus juniore）。李锡尼皇帝也有一个儿子，与其父同名，叫作瓦莱利乌斯·李锡尼亚努斯·李锡尼（Valerius Licinianus Licinius）（*Zosimus, lib. 2, cap. 20.*），据说他才刚满20个月。如果这是真的，那么可以得知李锡尼的另一个儿子（已会执剑作战，参与了上文提到的奇巴拉之战）应该在此之前就死了。得到两位奥古斯都皇帝的准许，这个孩子（李锡尼）也被授予了恺撒的荣誉。

根据君士坦丁颁布的法令（*Gothofredus, in Chronic. Cod. Theodos.*）和上述作家所述，在这一年的全部时间里，或者至少是这一年的大部分时间里，君士坦丁皇帝居住在新达契亚、潘诺尼亚和伊利里亚。那么可以认为其中两则说3月和7月在罗马颁布的法令是存在错误的。君士坦丁的妻子福斯塔·奥古斯塔也在这些地方，她于8月13日生下了一个儿子，起名为君士坦提乌斯（Constantius）。

年　份　公元318年　小纪纪年第六年
　　　　西尔维斯特教皇第五年
　　　　君士坦丁皇帝第十二年
　　　　李锡尼皇帝第十二年
执政官　普布利乌斯·瓦莱利乌斯·李锡尼亚努斯·李锡尼·奥古斯都（Publius Valerius Licinianus Licinius Augustus）第五次，弗拉维乌斯·尤利乌斯·克里斯普斯·恺撒（Flavius Iulius Crispus Caesar）

塞普蒂米乌斯·巴苏斯（Septimius Bassus）在这一年继续担任罗马总督（*Cuspinianus. Bucherius. Panvin.*），但由于他不得不前往君士坦丁的宫廷——君士坦丁当时有可能还在伊利里亚，于是尤利乌斯·卡西乌斯（Iulius Cassius）从7月13日到8月13日代任罗马总督之职，直到巴苏斯回来后，又恢复了他的职务。

历史没有记载这一年关于君士坦丁的重要事迹，我们只知道君士坦丁当时在伊利里亚，有可能是在锡尔米姆（*Gothofredus, in Chronic. Cod. Theodos.*），他在那里颁布了两项法令。与此同时，我们从尤塞比乌斯（*Euseb., in Vita Constant., l. 4, cap.*

1 et seq.)那里得知,在这位仁慈的奥古斯都统治期间,基督教徒享受着极为安宁的和平与自由,信徒越来越多,并且在整个罗马帝国内建起了供奉上帝的教堂和豪华神庙。从君士坦丁的敕令中可以看出来,这位贤良的皇帝从自己的国库中调拨金钱给主教用于修建建筑和其他与崇拜上帝有关的事项,此外他还免除了基督教神职人员需要缴纳的赋税。在东方,尽管李锡尼·奥古斯都还像以前一样崇拜异教众神,但出于对君士坦丁的恐惧而非自己的意愿,他没有骚扰基督教徒,在他的统治地区,基督教徒的数量甚至比其他地方更多。然而,索佐梅努斯(*Sozomenus, lib. 1, cap. 7.*)认为,李锡尼在某个时候表明自己是基督教的追随者,或者至少是拥护者。这可以从尤塞比乌斯(*Euseb., in Vita Constant., lib. 1, cap. 14.*)作品的一个段落中推断出来。巴基神甫(*Pagius, Crit. Baron.*)也是这样认为的。但毫无疑问的是,如这两位古代史学家证实,李锡尼要么是从来没有放弃异教信仰,要么是因为在奇巴拉之战中被君士坦丁打败,他重拾了以前的异教信仰,然后在这种信仰中结束了他的生命。

年　份　公元319年　小纪纪年第七年
　　　　西尔维斯特教皇第六年
　　　　君士坦丁皇帝第十三年
　　　　李锡尼皇帝第十三年
执政官　弗拉维乌斯·瓦莱利乌斯·君士坦丁·奥古斯都(Flavius Valerius Constantinus Augustus)第五次,瓦莱利乌斯·李锡尼亚努斯·李锡尼·恺撒(Valerius Licinianus Licinius Caesar)

塞普蒂米乌斯·巴苏斯(Septimius Bassus)在这一年任罗马总督直到9月1日,然后接替他担任此职位的是瓦莱利乌斯·马克西穆斯·巴西利乌斯(Valerius Maximus Basilius),在接下来的3年里他一直担任此职位,因为这一职位的任期没有固定的时间,而是取决于皇帝的意愿。在库斯皮尼亚努斯与布赫里乌斯的年表中,在接下来的几年中瓦莱利乌斯·马克西穆斯·巴西利乌斯仅被称作瓦莱利乌斯·马克西穆斯，而在君士坦丁的几封敕令中显示的是罗马总督马克西穆斯。因此，他的姓氏更加为人所知。

君士坦丁这一年仍然在伊利里亚，包括当时的潘诺尼亚与新达契亚，这在他颁布的一些法令中可以看出来。这些地方没有意大利和高卢安逸舒适，君士坦丁之所以留在这些地方，可以认为他热爱自己的家乡，但更多的是为了监督萨尔玛提亚人与其他蛮族的动向——他们总是虎视眈眈，希望劫掠罗马的行省。或许君士坦丁和他们之间还爆发了战争，似乎还有可能他在这些城市设防加固，因为他怀疑李锡尼正在计划某一天对他发动战争。尽管他人在伊利里亚，但他没有忘记对罗马与意大利进行良好的统治，特别是他十分关注制止之前暴君统治下的混乱与残暴行为，并在各地建立人道与和平。戈托弗雷杜斯（*Gothofredus, Chron. Cod. Theodosian.*）与雷兰多（*Reland., Fast. Consul.*）在其作品中收集了许多君士坦丁在这一年颁布的英明的法令，其中有两项（*L. 1 et 2 de maleficiis.*）分别颁布于2月1日与5月15日。从中我们可知，君士坦丁开始下令制止占卜师与其他异教占卜师的欺骗行为，命令他们不要再以虚无的希望欺骗那些相信他们的人；他还下令占卜师不可以进入任何人的家中进行占卜，而只能在神庙与公共场所进行。佐西姆斯（*Zosimus, l. 2, cap. 29.*）认为，君士坦丁是在克里斯普斯与福斯塔死后才开始打击这些狡猾的人的——这些人在过去得到重用，还多次为他预测了未来。明智的奥古斯都早已发现这种占卜术的欺骗性，并将它视为迷信行为。君士坦丁还制定了许多其他有利于公众的法令，涉及奴隶、指控者、讽刺文章、道路维护、各种技工、结婚等，如果把所有这些都列出来，那要说的就太多了。此外，他还于这一年的6月和7月在阿奎莱亚颁布了一些法令，如果这些法令的日期没有错误的话，那么这表明他还来到了意大利。一些法令似乎还表明他也去了罗马，但可以肯定地说这些日期是错误的。

我在上面还讲到了与萨尔玛提亚人的战争，事实上，巴基神甫（*Pagius, Crit. Baron.*）认为这一战争开始于这一年，持续了3年。但由于没有关于这一战争时间的准确信息，我们可以认为这不是真的，对此我会在后面讲到。

年　份　公元320年　小纪纪年第八年

西尔维斯特教皇第七年

君士坦丁皇帝第十四年

李锡尼皇帝第十四年

执政官　弗拉维乌斯·瓦莱利乌斯·君士坦丁·奥古斯都（Flavius Valerius Constantinus Augustus）第六次，弗拉维乌斯·瓦莱利乌斯·小君士坦丁·恺撒（Flavius Valerius ConstantinusjunioreCaesar）

瓦莱利乌斯·马克西穆斯（Valerius Maximus）继续担任罗马总督。

君士坦丁·奥古斯都继续居住在达契亚、潘诺尼亚与默西亚，在这一年的4月，他来到阿奎莱亚（Aquileia）。这是从他在阿奎莱亚颁布的法令（*Gothofred., Chron. Cod. Theodos.*）中得知的，不过其中阿奎莱亚的名字被写为Aquileja，在我看来，这是写错了。君士坦丁通过这些法令严格限制了富人的强取行为——富人很容易就会霸占贫穷债务者的财产，因此他下令一旦债务者以现金偿还了债务，富人就要归还债务者的财产。我们在其他地方提到过帕皮亚（Papia）（*L. unica de Commissor. Cod. Theodos.*）以及奥古斯都皇帝制定的其他针对不娶妻者的法令，不娶妻者会受到惩罚，而那些娶妻者会享有特权，这一切是为了生育孩子，因为帝国缺少人口，而国家需要人来参与战争。由于这条法律与基督教赞颂的美德——贞洁与节制相违背，而君士坦丁有意宣扬基督教，于是他废除了对未婚者（*L. unica de infirmand. poen. caelib.*）施加的惩罚，只保留了帕皮亚法中对于有孩子的人赋予的特权。此外，圣安布罗修斯认为（*Ambrosius, de Virginit., lib. 3.*），有着更多贞女的国家，如亚历山大里亚、阿非利加与东方，人口要比其他国家更多。这一年，君士坦丁还下令不准将欠税者关押在秘密的牢房里——这些牢房只用来关押犯罪者，也不准对他们施加鞭打之刑和其他由傲慢残忍的法官判决的酷刑，应该将他们关押在公开的牢房里，任何人都可以去看他们。骄奢淫逸、蔑视贞操是异教宗教带来的结果。我们已经多次提到过此类事情。君士坦丁开始纠正其中一些过分的行为。拐卖少女在罗马已经成为很常见的恶行，君士坦丁对此进行了非常严厉的惩罚，并且对那些少女也进行了惩罚，剥夺了她们父亲与母亲的遗产，因为即使她们是被劫持的，但在他看来，她们的父母没有守护好应该珍视的宝贝就是有过错的。此外，君士坦丁还对那些抛弃节操，与奴隶乱搞的放荡妇女进行了惩罚（*L. unica, de mulier., quae serv.*），判处了她们死刑，并将那些奴隶活活烧死，而且他们的孩子无权继承任何东西与获得任何尊严。到现在为止，异教宗教是允许已婚的人纳小妾的。但君士坦丁（*Ibid., de concubin. Cod. Justinian.*）禁止了这一行为，他认为这是违反婚姻法律与忠诚的行为。然而，他却是第一个将父亲的遗产分给亲生子女的人。贤明的皇帝还很关心被指控有罪的囚犯，下令停止刑事审判，并要求将被指控者关押在舒适通风的地方，特别是白天。他还将虐待囚犯的看护人与监狱长官判处了死刑，因为他们要么从囚犯身上榨取金钱，要么收取了囚犯们敌人的金钱。

根据记载，在这一年，克里斯普斯·恺撒战胜了横渡莱茵河的蛮族。纳撒利乌斯（*Nazar., in Panegyr. Constant.*）将此事放到了下一年来讲。对于这场战争，我们并不知道其他细节，只知道这位年轻的恺撒与他们交战，并打败了他们，在他们的请求下同意了议和。一些勋章（*Mediobarb., Numism. Imp.*）上记录了克里斯普斯战胜的是阿拉曼尼人。

另外，据尤塞比乌斯（*Euseb., in Chronic.*）所述，大概在这一时期，东方的李锡尼皇帝开始表现出对基督教徒的敌意，因为他将所有基督教徒都赶出了他的宫廷。

年　份　公元321年　小纪纪年第九年
　　　　西尔维斯特教皇第八年
　　　　君士坦丁皇帝第十五年
　　　　李锡尼皇帝第十五年
执政官　弗拉维乌斯·尤利乌斯·克里斯普斯·恺撒（Flavius Iulius Crispus Caesar）第二次，弗拉维乌斯·瓦莱利乌斯·小君士坦丁·恺撒（Flavius Valerius ConstantinusjunioreCaesar）第二次

瓦莱利乌斯·马克西穆斯（Valerius Maximus）仍旧是这一年的罗马总督。

君士坦丁·奥古斯都继续待在伊利里亚，这可以从他在锡尔米姆、维米纳基西斯与塞尔迪卡颁布的法令（*Gothofred., Chronic. Cod. Theodos.*）中得知。他还在阿奎莱亚颁布了一项法令。但是君士坦丁如此频繁地从潘诺尼亚和达契亚到阿奎莱亚，令我怀疑这些法令可能不是在意大利的城市阿奎莱亚颁布的，而是在上默西亚的城市阿夸斯（Aquas）或者阿奎斯（Aquis）颁布的，有可能皇帝去那里洗浴了。公元325年，正好发现了一则在那里颁布的法令（*L. 1, de erogat. milit. Cod. Theodosian.*）。

这一年正值克里斯普斯与小君士坦丁被封为恺撒第五周年之际，人们在3月1日为他们的健康许愿祈福。这个时候，被尤塞比乌斯（*Euseb., in Chronico.*）称为杰出演说家，并且还受到奥索尼乌斯（Ausonius）称赞的纳撒利乌斯（Nazarius）诵读了一篇献给君士坦丁的颂词。很有可能这篇颂词是在罗马诵读的，因为这时两位恺撒和他们的父亲奥古斯都都在很远的地方，所以演说家在最后表达了这样的愿望：希望罗马如今可以享受皇帝和他的儿子们带来的安稳。纳撒利乌斯（*Nazar., in Panegyr. Constantin., cap. 38.*）用简短的话概括了君士坦丁给罗马人民和帝国其他地区做出的贡献，包括将莱茵河畔的蛮族人赶出了高卢，并到他们的国家让他们见识到罗马权威的厉害。当时仅次于罗马人的强大民族波斯人急切地想与君士坦丁建立友谊——没有哪个凶猛野蛮的民族不敬畏与爱戴这样一位有见识且英勇的皇帝。罗马帝国内的所有城市都践行着公平正义，享受着令人向往的和平与充足的粮食；城市内新建了各种非凡的建筑，其中一些城市变得面目一新。君士坦丁颁布了许多整改风俗习气、压制恶习的法令：法庭中再无诡辩、造谣与阴谋，人们可以坦率地执行正义；忠贞的妇女处于安全之中，婚姻受到尊敬，再没有通奸与出轨的现象。终于，每个人都平静地享受着自己的生活，不用担心恶霸的虐待，或税务人员的勒索。奥普塔提安努斯（*Optatianus, Panegyr. Constantin., apud Velserum.*）在君士坦丁的颂词中还补充说，这位善良的皇帝会尽可能减轻刑罚，尽管他制定的法律也很严格，但他会很轻易地宽恕罪犯。另外，我们从纳撒利乌斯（*Nazar., Panegyr., cap. 36.*）那里得知，年轻的克里斯普斯·恺撒在战胜阿拉曼尼人之后获得了不小的声誉，他冒着严酷的寒冬，在这一年的前几个月，来找仍然居住在伊利里亚的父亲奥古斯都。

君士坦丁在伊利里亚颁布了许多法令（Gothofr., in Chron. Cod. Theodos.），其中很多法令是针对锡尔米姆的。2月27日在塞尔迪卡颁布的法令中（L. 1, de bonis proscript., Cod. Theod.），君士坦丁降低了没收罪犯财产的严格性，下令罪犯在犯罪之前赠予妻子、孩子和其他人的所有财产可以不予没收，因为那些没有参与到犯罪行为中的人无须接受惩罚。此外，他还命令税务机关的官员在没收财产清单上记录罪犯是否有孩子，如果有孩子，并且赠予过他们东西的话，那就要按照他们的需求给予一定的恩惠。在另一项法令中（L. 1, de Paganis, Cod. Theodos.），君士坦丁允许人民进行占卜，也就是异教迷信的预言。这让巴罗尼奥主教（Baron., in Annal. Eccles.）和戈托弗雷杜斯（Gothofred., de Statu Christian.）怀疑君士坦丁在这一时期退出了基督教，而加入了异教。但正如戈托弗雷杜斯、乔瓦尼·莫里诺（Giovanni Morino）、巴基神甫与雷兰多所认为的，君士坦丁只是允许偏执的罗马人继续相信这些骗局，因为他们总是抱怨因无法再预测不幸与灾难而不能加以防范，他们愚蠢地相信可以从祭祀动物的内脏中获知这些。事实上，君士坦丁比以前更加强烈地热爱、信仰基督教，他还在这一年为拥护这一神圣的宗教而颁布了一些法令。3月7日，他下令（L. Omnes Judices. De feriis, Cod. Theod.）在星期天这天停止所有的审判和买卖活动与城市的日常工作——除了农业活动，因为对农业来讲，某几天的劳作是非常重要的。7月3日他在卡利亚里（Cagliari）颁布法令，禁止法官在星期天这天进行审判和处理司法诉讼，仅可以在这一天于教堂中给予奴隶自由和做公证，因为这是体现基督教仁爱的行为。尤塞比乌斯（Euseb., in Vita Constantin., lib. 4, cap. 18.）也提到了这项法令，说仁慈的皇帝希望在那神圣的一天，每个人都能向上帝祷告，就像他与整个家族里的人做的那样。他还准予了信仰基督教的士兵在这一天放假，这样他们就可以去教堂向上帝祷告。另外，在7月3日颁布的针对罗马人民的法律中（L. Habeat unusquisq. De Episc.），他宣布所有人都可以在遗嘱中写下他们想要捐赠给基督教会的财产，希望这些最后的遗愿会让他们获得一个好的结局。还有一项法令（L. 3, de maleficiis, Cod. Theod.）是他于6月22日在阿奎莱亚（或者是在我前面所说的默西亚的阿奎斯）颁布的，他下令严惩任何用巫术损害他人生命与清白的人，宽恕那些利用迷信偏方来治愈疾病、保护地里的果实或者不会对任何人造成伤害的人。因为这一许可，有人可能会指责君士坦丁，因为他好像不知道这些迷信（尽管不会造成伤害）受到神圣的基督教教义的批驳。其实君士坦丁也不赞同这种迷信行为，他只允许异教徒这么做，还允许他们向他们的异教众神祭祀。在异教徒中，那些欺骗者发明出来的充满迷信的护身符与偏方非常流行，他们用其来治愈疾病、预测未来和满足他们其他的需求。明智的皇帝不想在一开始因为抵制异教徒愚蠢的风俗而激怒他们，引起他们的叛乱，于是允许他们做那些愚蠢的事，只要不对公众造成伤害。据说，其实君士坦丁内心在嘲笑异教徒，并对他们那些行为非常厌恶。

年　　份　公元322年　小纪纪年第十年
　　　　　西尔维斯特教皇第九年
　　　　　君士坦丁皇帝第十六年
　　　　　李锡尼皇帝第十六年
执政官　佩特罗尼乌斯·普罗比亚努斯（Petronius Probianus）与阿尼基乌斯·尤利安努斯（Anicius Iulianus）

在叙马库斯（Symmachus）的讽刺短诗中有一篇对上述两位执政官的赞词。这一年的罗马总督仍然由瓦莱利乌斯·马克西穆斯（Valerius Maximus）担任。

君士坦丁皇帝仍然居住在伊利里亚，可以从他在锡尔米姆与萨巴里亚（Sabaria）颁布的法令（*Gothofred., Chronolog. Cod. Theodos.*）中看出来。可以认为在这一年，君士坦丁向萨尔玛提亚人发动了战争，因为佐西姆斯（*Zosimus, lib. 2, cap. 21.*）讲到了此事。巴基神甫认为这场战争开始于公元319年，梅扎巴尔巴（*Mediobarb., in Numismat. Imperat.*）则认为这是从上一年开始的。纳撒利乌斯在上一年发表的颂词中并没有提到这场战争，这足以让我们相信它是在上一年3月1日之后发生的，有可能在这一年结束——正如戈托弗雷杜斯（*Gothofredus, Chronolog. Cod. Theod.*）与蒂勒蒙特（*Tillemont, Mémoires des Empereurs.*）认为的那样。我们从颂词作家奥塔提亚努斯（*Optatianus, Panegyr. Constant., cap. 32.*）那里得知，这场战争非常重要，而且危险重重，他写萨尔玛提亚人联合卡尔皮人与哥特人，多次被君士坦丁在多瑙河畔的城市坎波纳（Campona）、玛戈（Margo）和博诺尼亚（Bononi）击败。据佐西姆斯所述，那些蛮族人和他们的国王劳西莫多（Rausimodo）对多瑙河领域的一个城市发起了进攻，以为可以轻而易举地攻下它，因为这座城市城墙的上半部分是由木头建造的。于是他们先是火攻，然后发起了袭击。这座城市里有一支精锐的驻军，他们用箭与石头进行有力的抵抗，直到君士坦丁来援助他们。他们杀死了许多蛮族人，还俘虏了更多的人。蛮族人中剩余的人则退至多瑙河，借助他们事先准备好的船只逃走了。劳西莫多后来将那些士兵吸收到自己的军队中，打算回去再次攻袭罗马人，没想到勇敢的君士坦丁横渡多瑙河，在一个满是树林的山丘附近突然对他们发动了袭击，并进行了一场大屠杀，在被杀的人中就包括蛮族人的国王劳西莫多。大量蛮族人被俘，剩下的人放下了武器，表示投降。就这样，获胜的奥古斯都带着大批俘虏从多瑙河另一侧回来，然后将这些蛮族人分配到各个城市，并根据习惯分给了他们一些地进行耕种（Du Cange, Hist. Byz.）。有一些勋章（Mediob., in Numismat. Imperator.）可以证实上述胜利，这些勋章更有可能属于这一年，而非上一年。《狄奥多西法典》中还提及从那时起开始举办的萨尔玛提亚运动会，我们可以推测运动会是为了纪念这场光荣的胜利而举办的。根据埃尔瓦焦（Hervagio）的日历，运动会在11月底和12月初举办。

在这一年，君士坦丁将他的儿子克里斯普斯·恺撒与克里斯普斯的祖母埃琳娜（Elena）送去了罗马。他想要让罗马人民高兴，为此他赦免了除犯下毒、谋杀与通奸罪之外的其余所有罪犯。这些是戈托弗雷杜斯对一则晦涩难懂的法令（*Lib. 1, de indulgen. crim., Cod. Theod.*）的理解，因为这则法令只写了"*propter Crispi, adque Helenae partum.*"。这令巴罗尼奥主教（*Baron., in Annal.*）对此产生深深的怀疑。蒂勒蒙特（*Tillemont, Mémoires des Empereurs.*）与其他一些人猜测，这里讲的是克里斯普斯的妻子埃琳娜的分娩，但是历史中并没有关于这段婚姻的任何记载。不过，戈托弗雷多将partum看成了paratum，或者apparatum，这意味着克里斯普斯与他的祖母埃琳娜出发去了罗马城。同样是在这一年，以及下一年，君士坦丁颁布了一些法令，保护那些声称已经被释放但是受到质疑的奴隶。

年　　份　公元323年　小纪纪年第十一年

西尔维斯特教皇第十年

君士坦丁皇帝第十七年

李锡尼皇帝第十七年

执政官　阿西利乌斯·塞维鲁斯（Acilius Severus）与维提乌斯·鲁菲努斯（Vettius Rufinus）

多尼与我发表过一则碑文（*Thes. Novus Inscript., pag. 373.*），是献给罗马总督与亚该亚（Acaia）行省总督盖乌斯·维提乌斯·科西尼乌斯·鲁菲努斯（Gaius Vettius Cossinius Rufinus）的，似乎他就是这一年的第二位执政官。维提乌斯·鲁菲努斯在公元315年担任罗马总督，历史上再找不到另一个同名且担任过此职位的人了。瓦莱利乌斯·马克西穆斯（Valerius Maximus）担任了许多年的罗马总督，但在这一年，根据库斯皮尼亚努斯的年表（*Cuspinianus, Panvinius, Bucherius.*），卢塞里乌斯或卢克里乌斯·维里努斯（Lucerius或Lucrius Verinus）于12月13日接替了他的职位。

根据君士坦丁·奥古斯都于这一年1月或2月颁布的一项法令可知，他当时在特萨洛尼卡（Tessalonica），也就是萨洛尼奇（Salonichi），一座位于马其顿的城市。据佐西姆斯（*Zosimus, lib. 2, cap. 22.*）所述，君士坦丁到那里去是为了建造一座港口，因为这座城市之前一直没有港口。君士坦丁于5月25日在锡尔米姆也颁布了一项法令（*L. 1, de Episcop., Cod. Theodos.*）。因为有人向他报告，异教徒在欺压基督教徒，意图让基督教徒们参与他们的驱邪仪式——这一活动与基督教的纯洁性相违背。因此，君士坦丁下令凡在宗教问题上对基督教徒施加暴力的下层人士，都应受到严厉殴打，而其他地位较高的人则应被处以罚款。另外，这一年也因君士坦丁皇帝的军事功绩而成为值得纪念的一年。哥特人（*Anonymus Valesian.*）在这一年（或者上一年）看到李锡尼管辖的行省色雷斯与下默西亚守卫很松，便对这两地发起了袭击，劫掠并奴役了大量人民。哥特人可能也进入了君士坦丁管辖的领地，但因为害怕，他们只是从那里经过。虽然李锡尼并没有向君士坦丁发出需要援助的请求，但君士坦丁还是从特萨洛尼卡对哥特人开战，其军队气势汹汹地对他们发起了猛烈攻击,最后哥特人表示愿意归还所有俘虏以恳求他的饶恕。君士坦丁于4月底颁布了两项法令(*Lib. 1, de re militar., et lib. 1, de comment., Cod. Theodos.*),提到了蛮族人对那些国家进行的攻击和劫掠,并下令对任何帮助过或参与过他们暴力入侵与掠夺行为的人施以严厉的刑罚。这令我们相信这场蛮族人的入侵发生在这一年的前几个月。但是由于君士坦丁在李锡尼管辖的领地攻击蛮族人,或者为了追击他们而进入了李锡尼的领地,李锡尼并没有为君士坦丁造福他的子民、将他们从哥特人的压迫中解救出来而感谢他,反而对他进行了控诉,就好像君士坦丁违背了协议,在不属于他的国家里肆意妄为一样。君士坦丁尽其所能为自己的行为辩护,表示李锡尼的控诉是不合理的,但无论是写信还是派遣使者谈判都没有用。李锡尼不接受,他比以往更加傲慢地与大舅子君士坦丁讲话,以至于君士坦丁失去了耐心,昂起了头,最后与李锡尼再次开始了一场公开的战争。

很久之前,人们就已认识到这两位奥古斯都之间关系的恶化。根据背教者尤利安努斯(*Julian., de Caesarib.*)所述,李锡尼因为恶习极多而受到上帝与人民的憎恶。据尤塞比乌斯(*Euseb., Histor. Eccles., lib. 9, cap. 8; et Vita Const., lib. 1, cap. 55.*)与奥勒留斯·维克多(*Aurel. Victor, in Epitome.*)所述,李锡尼在淫欲上的残暴招致了所有人的憎恨,因为无论是处女还是已婚的妇女,她们的清白都逃不过李锡尼的暴力。李锡尼不仅纵容自己使最尊贵的家族蒙羞,还允许他的朝臣随心所欲地满足他们无耻的淫欲,即便是对最受尊敬的家族。因此,据说君士坦丁·奥古斯都非常难过,因为他已经将他的妹妹康丝坦娅(Costanza)嫁给了李锡尼。然而,比起毫无节制的淫欲,更让人们憎恨的是李锡尼的贪婪。他做了许多恶事,为了积累财富,他每天都有新的借口。当时,身为富人被认为是巨大的不幸,因为从来不缺少控诉者和罪名让他们接受惩罚,即被无辜剥夺财产。人们已经被要求缴纳赋税,但李锡尼懂得如何很好地推动收税。他建立了新的估价法,找到更多以前没有登记的田地,并让人们为那些已经死去很长时间的人缴税。他还设立了一些不同寻常的苛捐杂税以从遗嘱与婚姻中捞取大量金钱。尽管他不断压榨人民,积累财富,但还是整天说自己非常贫穷与悲惨,就像所有的吝啬鬼一样——他们不满足于自己已有的，到死都只想着别人所拥有的。此外，李锡尼还极其残忍，他不允许任何人探视囚犯，否则就会被判入狱，还禁止同情囚犯，禁止给那些即将饿死的人提供食物，最终使得慈悲的举动变成了一项罪行。这样一位皇帝是否受到臣民的爱戴，就无须我跟读者多说了。君士坦丁·奥古斯都与李锡尼完全相反，成名于这一时期的作家尤塞比乌斯（*Euseb., in Vita Const., lib. 1, cap. 49.*）甚至说，当时由两位皇帝统治的罗马帝国就像白天和黑夜，君士坦丁统治的地区，即西方各省，呈现的是美丽的晴天，而李锡尼统治的东方则像是黑夜。

但是使君士坦丁感到最不满、最无法忍受的是李锡尼对基督教徒发起的迫害行为。基督教徒在亚细亚与埃及的人数要远远超过在西方的人数，李锡尼将信仰基督教的人全部赶出了他的宫廷，还下令基督教主教不能召开任何主教会议，基督教信徒也不能聚集在教堂里祷告，只允许在露天场所祷告。因为他认为，他们的祈祷是为了君士坦丁的健康和幸福，而不是为了他，并且他们还会策划一些对付他的阴谋。此外，他还取消了所有不向异教众神献祭的士兵的军人身份，将信奉基督教教义的贵族流放，最后以死刑威胁任何信仰这一宗教的人（*Euseb., in Vita Const., lib. 2, cap. 3 et seq.*）。但出于对君士坦丁的畏惧，他不敢公开地对基督教徒实施迫害，于是他只能尽可能谨慎或秘密地进行。他利用圈套和诽谤，残害了许多无辜的主教，还拆毁了阿玛西亚（Amasia）和其他城市的教堂，似乎从未想过诸多前任皇帝——基督教迫害者的悲惨结局。所有这一切无法不让最为仁慈的君士坦丁感到愤怒，因为李锡尼违背了他们共同颁布的支持基督教的法令，也违反了奇巴拉之战后签订的和平条约。更重要的是，李锡尼这么做似乎是为了激怒君士坦丁——这个基督教的信仰者与保护者。这一不和，再加上前面提到的与哥特人的战争中出现的争执，使得双方开始交战，为此两位皇帝都在陆地与海上做了充分的准备。佐西姆斯（*Zosimus, lib. 2, cap. 22.*）详细描述了李锡尼建立的舰队，该舰队由从埃及、腓尼基、西普里亚努斯与比提尼亚等地收集的350艘两桅帆桨战船组成，还有将近15万名步兵，以及从弗里吉亚和卡帕多细亚搜寻的1.5万匹马；而君士坦丁则集结了200艘巨大的战船与2000艘载货的船，还有12万名步兵和大约1万匹马。据约达尼斯（*Jor-*

dan., de Reb. Getic.)所述,君士坦丁的军队中有许多哥特人辅助军。李锡尼率领他全部的军队来到安德里诺波利斯(Andrinopoli);君士坦丁也从特萨洛尼卡率军赶到了那里,他没有像李锡尼那样身边带着巫师、预言家与其他占卜师,而是带着圣人主教与基督教的神职人员,因为此时他比以往任何时候都需要他们的祈祷,比起军队,他更信任这些祷告。李锡尼对君士坦丁与神职人员的祈祷非常不屑,又因为他的占卜师与祭司向他许诺他必定会取得胜利,于是他高傲大胆地开始了战斗。李锡尼先在一片神圣的树林中向他的神灵进行了很多次祭拜,并对朝臣们发表了一番讲话,说如今人们即将看到到底是他崇拜的古老的众神更加强大,还是君士坦丁信仰的新的耻辱的上帝更加强大。

双方军队因为被色雷斯的埃布罗河(Ebro)分隔而彼此观望了几天。君士坦丁急于开战,于是他假装想要在一个狭窄的河口建一座桥,开始准备大量的建筑材料(Zosimus, lib. 2, cap. 22.)。有一天,他带着部分军队穿过了一个茂密的森林,发现那条河中一处可涉水而过的地方。他带着仅仅12名骑兵大胆地蹚过了河,然后立即对那里处于最前列的李锡尼护卫军发起了袭击,那些护卫军因为这意想不到的进攻而大吃一惊,他们有的被杀死了,有的逃走了。于是,君士坦丁的军队全都顺利地过了河。如佐西姆斯认为的那样,就在同一天,或者是在另一天,双方又迎来了一场决战。根据布赫里乌斯(Bucher., de Cyclo.)的历法,这场血腥、激烈而值得纪念的战争发生于7月3日,君士坦丁给士兵们发出的作战信号是"我们的救世主上帝"(Dio Salvator nostro)(Euseb., in Vita Constan., lib. 2, cap. 6.),有了上帝的帮助,君士坦丁最终取得了辉煌的胜利。尤塞比乌斯说他从君士坦丁皇帝本人口中得知,皇帝挑选了50个信奉基督教的护卫军,让他们在军队中举着带有十字架的军旗,无论在哪儿出现这面神圣的军旗,李锡尼的军队都会被击溃。最终,有3.4万人死在了战场上,其中大部分是李锡尼的士兵,还有许多士兵因为投降保住了性命。君士坦丁也加入了战斗,但他在打斗中受了一点儿轻微的伤。傍晚时分,李锡尼军队的驻扎地被占领。第二天,在各处都可以发现李锡尼军队中的逃兵,他们一部分自愿服从于君士坦丁,一部分顽强抵抗,最终被刺死。李锡尼骑上一匹健壮的战马逃到了拜占庭,在那里靠他的舰队努力抵御围攻（*Anonym. Valesianus. Zosim., lib. 2, cap. 23.*）。该舰队由阿班图斯（Abantus），或者是阿曼杜斯（Amandus）指挥，他是一位非常有经验且十分英勇的将军。但是君士坦丁也迅速地带着他的军队追赶逃跑的李锡尼，然后对拜占庭进行了围攻。当他意识到只要李锡尼的舰队与亚细亚保持着联系，他就不可能攻下这座城市时，便命令自己的儿子克里斯普斯·恺撒率领舰队，到海上进行一场海战。双方的舰队在加里波利（Gallipoli）海峡对峙，李锡尼的舰队由200艘船组成，而君士坦丁的将军只挑选了80艘装备最好、最坚实的船。李锡尼的将军阿班图斯嘲笑君士坦丁的船只如此之少，他以为凭借自己舰队的数量优势就可以打败君士坦丁。其实这么多船只根本没什么用，只会造成混乱，因为在狭窄的地方，船只会相互碰撞，造成大量船只沉没，上面的士兵和水手也因此而丧命。夜晚的到来使混战暂停。第二天白天，阿班图斯本来打算进行第二次战斗，但这时一阵狂风吹来，将他的舰队吹到了亚细亚的海岸上，造成了130艘船沉没，大约5000名士兵死去。上帝以这种方式对付那些与其为敌的人（*Euseb., Hist. Eccles., lib. 10, cap. 9.*）。阿班图斯逃跑了，并给君士坦丁的舰队让出了通道，通过此通道可以从海上围攻拜占庭。

　　李锡尼意识到了危险，便带着他最精良的军队和财宝撤退到亚细亚的卡西多尼亚（Calcedonia），希望在这里重新组建一支军队，并寻找其他有利时机。根据阿诺尼努斯所述，李锡尼在拜占庭的时候，宣布将当时担任宫廷官员监督官的马蒂尼亚努斯（Martinianus）册封为恺撒（*Anonymus Valesianus. Aurel. Victor, in Epitome.*），以此弥补他的损失。佐西姆斯（*Zosimus, lib. 2, cap. 25.*）和维克多（*Victor, de Caesarib.*）写道，李锡尼是在撤退到卡西多尼亚后才做的这个决定。在一些勋章（*Mediobarb., in Numismat. Imperat.*）上，这个马蒂尼亚努斯的名字为马库斯·马蒂尼亚努斯（Marcus Martinianus），他不仅有"恺撒"的头衔，而且还有"奥古斯都"的头衔。这与古代历史学家的说法不同，因此足以令我们怀疑这些勋章是伪造的，因为（还是要重复一下）最近两个世纪里不乏一些伪造碑文与勋章的人，以与那些好奇的学者做交易。马蒂尼亚努斯被派往兰普萨科（Lampsaco）阻止君士坦丁的舰队通过，但是，睿智而英勇的奥古斯都没有利用庞大的货船，而是用几百艘小船载满士兵，顺利地通过了海峡，在距卡西多尼亚大概30罗马里的比提尼亚上了岸。尽管君士坦丁给了李锡尼很多时间让他认识到自己的错误并请求议和，但李锡尼到现在为止仍然不愿低头。他多次被那些虚假的神和祭司欺骗，并寻找能够给予其帮助的新神，而君士坦丁只相信真正的神——上帝的保护，并不断向他祈祷。我们从尤塞比乌斯（*Euseb., in Vita Costantini, lib. 2, cap. 15.*）那里得知，他们之间达成了一些条约与协议，但是李锡尼并不是诚心这样做的，他只是试图以这种方式使君士坦丁放松警惕，同时有时间集结一支强大的军队。李锡尼的计划并不是无人知晓，人们发现他向各方蛮族请求援助，最终得到了哥特人的庞大军力支持。于是，君士坦丁索性撕破了脸，再次发动战争，尽管李锡尼不是首先提出开战的。据佐西姆斯（*Zosimus, lib. 2, cap. 26.*）所述，李锡尼将马蒂尼亚努斯从兰普萨科召了回来，因为他的军队有13万名士兵。无人知晓君士坦丁带了多少士兵进行这场战斗。双方开始了交战，李锡尼叫人运来了异教众神的雕像以鼓舞他的士兵，君士坦丁则带着他的十字架军旗，确保他会取得胜利。双方军队于9月18日在距卡西多尼亚不远的克里索波利（Crisopoli）开战，李锡尼的军队很快就被击溃了，并遭到了十分残酷的大屠杀，以至于佐西姆斯（*Zosimus, lib. 2, cap. 26.*）不禁吃惊地张大了嘴巴，说有10万人死在了那里。但是，阿诺尼努斯的叙述更可信一些，他认为仅仅2.5万人战死沙场。这一非凡的胜利令君士坦丁先后占领了拜占庭和卡西多尼亚。

李锡尼带着他所能集结的少量士兵撤退到尼科米底亚，但是被君士坦丁的军队围攻，他没有别的办法，只能恳求他的妻子康丝坦娅到她的哥哥君士坦丁那里求情。康丝坦娅去了，并成功地保住了丈夫的性命。后来，李锡尼本人也在战场上跪倒在君士坦丁脚下，将紫色皇袍交到君士坦丁手中，承认君士坦丁为他的主人和皇帝，并谦卑地为以前的事请求宽恕。君士坦丁留李锡尼一同进餐，后来将他送去特萨洛尼卡拘禁了起来。据佐西姆斯所述，君士坦丁不得不向妹妹发誓不会伤害他的性命。马蒂尼亚努斯·恺撒、奥勒留斯·维克多（*Aurelius Victor, in Epitome.*）与佐西姆斯（*Zosimus, lib 2, cap. 28.*）写道，在君士坦丁的命令下，李锡尼立即被护卫军杀死了。阿诺尼努斯·瓦来西亚努斯认为当时君士坦丁留了李锡尼一命，但一段时间以后，他在卡帕多细亚被杀死了。李锡尼的儿子小李锡尼即君士坦丁妹妹的儿子，也就是君士坦丁的外甥，当时仅有几岁，据西奥芬（Teofane, *Theophan., Chronographia.*）所述，他被剥夺了"恺撒"的头衔，三年之后也被杀死了。杜坎格（*Du-Cange, Hist. Byz.*）与其他人的勋章中显示小李锡尼在之后也拥有"恺撒"的头衔，但是这些勋章的合法性我们无法确定，并且他也不太可能还保留着这样尊贵的称号。据尤塞比乌斯（*Euseb., in Vita Constant., lib. 2, cap. 18.*）所述，李锡尼的许多行政官与军官，同时也是基督教徒的主要迫害者，都被处以斩首之刑。因为这些胜利，东方所有的罗马行省以及埃及都归顺于君士坦丁。于是，罗马帝国在经历了这么久的分裂与变故之后再次完全统一，由唯一一位奥古斯都统治。这一切都发生在公元323年，不过巴基神甫（*Pagius, in Crit. Baron.*）认为上述战争开始于这一年，结束于下一年。他的说法似乎是没有根据的。不难想象，东方的人民因为摆脱了李锡尼的枷锁而非常高兴，甚至罗马的异教徒见他们的帝国从满目疮痍中恢复了过来也欢欣鼓舞，更不要说分布在帝国各个地方的无数基督教徒见他们的十字架战胜了这么多敌人，并且一位信奉基督教的人成了如此庞大的帝国的主人，他们有多么喜悦了。君士坦丁立即将受到李锡尼迫害的基督教徒从监狱里放了出来，从流放中召了回来，并且归还了他们的财产。对于那些因为是基督教的追随者而被取消了军人身份的人，如果他们愿意，君士坦丁也允许他们重返军队。

大概在这一年，波斯国王霍尔木兹二世（Hormozd Ⅱ）的长子纳塞赫（Narseh）获得了君士坦丁·奥古斯都的保护。佐西姆斯（*Zosimus, lib. 2, cap. 27.*）记录了关于这位王子的事迹。由于在父亲霍尔木兹二世的诞辰之日，波斯贵族没有授予他这位王位继承人应得的荣誉，于是年轻的纳塞赫说如果他登上了王位，他要他们全都经受马耳叙阿斯（Marsyas）的命运。那些贵族当时不明白这是什么意思，后来一个弗里吉亚的波斯人告诉他们，这句话的意思是要将他们活剥。贵族们因此对纳塞赫怀恨在心。霍尔木兹二世死后，纳塞赫继承了父亲的王位，但贵族们策划了一场阴谋，将纳塞赫关在一个城堡里，之后拥立他的弟弟萨波尔（Sapor）为国王。如果阿加蒂亚（Agatia, *Agathias, Histor.*）所述属实，萨波尔当时还没有出生，不过他的母亲当时已经怀孕了，巫师预言她会生一个男孩，于是波斯人将王冠放在了他母亲的肚皮上，后来她也的确生下一个男婴。纳塞赫的妻子找到一个解救纳塞赫的方法：她派一个值得信赖的仆人给丈夫送去一条大鱼，鱼的腹中藏着一把锉刀，她让丈夫在没人的时候再吃那条鱼，然后利用鱼腹中的锉刀逃出来。同时，她还给监狱的看守员送去大份的美食和美酒，他们喝了太多酒后都醉了。这时，纳塞赫打开鱼肚子，找到了锉刀，锯开了枷锁，逃了出去，来到亚美尼亚避难。在这里，他受到了他的朋友亚美尼亚国王的欢迎，后来，亚美尼亚国王派人护送他到了君士坦丁那里，君士坦丁恭敬地接待了他，把他和他的妻子（被波斯人打发到他这里来）当成自家人对待。但是君士坦丁从来没有想过要为他做什么对他有利的事。阿米阿努斯（*Ammianus, lib. 16, cap. 10.*）证实，即使在君士坦提乌斯二世皇帝统治期间，纳塞赫也因他的智慧而受到高度评价。公元356年，君士坦提乌斯二世在罗马参观图拉真广场和宏伟的图拉真骑马像时，对纳塞赫说，他想要为自己也做一匹相似的马。纳塞赫回答说："陛下，如果可以的话，您先建一个一样的马厩，这样您打算做的马就会很适合您。"当君士坦提乌斯二世向他询问对于罗马这些壮观而令人赞叹的事物的感受时，他回答说："唯一让我感到高兴（有人认为他说的是不高兴）的是我了解到，即使在罗马，人也会死去。"尽管学者们（*Gothofredus, Valesius, Pagius, Tillemont et alii.*）对君士坦提乌斯二世，即君士坦丁·奥古斯都与福斯塔的次子，被封为"恺撒"的时间有争议，但似乎更加被接受的观点是，他在这一年的11月3日获得了"恺撒"的荣誉（*Idacius, in Fastis. Chron. Alexandrinum. Pagius, Critic. Baron.*）。他当时只有六七岁，因为他出生于公元317年的8月。

年　份　公元324年　小纪纪年第十二年

西尔维斯特教皇第十一年

君士坦丁皇帝第十八年

执政官　弗拉维乌斯·尤利乌斯·克里斯普斯·恺撒（Flavius Iulius Crispus Caesar）第三次，弗拉维乌斯·瓦莱利乌斯·君士坦丁·恺撒（Flavius Valerius Constantinus Caesar）第三次

根据库斯皮尼亚努斯和布赫里乌斯的年表，卢塞里乌斯或卢克里乌斯·维里努斯（Lucerius或Lucrius Verinus）继续担任这一年的罗马总督。

伊达修斯（Idacius, in Fastis.）称李锡尼是在一年内彻底战败，然后在随后的一年里死去的，那么按照前面所讲的，李锡尼应该是在这一年迎来了他的死亡。巴基神甫（Pagius, Crit. Baron., ad hunc annum et seq.）认为李锡尼在这一年被击败，因此他将李锡尼的死放在了下一年写。尤塞比乌斯（Eusebius, in Chron.）在君士坦提乌斯二世被封为恺撒后（这在巴基看来也发生于公元323年），接着讲述了李锡尼的死。没有争议的一件事是李锡尼被送去了特萨洛尼卡，据说他在那里享有自由与良好的待遇，后来在君士坦丁的命令下被勒死。异教作家佐西姆斯（Zosimus, lib. 2, cap. 28.）与欧特罗皮乌斯（Eutropius, in Breviar.），还有尤塞比乌斯在其编年史中都谈到了君士坦丁处死李锡尼，违背了他对康丝坦娅，也就是他的妹妹、李锡尼的妻子做出的保留李锡尼性命的承诺与誓言。佐西姆斯还对这位不可战胜的皇帝做出这种行为感到愤怒。他补充说，违背诺言和誓言不是君士坦丁经常会做的事。尤塞比乌斯（Eusebius, in Vita Const., lib. 2, cap. 48.）在君士坦丁的传记中只写道李锡尼因为其有发动战争的想法就不应该再活下去。阿诺尼努斯·瓦来西亚努斯（Anonym. Valesianus.）写道，士兵们在一场暴乱中要求处死李锡尼，君士坦丁因为害怕李锡尼会效仿马克西米安努斯皇帝，某一天又登上皇位，于是同意了士兵们的要求。似乎更加可信的说法是苏格拉底（Socrate, Socrat., Hist. Eccl., lib. 1, cap. 4.）所说的，君士坦丁处死李锡尼是因为李锡尼煽动蛮族人帮助他。这些蛮族人在这一年的一些动向让人怀疑是李锡尼秘密推动的，于是他被判处了死刑，他最终也因上帝的"公正审判"而落得与其他迫害基督教

的人一样的结局。因此，李锡尼在其暴政期间制定的所有政令与其他公文全部被废除了。君士坦丁在这一年颁布的法令很少，这些法令告诉我们君士坦丁待在锡尔米姆与特萨洛尼卡。没有任何迹象表明他来过罗马，如巴罗尼奥主教（Baron., Annal. Eccl.）所说的那样：君士坦丁在罗马城进行了洗礼，他给基督教会进行了慷慨的捐赠，他还得了麻风病，以及发生了许多非常轰动的事件。当今的所有学者都知道这些事情只是后世的人编造的故事罢了，我也不会在此特意去揭露其中的错误，因为多说无益。不过，有可能发生于这一年的是，虔诚的君士坦丁致力于压制阿里乌斯（Arius）发起的反对救世主耶稣基督的异端邪说，因为这些异端，埃及和周围的城市出现了很多叛乱，亚历山大里亚的主教亚历山大（Alexander）已经将一些顽固的异端首领逐出了教会。令人惊讶的是，虽然君士坦丁仅仅是一个刚皈依基督教的新教徒，但在目睹了阿非利加的基督教徒因为多纳图斯派的蛮横而产生分歧且无法解决，教会由于阿里乌斯而造成更加严重的分裂后，君士坦丁并没有因此而对基督教徒产生不好的印象。明智的奥古斯都深刻意识到，这并不是神圣的基督教本身的缺点与不足，而是一些凡人太容易因病痛而愤怒了。他对于基督教的热爱深深根植于心中，因此他怀着极大的热情想要平息这一事件。于是，他从尼科米底亚向亚历山德里亚派去了一位忠诚的使者，以使亚历山大与阿里乌斯之间达成和解。据说这位使者叫奥西乌斯（Osius），是科尔多瓦（Cordova）的主教。君士坦丁为此写的一封信十分诚挚恳切，尤塞比乌斯提到过这封信，君士坦丁在信中表示自己对基督教与阿里乌斯之间的争端知之甚少，可能是因为尼科米底亚的主教尤塞比乌斯（Eusebius）没有很好地跟他讲过。尤塞比乌斯是阿里乌斯的支持者，是一个十足的骗子——尽管他有那么多缺点，但他还是强势进入了皇帝的宫廷。得知事情的真相后，君士坦丁又写了一封满怀热忱的反对异端的信。但这也是徒劳的。后来君士坦丁明白根本没有办法让傲慢的阿里乌斯回归本分，因为他受到各主教的协助和煽动，这位热心积极的皇帝不禁泪流满面，于是他在下一年召开了著名的尼西亚（Nicea）大公会议，对此我们会在后面讲到。巴罗尼奥（Baron., Annal. Eccl.）与蒂勒蒙特（Tillemont, Mémoires des Empereurs.）都认为，在这一年，发生了金口圣约翰（Sanctus. Ioannes Chrysostom）

叙述的事情，圣弗拉维亚努斯（Sanctus Flavianus）称这件事发生在狄奥多西·奥古斯都（Theodosius Augustus）统治时期。在埃及，愤怒的阿里乌斯怕信徒发现君士坦丁反对他们的异端信仰，于是把怒气发泄在他的雕像上，用石块将其划破。宽宏大量的皇帝得知这件事后并没有发怒，他的朝臣煽动他进行报复时，他只是将手放在脸上，摸了摸，然后笑着说自己没觉得有什么伤。这令那些奉承的议员都沉默了。

虽然我说过君士坦丁在这一年颁布的法令很少，但尤塞比乌斯（*Euseb., Vit. Constant., lib. 2, c. 19. Idem, Hist. Eccles., lib. 9, cap. 9.*）还是详细讲述了自李锡尼垮台，帝国西方与东方统一之后，君士坦丁在这一年实施的各种非常高尚的举措与制定的法规，而所有这些都是有利于公众与他信奉的基督教的。许多举措是他为了恢复东方和埃及行省的幸福而实施的，特别是要让那些过去惨遭李锡尼勒索的人民感受到他的慷慨。这令所有人觉得仿佛从死亡中活了过来。但是，虔诚的皇帝更加上心的事是支持基督徒并扩大基督教的影响，他意识到他这么多次胜利的取得，以及任何基督教迫害者的垮台都来源于这一宗教的神圣性与真实性。尤塞比乌斯在其作品中提到君士坦丁为以前受压迫的基督教徒颁布了各项法令，以重建他们的教堂，归还他们的财产。后来，为了推广基督教，他颁布了其他强有力的法律来反对异教徒（*Euseb., Vit. Constant., lib. 2, cap. 44.*），并劝所有人都信仰上帝。他往各省派去的行政长官大部分是基督教徒，或者就算是异教徒，也被禁止献祭和做任何崇拜神灵的事情，这样信奉异教众神的人就会慢慢丢掉他们的信仰。他还下令重建被推倒的教堂，并建造其他一些更加宏伟的教堂，希望有一天能看到他所有的臣民都成为耶稣基督的崇拜者，并且还想要让国库承担所有需要的费用。此外，他还以拉丁语颁布了一条敕令，尤塞比乌斯将其翻译成希腊语。敕令中，他谴责前任皇帝们盲目崇拜虚假的异教众神，以令人感动的言语劝所有的臣民崇敬世界的造物主——上帝，并表示在一些国家已经废除了神灵崇拜，完全取消了向他们献祭。他还禁止占卜师和其他异教的预言家实施骗术。对此，生活在同时期的历史学家尤塞比乌斯比生活在近一个世纪后的异教作家佐西姆斯更加值得信任——佐西姆斯（*Zosimus, lib. 2, cap. 29.*）称君士坦丁仍然信任那些行骗者，他仍然是异教迷信的追随者。另外，我们从尤塞比乌斯（*Euseb., Vit. Const., lib. 2, c. 48.*）那里得知，这位十分热心而积极的皇帝还关闭了许多国家的神庙，打碎了神灵的雕像。对此我们会在后面讲到，因为不仅在这一年，而且在随后的几年里，这位杰出的奥古斯都清除异教徒杂草的热情越来越高。不过他是很谨慎地进行这些行动的，这样就不会催生叛乱，并且确保任何想要皈依基督教的人是出于自愿而非被迫。

年　份　公元325年　小纪纪年第十三年

西尔维斯特教皇第十二年

君士坦丁皇帝第十九年

执政官　保利努斯（Paulinus）与尤利安努斯（Iulianus）

对于这两位执政官的名字，学者们一直有争议（*Panvinius. Du-Cange. Pagius. Relandus. Tillemont.*），但是始终无法确定。因此，在这里我只放上他们确定的姓氏，这是普遍认可的。有可能他们都来自阿尼西亚（Anicia）家族。从这一年的1月4日到大概11月3日，罗马总督是由阿西利乌斯·塞维鲁斯（Acilius Severus）担任的（*Cuspinianus. Panvinius. Bucherius.*）。

这一年因为尼西亚大公会议，即第一次基督教大公会议的举办而载入史册。这场会议有318名主教参加，他们一致对顽固的阿里乌斯与他的异端邪说进行了猛烈的抨击。无法形容君士坦丁·奥古斯都对于基督教教义的纯洁性及其统一的热情有多么高。他推动召开了这一前所未有的值得纪念的主教会议——在这方面他得到了教皇圣西尔维斯特的支持，也出席了这场会议，并参与了所有活动，但他一直表现得很谦卑，对主教们怀有极高的敬意，视他们为此类争议事件的法官。关于这场会议的内容我就不多说了，因为这需要参考基督教教会历史。会议结束后，虽然尼科米底亚的主教尤塞比乌斯（Eusebius）与尼西亚的主教泰奥格尼斯（Theognis）从前受到君士坦丁的很多优待，但因为他们不同意会议做出的神圣决定，并继续支持阿里乌斯的异端邪说，于是君士坦丁将他们流放了。君士坦丁的许多善举将使他永远受到基督教的祝福，这次至关重要的大公会议则让他赢得了所有基督教徒无上的特殊尊敬。只要读一下尤塞比乌斯与苏格拉底的记述，还有尼西亚大公会议的记录，就足以了解这位伟大的皇帝对神圣的基督教有多么崇拜与热爱。因此，我还是要说，生活在大约100年以后的异教作家佐西姆斯（*Zosimus, lib. 2, c. 29.*）的记述是虚假的，他说君士坦丁在李锡尼垮台后，继续信奉异教，并相信异教的占卜师与预言家，直到他的儿子和妻子死去后，才皈依基督教。很多证据可以证明这个叙述是错误的，我也无须停下来进行反驳。

到现在为止，角斗士的搏斗表演一直是罗马人民，甚至是整个罗马帝国人民的消遣乐趣——尽管并不是每个地方都有，因为这些表演花费太高。看着那些卑贱的角斗士只是为了一点可耻的私利而互相伤害、互相残杀，观众们欢呼喝彩，为一方的精明与敏捷而鼓掌，毫不同情另一方的鲜血和死亡。现在，君士坦丁受到基督教教义的启发，认识到这一搏斗表演太过残忍与血腥，于是他于10月1日在贝里托颁布了一条敕令（*L. 1, de Gladiator., Cod. Theodos.*），下令从那以后禁止再进行这样的搏斗，否则将处以严厉的刑罚。戈托弗雷杜斯认为，这条敕令只在贝里托执行，并没有扩展到整个罗马帝国，因为在君士坦丁的后继者们的统治期间，仍有很多角斗士表演（*Thesaur. Novus Inscript., Tom. III, in fine.*）。我认为我已经充分证明了（特别是凭借尤塞比乌斯的权威）君士坦丁的这项禁令的确是全国性的，即使他的儿子们后来没有遵守该禁令——异教徒们对这些残忍血腥的游戏太过痴迷。在这一年4月17日，君士坦丁还颁布了一项关于高利贷的法令（*L. 1, de Usuris, Cod. Theodos.*）。当时高利贷过分增长，因为根据罗马法律，从借贷中获利不被禁止，因此当时的贷款人比比皆是。根据戈托弗雷杜斯所述，对于借出去的钱，君士坦丁将利息降至12%，也就是每个月支付1%；对于借出去的自然物，像粮食，允许将每一年的果实等同于资本。《福音书》的教条后来纠正了这样的借贷行为，并用值得称赞的办法制止了借贷的过度使用。在《狄奥多西法典》中我们可以看到君士坦丁制定的其他法令，这些法令都是为了纠正当时滥用职权的行为，或者见证了他对基督教徒、贞女与穷寡妇的慷慨——每年向她们分发粮食。他还颁布了一项十分高尚的法令，通过该法令，他表示愿意倾听、接纳每个人对所有滥用职权的宫廷官员、行省长官与其他公职人员的投诉与指控，承诺会惩罚他们的不公正和欺诈行为，并奖励任何发现这些违背正义、损害公共和个人利益行为的人。

  年 份 公元326年 小纪纪年第十四年
         西尔维斯特教皇第十三年
         君士坦丁皇帝第二十年
  执政官 弗拉维乌斯·瓦莱利乌斯·君士坦丁·奥古斯都（Flavius Valerius Constantinus Augustus）第七次，弗拉维乌斯·尤利乌斯·君士坦提乌斯·恺撒（Flavius Iulius Constantius Caesar）

  阿尼基乌斯·尤利安努斯（Anicius Iulianus）在这一年11月13日（*Bucher., de Cyclo.*）接替阿西利乌斯·塞维鲁斯（Acilius Severus）成为罗马总督，在接下来的两年中他也担任此职位。

  这一年，君士坦丁的名声因那些异教徒的狂热与欺骗而受到极大的损害，几乎没有任何一位当权者可以避免，因为那些异教徒也和其他人一样，而且比其他人的约束更少。然而，在揭露他这一过错之前，还要先说一下，这位皇帝在远离了罗马这么长时间之后，决定在这一年返回罗马，表面上看他是为了在罗马隆重庆祝统治20周年。据史料记载，2月的时候（*Gothofr., Chron. Codic. Theodos.*）君士坦丁在色雷斯的赫拉克利亚，3月在潘诺尼亚的锡尔米姆，4月在阿奎莱亚（Aquileia），7月初在米兰，7月8日到了罗马。根据伊达修斯（*Idacius, in Fastis. Euseb., in Chron.*）所述，他在罗马庆祝了他成为奥古斯都的20周年纪念日，上一年，他还在尼科米底亚庆祝了他成为恺撒的20周年纪念日。据佐西姆斯（*Zosimus, lib. 2, cap. 29.*）所述，罗马人民用一系列的诅咒与侮辱迎接了他，因为他们越发感受到君士坦丁对异教崇拜的排斥。事实上，在这一盛大的周年庆典上，通常皇帝会与元老院、军队和人民到坎皮多里奥山，在那里向朱庇特神献祭，但君士坦丁不愿意这么做，由于一些人对这种亵渎神灵的行为感到愤怒，于是对基督教无比虔诚的皇帝忍不住说出了自己对异教迷信的憎恶与蔑视,这引起了元老院和罗马人民(大部分都信奉异教)对他的仇恨。佐西姆斯还说,君士坦丁对他们感到不满,甚至产生了要组建一个新罗马的想法。后来他也的确这么做了,对此我们后面将会看到。然而我们还是应该听听诡辩家利巴尼乌斯(Liban., Oration. 14 et 15.)是怎么说的,他生活在4世纪,比佐西姆斯更加接近君士坦丁生活的时代,他声称这位皇帝对待罗马人非常温和,尽管他们应该为他们的讽刺文与尖锐的话语而付出一些代价。有一天,君士坦丁听到那些蔑视他的人民以极其傲慢的语气对他喊话,他问他身旁的两个弟弟[有可能是德尔马西乌斯(Delmacius)和安尼巴利亚努斯(Annibalianus),或者尤利乌斯·君士坦提乌斯(Iulius Constantius)]在这种情况下他应该怎么做。其中一个人认为应该派士兵将这些人杀死,另一个则说那是暴君的做法,贤君应该掩饰并容忍平民这些无心的谣言和过错。事实上,君士坦丁也并没有在意平民的这些侮辱之语。在利巴尼乌斯看来,这一举动为他赢得了罗马人的爱戴。奥勒留斯·维克多(Aurelius Victor, de Caesarib.)也写道,当这位光荣的皇帝去世时,罗马人民表现出极大的悲痛,这足以令我们相信他深受罗马人爱戴。君士坦丁在罗马停留了一段时间后,根据现存的法令(Gothofredus, Chronolog. Cod. Theod.),似乎他再次启程来到了潘诺尼亚,因为他有则法令是于9月在斯波莱蒂(Spoleti)颁布的,另一则是于10月在米兰颁布的,还有一则是于12月在锡尔米姆颁布的。

现在,我们来看一看君士坦丁一生中最备受争议的一件事。我们多次提到君士坦丁的长子克里斯普斯,他是由君士坦丁的第一任妻子米涅维娜所生,已经被封为恺撒,是位令人抱有很大期待的年轻人,还在对抗法兰克人与李锡尼的战争中展现了他的英勇。但这位不幸的恺撒在这一年(Idacius, in Fastis.)被他的父亲奥古斯都亲自下令处死,有人说他是被下毒毒死的,有人说他是被剑刺死的。佐西姆斯(Zosimus, lib. 2, cap. 29.)认为这件悲惨的事发生在君士坦丁待在罗马的时候。但更接近这一时期的作家阿米阿努斯·马尔切利努斯(Ammianus, lib. 14, cap. 11.)说这场悲剧发生在伊斯特拉(Istria)的城市普拉(Pola)。为什么君士坦丁这样一位英明仁慈的皇帝会对自己的孩子做出这样残忍的事，古代作家也无法确定，只能向我们传达一些他们的猜测。佐西姆斯认为，不幸的克里斯普斯被指与他的继母福斯塔·奥古斯塔（Fausta Augusta）通奸，或者更准确地说，是福斯塔造谣，令丈夫相信她受到继子的勾引（Zonaras, in Annalibus.）。其他人则认为，是福斯塔欺骗君士坦丁说他的儿子克里斯普斯正在密谋刺杀他以夺取帝国（Aurel. Victor, in Epitome.）。可以确定的是，大部分人都赞同是因为继母的指控，无辜的克里斯普斯才丧命。另外，还有可能是这个野心勃勃的女人（她已经有了3个自己的儿子）因为克里斯普斯比她自己的儿子年长，担心将来有一天他会继任皇位，所以对他怀有敌意，于是她想方设法在他的父亲奥古斯都那里诋毁他，最后成功地将他铲除了。福斯塔是一位大密谋家，即马克西米安努斯·奥古斯都皇帝的女儿，或许她从父亲那里学会了这种无耻的招数。不管怎样，心爱的孙子死去对君士坦丁的母亲埃琳娜来说就像一把刀插进了心里，让她无法安心。后来她四处打听，最后不仅让君士坦丁意识到了克里斯普斯的清白，还让他知道了福斯塔的邪恶与阴谋。菲罗斯托吉乌斯（Philostorgius, in Histor.）认为，当时君士坦丁发现了这个下流的女人背叛了他，与地位低下的人通奸。可以证明君士坦丁相信她有罪的一个标志是，他下令处死了她。据说是把她关在一个装满沸水的浴缸里将其杀死的（Zosimus. Victor. Sidonius et alii.）。如果君士坦丁相信继母与克里斯普斯之间有不正当的关系，那么他就应该同时处死两个人，而福斯塔是之后才被处死的，这说明很可能是她的阴谋和邪恶被发现后，才被处以了死刑。欧特罗皮乌斯（Eutropius, in Breviar.）补充说，君士坦丁的怒火并未平息，因为随后他处死了许多朋友，他们被怀疑或者就是福斯塔阴谋的共犯。

  尤塞比乌斯不敢将这件令人悲伤的事记录下来，因为这件事太难处理，他不想让福斯塔还在位的孩子感到不满，当然这让贵族与平民议论纷纷，并给君士坦丁的荣耀蒙上了一层阴影，有的人（Sidonius Apollinaris, lib. 5, Epist. 8.）甚至将君士坦丁的统治比作尼禄的统治，也没有人为他轻易相信谣言或在这件事中表现得极端严厉而辩护。因此，欧特罗皮乌斯说，君士坦丁在统治初期称得上是罗马最贤明的皇帝，但后来，他渐渐满足于做一个平庸的皇帝。据佐西姆斯（Zosimus, *lib. 2, cap. 29.*）所述，君士坦丁为这一过错而良心不安，于是开始寻找可以获得上帝宽恕的办法。他求助于异教徒，异教徒跟他说没有可以洗清弑父母罪的方法〔索佐梅努斯（*Sozomenus, Histor., lib. 1, cap. 5.*）表示这里写的是错的〕。然后他又求助于一个来自西班牙的埃及人——一个基督教徒，已经进入了宫廷（有可能是科尔多瓦的主教奥西乌斯），他向君士坦丁保证，经过基督教的洗礼，他的任何罪行都会被抹除。于是，君士坦丁从那时起就皈依了基督教。但是非常清楚的是，在很早之前，君士坦丁就抛弃了异教众神，开始信奉真正的上帝了，因此佐西姆斯的说法并不成立。蒂勒蒙特（*Tillemont, Mémoires des Empereurs.*）认为，因为这件事，上帝让君士坦丁从那以后开始遭遇各种不幸，并且他的子孙后代断绝在他儿子这一辈。另外，据尤塞比乌斯（*Eusebius, in Chron.*）与欧特罗皮乌斯（*Eutrop., in Breviar.*）所述，在克里斯普斯被处死的同一年，李锡尼·奥古斯都的儿子、年轻的小李锡尼也在君士坦丁的命令下被杀死了，皇帝的妹妹康丝坦娅之子的身份对他一点儿用处也没有。是什么原因使小李锡尼丢了性命，他是否还保留着恺撒的头衔，我们不得而知。有可能也是因为这一行为，异教徒中对君士坦丁怀有敌意的人开始发表抨击他的尖锐言论。

这一年，君士坦丁颁布一项法令（*L. 6, de Episc., Cod. Theodos.*），下令从穷人阶级中挑选神职人员和牧师，并根据教会所需人数选取，这样他对教会神职人员免除赋税就不会对公众，即非宗教的世俗团体造成伤害。在另一项法令中（*L. 1, de Haereticis, Cod. Theodos.*），他宣布授予教会人士的特权仅仅是给基督教徒的，不包括异教徒和教会分立者。

据信在这一年（*Pagius. Tillemont.*），普布利留斯·奥普塔提安努斯·波尔菲里乌斯（Publilius Optatianus Porfyrius）创作了诗歌，该诗歌由韦尔塞鲁斯（Velserus）发现并保留至今，其中包含对君士坦丁的赞美词，但是以藏头诗和其他巧妙（更准确地说是费事的游戏）的形式呈现出来的，这是我们这个世纪之前较少的天才人物付出的巨大努力。不管怎样，这些古代遗迹值得珍惜，既是因为里面的内容，也是因为通过它们让我们了解到那个时代的天才人物。此外，还有许多在文学和圣德上著名的人物也出现在那一时代。奥普塔提安努斯在这首诗中祝贺了君士坦丁统治20周年，同时还祝贺了他的儿子成为恺撒10周年。因此可以推断，这篇诗歌创作于克里斯普斯死去之前。

年　份　公元327年　小纪纪年第十五年

西尔维斯特教皇第十四年

君士坦丁皇帝第二十一年

执政官　弗拉维乌斯·瓦莱利乌斯·君士坦丁（Flavius Valerius Constantinus）

与马克西穆斯（Maximus）

对于第一位执政官的名字，我是参考了巴基神甫（Pagius, Crit. Baron., ad hunc annum.）与雷兰多（Reland., Fast. Consul.）的记述，但我必须要说的是，我们并不确定这位执政官的名字，也就是说，我们也不知道他是谁。这一年的法令标注的日期也与古罗马历书中所写的有很大不同。在一些人的记述中，写的是君士坦提乌斯（Constantius），而不是君士坦丁（Constantinus）；在另一些人的记述中，仅仅写了他的名字，而没有恺撒的头衔，但在其他一些人写下的名字中却带有恺撒的头衔。一些人称他是第一次任执政官，另一些人称他是第二次任执政官，还有人称他是第五次任执政官。潘维尼乌斯（Panvin., Fast. Consul.）认为这个君士坦丁是君士坦丁·奥古斯都皇帝的一个亲戚。有可能有一天会出现一些碑文，可以解决所有疑问。我引用过一则碑文（Thes. Novus Inscript., pag. 354.），上面只提到了弗拉维乌斯·恺撒（Flavius Caesar）与马克西穆斯（Maximus）。至于第二位执政官，潘维尼乌斯猜测他就是曾任罗马总督的瓦莱利乌斯·马克西穆斯·巴西利乌斯（Valerius Maximus Basilius），但是在古罗马历书中，通常只会标注最后的姓氏。这一年的罗马总督仍然是阿尼基乌斯·尤利安努斯（Anicius Iulianus）。

根据君士坦丁颁布的各项法令（Gothofred., Chronolog. Cod. Theodos.）上显示的日期，我们可以知道君士坦丁·奥古斯都这一年在特萨洛尼卡与赫拉克利亚，也就是马其顿与色雷斯的城市。圣哲罗姆（Sanctus Hieronymus）在将尤塞比乌斯的编年史（Hieronymus, in Chronico.）翻译成拉丁语后，将其续写到他所生活的时代，大概在这一时期，他提到了阿非利加的雄辩家阿诺比乌斯（Arnobius）。圣哲罗姆原先是异教徒，向世俗之人教授辩术，改信基督教后，他开始用笔抨击异教的迷信与愚蠢，他的书籍也以激烈的言辞反对异教学术，并保留至今。有可能在这一年，君士坦丁·奥古斯都的母亲埃琳娜（一位圣洁且对基督教充满热忱的女人）来到耶路撒冷，在这里发现了我们神圣的救世主的坟墓，以及耶稣被钉死在上面的十字架。君士坦丁得知了这个消息，下令在那里建造一座名为"复活"的著名教堂。虔诚的奥古斯都还在奥利维托山（Oliveto）、伯利恒（Betlemme）与其他地方建造了教堂，以纪念耶稣的诞生和受难。这些事情需要查阅基督教会历史，不过里面也有一些不太真实的故事。圣洁的埃琳娜逝世，被上帝召去升入天堂的具体年份存在争议，有可能这件事发生于这一年。尤塞比乌斯（*Euseb., in Vita Const., lib. 2, cap. 23 et seq.*）在讲到君士坦丁在这些神圣的地方建造了宏伟的教堂后，接着描述了圣洁的皇太后的诸多仁慈、慷慨与谦逊的光荣事迹，以及她的儿子奥古斯都有多么爱她，授予了她多少荣誉。君士坦丁不仅想让其作为皇太后，为她打造纪念章，而且授予了她很大权威，让她可以利用皇室的财富从事任何虔诚的事业。尤塞比乌斯还写道，埃琳娜在大约80岁的时候去世，君士坦丁叫人将她的遗体运到君主所在的城市——普遍认为就是罗马，然后将其埋葬在一座宏伟的陵墓里。君士坦丁还做出了其他显而易见的举动来表达对母亲的爱。圣哲罗姆（*Hieron., in Chronico.*）写道，在这一年，君士坦丁建起了许多纪念殉教者圣卢基安努斯［Sanctus Lucianus，被埋葬在比提尼亚的德雷帕诺村（Drepano）］的建筑，并在此建立起一座城市，以他母亲的名字命名为埃莱诺波利（Elenopoli），也许这座城市至今仍然存在。《亚历山大编年史》（*Chron. Alexandrinum.*）中也提到了这件事。菲罗斯托吉乌斯（*Philostorgius, Hist., lib. 2, cap. 13.*）说是埃琳娜建造了那座城市，以及纪念上述殉教者的著名教堂。索佐梅努斯（*Sozomenus, lib. 2, cap. 2.*）写道，巴基斯坦的一座城市取名为埃莱诺波利，就是源自这位圣洁的皇太后。在碑文和勋章中都能看到，埃琳娜因为其光辉的美德，不管是生前还是死后，都享有其应得的极高的荣誉。

年　份　公元328年　小纪纪年第一年

西尔维斯特教皇第十五年

君士坦丁皇帝第二十二年

执政官　亚努阿里乌斯（Januarius）与尤斯图斯（Justus）

第一位执政官也被叫作亚努阿里努斯（Januarinus）。这一年担任罗马总督的仍然是阿尼基乌斯·尤利安努斯（Anicius Iulianus）。

根据这一年颁布的少数几项法令（Gothofred., Chronolog. Cod. Theodos.）可知，君士坦丁先是待在比提尼亚的首都尼科米底亚，后来待在奥斯科斯（Oiscos）或者叫埃斯科斯（Escos）——位于达契亚或者下默西亚，现为保加利亚（Bulgaria）。《亚历山大编年史》中写道，君士坦丁多次从那里到多瑙河，并且在河上建造了一座石桥。维克多（Victor, in Epitome. Idem, de Caesarib.）也证实了这座桥的建造，不知道为什么蒂勒蒙特（Tillemont, Mémoires des Empereurs.）称这是完全不可能的。我们知道，君士坦丁比人们所认为的更加渴望赞美与荣耀。很有可能他不想逊色于图拉真，因为图拉真过去就在多瑙河上建造了一座类似的桥。还有一些勋章（Mediobarb., in Numismat. Imperat.）描绘了这座桥，并写有"越过多瑙河，拯救共和国"（SALVS REIPVBLICAE DANVBIVS）的字样。君士坦丁的这些行动让一些学者（Gothofredus et Tillemont.）认为，这一年，他与居住在多瑙河另一侧、与默西亚相对的哥特人和泰法斯人（Taifali）爆发了战争。因此，梅扎巴尔巴（Mediob., in Numismat. Imperator.）引用了在他看来属于这一年的勋章，上面写着"哥特胜利"（VICTORIA GOTHICA）。但这些勋章有可能是属于公元322年的。此外，有一些勋章显示，在这一年，君士坦丁第二十二次获得"皇帝"封号。这应该可以让我们相信，君士坦丁很有可能与多瑙河一侧的蛮族人爆发了战争，并取得了胜利。另外，在这一年，撰写基督教会历史的作家们（Socrat. Sozomen. Philostorg. Pagius. Baronius et alii.）对君士坦丁进行了严厉的控诉，因为他召回了流放中的异端首领阿里乌斯（Arius），还有阿里乌斯的拥护者、主教尤塞比乌斯（Eusebius）、马里（Mari）和泰奥格尼斯（Theognis）。从那时起，基督教经历了不少动乱，并且开始了对圣亚他那修的迫害。当然，令人感到惊讶的是，君士坦丁曾经是著名的尼西亚大公会议法令的支持者，并且还将上述主教流放，这样一位明智的奥古斯都怎么会违反大公会议做出的决定，让自己被尤塞比乌斯（尼科米底亚的主教）诱骗，将他视为最信任的顾问之一，并在他的建议下做出许多有利于阿里乌斯教派的错误之举？任何不懂得挑选贤臣的皇帝都会产生这样的性情突变。

年　份　公元329年　小纪纪年第二年
　　　　西尔维斯特教皇第十六年
　　　　君士坦丁皇帝第二十三年
执政官　弗拉维乌斯·瓦莱利乌斯·君士坦丁·奥古斯都（Flavius Valerius Constantinus Augustus）第八次，弗拉维乌斯·瓦莱利乌斯·君士坦丁·恺撒（Flavius Valerius Constantinus Caesar）第四次

这一年9月7日，普布利乌斯·奥普塔提安努斯（*Cuspinianus. Panvinius. Bucherius.*）继任了阿尼基乌斯·尤利安努斯（Anicius Iulianus）的罗马总督之职，有人认为他就是前面提到的为君士坦丁写赞美词的诗人奥普塔提安努斯。但是那位诗人的名字叫作普布利留斯（Publilius），并且他执着于那些藏头诗的复杂研究之中，不太可能会担任这样地位高且受人尊敬的职位。此外，圣哲罗姆（*Hieronymus, in Chron.*）写道，在这一年，诗人奥普塔提安努斯从流放中被召了回来。后来，在10月8日继任罗马总督之职的是佩特罗尼乌斯·普罗比亚努斯（Petronius Probianus）。

根据君士坦丁颁布的法令（*Gothofred., in Chron. Cod. Theodos.*）可知，这一年，他居住在潘诺尼亚、达契亚与色雷斯行省，有时在锡尔米姆，有时在内索斯，有时在萨尔迪卡，还有赫拉克利亚。他在这一年完全投身于新的城市君士坦丁堡（Costantinopoli）的建造，我们将于下一年讲到该市的竣工。圣哲罗姆在他的编年史中写道，君士坦丁在这一年才处死了他的妻子福斯塔，但是其他人的说法占据上风，即这件事情发生于克里斯普斯·恺撒被处死的同一年。圣哲罗姆还

写道，在这一年，迦太基的主教多纳图斯（Donatus）在阿非利加引起巨大的轰动，加剧了教会的分裂，于是由他的名字（而不是之前另一个多纳图斯）产生了多纳图斯派。另外，因君士坦丁的命令，安提阿也开始建造起了宏伟的基督教堂。乔瓦尼·马拉拉（Joannes Malala, in Chronogr.）提到的大概是同一座教堂，他说君士坦丁在安提阿拆毁了菲利普（Philippus）国王的浴场——该浴场经时间的摧残，已经不能再使用了，然后在此建造了一座非常宏伟壮观的大教堂。在该教堂附近，他还建造了给朝圣者的招待所，并且在墨丘利（Mercurius）神殿处建造了鲁菲努斯（Rufinus）大教堂。

年　份　公元330年　小纪纪年第三年

西尔维斯特教皇第十七年

君士坦丁皇帝第二十四年

执政官　加利坎努斯（Gallicanus）与叙马库斯（Symmachus）

一些历书中（Cassiodorus, Prosper, in Fastis.）写的并不是加利坎努斯，而是君士坦提乌斯（Constantius）第三次（而不是第七次）任执政官。因此，有人认为他是接替加利坎努斯的执政官。这一问题我就不加以探讨了。佩特罗尼乌斯·普罗比亚努斯（Petronius Probianus）继续担任这一年的罗马总督。

学者们（Baron. Gothofred. Petavius. Pagius.）对君士坦丁开始建造君士坦丁堡（Costantinopoli）新城与该城完工的年份一直有争议。大多数人认为，君士坦丁在这一年完成了这座城市的建造，并将拜占庭的名字改为君士坦丁堡。君士坦丁在过去的几年里，因为非常渴望荣耀而想要建造一座以自己的名字命名的城市，让后世的人能永远铭记他。他还打算在那里建造自己的居住地，使那座城市成为在规模与装饰上能与"旧罗马"媲美的"新罗马"。佐西姆斯（Zosimus, lib. 2, cap 30.）认为，君士坦丁之所以会产生这样的想法，是因为上次在罗马的时候，罗马人民由于他改信基督教而对他说尽了侮辱之语，因此他对罗马人民非常不满。这也不是没有可能的，据说，君士坦丁还将所有的异教遗物全部清除出了新城。这在古罗马是不可能那么轻易与平静地做到的。有可能是这个原因，或者是对荣耀的渴望，对放松思绪、享受和平的渴望，令他想到了这个计划。可以肯定的是，他首先挑选了亚细亚海岸上一处靠近已被摧毁的城市特洛伊的地点，在这里建造他的新城。为此，他投入了大量时间和人力来建造城墙和城门。但是当他在附近处地方居住的时候，他注意到拜占庭古城的绝佳地势，于是决定在这里建造他的宫殿。就这样，他抛下了特洛伊已经开始的工作，完全投入到拜占庭的扩张与翻新上。即使在今天，任何见到君士坦丁堡的人都会感叹，世界上没有比这更漂亮、更宜人、更舒适的地方了，因为这座城市气候温和，坐落于欧洲大陆边缘的一个海角处，正对着亚细亚，城墙与大海相邻，港口能容纳许多船只，土地也很肥沃，因为该城位于两片海之间，每片海都能轻易维持城市的供应。于是，君士坦丁开始往这座城市的建造上投入大量的金钱，保留旧拜占庭最好的部分，并将该城的城墙进行了惊人的扩建。

杜坎格（Du-Cange）向我们描述了君士坦丁堡的样子，希腊作家（*Euseb. Sozomen. Philostorg. Codinus, et alii.*）称这座城市的建造简直就是一个奇迹，是一个超自然甚至神话般的事件。对于这座城市的具体风貌，我也不做过多描述，唯一要说的就是，新的城墙内是一座令人惊叹的大都市，君士坦丁在此建造了一座宏伟壮观的皇宫和无数供朝臣、军官居住的宫殿，还有美丽的街道和房子，不逊色于罗马的广场，以及竞技场、雕像、喷泉、温泉和多根大理石石柱支撑的豪华柱廊。总之，他设法建造一座在建造和装饰上能和罗马匹敌的城市。为了进一步美化这座城市，他开始毫无顾忌地掠夺其他城市，将最珍贵的东西运到这里，甚至还包括罗马。只读了佐西姆斯（*Zosimus, l. 2, cap. 31.*）著作的人可能会认为，君士坦丁在这座新城里为异教众神建了许多神庙，并放上他们的雕像。但是生活在与君士坦丁同一时期的尤塞比乌斯（*Euseb., in Vita Costantini, lib. 3, cap. 48.*）和其他古代作家（*Socrates, l. 1 Histor., cap. 16 et alii.*）使我们确信，君士坦丁只在那里建了一些宏伟的教堂，其中一座是令人惊叹的圣徒（Santi Apostoli）教堂，还有各种纪念殉教者的小礼拜堂。因此，在这座城市里没有任何的异教神庙，异教众神的雕像也并没有被供奉在教堂里。那里原本的雕像，或者从别处运来的雕像，只是为了装饰城市，而不是用来让异教徒进行祭拜的。因此，那里的异教崇拜是被完全根除了的，城市内只公开地崇奉真正的上帝与神圣的十字架，而镶有宝石的十字架则被放置在皇宫的大殿里。我们从佐西姆斯（*Zosimus, lib. 2, cap. 32.*）与忒弥斯提乌斯（*Themistius, Orat. 3.*）那里唯一了解到的是，君士坦丁太过心急，想要尽快将这些建筑完工，但是如果有建得不好的，他就会将其拆毁。这样就有许多建筑实际上使用寿命很短，后世的皇帝们不得不进行修缮或者重建。然后，为了增加这座广阔城市的人口，君士坦丁将其他城市和行省的居民引到了这里，给予他们特权与税务豁免，并赠予他们耕地或金钱。他给许多从罗马到这里定居的元老院议员赠送了宫殿与别墅。他还调拨了年金以增加房屋的数量，建造新的建筑来进一步装饰城市。另外，他还每年给贫穷的人发放面包或者谷物，以及肉和油（*Sozom. Socrates. Zosimus. Cod. Theodos. et alii.*）。

通过这种方式，没过多久这座城市就住满了居民，如圣哲罗姆（*Hieron., in Chronico.*）所写的，君士坦丁将几乎所有其他城市的东西都运了过来，以进一步扩大与装饰他最爱的这座城市。为了让这里有充足的粮食，他给予东方与埃及的粮食商人各种特权。于是，从那时起，所有人都跑来这座人口众多的城市出售粮食，实际上，这里过去能生产很多粮食，甚至为其他城市提供粮食。现代的希腊作家，特别是康迪努斯（*Codinus, Origin. Constantin.*）散播了一些关于这座城市建立的传说，其中有一个传说尽管很荒诞，但值得向读者们讲一下。传说君士坦丁在忙于建造这座城市的时候，召来了一些罗马的主要贵族人员，然后让他们去与波斯人作战。与此同时，他下令按照这些贵族在罗马居住的宫殿，在新城建造完全一样的宫殿和房屋，在安置好家具之后，他秘密地将他们的妻子、孩子和整个家庭的人叫去了那里，让他们在那里居住。16个月后，这些贵族从战场上回来，皇帝摆宴迎接他们，随后叫人将每个人带到了分配给他们的住所，这时，这些贵族惊讶地发现他们最亲爱的人都在那里。不过，我还是要说一下，这一叙述似是而非，任何对其进行了分析的人，都会很快发现它的虚假。因为当时并没有与波斯人的战争，古代作家们也对这件事只字未提，如果这件事确实发生过，那么他们肯定知道，并且会将这件事记录下来。多位作家（*Idacius, in Fastis. Chronic.*

Alexandrinum. Hieron., in Chron. Zonaras, in Annalib. et alii.）一致写道，君士坦丁在这一年5月11日以隆重的仪式与慷慨的赠予庆祝这座新城的竣工，他废除了拜占庭的旧名字，下令从那以后称其为"君士坦丁之城"（Città di Constantinus），也就是"君士坦丁堡"（Costantinopoli）。在他颁布的法令中（*L. 2, de Judaeis, Cod. Theod.*），正好就有一则是于11月底在这座城市以上述名字颁布的。但是，这座城市并没有在这一年就建得十分完美，据背教者尤利安努斯（*Julian., Oratione I.*）与菲罗斯托吉乌斯（*Philostorgius, Histor., lib. 2, cap. 9.*）所述，其建造工作一直持续到几年之后。不过由于城墙、城门和主要的建筑已经完成，于是心急的皇帝迫不及待地给这座城市命名，并在那一天举办竣工仪式。后来在接下来的几个世纪里，希腊人每年都会庆祝这一天。为了进一步彰显这座城市的非凡，君士坦丁还赐予其"第二罗马"，或者"新罗马"的称号（*Sozomenus, Histor., lib. 2, cap. 3. Socrates, Hist., lib. 1, cap. 1.*）。他让这座城市享受古罗马的所有权利与税收豁免，在这里设立了一个元老院，但是是第二级别的，还任命了各种行政官，他们在整个东方帝国与东伊利里亚行使权力。总之，如果索佐梅努斯（Sozomenus）所述属实的话，在不到100年的时间里，这座城市就在财富与人口上超过了罗马。佐西姆斯（*Zosimus, lib. 2, cap. 35.*）写道，大约100年后，这座城市内的街道和广场上无数行人与驮兽来来往往的景象令人惊讶，但是由于街道狭窄，要穿过街道既不方便也很危险，他甚至说，没有任何城市在生活幸福与规模宏伟方面能与君士坦丁堡相提并论，包括古罗马，而古罗马因为这个新的竞争对手，没过多久就开始衰落了。

年　份	公元331年　小纪纪年第四年
	西尔维斯特教皇第十八年
	君士坦丁皇帝第二十五年
执政官	阿尼乌斯·巴苏斯（Annius Bassus）与阿布拉比乌斯（Ablabius）

这一年4月12日，阿尼基乌斯·保利努斯（Anicius Paulinus）成为罗马总督。

君士坦丁·奥古斯都在这一年颁布的法令（*Gothofred., Chronolog. Cod. Theodos.*）让我们知道，他仍然留在君士坦丁堡，在这里继续完成各个工程的建造。随后，君士坦丁颁布了一项篇幅很长的敕令——在《查士丁尼法典》中被分成了6个不同的法令，该敕令是针对罗马帝国内所有行省的，旨在惩治法官、公证官、监察官与其他司法官员的营私舞弊和滥用职权行为，并惩治普通人的傲慢行为。他表示，任何因上述官员的贪婪、强取与不公正的行为而感到生活艰难的人都可以自由地向行政长官表达自己的不满；如果没有行政长官，也可以求助于各省的伯爵或禁军总督，以便他们向皇帝报告，然后皇帝会根据罪行的大小进行惩罚。君士坦丁在这一时期不仅将他的钱用于扩张他最喜欢的城市君士坦丁堡，而且将他的慷慨惠及其他城市，在各地建造供奉上帝的教堂，对此，尤塞比乌斯在他的作品中有讲述过（*Euseb., in Vita Const., lib. 3, cap. 50 et 63.*）。此外，他为拥护基督教所做的事也彰显出他的热忱，当时各种异教徒总是骚扰基督教，于是他颁布了一项反对异教徒的法令，但是该法令并没有反对阿里乌斯派的信徒，因为他们中一个狡猾的拥护者深受君士坦丁的宠信，即尼科米底亚的主教、"老狐狸"尤塞比乌斯（Eusebius）。我们在前面讲过他，他不仅在善良的奥古斯都面前美化异端首领阿里乌斯亵渎神明的行为，而且将安提阿和亚历山大里亚的教堂搞得一片混乱。对此，读者可以查询基督教教会历史。尤塞比乌斯（*Idem, ibidem, lib. 4, cap. 2.*）还写道，君士坦丁减去了地主每年要缴纳的1/4赋税，这让整个罗马帝国都感受到他的恩惠。他的这一仁慈之举为他赢得了人民的祝福。因为总有人抱怨在前任皇帝统治时，对他们的土地估价过高而不得不缴纳高额的赋税，于是他往各地派去估价员，把过高的估价降到正确的估价。尤塞比乌斯还谈到这位仁慈的统治者对各省和任何求助于他的人表现出的慷慨，以至于为了满足这么多请求荣誉的人，他设立了一些新的职位，通过这些职位的分配，他设法让每一位有价值的人高兴而返。佐西姆斯（*Zosimus, lib. 2, cap. 32 et seq.*）是异教徒，所以对君士坦丁的每一个行为都怀有敌意，并视其为罪犯，特别是因为他设立了4位禁军总督。第一位是意大利的禁军总督，他管辖着整个意大利，包括西西里岛（Sicilia）、撒丁岛（Sardegna）和科西嘉岛（Corsica），还有从西尔蒂（Sirti）到昔兰尼（Cirene）的阿菲利加、雷齐亚（Rezia）和古伊利里亚的一部分，如伊斯特里亚（Istria）和达尔马提亚（Dalmazia），有可能还有诺里科（Norico）。第二位是东方的禁军总督，君士坦丁为了给他最爱的君士坦丁堡增光，授予这位禁军总督一大片管辖的地域，包括埃及、利比亚的黎波里塔尼亚（Libia Tripolitana）、亚细亚的所有行省、色雷斯和下默西亚，还有西普里岛（Cipri）和其他众多岛屿。第三位是伊利里亚的禁军总督，归属于他管辖的地域包括上默西亚、潘诺尼亚、马其顿、新达契亚、希腊和其他邻近的国家，它们过去属于伊利里亚。第四位则是高卢的禁军总督，他统领着现代的整个法国直到莱茵河，整个西班牙——该地与毛里塔尼亚坦吉塔纳（Mauritania Tangitana）相连，还有不列颠的罗马行省。佐西姆斯认为这样的官员制度对帝国是有害的。但佐西姆斯应该想到，戴克里先将罗马帝国分成了4部分，他是第一个设立4位禁军总督的人。而且更重要的是，君士坦丁是出于良好的意图，是为了更加方便人民而设立这些地方总督的。戈托弗雷杜斯（*Gothofred., tom. Ⅵ Cod. Theodosian. Pancirolus, Notitia Utriusque Imperii. Bulenger., de Imp. Roman., lib. 3.*）和其他一些作家介绍过这些禁军总督的职务、权力与职责。如果这样地位之高的官员，或者他们的下属滥用职权，那么此项罪行应该归咎于他们的疏忽或狡黠，而不应该归咎于职位本身，因为即使这个职位是经过明智的考虑并且带有良好目的而设立的，也会和众多其他职位一样，有可能落入恶人之手。

年　份　公元332年　小纪纪年第五年

西尔维斯特教皇第十九年

君士坦丁皇帝第二十六年

执政官　帕卡提亚努斯（Pacatianus）与希拉里亚努斯（Hilarianus）

阿尼基乌斯·保利努斯（Anicius Paulinus）继续担任这一年的罗马总督。

如果我们相信佐西姆斯（Zosimus, lib. 2, cap. 31.）所讲的那些坏话，那么君士坦丁自从开始建造君士坦丁堡就无心战争，而只想着寻欢作乐，导致500名泰法斯人（Taifali，斯基泰民族）带着仅仅500匹马就入侵了罗马帝国内的国家（有可能是在这一年）。君士坦丁不仅没有派任何军队去反抗他们，而且在失去了大部分军队，见敌人一直来到营地的战壕，对乡村进行掠夺时，他竟然急忙逃生了。我将佐西姆斯所写的话原原本本翻译了过来，这样读者就能理解这位历史学家言语中的矛盾。如果君士坦丁失去了那么多军队，那么可以假设发生了战争，他怎么会不派军队去反抗那些蛮族人呢？另外，佐西姆斯说罗马军队处于劣势，战无不胜的皇帝最后逃跑，这些都是无法让人相信的，同时代的作家尤塞比乌斯（Euseb., in Vit. Const., lib. 4, cap. 5.）、圣哲罗姆（Hieronymus, in Chronico.）、苏格拉底（Socrates, Histor., lib. 1, cap. 18.）和索佐梅努斯（Sozomenus, Histor., lib. 2, cap. 8.）都否认了佐西姆斯的说法。圣哲罗姆写道，在这一年，罗马人战胜了哥特人。由于许多人会用哥特人指代诸多的斯基泰民族（我们现今称为鞑靼人），因此可以猜测，他指的就是佐西姆斯所说的泰法尔人。尤塞比乌斯也写道，君士坦丁征服了之前未被制服的斯基泰人与萨尔玛提亚人。苏格拉底证实，哥特人侵扰了罗马的领地，但他也说到君士坦丁战胜了他们。另外，阿诺尼努斯·瓦来西亚努斯（Anonym. Valesianus.）写道，萨尔玛提亚人因为哥特人对他们发动战争而向君士坦丁恳求帮助，在君士坦丁·恺撒的出色指挥下，大约1万名蛮族人死于饥饿或寒冷。因此，似乎是君士坦丁·奥古斯都的儿子小君士坦丁以父亲的名义作为军队总指挥与哥特人作战。这也可以从背教者尤利安努斯（Julian., Oration. I.）的叙述中推断出来。对此，还应该结合伊达修斯（Idacius, in Fastis.）所写的，在这一年4月22日，哥特人在萨尔玛提亚被罗马人打败。根据阿诺尼努斯·瓦来西亚努斯

（*Anonym. Vales.*）所述，哥特国王阿拉里库斯（Alaricus）或者阿奥里库斯（Aoricus）被迫请求议和，为此他献上了几个人质，其中有他的一个儿子。奥勒留斯·维克多（*Aurelius Victor, de Caesarib.*）和欧特罗皮乌斯（*Eutrop., in Breviar.*）也称哥特人被君士坦丁击败。因此，佐西姆斯的谣言实际上只是因为他对这样一位光荣而可敬的皇帝怀有敌意而已。此外，还有一些证实了此事的勋章（*Mediob., in Numismat. Imperator.*）上面写着"哥特胜利"（VICTORIA GOTHICA）。这里，尤塞比乌斯（*Euseb., in Vit. Const., lib. 4, cap. 5.*）讲到君士坦丁·奥古斯都的一项非凡功绩。过去许多前任皇帝都习惯于每年向邻近的蛮族国家进贡，实际上就是一种赋税，这表明罗马人承认是蛮族人的臣民与仆人。君士坦丁不想承担这种可耻的赋税，于是他拒绝支付，并向那些蛮族人发起了战争。他依托上帝的保护，带着神圣的十字架英勇奋战，征服了所有敢于反抗他的人，于是，他不再向蛮族人缴纳赋税。苏格拉底（*Socrates, Hist., lib. 1, cap. 18.*）证实了此事。君士坦丁通过派遣使者也征服了其他没有参与战争的蛮族人，让他们从一种没有法律约束、类似于野兽的生活方式转变成一种文明、具有人性的生活方式，最后连斯基泰人也学着服从于罗马人。这些是尤塞比乌斯的记述，他是这些事情的绝佳见证者，因为他生活在君士坦丁的时代，当时写下了关于他的历史。但是尤塞比乌斯在描述君士坦丁事迹的时候，因为只编写了与他虔诚信教有关的事迹，没有写他在民事与军事上取得的荣耀，所以我们无法得知君士坦丁与哥特人或其他蛮族人的战争和取得胜利的详细情况。如果雅典的普拉克萨戈拉斯（Praxagoras Ateniese）的史记［被佛提乌提及（*Photius, in Biblioth., Cod. 62.*）］、凯撒利亚的贝马库斯（Bemarcus Cesariense）的史记［被苏伊达斯提及（*Suidas, in Lexico.*）］，还有欧纳皮乌斯（Eunapius）的古罗马皇帝传记（这些都是记述了君士坦丁事迹的作家）能够保留下来的话，那么我们就能知道关于君士坦丁一生的其他细节了。而佐西姆斯——这个顽固的异教徒作家，他的记述我们几乎可以予以否认了。另外，还值得一提的是，苏格拉底（*Socrat., lib. 1, cap. 8.*）与索佐梅努斯（*Sozomenus, lib. 1, cap. 18.*）声称，君士坦丁在与哥特人战争中取得的胜利让人们清楚地认识到上帝对这位皇帝的保护，因此许许多多的哥特人也开始相信基督教的真实性（70年前，通过基督徒奴隶已经传到了他们的国家），并开始信奉基督教，尽管它受到了阿里乌斯派异端的污化。我们还从历史学家约达尼斯（*Jordan., de Reb. Getic., cap. 21.*）那里得知，哥特人的国王阿拉里库斯给君士坦丁的军队提供了4万名士兵，他们以同盟军的名义开始为君士坦丁效力，如果他们想要罗马人的钱，就得从那以后在罗马军队中服役赚钱。

年　份　公元333年　小纪纪年第六年
　　　　西尔维斯特教皇第二十年
　　　　君士坦丁皇帝第二十七年
执政官　弗拉维乌斯·德尔马提乌斯（Flavius Delmatius）与泽诺菲卢斯（Zenophilus）

在一些法令和历书中，第一位执政官叫达尔马提乌斯（Dalmaztius），而不是德尔马提乌斯（Delmatius），这应该是被一些无知的抄写员篡改了，他们习惯于将古时候的德尔马齐亚（Delmazia）称作达尔马提亚（Dalmazia），正如我的文集（*Thesaur. Novus Inscr., Class. XI.*）中引用的与各种军事有关的碑文上显示的那样。后来我们发现在勋章中保留了他真实的名字德尔马提乌斯。过去一些人认为这个德尔马提乌斯是君士坦丁同父异母的兄弟。现今更广为接受的说法是，他是君士坦丁一个弟弟的儿子，过不了多久我们就会看到，他被授予了"恺撒"的头衔。4月7日，普布利乌斯·奥普塔提安努斯（Publius Optatianus）上任罗马总督（*Cuspinianus. Panvinius. Bucher.*）。蒂勒蒙特（*Tillemont, Mémoires des Empereurs.*）认为他就是以藏头诗为君士坦丁写赞颂词的普布利留斯·奥普塔提安努斯·波尔菲里乌斯（Publilius Optatianus）。但是他没有在任很长时间，5月10日，凯奥尼乌斯·尤利安努斯·卡梅尼乌斯（Ceionius Iulianus Camenius）接替了他。

在君士坦丁·奥古斯都余下的3个儿子中，最小的是君士坦斯（Costante），他出生于大概公元320年。和两个哥哥一样，他在这一年12月25日被封为"恺撒"（*Idacius, in Fastis. Hieron., in Chronico.*）。在勋章和碑文中，他被称作弗拉维乌斯·尤利乌斯·君士坦斯（Flavius Iulius Constans）。我们从圣哲罗姆那里可知，一场严重的饥荒侵袭了索里亚（Soria）与西西莉亚（Cicilia），致使无数人死亡。西奥芬（*Theophanes, Chronogr.*）也谈到了这场席卷整个东方的可怕饥荒，他写道，当时一桶小麦价格高得令人难以置信，在安提阿和西普里，人们除了劫掠邻国之外什么也不做，而那些军力强大的国家可以幸免于难。欧纳皮乌斯还写道，不知在哪一年，君士坦丁堡遭遇了饥荒，因为反向的风阻止了那些运送粮食的商船靠近港口。当时，柏拉图学派哲学家索帕特（Sopater）在君士坦丁的宫廷中享有盛名，他来到君士坦丁堡制止君士坦丁要摧毁异教的冲动之举。但是，有一天，由于广场上没有面包发放了，愤怒的百姓们便开始对索帕特大声喊叫，说他是一个巫师，对风施了巫术，使粮食无法到达那里。佐西姆斯（*Zosimus, lib. 2, cap. 40.*）认为这是禁军总督阿布拉比乌斯（Ablabius）的一个阴谋，因为他不喜欢见这个大胡子与君士坦丁皇帝如此亲密。索帕特从君士坦丁那里所受的恩惠在这里并没有用，因为君士坦丁允许愤怒的平民将他砍死，如苏伊达斯所说的那样，以此让人们看到他对异教的憎恨。另外，尤塞比乌斯（*Euseb., in Vita Constantin., lib. 4, c. 7.*）叙述的一件事也可能发生在这一年，即君士坦丁·奥古斯都获得了极高的名声，使得世界各个地区的国家纷纷派使者前来。尤塞比乌斯本人证实，他多次见各方蛮族人来到皇宫门前，特别是布莱米人（Blemmii）、印度人（Indiani）与埃塞俄比亚人（Etiopi），所有人都来朝拜这个如此光荣且令人敬畏的皇帝。他们的衣着、发型与胡子都完全不同，他们的长相也很可怕，身材也十分高大，有些人皮肤发红，有些人皮肤则极白。所有人都带着礼物来见君士坦丁，有人带着金制的王冠，有人带着镶有宝石的王冠，还有人带着马匹、兵器和其他赠礼，只为了和君士坦丁联盟，并建立良好的友谊。而慷慨的皇帝后来赠予他们的东西更多，使得他们比之前更加富有，安于待在自己的国家。除此之外，君士坦丁对蛮族中地位高的人很好，授予他们罗马的荣誉，让他们担任罗马的高官。因此，他们大多数人都不愿再返回自己的家乡，而是留下来效忠于奥古斯都皇帝。这就是君士坦丁的政策，他的内心并没有被征服者贪得无厌的执念所困扰，而是希望让他帝国内的所有臣民享受和平与安宁。佐西姆斯（*Zosimus, lib. 2, cap.*

32.）自然没有给予君士坦丁称赞，而是几乎视其为一个罪犯，因为他不再作战。波斯国王萨波尔二世（Sapor）派来一支浩大的使者队伍，向君士坦丁索要大量的铁，因为波斯没有铁矿，他们借口要用铁制成兵器向远方的敌人开战。尽管君士坦丁知道他们将来有一天会用这些兵器对付罗马人，但为了不破坏与波斯国王（似乎准备发动战争）的关系，他还是允许他们开掘罗马人的铁矿。尤塞比乌斯（*Euseb., in Vita Const., lib. 4, cap. 8.*）也提到了波斯的使者，并且还提到他们之间互相交换的盛大的礼物，以及两个帝国再次巩固的和平关系。尤塞比乌斯还补充说，君士坦丁之所以维持与波斯国王的友好关系，一个特别的原因就是基督教传播到了波斯，而他作为基督教的拥护者，不想让那一地区的基督教徒遭受波斯国王报复性的残忍迫害。他还利用这个机会给波斯国王写了一封信，尤塞比乌斯与狄奥多勒（*Theodoretus, Hist., lib. 1, cap. 24.*）保留了这封信，信中君士坦丁高度赞扬了基督教，称它是唯一受上帝保护的宗教，然后波斯国王说，将波斯境内的忠诚信徒委托给他。戈托弗雷杜斯（*Gothofred., Chron. Cod. Theodos.*）与巴基神甫（*Pagius, Crit. Baron., ad hunc annum.*）称在这一年，君士坦丁进行了审查，以摧毁异教最著名的神庙与神，正如从圣哲罗姆（*Hieron., in Chronico.*）和其他古代作家那里得知的一样。

年　份　　公元334年　小纪纪年第七年
　　　　　西尔维斯特教皇第二十一年
　　　　　君士坦丁皇帝第二十八年
执政官　　卢基乌斯·拉尼乌斯·阿孔提乌斯·奥普塔图斯（Lucius Ranius Acontius Optatus）与小阿尼基乌斯·保利努斯（Anicius Paulinus juniore）

这两位执政官的姓氏——奥普塔图斯和保利努斯是无可争议的，他们的名字取自潘维尼乌斯与格鲁特罗引用的碑文，但无法确定这些碑文是属于这两个人的。根据库斯皮尼亚努斯与布赫里乌斯的年表（*Cuspinianus. Panvinius. Bucherius.*）可知，在这一年4月27日，阿尼基乌斯·保利努斯（Anicius Paulinus）被授予罗马总督之职。因此，如果上面的假设成立的话，那么他同时担任了罗马两个最显要的官职。潘维尼乌斯（Panvinius, in Fast.）的一则碑文提到了这两个显要的职位，蒂勒蒙特（Tillemont, Mémoires des Emp.）引用这则碑文证明保利努斯的确同时担任了两个职位。但是在碑文中往往会同时标注出人物在各个时期担任的所有职务，因此那则碑文不足以完全证明保利努斯在这一年同时担任执政官与罗马总督。

从《狄奥多西法典》（Gothofred., Chron. Cod. Theod.）中的法令可知，君士坦丁·奥古斯都这一年有时在君士坦丁堡（Costantinopoli），有时在默西亚的辛吉登（Singidone），有时在达契亚的内索斯（Naisso）。他于1月26日在君士坦丁堡颁布了一项保护未成年的孤儿、寡妇与其他不幸之人的法令（L. 2, de Offic. Judic. omn.），授予他们特权，规定当他们提起诉讼时，不准将他们赶出法庭与他们的村子，而应该让他们在最高法庭上提起诉讼，并且，他们也可以在法庭上传讯他们的对手。君士坦丁还颁布了各种其他法令，通过授予建筑师特权以推进君士坦丁堡城市的装饰工作，并通过授予商人其他特权以保证粮食的充足。

公元332年，我们讲过萨尔玛提亚人受到哥特人的袭击，他们得到君士坦丁的援助，打败了那些蛮族人。阿诺尼努斯·瓦来西亚努斯（Anonymus Valesianus.）的一些记述似乎表明，由于萨尔玛提亚人后来背信弃义，对君士坦丁的帮助不知感激，于是君士坦丁对他们发动了战争，并战胜了他们。苏格拉底（Socrat., lib. 1, cap. 18.）证实君士坦丁不仅在与哥特人的战争中取得了胜利，在与萨尔玛提亚人的战争中也取得了胜利。但对此我们不再知晓其他细节了，也不知道这场战争发生在哪一年。因此，在君士坦丁的勋章（Mediobarb., Numism. Imper.）上，他被称作"战胜所有国家的胜利者"（VICTOR OMNIVM GENTIVM），在其他一些勋章上则写着"蛮族国家的征服者"（DEBELLATORI GENTIVM BARBARARVM）。

现在我们要讲一件发生在这一年的稀奇事，伊达修斯（Idacius, in Fastis.）、尤塞比乌斯（Euseb., in Vit. Const., lib. 4, cap. 6.）与其他作家（Hieron., in Chron.）可以证实。我们讲过公元332年萨尔玛提亚人与哥特人发生了战争，后来哥特人被打败；或者，似乎更有可能的是他们之间再一次燃起了战火。可以确定的是，面对哥特人这样强大的对手，萨尔玛提亚人觉得自己力量太过薄弱，于是将武器交到了他们的仆人，也就是奴隶手中，凭借这些奴隶的帮助，他们击溃了敌人，摆脱了侵扰与危险。但是一场更加危险的战争在他们的国内爆发了。不管是希腊人、罗马人还是蛮族人一直以来都不允许让未被释放的奴隶加入军队，也从来不准给奴隶武器，因为担心他们以后会变得蛮横无理，挣脱枷锁。更重要的是因为，在古代，奴隶的人数在每个国家都是巨大的。如果罗马人在极其危险的时刻需要人力，想要利用奴隶的话，他们会首先恢复奴隶的自由。但萨尔玛提亚的统治者在这样的时刻却没有采取任何的预防措施，因此他们的奴隶变得骄傲自大，这些奴隶认识到自己的力量，于是很快将武器对准了自己的主人，而这些萨尔玛提亚人无法抵抗，被迫逃跑，就这样将他们的一切都留给了曾经听命于他们的奴隶。圣哲罗姆（*Hieron., in Chronico.*）与阿米阿努斯（*Ammian., Histor., lib. 17 et 19.*）称这些奴隶为利米甘蒂人（Limiganti），称他们的主人是阿卡拉甘蒂人（Arcaraganti）。萨尔玛提亚人求助于君士坦丁，君士坦丁仁慈地让他们在自己的国家内居住。据阿诺尼努斯·瓦来西亚努斯（*Anonymus Valesianus.*）证实，君士坦丁将他们中最强壮的人征募到军队中，剩下的人则被他分配到各个国家，包括色雷斯、斯基泰（也就是小鞑靼利亚）、马其顿和意大利，并分给他们土地耕种。据阿米阿努斯所述，其他自由的萨尔玛提亚人在维克托巴里（Victobali）避难，直到公元358年罗马人占领了他们的国家，他们才归顺于罗马。

年　份　公元335年　小纪纪年第八年
　　　　西尔维斯特教皇第二十二年
　　　　君士坦丁皇帝第二十九年
执政官　尤利乌斯·君士坦提乌斯（Iulius Constantius）与凯奥尼乌斯·鲁菲乌斯·阿尔比诺（Ceionius Rufius Albinus）

这位执政官尤利乌斯·君士坦提乌斯是君士坦丁·奥古斯都同父异母的兄弟，他的母亲是马克西米安努斯皇帝的继女提奥多拉（Teodora）。除了执政官，他还是一位身份显赫的贵族，这是极其高贵的头衔，可以穿着黄金镶边的红色长袍（*Zosi-*

mus, lib. 2, cap. 39.）。这个人在历史上非常重要，因为后面我们会看到，他与第一任妻子生下了加卢斯·恺撒（Gallus Caesar），与第二任妻子生下了尤利安努斯（Iulianus），尤利安努斯后来成为皇帝，但因为其背叛宗教的行为而声名狼藉。根据一则古代的碑文（*Panvin., in Fast. Gruterus, in Thesaur. Inscript. Reland., in Fast.*），第二位执政官，即凯奥尼乌斯·鲁菲乌斯·阿尔比努斯（Ceionius Rufius Albinus）是曾两次任执政官的鲁菲乌斯·沃鲁西安努斯（Rufius Volusianus）的儿子。从库斯皮尼亚努斯和布赫里乌斯的年表（*Cuspin. Bucher., de Cyclo.*）中可知，在这一年12月30日，他还继任了罗马总督之职，并在接下来的一年中一直担任该职。

君士坦丁·奥古斯都在这一年7月25日迎来他成为恺撒的第三十周年。巴基神甫（*Pagius, Crit. Baron.*）认为这一年是君士坦丁成为奥古斯都的第三十周年，他在上一年庆祝了成为恺撒的第三十周年。但是，我认为君士坦丁是在公元307年真正获得"奥古斯都"称号的，其奥古斯都帝国的第三十周年不可能从这一年开始。同样，也不可能在上一年庆祝了他成为恺撒的第三十周年，因为如我们之前所说，他在公元305年还没有被封为恺撒，而是在公元306年才真正获得这一头衔。不管怎样，君士坦丁以其极大的慷慨与虔诚隆重庆祝了这个周年纪念日，除了恺撒·奥古斯都，还没有其他的皇帝能像君士坦丁一样统治如此之久。于是，君士坦丁向上帝（*Euseb., in Vita Constantin., lib. 4, cap. 40.*）表示了诚挚的感激，并且在同一年，他建成了耶路撒冷著名的"复活大教堂"（Chiesa della Resurrezion）。然而，如此光荣而虔诚的奥古斯都在这一年却有了一个极为严重的污点，基督教会历史对此进行了详细的说明，我在这里只用几句话讲一下就可以了。这一年基督教会因为阿里乌斯异端邪说和其拥护者的傲慢比以往任何时候都更加不安定。君士坦丁为了终止这么多的动乱，在这一年下令举行两次大公会议（*Baron., Annal. Eccl. Collectio Concilior. Labbe, Fleury, et alii.*），一次在蒂罗（Tiro），另一次在耶路撒冷。他的意图本来是好的，但是他忘了身边还有狡猾的尤塞比乌斯（尼科米底亚主教）和其他或秘密或公开的阿里乌斯的拥护者，他们滥用君士坦丁的信任和权力支持异端首领，损害基督教与尼西亚大公会议的教义。于是，在蒂罗公会议上，著名的亚历山大里亚主教——基督教的守护人圣亚他那修（Sanctus Athanasius）被罢免了主教的职位，而在耶路撒冷的公会议上，阿里乌斯和他的信徒获准加入基督教会，所有这些都给君士坦丁的荣耀蒙上了阴影。圣亚他那修到君士坦丁那里讨公道，但是他并没有得到公道，反而被流放到高卢。君士坦丁在这一年还做出了其他一些损害其统治的举措，因为他不满足于只封自己的3个儿子为恺撒，即君士坦丁二世、君士坦提乌斯二世与君士坦斯（*Idacius, in Fastis. Chronicon Alexandr. Hieron., in Chron.*）。于是，在这一年9月，他将"恺撒"的头衔与"青年王子"的称号还授予了他的侄子弗拉维乌斯·尤利乌斯·德尔马提乌斯（Flavius Iulius Delmatius），他是君士坦丁的弟弟德尔马提乌斯的儿子。君士坦丁还有一个侄子，也是其弟弟德尔马提乌斯之子，他的名字叫弗拉维乌斯·克劳狄乌斯·安尼巴利亚努斯（Flavius Claudius Annibalianus）。君士坦丁封他为本都、卡帕多细亚与小亚美尼亚的国王。另外，据阿诺尼努斯·瓦来西亚努斯（*Anonymus Vales.*）所述，君士坦丁将他的女儿科斯坦蒂娜（Costantina）或科斯坦齐亚娜（Costanziana）嫁给了他，并封她为"奥古斯塔"。这一决定看似慷慨，本身也值得称赞，因为他是在提拔自己最亲近的亲戚，但一向明智的奥古斯都这次疏忽了，他没有注意到自己正在儿子和他们的堂兄弟之间撒播不和的种子。过不了多久我们就会觉察到。

当时有一个叫作卡洛塞鲁斯（Calocerus）的人，他身份极其卑微，有一天他妄想自立为皇帝，尽管这件事发生的时间不确定，但这里还是值得稍微提一下，因为圣哲罗姆（*Hieronymus, in Chronico.*）和西奥芬（*Theophan., Chronographia.*）在君士坦丁统治第二十九年讲到了这件事。卡洛塞鲁斯似乎占领了西普里岛，但他的兴风作浪只持续了一时，很快就被皇帝的军队制服，被判处了如奴隶和杀人犯一样的酷刑。

凯撒利亚的主教尤塞比乌斯于这一年9月在君士坦丁堡诵读了献给君士坦丁·奥古斯都的颂词（*Euseb., in Vita Constant., lib. 4*）。

这一年的最后一天，圣西尔维斯特（Sanctus Silvester）教皇逝世（*Anastas. Bibliothec.*），他是一位极其光荣的教皇，因为他在任期间，耶稣的十字架在君士坦丁心中占据了重要位置，基督教的地位也终于超越了古老的罗马异教。而在罗马，众多的著名神庙开始供奉真正的上帝，正如在基督教会历史中所写的那样。

年　　份　　公元336年　小纪纪年第九年

马克教皇第一年

君士坦丁皇帝第三十年

执政官　弗拉维乌斯·波皮利乌斯·内波提安努斯（Flavius Popilius Nepotianus）与法昆杜斯（Facundus）

对于第一位执政官，尽管古罗马历书与法令中只写了他的姓氏，即内波提安努斯（Nepotianus），但很难不相信他就是君士坦丁·奥古斯都的妹妹尤托皮娅（Eutropia）之子弗拉维乌斯·波皮利乌斯·内波提安努斯（Flavius Popilius Nepotianus）。我们会在公元350年再次看到这个人，他被拥立为皇帝，但在位时间很短。这一年仍然是鲁菲乌斯·阿尔比努斯（Rufius Albinus）担任罗马总督。圣西尔维斯特去世后，马克（Marcus）在这一年1月继任了罗马教皇（*Anastas., in Bibl. sive Chron. Damasi.*）。某些人可能觉得只以马克称呼他有些奇怪，因为这只是一个首名，不是罗马人正式的名字或姓氏。但是福音传道士圣马可（S. Marcus）就曾将这个首名作为正式的名字，更不用说其他例子了。这位教皇在位仅仅8个月20天就逝世了，在年表中被记录为圣人。巴罗尼奥主教（*Baron., in Annal*）认为，尤利乌斯（Iulius）于10月底在圣彼得教堂继任了罗马教皇，但巴基神甫（*Pagius, Crit. Baron.*）基于《大马士革编年史》，将尤利乌斯的上任时间推迟到下一年2月，但没有说明为什么在这一和平时期圣彼得教堂的教皇之位会空缺这么长时间。

君士坦丁皇帝的次子君士坦提乌斯·恺撒（Constantius Caesar）在这一年举办了第一次婚礼，婚礼的排场十分盛大，他的父亲奥古斯都在这个时候给人民和各个城市赠送了非常多的礼物。杜坎格（*Du-Cange, Hist. Byz.*）认为君士坦提乌斯的第一任妻子（因为他有许多任妻子）是尤利乌斯·君士坦提乌斯（Iulius Constantius，即君士坦丁·奥古斯都的一个弟弟）与加拉（Galla）的女儿，但这件事无法确定。

大概在这一年，印度派出一支浩大的使者队伍来拜见君士坦丁，并给他送上了珍贵的宝石和它们国家的奇异动物。尤塞比乌斯写道，印度的国王和人民还以某种方式表示服从君士坦丁的统治，承认他为他们的皇帝和国王，并为其竖立起雕像和画像。君士坦提乌斯的婚礼之后，紧接着在这一年［而不是像蒂勒蒙特（*Tillemont,*

Mémoires des Empereurs.）认为的在上一年］，君士坦丁·奥古斯都开始处理儿子们的继承事宜，可能是因为他身体上的一些不适让他预感到自己的时日不多了——当死神来敲门时，连智者也会急着处理好生前的各种事情。于是，他以下列方式将帝国在他的三个儿子与两个侄子之间进行了划分。对于他的长子君士坦丁二世（已经结婚，但不知道妻子是谁），君士坦丁将阿尔卑斯山另一侧的整个国家都留给了他，这些曾是他的父亲君士坦提乌斯管辖的领域，包括整个高卢与科蒂安阿尔卑斯山（Alpi Cozie）、西班牙与毛里塔尼亚廷吉塔纳（Mauritania Tingitana），还有不列颠，这些地方现今形成了三个强大而繁荣的国家。君士坦丁二世当时在特雷维里（Treveri），被流放的圣亚他那修来向他求助，君士坦丁二世友好地接待了他。君士坦丁给他的次子君士坦提乌斯二世分配了整个东方和埃及，除了之前已经分配给侄子安尼巴利亚努斯（Annibalianus）的部分。背教者尤利安努斯（Julian., Orat. III.）认为，正是出于私心，君士坦丁才将整个东方分给君士坦提乌斯二世的，因为他很顺从且殷勤，所以比起其他儿子君士坦丁更加喜欢他。对于第三个儿子君士坦斯，君士坦丁将意大利、阿非利加与伊利里亚分给了他（Anonym. Valesianus. Zonaras, in Ann. Aurelius Victor, in Epitome.）。这也是非常广阔的一片地域，因为它延伸到了整个潘诺尼亚、默西亚、达契亚、希腊、马其顿和其他已经附属于伊利里亚的国家，很有可能还包括诺里科与雷齐亚。瓦莱西乌斯与蒂勒蒙特纠正了奥勒留斯·维克多的一段文字，上面写着德尔马提乌斯（Delmatius），而不是达尔马提乌斯（Dalmaztius）。因此，他们认为君士坦丁将色雷斯、马其顿与亚该亚（希腊）留给了他的侄子德尔马提乌斯。但是不太可信的是，君士坦丁没有将他最爱的城市君士坦丁堡留给他的儿子，而是将其与很少的附属国分给了他的侄子。因此，不必修改维克多的文章内容，即使他的文章有错误，那么应该相信佐纳拉斯（Zonaras, in Annal.）的记述，他清楚地写道，君士坦提乌斯二世除了东方，还被分给了色雷斯和他父亲的城市，即君士坦丁堡。我们刚刚讲到父亲奥古斯都对君士坦提乌斯二世的偏袒就可以让我们相信情况确实如此。至于德尔马提乌斯，在我看来，君士坦丁只分配给了他哥特的里帕（Ripa Gotica），如阿诺尼努斯·瓦来西亚努斯（Anonym. Vales.）所写的那样，也就是新达契亚，或者下默西亚。安尼巴利亚努斯管辖哪些地区已经于上一年讲过了。就这样，罗马帝国被分成了许多个部分，这种分裂使罗马帝国渐渐走向灭亡。戴克里先已经让君士坦丁了解了这种治国模型，君士坦丁应该也会想出更好的办法以确保在各位皇子的统治下国家能和平稳定，每一位皇子都会竭力保护自己的领地不受蛮族侵害，但他没有预见到，野心和忌妒很容易激起这么多皇子之间，甚至亲兄弟之间的不和。

年　份　公元337年　小纪纪年第十年

　　　　尤利乌斯教皇第一年

　　　　君士坦丁二世第一年

　　　　君士坦提乌斯二世第一年

　　　　君士坦斯一世第一年

执政官　费利西亚努斯（Felicianus）与提贝里乌斯·法比乌斯·提提安努斯（Tiberius Fabius Titianus）

第二位执政官的姓氏提提安努斯（Titianus）是可以确定的，但他的名字并不确定，这是因为公元391年的执政官引起的一些疑问，我们在后面就会看到。这一年的3月10日，瓦莱利乌斯·普罗库卢斯（Valerius Proculus）接替鲁菲乌斯·阿尔比努斯成为罗马总督。

君士坦丁统治人民的智慧、他掌握的巨大权力以及他在众多胜利中获得的荣誉，多年来一直让野蛮人尽守本分，并使罗马帝国的所有地区都享受着令人艳羡的和平。然而这时，波斯人拿起了武器，向罗马帝国发起了战争。根据塞德雷诺（Cedreno，*Cedren., in Histor.*）的记述［瓦莱西乌斯（*Valesius, in Annot. ad Ammian., lib. 25, cap. 4.*）也相信他的记述］，波斯人与罗马人维持了长达40年的和平，而这次关系破裂是因为一个叫作梅特罗多鲁斯（Metrodorus）的波斯哲学家，他在印度收集了大量宝石，其中一部分是他偷的，另一部分是一位印度国王交给他让他以印度国王的名义献给君士坦丁·奥古斯都的。梅特罗多鲁斯的确去见了君士坦丁皇帝，献上了珠宝，但他没有说印度国王让他说的话，还补充说那位国王本来给了他另一大箱珠宝，但经过波斯的时候，被波斯国王萨波尔二世霸占了。君士坦丁非常傲慢地向波斯国王索要珠宝，但没有收到回复，于是双方爆发了战争。塞德雷诺对这件事情添加的其他细节并不被古代作家们所承认，因此有可能是编造的。另外，这位离君士坦丁时期如此之远的作家知道这么多细节，这也很可疑。不过阿米阿努斯（*Ammianus, lib. 25, cap. 4.*）讲到了一些关于这个梅特罗多鲁斯的事情，他说是君士坦提乌斯，而不是君士坦丁，相信了梅特罗多鲁斯的谎言，一怒之下向波斯人发起了战争。我们更应该相信更加有权威的作家，比如尤塞比乌斯（*Euseb., in Vita Constantini, lib. 4, cap. 56.*）、利巴尼乌斯（*Liban., Orat. Ⅲ*.）与奥勒留斯·维克多（*Aurelius Victor, de Caesarib.*），他们一致认为，波斯国王萨波尔二世很长时间以来就在准备向罗马帝国发起战争。当他准备好了一切时，就派使者到君士坦丁那里，要求将曾经属于波斯帝国的国家归还。君士坦丁回答他会亲自来告诉萨波尔他的看法。之后，君士坦丁从帝国各地召来大批军队，进行武装，为这次重要的出征做着充足的准备。一位战无不胜的皇帝带着一支如此强大的军队，很快就挫败了波斯国王的骄傲，波斯的军队当时已经开始劫掠美索不达米亚了，但战败的波斯国王派了新的使者到君士坦丁那里请求议和。尤塞比乌斯（*Euseb., in Vita Constantini, cap. 57.*）的记述比其他人更可信一些，他说君士坦丁同意了议和，但鲁弗斯·费斯图斯（*Rufus Festus, in Breviar.*）、阿诺尼努斯·瓦来西亚努斯（*Anonym. Valesianus. Libanius. Julianus.*）、利巴尼乌斯和背教者尤利安努斯都认为，君士坦丁继续为战争进行着军事准备。我们后面会看到，他的儿子君士坦提乌斯没过多久就向波斯国王发起了战争。然而，阿米阿努斯认为，不是波斯人发动的战争，而是君士坦提乌斯受上面提到的梅特罗多鲁斯的诱惑而想要打破和平协议。

君士坦丁·奥古斯都此前身体一直都很健康，十分有活力（*Euseb., in Vita Constantini, lib. 4, cap. 53.*），尽管当时他已经63岁了。但可以认为，在上一年，身体内部的病痛和虚弱开始让他强烈地意识到无法避免的死亡即将到来，于是，如我前面所讲的，他开始处理国内事务，比以前更加致力于虔诚信教的举措，在君士坦丁堡宏伟的圣徒大教堂附近修建他的陵墓。经常谈论灵魂的不朽，这是基督教与哲学所宣扬的。如今，在隆重庆祝了复活节后，君士坦丁感到身体越来越差，他到浴场沐浴,但没有任何效果。之后他来到埃莱诺波利(Elenopoli),在这里,他的病情加重,他意识到自己临近死亡了(*Euseb., ibid., cap. 61.*),便十分谦卑地在那里的教堂里忏悔自己的罪过,并请求宫廷中的主教为他做洗礼——他一直到现在才做了洗礼——根据那个时候一些人的谣言,通过这一神圣的洗礼,可以在死之前清除所有的罪过。不久之后,他来到尼科米底亚附近的一座别墅中居住,庆祝了这一洗礼仪式(*Hieron., in Chron.*)。给他施洗的人是该地的主教尤塞比乌斯,他因为支持阿里乌斯的异端邪教而声名狼藉。当今,没有哪个文人不知道这位杰出的皇帝是第一位受洗的基督教徒皇帝,在几个世纪中,荒诞的传说令人相信他是于公元324年在罗马接受的圣西尔维斯特教皇的施洗,但实际上他是在这一年临近死亡时才在尼科米底亚接受洗礼的。如果除了尤塞比乌斯,再没有其他证人的话,那么或许我们可以怀疑他所写内容的真实性,因为他曾被怀疑支持过异端首领阿里乌斯。但是,如果君士坦丁的受洗真的发生在很多年前的罗马,这位如此受人尊敬的作家不可能会传播一件虚假的事情,因为之后很容易被否认致使自己蒙羞。事实上,除了尤塞比乌斯,在公元359年,圣安布罗修斯主教(*Ambrosius. Hieronym. Socrates. Sozomenus. Theodoret. Evagrius. Chron. Alexandrinum.*)、圣哲罗姆(Sanctus Hieronymus)与里米尼(Rimini)大公会议上的其他主教都一致承认这件事。此外,苏格拉底、索佐梅努斯、狄奥多勒(Theodoretus)、埃瓦格里乌斯(Evagrius)和《亚历山大编年史》也都提到了这件事。我就不一一引用他们的作品段落了,读者可以从讨论了这一问题的人那里了解更多关于这件事的内容。君士坦丁接受了洗礼之后,才开始真正称自己为基督教徒,参与基督教各种神圣的活动(*Valesius, Adnot. ad Euseb. Tillemont, Mémoires des Emper.*)。人们一直在探寻君士坦丁是否在过去就是新教徒了,但并没有找到足够的线索可以证明这一点。不过可以确定的是,战无不胜的奥古斯都已经背弃异教崇拜很长时间了,他在内心里已经是基督教徒了,他信奉耶稣基督,尽其所能地促进神圣的基督教的发展。尽管他并没有经受《福音书》的温柔束缚,也没有遭受十字架的耻辱,但众所周知,他的热忱和虔诚甚至超过了基督教的许多老信徒。君士坦丁怀着巨大的愧疚和喜悦的心情接受了洗礼,他穿着白色的衣服,而后制定了各项规定,其中一项是召回被流放的圣亚他那修

（Athan., Apolog. II.）和其他被流放的主教。他还在遗嘱中确认了将帝国分给他的儿子们统治，并通知了离他最近的君士坦提乌斯二世，但是君士坦提乌斯没来得及见父亲最后一面。

据信，在这一年5月22日圣灵降临节这一天，这位杰出的皇帝逝世了，成为在天国享福的人，终年63岁零3个月，这是从古代作家们的各种猜测中推断出来的（Euseb., in Vit. Const. Socrates, in Histor. Eccl. Idacius, in Fastis. Cron. Alexandr.），当时正值他成为恺撒的第三十一周年。君士坦丁不可能在生命的最后时刻转而信仰阿里乌斯的异端邪教，如圣哲罗姆（Hieron., in Chronico.）所说的那样，一些学者清楚地写了君士坦丁是带着基督教信仰逝世的。尼科米底亚的尤塞比乌斯给君士坦丁施洗并不会影响什么，洗礼的价值不取决于施洗者是谁。君士坦丁（Theodoretus, Histor., lib. 1, cap. 34.）的遗体被送到了君士坦丁堡，由那一地方的所有军队护送着。人们将他的遗体放在举哀的宫殿大厅里，大厅被无数插在金制烛台上的大蜡烛照亮，直到他的儿子君士坦提乌斯二世赶来，他的遗体才被庄严地送到圣徒大教堂门口他事先准备好的陵墓里。所有人都为失去了这样一位无与伦比的皇帝而痛心不已（Euseb., in Vita Constant., lib. 4, cap. 69.），特别是元老院与罗马人民。可以说，君士坦丁凭借其武力、法令和仁慈使罗马获得了新生，并且使罗马帝国获得了前所未有的安宁与和平。罗马城内暂停了所有的表演和娱乐项目，关闭了所有浴场，人民呼喊着请求将君士坦丁的遗体运到罗马来，当得知他的遗体已经被埋葬在君士坦丁堡时，人们感到万分难过。根据一些勋章（Mediobarb., Numismat. Imper.）中的记录，异教徒（Eutrop., in Brev.）根据他们的传统将君士坦丁神化。当然，这一荣誉是为这位只信奉基督教的皇帝所憎恶的，我们相信他在逝世后，一定是去了天国享受属于善者的回报。我们通常称君士坦丁为"君士坦丁大帝"（Constantinus il Grande），但是人们觉得"大帝"（Grande）这个称号仍然不够，即使在君士坦丁仍在世的时候，于是，他们称君士坦丁为"最杰出的皇帝"（Maximus），这在上述勋章和碑文中有提到。连异教作家欧特罗皮乌斯（Eutrop., in Brev.）也承认，君士坦丁具有无数的优点和美德，他的一生罕见而辉煌，这些使他成为古代最伟大的英雄之一。罗马帝国在君士坦丁皇帝的统治下重登巅峰，因为他明智而仁慈的统治，前任几位暴君在位时出现的各种极为严重的不幸与混乱全都停止了，蛮族也被挫败了，它们出于对战无不胜的奥古斯都的恐惧，没有再骚扰罗马的行省。但君士坦丁最主要的荣耀在于（并且将永远都是）他为基督教徒所做的事，他是第一个抛弃异教崇拜、皈依基督教的皇帝。他不仅自己从基督教的光明中受益，而且还设法在他广阔的帝国内推广基督教，但是从来不会强迫他人接受基督教。后来，他的继任者们继续完成他的心愿，最终异教被完全推倒，整个帝国内只信仰基督教。他为了让每个人都看到《福音书》的光芒做了多少努力，他建造了多少座教堂，他拆毁了多少著名的异教神庙，又做了多少尽显其谦卑与虔诚的事迹，我不便在这里全部列出来，读者想要弄清楚的话，可以阅读尤塞比乌斯为君士坦丁所写的传记，还有基督教会历史。但我必须提到一点，同样是根据尤塞比乌斯（*Euseb., in Vit. Const., lib. 4, cap. 23 et 25.*）所述，极为虔诚的君士坦丁最后甚至禁止异教徒在外面崇拜他们的神灵，并关闭了神庙的大门，禁止一切祭祀、占卜和其他各种异教迷信行为。尽管他没法儿根除异教的一切，但他给异教带来的巨大打击帮助后世的皇帝们更容易地完成了这一伟大壮举。因此，君士坦丁受到整个基督教会的崇敬，特别是希腊人对这位皇帝怀有极高的敬意，他们甚至封他为圣人，并为其举办纪念庆典。同时在西方，也不缺少为君士坦丁建造的诸多教堂，以及众多编写圣人君士坦丁大帝生平传记的作家。

但是这里需要提醒一下读者，尽管这位光荣的皇帝做出了这么多令人崇敬的功绩，然而，当我们理解了"圣人"这个称号的真正意义是指具有基督教的所有美德，没有一点恶习及缺点，那么我们就会知道，君士坦丁还远不足以获得这个崇高的称号，那只是后世的奉承者给他添加的称号。和其他众多被称为"大帝"的皇帝一样，他也具有一些缺点，需要获得上帝的宽恕、凡人的原谅。在这里，我们很难相信背教者尤利安努斯与佐西姆斯对君士坦丁的指责，特别是佐西姆斯，他一直尽其所能地削弱或损毁君士坦丁的名声。他们是执着于异教的作家，他们诋毁一个想尽办法摧毁其宗教的皇帝并不足为奇。不过现在，不管是尤利安努斯（*Julian., Oratione* Ⅶ.）还是奥勒留斯·维克多（*Aurel. Victor, in Epitome.*）与欧特罗皮乌斯（*Eutropius, in Breviar.*）都写道，君士坦丁不仅对荣耀十分贪婪（这一点是值得宽恕的，而且也是值得称赞的，因为他做的都称得上是壮举），而且充满了野心，他一直在尽力扩大领土，但没有想过是通过公正的途径还是不公的途径。他们还说（Aurelius Victor, in Epitome.）君士坦丁在衣着打扮上太过奢侈，而且他一直戴着王冠，这一点是前任皇帝们会加以规避的。但这一指控也不太重要，因为作为皇帝，他可以用外在的华丽显出自己的威严，只要不像戴克里先一样——让人们像对待神一样对待他。尤利安努斯（Julian., de Caesarib.）和佐西姆斯（Zosimus, lib. 2, cap. 32.）写道，君士坦丁在生命的最后几年沉迷于花天酒地的生活，喜欢享乐与观看演出。但是，同样是异教徒的奥勒留斯·维克多（Aurelius Victor, in Epitome.）与利巴尼乌斯（Liban., Or. Ⅲ.）却为君士坦丁辩护，说他一直在读书、写作、思考、接见使者和倾听各省的诉讼，利巴尼乌斯还谈到君士坦丁为公众利益而做的很多事情。当然，从来没有人指控君士坦丁违背了节欲的教条，犯下暴饮暴食罪。另外，根据佐西姆斯（Zosimus, lib. 2, cap. 38）所认为的，和奥勒留斯·维克多在其作品中所写的，君士坦丁一方面通过税赋和贡赋压榨人民，另一方面又将钱财挥霍在建筑和一些无用且不值得的人身上。因此，维克多说，在他统治的前10年，他就像一位贤君；但是在接下来的10年，他成了一个强盗；而在最后10年，他则是一个花钱大手大脚的人。如果这是真的，那么无疑会给君士坦丁的名声造成不小的影响。但是埃瓦格里乌斯（Evagrius）为君士坦丁的名声辩护。前面我们讲过，根据尤塞比乌斯的记述，君士坦丁取消了对土地所征收的1/4赋税，他颁布的法令也是反对乱征税的，自然不会容忍对他的臣民征收苛捐杂税。尤塞比乌斯（Euseb., in Vita Constantini, lib. 4, cap. 51 et 54.）坦言，君士坦丁太过仁慈，导致各省的行政长官也很少或根本没有努力遏制罪犯，因此公共安宁受到威胁，人民怨声四起。尤塞比乌斯补充说，那一时期，发生了两起严重的动乱，即宫廷官员太过傲慢且贪得无厌，使平民们饱受折磨，以及许多邪恶的人太过狡猾，他们假装皈依基督教来取得皇帝的信任，然后滥用皇帝的信任做有害于公众与基督教的事，让人们以为这是鲁莽的奥古斯都下令做的事。即使在贤明的皇帝身边，也有一些邪恶无耻的官员，这并不是一件稀奇的事，但皇帝们自己也不免要向上帝和公众解释为什么会任用这样的官员，却不考虑他们的恶行。君士坦丁很了解宫廷官员（Euseb., in Vita Constant., lib. 4, cap. 55.），并且对他们进行斥责，却没有采取措施；而对于那些戴着基督教面具欺骗善良的皇帝的人，我们知道，君士坦丁因对尼科米底亚的尤塞比乌斯（或许还有凯撒利亚的尤塞比乌斯）的信任而采取了一些反对神圣的尼西亚大公会议与损害基督教教条的错误做法。尽管如此，君士坦丁也做出了许多表现其对基督教虔诚的事情，因此仁慈的上帝一定会在天国宽恕他的过错。如果说他配不上在祭坛上被尊称为"圣人"，至少上帝不会因此将他排除在天国之外。最后，我还想说一下，在君士坦丁大帝统治期间，文学得到繁荣发展，涌现了很多文学家，其中既有基督教徒也有异教徒。因为据奥勒留斯·维克多（*Aurelius Victor, in Epitome.*）所述，君士坦丁特别注意发展文学与科学，并给研究这方面的大师提供薪水。据说，君士坦丁自己也会撰写演讲词与发言稿，写的信非常有说服力与感染力，这些至今都有证据可以证明。前面很多次被提到的那些撰写奥古斯都历史的作家也几乎都成名于这一时期，其中一些人还在君士坦丁的命令下撰写了前任皇帝的生平传记，如斯帕提亚努斯、兰普里迪乌斯、卡皮托里努斯等。还有我们提到过的颂词作家欧迈尼斯、纳撒利乌斯与奥普塔提安努斯。另外，这一时期著名的人物还有柏拉图学派哲学家杨布里科斯（Iamblichus）、基督教诗人科莫迪亚努斯（Commodianus）与尤文库斯（Iuvencus）、阿诺比乌斯（Arnobius）与尤利乌斯·费尔米库斯（Iulius Firmicus）、凯撒利亚的尤塞比乌斯（Eusebius Cesariense），可能还有两部曾经非常著名的《罗马法典》的作者格雷戈里乌斯（Gregorius）和赫莫根尼亚努斯（Hermogenianus），以及其他一些人，我就不一一列举了，可以参阅基督教会历史和文学历史。君士坦丁去世后发生的事情虽然也属于这一年，但允许我在下一年讲述，因为作家们对此介绍的内容非常多。

年　份　公元338年　小纪纪年第十一年

尤利乌斯教皇第二年

君士坦丁二世第二年

君士坦提乌斯二世第二年

君士坦斯一世第二年

执政官　奥尔苏斯（Orsus）与波勒米乌斯（Polemius）

梅西里乌斯·希拉里亚努斯（Mecilius Hilarianus）在这一年担任罗马总督。

上一年君士坦提乌斯·恺撒来到君士坦丁堡后，为父亲举办了隆重的葬礼，而后开始处理公共事务。与此同时，他的两个兄弟（*Euseb., in Vit. Const., lib. 4, cap. 68.*），即君士坦丁二世和君士坦斯也来到了那里，他们都拥有"恺撒"的头衔。他们的军队可能受到了良好训练，提出请求让三位恺撒都获封"奥古斯都"，其他军队也表示赞同，君士坦丁的遗愿也是希望三个儿子都成为皇帝。因为还需要罗马元老院的认可，于是过了很长时间，直到君士坦丁去世后的第二年9月9日（*Idacius, in Fastis.*），他们才正式被封为皇帝和奥古斯都。如我之前所说，君士坦丁·奥古斯都曾封他的侄子德尔马提乌斯为恺撒，并分给他一些国家管辖；他的兄弟安尼巴利亚努斯（Annibalianus）被封为本都、卡帕多细亚与亚美尼亚的国王。野心勃勃的奥古斯都三兄弟无法忍受在他们之外，还有别人统治着罗马帝国，于是决定铲除德尔马提乌斯和安尼巴利亚努斯，但他们达成目的的手段非常残忍且恐怖。在执行这一残忍的决定之前，三兄弟已经开始行使他们至高的权力，先罢免了禁军总督阿布拉比乌斯（Ablabius）的职务（*Gregorius Nazianzenus, Orat. 3.*），尽管君士坦丁将他留给了君士坦提乌斯二世作为他的议员。阿布拉比乌斯在君士坦丁手下时拥有很大的权力，他也是凯撒利亚的尤塞比乌斯所说的那些滥用君士坦丁仁慈的官员之一，他们做出许多暴力的事情，贪婪地夺取他人的财产，因而招致了所有人对他们的憎恨。阿布拉比乌斯退隐到自己在比提尼亚的别墅宫殿里，认为自己只是没了官职。据欧纳皮乌斯（*Eunap., de Vit. Sophistar., cap. 4.*）所述，君士坦提乌斯二世暗中派几名军官带着军队写的信邀请阿布拉比乌斯回去重新统领军队。信中展现出军官们对阿布拉比乌斯的完全服从，就好像将其视为皇帝一样，最后，阿布拉比乌斯相信了士兵们要拥立他为奥古斯都，于是骄傲十足地问道："皇袍在哪儿呢？"军官们回复说他们只拿了信，其他人在门口等着完成剩下的加冕仪式。于是，阿布拉比乌斯命令他们进来，但是，他并没有见到皇袍，倒是锋利的剑刃朝他刺来，他被杀死。或许也是在这个时候，军队发起动乱，高声抗议表示只想认已逝奥古斯都的三个儿子为皇帝。因此，上述的德尔马提乌斯与安尼巴利亚努斯，还有尤利乌斯·君士坦提乌斯——三位奥古斯都的堂兄弟与叔叔来到宫廷，但最后被狂躁的士兵杀死了（*Zosimus, lib. 2, c. 40. Eutrop., in Breviar.*）。背教者尤利安努斯（*Julian., Epist. ad Athen.*）证实，君士坦丁皇帝的另一个兄弟（有可能是安尼巴利亚努斯）和其他五个同一血脉的无辜亲属都惨遭同样的不幸。尤利乌斯·君士坦提乌斯的儿子尤利乌斯（Iulianus）与加卢斯（Gallus），因为也是三位奥古斯都的堂兄弟，也差点儿惨遭杀害。加卢斯没有受到伤害是因为他的身体状况非常差，即使不杀他，他也很快就要死了；而尤利乌斯当时只有7岁，因此得以保住性命。

　　君士坦提乌斯二世·奥古斯都就这样以极其残暴的方式开始了他的统治，没有任何古代作家说这些血腥的处决命令是君士坦丁二世或君士坦斯下的，而是说这都是君士坦提乌斯二世一人所为（*Julian., Epist. ad Athen. Hieron., in Chron. Zosimus, lib. 2, cap. 40.*）。尽管君士坦提乌斯二世以士兵叛乱为由掩饰他的罪恶，但所有人都认为是他暗中推动了一切。在这些皇室成员全都被杀死后，三个奥古斯都兄弟之间也发生了分歧，有可能是因为有人要求获得德尔马提乌斯与安尼巴利亚努斯曾经管辖的国家，或者是因为有人对帝国的划分不满，或者是因为边界问题产生了各种争议。不知道是在当时还是以后，由于阿非利加的问题，君士坦丁二世与君士坦斯之间发生了激烈的争吵，这一争吵最后演变成一场剑拔弩张的对峙。两位奥古斯都争吵的原因有可能是君士坦斯想要毛里塔尼亚廷吉塔纳的统治权，而该地通常和西班牙联系在一起；或者是君士坦丁二世认为他应该得到阿非利加的其他一些领地。据背教者尤利安努斯（*Julian., Orat. I et III.*）所述，由于这一不和，三兄弟在潘诺尼亚的锡尔米姆会面，君士坦提乌斯二世虽然行事专断，不过他表现出了睿智和克制，使得两兄弟没有理由埋怨他。事实上，君士坦提乌斯二世给两兄弟分的领地比给自己留的更多，以此维持着所有人之间的和谐关系。不过，学者们一直在争论这场奥古斯都兄弟之间的会面和协议达成发生在上一年还是这一年。另外，这次会面对国家的分配做出了怎样的改动也是存在争议的。对于时间，我没什么要说的，只要能确定确有此事就足够了。但是对于国家的划分，《亚历山大编年史》(Chron. Alexandr.)中所写的似乎没有任何可信之处，因为其中写到三兄弟中最大的君士坦丁二世获得了君士坦丁和色雷斯的统治权，并在这里待了一年。然而我们前面讲过，君士坦丁二世的统治领域是高卢、西班牙与不列颠，这些国家与色雷斯相距甚远。不过可以相信，当时十分混乱的卡帕多细亚与亚美尼亚归君士坦提乌斯二世管辖，然后，他将本都［佐西姆斯（Zosimus, lib. 2, cap. 39.）也是这么写的］与下默西亚划分给了君士坦丁二世，而君士坦斯同意将阿非利加的一部分，或者其他与意大利相邻的国家让给君士坦丁二世。这些划分无法完全弄明白，但可以肯定的是，这三位奥古斯都兄弟已经开始被他们的野心搅得心烦意乱，尽管他们之前达成了协议，但没过多久就发生了极其悲惨的一幕。而就在他们陷入纷争的时候，波斯国王萨波尔二世见君士坦丁大帝已死，认为复仇的机会来了，于是他率领一支强大的军队闯入美索不达米亚（Theophanes, Chronogr. Chron. Alexandr. Hieron., in Chron.），对尼西比发起了围攻。萨波尔二世在那里驻营围攻了两个多月，但是一无所获，因为尼西比的驻军和居民进行了强有力的抵抗，以至傲慢的波斯国王只好撤退，不过也有可能是因为君士坦提乌斯二世集结了大批军队赶去救援。但这场围攻是否发生在这一年是有争议的。此外，与波斯人的战争持续了好几年，尼西比也多次被围攻，但无法确定准确的时间。

这一年，奥古斯都们颁布了两项值得称赞的法令——是针对造谣闹事者、诽谤的信件与秘密指控的（L. 4, de petition., et l. 5, de famos. libell., Cod. Theodos.），法令规定，对于不是按照司法法规制作的审判公文，在其生效期间，任何法官都不能对被告者进行起诉，并且还命令将那些不公正的诉状全部烧掉。

年　份　公元339年　小纪纪年第十二年

尤利乌斯教皇第三年

君士坦丁二世第三年

君士坦提乌斯二世第三年

君士坦斯一世第三年

执政官　弗拉维乌斯·尤利乌斯·君士坦提乌斯·奥古斯都（Flavius Iulius Constantius Augustus）第二次，弗拉维乌斯·尤利乌斯·君士坦斯·奥古斯都（Flavius Iulius Constans Augustus）

这一年从7月14日到10月25日担任罗马总督的是卢基乌斯·图尔基乌斯·塞昆杜斯·阿普罗尼亚努斯·阿斯特里乌斯（Lucius Turcius Secundus Apronianus Asterius），后来在这一年剩下的时间中继任该职位的是提贝里乌斯·法比乌斯·提提安努斯（Tiberius Fabius Titianus），据说他与公元337年的执政官是同一人。有一些法令和历书称第一位执政官是君士坦丁二世，而不是君士坦提乌斯二世，在我发表的一则碑文（*Thes. Novus Inscript., pag. 377.*）中也是这么写的。不管怎样，普遍的观点认为君士坦提乌斯二世在这一年担任执政官，否则，他接下来担任执政官的时间线就乱了。如果君士坦丁二世在这一年担任了执政官的话，那么应该称他为"第四次执政官"。

这一年并没有发生什么特别的事情，仅有几则法令（*Gothofred. Chronolog. Cod. Theodos.*）可以告诉我们奥古斯都们在不同的时间待在哪个地方，但因为文献有破损，所以十分混乱。如果其中一个皇帝颁布了一项法令，他不仅会写上他的名字，而且会写上另外两个兄弟的名字，这样就好像虽然罗马帝国被分给三位皇帝统治，但仍然是一个整体。其中有三项法令是在老底嘉、埃利奥波利与安提阿颁布的，这表明君士坦提乌斯二世应该是到那里处理与波斯人的战争的，可以说波斯人每年都会来骚扰罗马的行省美索不达米亚。在这些法令中，君士坦提乌斯二世设法简化公共审判，取消那些诉讼的多余手续。他还禁止叔叔与侄女结婚，否则将处以死刑；禁止犹太人购买其他民族的奴隶，更不准对他们实行割礼。另外，他还特别关注将基督教徒奴隶从犹太人手中解救出来。

年　份　公元340年　小纪纪年第十三年

尤利乌斯教皇第四年

君士坦提乌斯二世第四年

君士坦斯一世第四年

执政官　阿辛迪努斯（Acindynus）与卢基乌斯·阿拉迪乌斯·瓦莱利乌斯·普罗库卢斯（Lucius Aradius Valerius Proculus）

对于这位执政官阿辛迪努斯，需要向读者们讲述一件关于他的奇闻轶事，圣奥古斯丁（August., de Serm. Dom., lib. 1, cap. 50.）称这件事大概发生在公元343年。当时阿辛迪努斯在安提阿任东方各省的行省总督，他囚禁了一个欠国库1磅黄金的人，和其他众多任公共官职并认为自己可以为所欲为的人一样，他威胁这个欠债者，如果在规定的日期之内还不上钱，就让他用性命来偿还。这个欠债者不可能凑齐这些钱，幸运的是，他有一位美貌绝伦的妻子，但是她也没有钱。这时，一个追求她的富人抓住这个时机，表示如果她愿意顺从他一个晚上，他就可以给她这笔钱。妻子将这件事告诉了丈夫，丈夫同意了这个可耻的交易。但是，当妻子满足了那个富人无耻的欲望后，富人耍了花招儿，轻率的妻子并没有拿到承诺的钱，只有一抔土。那妻子发疯大叫，来找总督阿辛迪努斯，向他说明了一切。阿辛迪努斯认识到自己不该对那个不幸的欠债者做那样的威胁，于是下令让那个强奸者支付了所有的欠款，并分配给欠债者的妻子一片田地。提贝里乌斯·法比乌斯·提提安努斯（Tiberius Fabius Titianus）继续担任这一年的罗马总督，但是因为5月他必须去君士坦提乌斯·奥古斯都在伊利里亚的宫廷，于是尤尼乌斯·特图鲁斯（Iunius Tertullus）暂时代理了他的职位，直到他返回。

君士坦丁二世对君士坦斯的索求并没有停止，两兄弟之间的关系变得非常恶劣。君士坦丁二世继续向弟弟索要阿非利加或者意大利边界的一些国家，就好像高卢、西班牙与不列颠的统治领域太小，无法满足他的野心和欲望。也许是因为君士坦斯只回复了几句话，没有行动，于是君士坦丁二世打算用武力达到目的。另外，他身边还有添油加醋的人，特别是一个叫安菲洛库斯（Amphilochus）的军官，他不断在两兄弟间制造不和，但最后他得到了应有的惩罚。君士坦丁二世率领他的军队从高卢出发，进入意大利，一直来到阿奎莱亚。他以想要进军东方，援助兄弟君士坦提乌斯二世为由掩饰此次出征的目的，君士坦提乌斯二世当时正在与波斯人作战，的确需要援助。佐纳拉斯（*Zonaras, in Annalibus.*）非常详细地描述了两兄弟间这场结局悲惨的对峙，他认为君士坦斯当时在达契亚。现在我们还保留着君士坦斯于这一年2月在达契亚的城市内索斯颁布的两项法令（*L. 29, de Decurion., et l. 5, de petition., Cod. Theodos.*）。君士坦斯没有想到君士坦丁二世会来进犯，当他得知君士坦丁二世已经进入了意大利时，为了阻止其前进，他连忙在很短的时间内集结了尽可能多的军队，派他的将军们率军前去迎击君士坦丁二世。君士坦斯的军队发现君士坦丁二世抵达阿奎莱亚以后只是饮酒作乐，而不是进行防守，于是他们在阿尔萨（Alsa）河边那座城市附近设下了一个埋伏，让剩下的士兵进行正面战斗。就这样，君士坦丁二世的军队受到前后夹击，伤亡惨重，而君士坦丁二世因为马突然翘起前蹄而摔倒在地，之后被乱剑刺死。君士坦丁二世的尸体被扔到了附近的河中，后来被打捞上来送到了君士坦丁堡，在那里被体面地埋葬。一位匿名的演说家用希腊语创作了一篇葬礼悼词（*Monod., in Const.*）（保留至今），赞颂了这位轻率冒失的皇帝，由此有传言称，战斗结束后君士坦丁二世死于阿奎莱亚的瘟疫。事实上，这一时期的瘟疫在高卢与意大利确实致使无数人死亡。但是大多数人认同君士坦丁二世是在上述战斗中被杀死的。就这样，君士坦丁二世莽撞的野心与对弟弟君士坦斯的忌妒最终使他落得这一悲惨的结局。

佐西姆斯（*Zosimus, lib. 2, cap. 41.*）总是以各种方式污化基督教徒皇帝的行为，他写道君士坦斯三年来一直在掩饰对君士坦丁二世的恶意，当君士坦丁二世友好地进入一个行省（没有说哪个行省）时，君士坦斯假装给东方的君士坦提乌斯二世派去援兵，然后趁此机会刺杀了他。上面创作悼词的匿名作家似乎也证实了这件事，他说君士坦丁二世是被他的弟弟君士坦斯派去的刺客杀死了，但他同时也证实了这两位奥古斯都之间发生过战斗，并说君士坦丁二世死于瘟疫。我们可以怀疑这篇悼词是不是写于那个时候，有可能它是距这一时期很远的某个诡辩家的一篇演说。此外，如果菲罗斯托吉乌斯（*Philostorgius, Hist., lib. 3, cap. 1.*）的文章没有错误的话，他与佐西姆斯的说法一致，但是，圣哲罗姆（*Hieron., in Chron.*）、苏格拉底（*So-*

crates, *Histor. Eccles., lib. 2, cap. 5.*)、索佐梅努斯（*Sozomen., in Histor. Eccl.*）、维克多（*Victor, in Epitome. Victor, de Caes.*）、欧特罗皮乌斯（*Eutrop., in Brev.*）和佐纳拉斯（*Zonar., in Annal.*）都断言是君士坦丁二世向弟弟君士坦斯发起的战争，然后不幸死亡。无论怎样，不可否认的是君士坦丁二世并不是武装进入意大利的，也就是说，他并没有带着军队进入君士坦斯的统治区域。真相究竟是怎样的，只有上帝这个审判者知道。与此同时，君士坦丁二世的死使得君士坦斯的统治地域大大增加，因为他占有了君士坦丁二世的所有国家，即意大利与邻近的岛屿、伊利里亚与希腊、马其顿和其他北方行省，还有直到直布罗陀海峡的阿非利加各省，以及高卢、西班牙和不列颠都归到了他的统治之下——也就是除了君士坦丁堡和色雷斯的整个西方。他的哥哥君士坦提乌斯二世本来也可以索要一些君士坦丁二世死后留下来的国家，但据尤利安努斯（*Julian., Orat. Ⅲ.*）所述，君士坦提乌斯二世自愿放弃了任何索求，他说他知道一个皇帝的伟大不在于统治很多的国家（因为国家越多，需要支付的养恤金就越多，动乱也越多），而在于管理好自己的国家。另外君士坦提乌斯二世还说了些我们可以称为浮夸的言辞，同时让人相信，其实他并不是没有扩张权势的野心，如果他可以的话，他一定会那么做。但是，他当时正在对付波斯人，而君士坦斯扩大统治版图后实力大增，向其发动战争，试图用武力夺得无法用亲情获得的东西将太过危险。君士坦丁二世有可能死于这一年3月，因为在那之后，根据《狄奥多西法典》（*Gothofred., in Chron. Cod. Theod.*）中的法令可知，君士坦斯从达契亚来到了阿奎莱亚，6月来到了米兰，在这里颁布了一项法令，严惩那些捣毁坟墓以希望找到财宝或者带走大理石和其他装饰品的人——在那个世纪，出现了许多疯狂而贪婪的古迹破坏者。其他的法令和由我发表的纳齐安（Nazianzenus）（*Anecdota Graeca.*）的许多诗文也证实了这一点。至于君士坦提乌斯二世，他8月在色雷斯的贝萨（Bessa），9月在安提阿，但是关于他的其他事迹我们就不知道了。

索 引

皇 帝

奥古斯都　公元1—13年

提贝里乌斯　公元14—36年

卡里古拉　公元37—40年

克劳狄乌斯　公元41—53年

尼禄　公元54—68年

塞尔维乌斯·苏尔皮基乌斯·加尔巴　公元68—69年

马库斯·萨尔维乌斯·奥托　公元69年

奥鲁斯·维特里乌斯　公元69年

弗拉维乌斯·维斯帕西亚努斯　公元69—78年

提图斯·弗拉维乌斯　公元79—80年

多米提安努斯　公元81—95年

涅尔瓦　公元96—97年

图拉真　公元98—116年

哈德良　公元117—137年

安东尼努斯·庇乌斯　公元138—160年

马库斯·奥勒留斯　公元161—179年

卢基乌斯·维鲁斯　公元161—169年

康茂德　公元180—192年

埃尔维乌斯·佩蒂纳克斯　公元193年

狄第乌斯·尤利安努斯　公元193年

塞普蒂米乌斯·塞维鲁斯　公元193—210年

卡拉卡拉　公元198—216年

塞普蒂米乌斯·盖塔　公元208—212年

马克里努斯　公元217—218年

埃拉伽巴路斯　公元218—221年

亚历山大　公元222—234年

马克西米努斯　公元235—238年

戈尔迪安努斯一世与二世　公元238年

普皮恩努斯与巴尔比努斯　公元238年

戈尔迪安努斯三世　公元238—243年

菲利普　公元244—249年

菲利普二世　公元247—249年

德西乌斯　公元249—251年

特雷波尼亚努斯·加卢斯　公元251—253年

霍斯蒂利安努斯·德西乌斯　公元251—252年

沃鲁西安努斯·加卢斯　公元252—253年

瓦勒良　公元253—260年

加里恩努斯　公元253—267年

克劳狄乌斯二世　公元268—270年

昆提卢斯　公元270年

奥勒里安努斯　公元270—274年

塔西佗　公元275—276年

弗洛里安努斯　公元276年

普罗布斯　公元276—282年

卡鲁斯　公元282—283年

卡里努斯　公元283—285年

努梅里亚努斯　公元283—284年

戴克里先　公元284—304年

马克西米安努斯　公元286—304年与公元306—307年

君士坦提乌斯　公元305年

伽列里乌斯　公元305—310年

塞维鲁斯　公元306年

马克森提乌斯　公元306—312年

君士坦丁　公元307—336年

李锡尼　公元307—323年

马克西米努斯　公元307—313年

君士坦丁二世　公元337—339年

君士坦提乌斯二世　公元337—340年

君士坦斯一世　公元337—340年

教　皇

彼得（Papa Petrus）　公元29—64年

理诺（Papa Linus）　公元65—66年

克莱孟（Papa Clemens）　公元67—76年

克雷（Papa Cletus）　公元77—82年

阿纳克雷托（Papa Anacletus）　公元83—95年

艾瓦里斯特（Papa Evaristus）　公元96—107年

亚历山大（Papa Alexander）　公元108—116年

西斯笃一世（Papa Sixstus Ⅰ）　公元117—126年

福禄（Papa Telesphorus）　公元127—137年

希吉努斯（Papa Hyginus）　公元138—141年

庇护一世（Papa Pius Ⅰ） 公元142—149年

阿尼塞（Papa Anicetus） 公元150—161年

索泰尔（Papa Soterius） 公元162—170年

艾流德（Papa Eleutherius） 公元171—185年

维笃（Papa Victor） 公元186—196年

才斐林（Papa Zephyrinus） 公元197—216年

加里斯都（Papa Callixtus） 公元217—221年

乌尔巴诺（Papa Urbanus） 公元222—229年

庞提安（Papa Pontianus） 公元230—234年

安特鲁斯（Papa Anterus） 公元235年

法比安努斯（Papa Fabianus） 公元236—249年

科尔乃略（Papa Cornelius） 公元250—252年

卢基乌斯（Papa Lucius） 公元252—253年

斯德望（Papa Stephanus） 公元254—257年

西斯笃二世（Papa Sixstus Ⅱ） 公元257—258年

狄奥尼修斯（Dionisius） 公元259—268年

斐理斯（Papa Felix） 公元269—274年

欧提其安（Papa Eutychianus） 公元275—283年

加犹（Papa Gaius） 公元283—295年

玛策林（Papa Marcellinus） 公元296—304年

马塞卢斯（Papa Marcellus） 公元308—309年

欧瑟比（Papa Eusebius） 公元310年

米尔提亚德斯（Papa Miltiades） 公元310—313年

西尔维斯特（Papa Silvester） 公元314—335年

马克（Papa Marcus） 公元336年

尤利乌斯（Papa Iulius） 公元337—340年

图书在版编目（CIP）数据

意大利编年史. 卷一，罗马帝国时期：1-340年 /（意）卢多维克·安东尼奥·穆拉托里著；孔莉译. — 长春：吉林出版集团股份有限公司，2023.12

（汉阅史学经典）

ISBN 978-7-5731-4504-8

Ⅰ. ①意… Ⅱ. ①卢… ②孔… Ⅲ. ①罗马帝国—历史 Ⅳ. ①K546

中国国家版本馆CIP数据核字（2023）第228734号

意大利编年史（卷一） 罗马帝国时期：1—340年

YIDALI BIANNIANSHI JUANYI LUOMA DIGUO SHIQI：1—340 NIAN

著　　者	［意］卢多维克·安东尼奥·穆拉托里
译　　者	孔　莉
出 品 人	于　强
总 策 划	韩志国
策划编辑	齐　琳
责任编辑	曲珊珊　邓长宇
责任校对	张继玲　王艳平
封面设计	观止堂_未　氓
开　　本	710mm×1000mm　1/16
字　　数	885千
印　　张	57.25
版　　次	2023年12月第1版
印　　次	2023年12月第1次印刷

出　　版	吉林出版集团股份有限公司
发　　行	北京吉版图书有限责任公司
地　　址	北京市西城区椿树园15-18号底商A222
	邮编：100052
电　　话	总编办：010-63109269
	发行部：010-63106240
印　　刷	三河市良远印务有限公司

ISBN 978-7-5731-4504-8　　　　　　定价：286.00元（全三册）

版权所有　侵权必究